本集刊受上海市高水平地方高校（学科）建设项目及国家社科基金重大项目
“甲、金、简牍法制史料汇纂通考及数据库建设（20&ZD180）”资助。

出土法律文献研究丛书

出土文献与法律史研究

（第十一辑）

王　沛　主　　编
姚　远　执行主编

法律出版社
LAW PRESS·CHINA

图书在版编目(CIP)数据

出土文献与法律史研究. 第十一辑 / 王沛主编 ; 姚远执行主编. -- 北京 : 法律出版社, 2022

ISBN 978-7-5197-6320-6

Ⅰ. ①出… Ⅱ. ①王… ②姚… Ⅲ. ①出土文物－文献－研究－中国②法制史－研究－中国－古代 Ⅳ. ①K877.04②D929.2

中国版本图书馆 CIP 数据核字(2022)第 004281 号

出土文献与法律史研究(第十一辑)
CHUTU WENXIAN YU FALÜ SHI YANJIU
(DI-SHIYI JI)

王 沛 主 编
姚 远 执行主编

策划编辑 解 锟
责任编辑 解 锟
装帧设计 李 瞻

出版发行 法律出版社
编辑统筹 重大项目办公室
责任校对 王 丰 郭艳萍
责任印制 吕亚莉
经　　销 新华书店

开本 A5
印张 14　**字数** 340 千
版本 2022 年 6 月第 1 版
印次 2022 年 6 月第 1 次印刷
印刷 北京虎彩文化传播有限公司

地址:北京市丰台区莲花池西里 7 号(100073)
网址:www.lawpress.com.cn
投稿邮箱:info@lawpress.com.cn
举报盗版邮箱:jbwq@lawpress.com.cn
销售电话:010-83938349
客服电话:010-83938350
咨询电话:010-63939796

书号:ISBN 978-7-5197-6320-6
定价:88.00 元
凡购买本社图书,如有印装错误,我社负责退换。电话:010-83938349

编辑委员会

丛书总序

中国古代法制源远流长,成文的礼制典章不胜枚举,文书档案汗牛充栋,仅以《中国珍稀法律典籍集成》《中国珍稀法律典籍续编》为例,前者为 14 卷本,后者洋洋十大册——珍稀的尚且如此,普通的则何以观!再说我国古代的法制形式,律、令、格、式之外,还有章程、故事、事类、判牍等,林林总总,纷繁杂陈。如此庞大繁杂的法制体系是如何形成的?要解答这个问题,尤其要说清楚我国上古时期,乃至秦汉、魏晋时期的法制演进过程,诚然是一件十分困难的事。

目前我们可见的传世法律文献主要集中在唐代以后,唐代之前,特别是汉魏之前保存有法制资料的古书相当鲜见。过去曾有学者根据传世古籍的记载,整理出《法经》到《大清律》的律系表,看似线索清晰,沿革明确,但是该律系表的前半部分存在诸多令人迷惑的地方。古书中片言只语的记载,往往真伪错杂,彼此矛盾,先辈学者焚膏继晷,皓首穷经,力图厘清法制本源,然而苦于没有更多史料的支撑而踟蹰不前,陈陈相因。近二三十年间,沧桑巨变,这种局促的状况才突然发生了变化,这种变化源自出土文献的大量涌现。

近年出土的古文献数量惊人,这些古文献以竹简木牍为主,兼之以铜器铭文、帛书、封泥等,其中法律史资料所占比重不小,诸如睡虎地秦简、张家山汉简的面世,使我们首次见识了秦汉律令的原始模样;马王堆帛书、郭店楚简中关于古代法律思想的论述,更令人耳目一新。类似的重要文献资料,至今仍然在接连不断地出现,其报道常见于新闻、杂志和学术期刊,其释文、图版大多相继以皇皇巨著的形式出版发行。打开网络,与出土文献研究相关的网站也不在少数,其规模之大,热情之高,学者之众,以"沸腾"二字来形容并不为过。其间,古代法制的研读首当其冲,古代法制如此直观地贴近数千年后的现代人,法制形式的存废、律系脉络的梳理开始被重新审视。

面对卷帙浩繁的新材料,以法史为主的研究却并不完全令人满意,很多新资料尚未纳入法史学者的视野。例如,包山楚简公布已经有25年了,其中司法简占绝大部分。可以说,研究战国法制无法绕过这些资料,把握秦汉主流法制传统也少不了这些史料比对。可惜相关探讨至今冷寂过甚,深入研究更不待言。法律史教本中很多常见的基本问题实际上尚未解决。解读传世文献率尔操觚,难及实质的新八股文风依旧存在。回想一百多年前,敦煌遗书遭盗劫而零落国外,国弱受人欺,自家书都无处觅。对此,陈寅恪曾痛叹道:"敦煌者,吾国学术之伤心史也。"而今,出土法律文献俱在,却束之高阁,漠然置之;当今所见结合出土文献研究的法史论著,出于日本学者之手的不少。尽管说学术无国界,但到那时我们去日本(或他国)讨教,正应着了前辈学者的含谶诗句:"群赴东邻受国史,神州士夫羞欲死。"

为了扎实出土文献与法制史的研究,并创建彼此交流心得的平台,本所编纂了这套"出土法律文献研究丛书"。这套丛书既包括学者的专著,也包括本所所集的主题研讨论文。期待这套丛书的出版,能为出土法律文献研究尽到绵薄之力。也欢迎学界同人支持和参与。我们的邮箱是:hzgujisuo@163.com。

人讲现实,人也讲精神。“我们在这里就是为了在这个世界留下我们的痕迹,否则我们凭什么在这里。”苹果之主乔布斯的话自然深刻。

祈学术之树常青!

华东政法大学法律古籍整理研究所

2011 年 10 月 31 日

目　录

学术前沿

甲、金、简牍法制史料汇纂通考专题

书评、会议综述

学术前沿

破解两大难题,进一步解放法律史学

杨一凡*

内容摘要:中国法律史研究至今仍有两大难题需要攻克。第一大难题是先秦至元代法律资料严重缺失,破解的方法是辑佚与考证。第二大难题是传统“以刑为主”思维模式成为惯性,如何冲破这种思维惯性?这就需要解放思想,创新思维,重述法史。传统的“以刑为主”说和“中国法律儒家化”说都应该被摒弃。此外,对法律思想的研究一定要结合法律实践进行。而出土法律资料的整理和研究,对重述法史有特别重大的意义。

关键词:中国法律史　重述法史　解放思想

各位同仁:

首先,我热烈祝贺第十一届“出土文献与法律史研究”国际学术讨论会召开,感谢主办和承办单位邀我作大会致辞。

百余年来中国法律史研究成就巨大,但也存在诸多问题,最大的

---

* 杨一凡,中国社科院法学研究所。杨一凡 2021 年 8 月 24 日上午在第十一届“出土文献与法律史研究”国际学术讨论会开幕式上致辞。此次会议由中国法律史学会法律古籍整理专业委员会主办,华东政法大学法律古籍整理研究所、国家社科基金重大项目“甲、金、简牍法制史料汇纂通考及数据库建设”课题组承办。

缺陷是至今仍未彻底摆脱“以刑为主”“中国法律儒家化”等思维模式的束缚,未能全面揭示古代法制和法文化的面貌。大家可以想一想,怎么回答下述四则发问:

一问:古今中外,有哪一个国家主要是依靠刑法维持和运转的?如果不是,又如何全面表述这个国家的法律制度?

二问:《晋令》40 篇,《梁令》30 篇,隋《开皇令》30 篇,唐《贞观令》27 篇,这些令典规范了哪些基本的法律制度?

三问:翻阅唐以后各代一些综合性法典或典章汇编的内容构成:《唐六典》30 卷,内有刑部、御史台、大理寺各 1 卷;宋《庆元条法事类》80 卷,刑狱门 3 卷;《元典章》10 门,刑部 1 门;明正德《会典》180 卷,刑部 20 卷;明万历《会典》228 卷,刑部 22 卷;清康熙《会典》162 卷,刑部 22 卷,清光绪《会典》100 卷,刑部 6 卷。这些典籍表明,刑制历来只是国家法制的一支,且占比重较小。现行法史教材与其对照,能否说它反映了古代法制的实际?

四问:以往的中国法律思想史研究,大多局限于刑法思想领域,让人误以为中国法律思想发展史就是刑法思想史,且西汉以后又多是套用先秦儒家、法家的观点照葫芦画瓢,好像西汉以后法律无论如何变化,法律思想都不曾发展,这一结论能令人信服吗?

显然,到目前为止学界对中国法律史的认识,与历史上法律发展演变的实际,还有相当距离。

治史,就要治信史。40 多年来,我与许多学者一样,经常思考怎样能够较好地再现中国古代法律制度和法文化的本貌。经多年努力,我们已从国内外搜集到 1800 余种各类法律典籍,应当说,较为客观地介绍明清两代法制已不是空想。但要全面科学地阐述中国法律史,仍有两大难题需要攻克。

第一大难题是先秦至元代法律资料的匮乏,成为研究这一历史时期法史的重大障碍。此难题中的最大难点,是先秦时期可供探讨的资料严重缺失,而秦汉以后的法律思想和法律制度,其源头大多出自先秦。源头不明,法律史学就始终存在缺憾。

第二大难题是传统“以刑为主”“中国法律儒家化”思维模式成为惯性,如何冲破旧的框架,解放法律史学?

有无办法破解两大难题?有。我提出两点建议,供与会学者思考。

一、“辑佚”是打开“明以前法律资料匮乏”困境之门的钥匙。10多年来,我们就这一破解之法反复尝试。在中国社会科学院法学所博士后站工作的多位学者,他们写的博士后出站报告,如王沛的《金文重要法律资料考释及研究》、王捷的《楚简法律文书辑考》、姚远的《魏晋故事辑考》、李俊强的《晋令辑考》、陈灵海的《唐格、格后敕辑考》、陈玺《唐代钱法考》等,从诸多史籍中钩沉散见法令法规,考证真伪,各专题研究都取得了成功。我曾约请 20 多位学者,历时 10 年,围绕古代法制的 20 多个专题进行辑佚,形成了 500 余万字的《古代法律资料钩沉》,又和李雪梅教授一起,约请 10 多位学者对古代食货法律的 10 多个专题进行辑佚,初步形成了约 400 万字的《古代食货法律辑佚》。此外,我与李守良教授完成了《古代地方条约辑佚》(15 册),收入宋、元、明、清地方条约 400 余件;与陈灵海教授完成了《清代章程辑佚》(35 册),收入章程 1400 余件。已取得的专题辑佚成果,收入的先秦至元代法令、政令上万件,这些还应是散见的法令法规的一小部分。实践证明,运用辑佚与考证相结合的方法,完全能够大体恢复秦汉至元代法制的概貌,也能够揭示部分先秦法制的真相。

二、解放思想,创新思维,重述法史。传统的“以刑为主”说,妨碍人们开拓法史研究的新领域。“中国法律儒家化”说,误导人们只从儒家思想阐发法律思想,而不是结合法律实践全面挖掘诸子各家的法律思想。这两说必须摒弃。

鉴于长期以来,“中国法律儒家化”已成为通行的成说,许多学者已习惯套用先秦儒家思想阐述中国法律思想史,这里,我就法律实践中统治者对待儒家的态度也是儒家担任的真正角色问题,谈一点看法。

古代的法律思想,有些出自思想家和律家,或臣工奏议,反映的是他们的法律主张,并不一定都付诸实践;有些是出自君主和负责执掌立法、司法事务的官僚,作为指导原则在法律实践中运用。有学者认为,中国历史上除宋代时偶尔有人认真尝试推动儒家与王权结合“共治”但未取得成效外,历朝统治者并没有真心把王权制度儒家化,而主要是利用“儒家”文化和经典作为装饰,强化他们的现实政治或“法家”政策。我赞同这一观点。以明代制定《大明律》《大诰》《问刑条例》所奉行的立法思想为例。明朝君臣对待儒家法律思想的态度,可用 16 个字概括,即“有利则用,无利则弃,能变则变,能创则创”。

儒家礼教纲常,有利于巩固君主专制、等级特权制度和维护贵贱有等的社会秩序,故《大明律》把“明礼以导民”列为立法指导原则之一。这就是“有利则用”。

儒家的“德治”“仁政”观和提倡发展工商业主张,不符合朱元璋“乱世用重典”和“重农抑商”政策,在制定《大明律》时断然抛弃。朱元璋痛骂商、韩“暴其民甚”,实际上是以商鞅、“重刑”、“重农抑商”主张为立法原则。明律的所谓“重其重罪”,就是对“贼盗及有关帑项钱粮”等直接威胁君主专制统治和经济利益的犯罪加重处刑,这一立法指导思想是李悝《法经》中“王者之政,莫急于盗贼”主张的翻版。这就是“无利则弃”。

"明刑弼教"是朱元璋在《大诰》中反复宣扬的理论基础，儒家把"明刑弼教"与"德主刑辅"原性相联系，强调"先教后刑"和"轻刑"，朱元璋打着"先王之道"的招牌，对"明刑弼教"重新阐发，解释为"先刑后教""杀一儆百""惩治奸顽"。这就是"能变则变"。

明太祖的后嗣子孙在修订《问刑条例》时，同样是不受儒家思想的束缚，从完善刑事法律体系出发，提出了"以例辅律""律例并行"等律例关系理论。这一理论完全是明代君臣的独创，与儒家法律思想毫无传承关系。这就是"能创则创"。

雄辩的事实表明，统治者在治国实践中奉行什么立法思想，完全是出于实用。儒家思想在很多场合下不过是装饰品而已，"中国法律儒家化"这个命题不能成立。只有结合法律实践，才能正确地阐述中国法律思想发展史。

要冲破"中国法律儒家化""以刑为主"两说影响下形成的研究模式，正确地阐述古代法制和法律思想，选好突破口至关重要。在中国古代的法律体系中，各种法律形式并存，吏政、食货、礼仪、刑事、军政、民事诸方面的法律并存，中央立法与地方立法并存。鉴于食货和地方法律立法数量浩大，现存资料丰富，其精华许多可为当代法治建设提供借鉴，如选择这两类法律为重述法史的突破口，当会较快取得成效。

出土法律资料的整理和研究，对于攻克两大难题、重述法史有特别重大的意义。可以说，没有这方面研究的突破，就很难全面破解先秦至南北朝法制和法文化的重大疑义。华东政法大学古籍所和在座的各位学者在出土法律资料研究方面已作出了可喜的贡献，期待大家再接再厉，勇克难关，让重现古代法制和法文化面貌的向往，在你们这一代身上成为现实。

《诗经》与周代法律三题

王进锋*

内容摘要:《诗经》中的一些篇章透露出来的历史信息为认识周代的法律提供了契机。从《行露》来看,西周时期的“法”和“礼”是有差别的。《小宛》揭示出西周时期的诉讼案件有“岸(犴)”和“狱”之别。根据《大车》,我们可以看出春秋时期有专门的官员乘着大车巡行邦国来处理讼狱案件。

关键词:《诗经》　周代　法律　礼法之别　巡行审判

一、从《诗经·召南·行露》看西周时期的礼法之别

《诗经·召南·行露》记载:

> 厌浥行露,岂不夙夜,谓行多露。
>
> 谁谓雀无角,何以穿我屋。谁谓女无家,何以速我狱。虽速我狱,室家不足。
>
> 谁谓鼠无牙,何以穿我墉。谁谓女无家,何以速我讼。虽速我讼,亦不女从。

---

* 王进锋,华东师范大学历史学系,副教授。

《诗序》:"《行露》,召伯听讼也。衰乱之俗微,贞信之教兴,强暴之男不能侵陵贞女也";郑笺:"衰乱之俗微,贞信之教兴者,此殷之末世,周之盛德,当文王与纣之时";孔颖达正义:"由文王之时,被化日久,衰乱之俗已微,贞信之教乃兴,是故强暴之男不能侵陵贞女也。男虽侵陵,贞女不从,是以贞女被讼,而召伯听断之"①。几家都提到这首诗的时代是商纣周文之世,它可以作为反映西周历史的史料。

"女"通假为"汝"。毛传:"速,召。狱,埆也。……昏礼纯帛不过五两。"郑笺:"币可备也。室家不足,为媒妁之言不和,六礼之来强委也。"

关于这首诗的诗旨,以鲁诗和程俊英、蒋见元的解释最具有代表性。鲁诗提出:

> 召南申女者,申人之女也。既许嫁于酆,夫家礼不备而欲迎之,女与其人言,以为夫妇者,人伦之始也,不可不正。……夫家轻礼违制,不可以行,遂不肯往。夫家讼之于理,致之于狱。女终以一物不具,一礼不备,守节持义,必死不往。②

认为女子因为求婚男子礼不备而拒婚。程俊英、蒋见元:"这是一首女子拒婚的诗。……这位女子对一个已有妻室而又欲欺骗她成婚的男子表示严厉拒绝,虽然那个男子强暴以打官司为要挟,她也绝不屈从"③,认为女子因为求婚男子已经有妻室而拒婚。

可见,他们在认识女子拒婚原因方面有分歧。这主要是因为他们在对"谁谓女无家"一句中"家"的理解有差别。那么,这个"家"到底作何解释?窃以为朱熹的解释比较恰当,他认为"家"是"以媒聘

① 《毛诗正义》,阮元校刻《十三经注疏》本,中华书局1980年版,第288页。
② 转引自(清)王先谦:《诗三家义集疏》,中华书局1987年版,第89~90页。
③ 程俊英、蒋见元:《诗经注析》,中华书局1991年版,第40页。

求为室家之礼也”①。如此看来,鲁诗的解释是正确的,程俊英、蒋见元的看法并不正确。至此,我们将《行露》诗完整地翻译如下:

路上露水湿漉漉。难道不愿早起赶路?实在是怕路上的露水。

谁说麻雀没有嘴?凭什么啄穿了我的屋?谁说你没有行聘的礼物?那你又怎么能起诉我?即使你起诉了我,你求婚的礼物也不够。

谁说老鼠没有牙?凭什么打洞穿了我的墙?谁说你没有行聘的礼物?那你又怎么能起诉我?即使你起诉了我,我也终不会服从你。

在《行露》中,这位男子向女子求婚。他虽然具有购置媒聘礼物的能力,但是却谎称没有(女子“谁谓女无家”的反问,充分反映了这种情况),以“礼不备”的状态来向女子求婚,这位女子“以一物不具、一礼不备,守节持义,必死不往”②,拒绝了男子的求婚。结果这个男子将女子状告到了召伯处,在召伯、男子、女子三人对峙的过程中,该女子向召伯咏唱了这首诗。

上古时期,求婚是要行媒聘礼的,而且过程中的每个环节都要做足礼节。这种要求哪怕是周王也是遵循的。《诗经 · 大雅 · 大明》记述周文王娶太姒的时候,“文定厥祥,亲迎于渭”(文王亲自到渭河边迎接),就是这种情况的典型例证。如果不行媒聘礼或者某个环节中礼节不充分,求婚就有可能被拒绝。《列女传 · 贞顺篇》记载宋恭伯姬、齐孝孟姬的事迹就是例证:

伯姬者,鲁宣公之女,成公之妹也。其母曰缪姜,嫁伯姬于

① (宋)朱熹:《诗集传》,中华书局1959年版,第10页。
② (清)王先谦:《诗三家义集疏》,中华书局1987年版,第89~90页。

宋恭公。恭公不迎亲,伯姬迫于父母之命而行。既入宋,三月庙见,当行夫妇之道。伯姬以恭公不亲迎,故不肯听命。宋人告鲁,鲁使大夫季文子于宋致命于伯姬。……

孟姬者,华氏之长女,齐孝公之夫人也。好礼贞壹,过时不嫁。齐中求之,礼不备,终不往。……孝公闻之,乃修礼亲迎于华氏之室。……三月庙见,而后行夫妇之道。

在以上第一段材料中,宋恭伯姬以当初婚姻时宋恭公礼节不足为由,拒绝与他行婚姻之实。宋恭公无奈,派人告诉到伯姬的父国鲁国,后来在鲁国的干预下才算解决了问题。

在以上第二段材料中,孟姬也因为齐孝公求婚的礼节不备,而拒绝成婚,后来齐孝公修礼亲迎,二人才正式完成婚娶。以此来看,在周代,人们对婚姻中的行礼和足额是非常看重的。

从《行露》所反映的情况来看,在西周时期的婚姻礼仪中,男子求婚是应当准备足份礼物的。这是“礼”方面的要求。这位男子谎称没有能力,没有准备足份的礼物来求婚,当然遭到女子的拒绝,但是该男子将女子状告到了召伯处。这是“法”方面的行为。这位男子之所以会状告女子,可能是在他看来,他是可以赢得这场官司。他可能占据了某种“法”方面的优势。

从这个事例我们可以看出说明西周时期的“法”和“礼”并不是相同的,而是有差别的。

二、《诗经·小雅·小宛》所见西周诉讼案件的分类

《诗经·小雅·小宛》记载:

宛彼鸣鸠,翰飞戾天。我心忧伤,念昔先人。明发不寐,有怀二人。

人之齐圣,饮酒温克。彼昏不知,壹醉日富。各敬尔仪,天命不又。

中原有菽,庶民采之。螟蛉有子,蜾蠃负之。教诲尔子,式穀似之。

题彼脊令,载飞载鸣。我日斯迈,而月斯征。夙兴夜寐,毋忝尔所生。

交交桑扈,率场啄粟。哀我填寡,宜岸宜狱。握粟出卜,自何能穀?

温温恭人,如集于木。惴惴小心,如临于谷。战战兢兢,如履薄冰。

《诗序》:"《小宛》,大夫刺宣王也",郑玄笺:"亦当为刺厉王"[①],可见这也是一首西周时期的诗,体现的是西周时期的历史状况。朱熹:"此大夫遭时之乱,而兄弟相戒以免祸之诗。"[②]由此来看,这首诗的描述的主人翁应为西周时期的大夫。

在本诗中,与当时法律最相关的是下面划线的一句。"交交桑扈,率场啄粟",毛传:"交交,小貌。桑扈,窃脂也。言上为乱政而求下之治,终不可得也";郑笺:"窃脂肉食,今无肉而循场啄粟,失其天性,不能以自活"。"哀我填寡,宜岸宜狱。握粟出卜,自何能穀","填,与瘨同,病也。岸,亦狱也;韩诗作犴,乡亭之系曰犴,朝廷曰狱。……病寡不宜岸狱,今则宜岸宜狱矣。言王不恤鳏寡,喜陷之于刑辟也"[③];郑笺:"可哀哉,我穷尽寡财之人,仍有狱讼之事,无可以自救,但持粟行卜,求其胜负,从何能得生。"所以这一句诗文可以今译为:小小青雀本食肉,却在谷场啄粟。感叹我是病寡之人,还

① 《毛诗正义》,阮元校刻《十三经注疏》本,中华书局1980年版,第451页。
② (宋)朱熹:《诗集传》,中华书局1959年版,第138页。
③ (宋)朱熹:《诗集传》,中华书局1959年版,第139页。

要遭受狱讼之灾。抓把小米去占卜,怎样才得以生存。

从《小宛》的这句诗可以看出,西周时期的诉讼案件有“岸(犴)”和“狱”之别①。朱熹已经指出:乡亭之系曰犴,朝廷曰狱。西周时期的诉讼案件还会按照行政区划的差别,分为不同的种类,其中位于乡、亭类基层地区的诉讼案件被称为“犴”,位于国都地区的诉讼案件被称为“狱”。

三、《诗经·王风·大车》所见春秋时期的巡行审判制度

《诗经·王风·大车》记载:

> 大车槛槛,毳衣如菼。岂不尔思?畏子不敢。
> 大车哼哼,毳衣如璊。岂不尔思?畏子不奔。
> 榖则异室,死则同穴。谓予不信,有如皎日。

《诗序》:“《大车》,刺周大夫也。礼义陵迟,男女淫奔,故陈古以刺今大夫不能听男女之讼也。”朱熹谓:“周衰,大夫犹有能以刑政治其私邑者,故淫奔者畏而歌之如此”②,可见,这首诗反映的是春秋时期周王室所在地区的历史。

“大车槛槛,毳衣如菼。岂不尔思?畏子不敢。”毛传:“大车,大夫之车。槛槛,车行声也。毳衣,大夫之服。菼,騅也,芦之初生者也。天子大夫四命,其出封五命,如子男之服,乘其大车槛槛然,服毳冕以决讼。”郑笺云:“菼,薍也。古者天子大夫服毳冕,以巡行邦国而决男女之讼,则是子男入爲大夫者。毳衣之属,衣缋而裳绣,皆有五

① 《荀子·宥坐》有类似的记载,其内容为:“孔子慨然叹曰:‘呜呼!上失之,下杀之,其可乎?不教其民而听其狱,杀不辜也。三军大败,不可斩也;狱犴不治,不可刑也,罪不在民故也’”——杨倞注:“犴,亦狱也”。

② (宋)朱熹:《诗集传》,中华书局1959年版,第46页。

色焉,其青者如騅。”①

“穀则异室,死则同穴。谓予不信,有如皎日。”毛传:“穀,生。皦,白也。生在于室,则外内异,死则神合同爲一也。”郑笺云:“穴,谓冢圹中也。此章言古之大夫听讼之政,非但不敢淫奔,乃使夫妇之礼有别,今之大夫不能然,反谓我言不信,我言之信如白日也。刺其暗于古礼。”

周代“奔者不禁”的习俗是非常兴盛的,所以当时社会上有淫奔之风。《国语·周语上》记载了一则淫奔的故事:

> (周)恭王游于泾上,密康公从。有三女奔之。其母曰:“必致之王。夫兽三为群,人三为众,女三为粲。王田不取群,公行不下众,王御不参一族。夫粲,美之物也。众以美物归汝,而何德以堪之?王犹不堪,况尔小丑乎!小丑备物,终必亡。”康公不献。

周恭王在泾水边游玩,密康公跟随着。这时有3名女子前来投奔密康公。这3名女子能私奔,并最终私订终身,这就是典型的淫奔现象。这种“奔”的现象在特定的时节里是合法的,但是在别的时节里则是违法的。《大车》反映的应当是违法的淫奔现象,同时,从这首诗来看,当时有专门的法律来治理淫奔的现象。

从《大车》可以看出,春秋时期有专门的官员管理讼狱方面的事务,他们有时会穿着毳冕类的衣服,乘着大车巡行邦国来处理讼狱案件,而《大车》所反映的男女淫奔的事情就是他们处理的重要事务之一。

周代官员巡行审判的情形在其他文献中可以得到旁证。《诗经·小雅·皇皇者华》记载:

① 《毛诗正义》,阮元校刻《十三经注疏》本,中华书局1980年版,第333页。

皇皇者华，于彼原隰。駪駪征夫，每怀靡及。
我马维驹，六辔如濡。载驰载驱，周爰咨诹。
我马维骐，六辔如丝。载驰载驱，周爰咨谋。
我马维骆，六辔沃若。载驰载驱，周爰咨度。
我马维骃，六辔既均。载驰载驱，周爰咨询。

《诗序》："皇皇者华，君遣使臣也。送之以礼乐，言远而有光华。"郑笺："言臣出使，能扬君之美，延其誉于四方，则为不辱命也。"[①]但是，诗句中的"周爰咨诹""周爰咨谋""周爰咨度""周爰咨询"都与出使外国无关，而更像是"使者出外调查民间情况"[②]。这里的使者受王命出外巡查，其中一项重要内容就是了解民间的诉讼纷争。了解相关情况之后，当然也有助于案件的审理。

周代职官士师"掌国之五禁之法，以左右刑罚"，他们会定期地"皆以木铎徇之于朝"[③]，即摇动木铎在外朝宣讲法律。而"掌宪邦之刑禁"的布宪官会在"正月之吉，执旌节以宣布于四方"[④]。士师和布宪在宣传政令的过程中，当然也会宣传国家的法律。

周代还会让基层官员对其治域里的民众直接宣讲法律。州长在"正月之吉，各属其州之民而读法，以考其德行道艺而劝之，以纠其过恶而戒之。若以岁时祭祀州社，则属其民而读法，亦如之。……正岁，则读法如初"[⑤]。党正"及四时之孟月吉日，则属民而读邦法，以纠戒之。……正岁，属民读法而书其德行道艺"[⑥]。族师于月吉之

① 《毛诗注疏》，上海古籍出版社2013年版，第801页。
② 程俊英：《诗经译注》，上海古籍出版社2016年版，第281页。
③ 《周礼·秋官·士师》。
④ 《周礼·秋官·布宪》。
⑤ 《周礼·地官·州长》。
⑥ 《周礼·地官·党正》。

时,“属民而读邦法,书其孝弟睦姻有学者”①。闾胥“凡春秋之祭祀、役政、丧纪之数,聚众庶;既比,则读法,书其敬敏任恤者”②。他们在宣讲法律的过程中,也会顺带审判相关的诉讼案件。

从这首诗中我们还可以看出,过去大夫会乘车巡行邦国来处理诉讼,但是现在明显废弛了,所以会出现诗中男女意图私奔的情况。这种情况从一个侧面也反映周代的法律制度前后有很大的变化。

---

① 《周礼·地官·族师》。
② 《周礼·地官·闾胥》。

读胡家草场西汉律令札记

周 波*

内容摘要：本文根据胡家草场西汉律令，对张家山汉简《二年律令》几枚简的归属、律条的分合，提出了新的看法。此批律令也有助于探讨文帝时期的刑法改革问题。史载文帝二年“除收律相坐法”，但胡家草场《贼律》表明文帝十六年已重修律令，复“收孥相坐法”。本文认为复“收孥相坐法”，可能就是文帝施行贾谊所提“割地定制”政策，严加防范诸侯王诸多措施之一。文帝十六年或有可能是复收孥连坐之法之年，或者至少应是复收孥连坐之法的时代下限。胡家草场《贼律》较之前代法律增加了决狱程序，应与儒家“亲亲相容隐”的法律思想相关。

关键词：胡家草场西汉律令　二年律令　文帝刑法改革　收孥相坐法　亲亲相容隐

荆州胡家草场西汉简牍包括有律令、日书、医方等，内容极为丰富。根据同出历日类竹简、下葬器物等来看，此批竹简的年代应在汉

*　周波，复旦大学出土文献与古文字研究中心，副教授。

文帝前元十六年或稍前。① 最近,《荆州胡家草场西汉简牍选粹》(以下简称《选粹》)一书公布了部分简文,我们在研读过程中发现其中有些律令可与其他几批秦汉律令或传世典籍相对读,并以资发明,因此草成两则札记。

一

胡家草场《盗律》(简1387+1389):

> 猲人以求钱财,盗杀伤人,盗发冢,略卖人若已略未卖,挢(矫)相以为吏、自以为吏以盗,皆磔。智(知)人略卖人而与贾,与同罪。不当卖而和为人卖=(卖,卖)者及智(知)其请(情)而买者,皆弃市。

此条律文可与张家山汉简《二年律令·盗律》相对读。其中简65-66:"群盗及亡徒群盗,殴折人枳(肢),失(胅)体,及令彼(跛)蹇(蹇),若缚、守将人而强盗之,②及投书、县(悬)人书,恐猲人以求钱财,盗杀伤人,盗发冢,略卖人若已略未卖,桥(矫)相以为吏,自以为吏以盗,皆磔。"简67:"智(知)人略卖人而与贾,与同罪。不当卖而和为人卖,卖者皆黥为城旦舂;买者智(知)其请(情),与同罪。"简66"磔"字下尚有大段空白,故《二年律令·盗律》整理者据之将简65-66、简67分为两条律文。而胡家草场《盗律》则满简抄写,作为一条律文。

针对上述不同,何有祖、李志芳二位先生认为:"从文意看,《二年律令·盗律》66号简'略卖人若已略未卖'、67号简'智(知)人略卖

---

① 李志芳、蒋鲁敬:《湖北荆州市胡家草场西汉墓M12出土简牍概述》,载《考古》2020年第2期;陈伟:《秦汉简牍所见的律典体系》,载《中国社会科学》2021年第1期。

② 此处句读参见周波:《张家山汉简〈二年律令〉校读》,载《出土文献与法律史研究》(第9辑),法律出版社2020年版,第280~286页。

人而与贾'，在逻辑上存在先后关系。由此可知，胡家草场汉律的抄手在誊抄类似《二年律令·盗律》65－66、67号简这样文本的时候，连续抄写，把这几枚简看作同一个编联组。这提示我们，《二年律令·盗律》66号简虽然不是满简书写，其后也有可能与67号简编联。"①

笔者认为，从律文内容、从抄写情况来看，《二年律令·盗律》简65－66、简67似仍应看成是两条律文。张家山汉简《二年律令》时代在吕后二年，胡家草场律令则在文帝前元十六年左右，从已经公布的律文来看，后者对前者不仅仅是继承，而是有不少修订。这些修订或涉及文字或涉及判罚标准，有的律文甚至还有重写的现象。

如《二年律令·贼律》简4－5："贼燔城、官府及县官积冣（聚），弃市。贼燔寺舍、民室屋、庐舍冣（聚），黥为城旦舂。其失火延燔之，罚金四两，责（债）所燔。乡部、官啬夫、吏主者弗得，罚金各二两。"胡家草场《贼律》公布的一枚简1260："贼燔寺舍、民室屋、庐舍积最（聚），髡为城旦舂。其失火延燔之，罚金四两，责所燔。"比较可知，后一条律文中将死刑与黥刑罪名合并，又因文帝废除肉刑而一并修改为髡刑。

又《二年律令·亡律》匿罪人律（简167）、娶亡人律（简168－169）、舍亡人律（简170－171）、取亡罪人为庸律（简172），皆别为一条律文。如简167："匿罪人，死罪，黥为城旦舂，它各与同罪。其所匿未去而告之，除。诸舍匿罪人，罪人自出，若先自告，罪减，亦减舍匿者罪。……"简168－169："取（娶）人妻及亡人以为妻，及为亡人妻，取（娶）及所取（娶），为谋（媒）者，智（知）其请（情）皆黥以为城

① 何有祖、李志芳：《张家山汉简〈二年律令〉新编（二则）》，载《江汉考古》2020年第3期。

旦舂。其真罪重,以匿罪人律论。……”其中娶亡人律条明确规定“其真罪重,以匿罪人律论”,这表明匿罪人律当与娶亡人律分为不同的律条。简 170－171:“诸舍亡人及罪人亡者,不智(知)其亡,盈五日以上,所舍罪当黥……”简 172:“取亡罪人为庸,不智(知)其亡,以舍亡人律论之。所舍取未去,若已去后,智(知)其请(情)而捕告,及詷〈诇〉告吏捕得之,皆除其罪,勿购。”取亡罪人为庸律条亦明确规定“以舍亡人律论之”,此亦可证舍亡人律、取亡罪人为庸律当分为两律。目前公布的胡家草场《亡律》简 1329＋1328＋1332 则作:“匿罪人,各与同罪。舍若取(娶)亡罪人为庸,不智(知)其亡,盈五日,罪司寇以上,各以其赎论之。所匿、舍、取(娶)未去,若已去后智(知)其请(情),而捕若诇告吏=(吏,吏)捕得之,及所匿、舍、取(娶)者自出,若先自告,皆除匿、舍、取(娶)者罪,勿购赏。……”比较可知,胡家草场《亡律》并未出现“以匿罪人律论”“以舍亡人律论之”这类表述,律文亦已完全合并、简化。此外,胡家草场《亡律》判罚仅有赎刑而无《二年律令·亡律》之黥刑,亦与文帝废除肉刑有关。因此,胡家草场《亡律》在《二年律令·亡律》基础上有重大修改,其结果是将《二年律令·亡律》前述四条律文简化、合并为一条律文了。从此例可以看出胡家草场汉律在律条的分合上与张家山汉简《二年律令》有较大的不同,以后出汉律来判定前世汉律情况不一定合适。

此外,据上引胡家草场《亡律》可以纠正《二年律令·亡律》简 172 的一处错误。胡家草场《亡律》有“而捕若诇告吏=(吏,吏)捕得之”一句,正可与上引《二年律令·亡律》律文“及詷〈诇〉告吏捕得之”相应。《二年律令·盗律》简 71 还有“若告吏=(吏,吏)捕颇得之”。比较可知《二年律令·亡律》原释文“及詷〈诇〉告吏捕得之”之“吏”下漏一重文号。查原简“吏”字所在简文红外线照作,确有重文号。故此处原释文当校改为“及詷〈诇〉告吏₌(吏,吏)捕得之”。

再来看上引《二年律令·盗律》律文。简 65－66 所述乃重罪,皆处以死刑;简 67 所述在当时被认为罪行较轻,处以黥刑。两处虽有“略卖人”等语句重见,但其性质、判罚有别,故可分为两律。胡家草场《盗律》针对奴婢买卖现象一律处以极刑,后一类罪行亦被处以死刑,故合二律为一律。胡家草场《盗律》对《二年律令·盗律》进行了重新改写,二者在文句、判罚标准方面皆存在明显差异,故后出律令相关内容变成一条律文,并不足以证明前世律令也应看成一条律文。从张家山汉简《二年律令》的抄写来看,其对于律条的分合是颇为明确的。简 66 以“皆磔”绝句,文意已足,其下留有大段空白而不接抄,可知抄写者亦是将简 65－66、简 67 分为两条律文的。总之,笔者认为:简 65－66、简 67 不应连读,仍应分开看成两律较为妥当。

何有祖等先生还据胡家草场《赐律》,认为《二年律令·赐律》也存在不是满简书写而应连读的现象,此处一并讨论之。

《二年律令·赐律》简 282－284:“赐衣者六丈四尺、缘五尺、絮三斤,襦二丈二尺、缘丈、絮二斤。绔(袴)二丈一尺、絮一斤半……公乘以下缦表,皆帛里;司寇以下布表、里。二月尽八月赐衣、襦,勿予里、絮。二千石吏不起病者,赐衣襦、棺及官衣常(裳)。郡尉,赐衣、棺及官常(裳)。千石至六百石吏死官者,居县赐棺及官衣。五百石以下至丞、尉死官者,居县赐棺。”简 285:“官衣一,用缦六丈四尺,帛里,毋(无)絮;常(裳)一,用缦二丈。”简 288:“一室二殡在堂,县官给一棺;三殡在当(堂),给二棺。”简 289:“赐棺享(椁)而欲受斋者,卿以上予棺钱级千、享(椁)级六百;五大夫以下棺钱级六百、享(椁)级三百;毋(无)爵者棺钱三百。”《选粹》载胡家草场《赐律》3172＋406 有相应内容:“吏二千石以上不起病者,赐衣襦、棺及官衣常(裳)。千石至六百石吏死官者,居县赐棺及官衣。五百石以下至丞、尉死官者,居县赐棺。官衣一,用缦六丈四尺,帛里,毋(无)絮;常(裳)一,用缦二丈。赐棺享(椁)而欲受斋者,卿以上予棺钱级千、郭(椁)级六百;五大夫以下棺钱级六百、享(椁)级三百;毋(无)爵者棺钱三百。一室二殡……"

何有祖等先生认为胡家草场《赐律》有"居县赐棺、官衣一",其中"官衣一"应是"赐"宾语,从文例上看,简284、285确可连读。此文还由此认为《二年律令·赐律》认为简284、285、289虽不是满简抄写,但应按282-284+285+289+288的顺序连读、编联。①

按何有祖等先生引胡家草场《赐律》所谓"居县赐棺、官衣一,……"当从《选粹》改为"居县赐棺。官衣一,……"。改读后"官衣一"以下别为一句,简284、285可以连读一说便失去了坚强的证据。

上引胡家草场《赐律》虽将《二年律令·赐律》分开的几条律文连读,但二者律文不同,前者经过了重新修订。如《二年律令·赐律》"二千石吏"改成了"吏二千石以上"。胡家草场《朝律》简380有"中二千石",指的乃是中央或京师二千石,当时并无中二千石新秩。②这里的"吏二千石以上"当然不会是指二千石及中二千石。《二年律令·赐律》的赏赐对象及其规定并不包括"太傅"等三公、"丞相""相国"、除"卫将军"外的诸将军,诸官虽地位高于二千石官,但当时并无秩名(《二年律令·秩律》中最高秩为二千石)。此次重修《赐律》称"二千石以上",将上述诸官吏也囊括在内了。又如《二年律令·赐律》二千石以下,又单列有郡尉,显示当时郡尉与其余二千石官在

① 何有祖、刘盼、蒋鲁敬:《张家山汉简〈二年律令·赐律〉简序新探——以胡家草场汉简为线索》,载《文物》2020年第8期。下引何有祖等说均出此文。

② 彭浩:《读胡家草场汉简札记两则》,载简帛网2021年10月17日,bsm.org.cn/?hanjian/8462.html。

地位尊卑上仍有差异。胡家草场《赐律》将“郡尉,赐衣、棺及官常(裳)”一句删除,已将郡尉与其余二千石官同等看待了。以上两处修改均使律文逻辑上更趋严密。上文也已指出胡家草场《亡律》有合《二年律令·亡律》四条律文为一条律文的情况,胡家草场《赐律》3172+406等诸简连抄也可以看成合之前诸律为一新律。既然胡家草场汉律有重大修订,律条也经过重新分合,上引《二年律令·赐律》诸简当然不一定要看成一条律文而连读了。

《二年律令·赐律》有不少文意上有关联,但分简书写的情况。如295:“赐公主比二千石。”简296:“御史比六百石,相……”简298:“二千石食糳(糳)、粲、穤(糯)各一盛,醯、酱各二升,介(芥)一升。”简299:“千石吏至六百石,食二盛,醯、酱各一升。”简300:“五百石以下,食一盛,酱半升。”简301:“食一盛,用米九升。”何有祖等先生引胡家草场《赐律》3060“五百石以下,食一盛,酱半升。食一盛,用米九升”,认为简298-301可连读。其实这几例也应看成两种《赐律》律条分合不同的例子。其中简301“食一盛,用米九升”与简285“官衣一,用缦六丈四尺,……”辞例类同,性质接近,均是对所赐之物(官衣一件、食一盛)的规格进行规定。二者均分简别书,说明应是刻意如此抄写的。《二年律令·赐律》律文分简书写之例不在少数,诸简皆文意完整,笔者认为将之都单独看成一条律文是最为简单直接的。

需要指出的是,《二年律令》存在将两律条合抄一处的现象。①因此《二年律令·赐律》简283“勿予里、絮”下也可能别为一条律文。以《二年律令·赐律》赐食分“二千石”“千石吏至六百石”“五百石以下”诸律条来看,甚至不排除简283“勿予里、絮”以下,“二千石吏”

① 游逸飞:《如何“阅读”秦汉随葬法律?——以张家山汉简〈二年律令〉为例》,载简帛网2016年5月4日,bsm.org.cn/?hanjian/6699.html。

"郡尉""千石吏至六百石""五百石以下"诸条皆别为一条律文这一可能。

再来看与两种《赐律》有关的另外一例。《二年律令·赐律》简290："诸当赐，官毋（无）其物者，以平贾（价）予钱。"《二年律令·金布律》简418－420："诸冗作县官及徒隶，大男，冬禀布袍表里七丈、络絮四斤，绔（袴）二丈、絮二斤；大女及使小男，冬袍五丈六尺、絮三斤，绔（袴）丈八尺、絮二斤；未使小男及使小女，冬袍二丈八尺、絮一斤半斤；未使小女，冬袍二丈、絮一斤。夏皆禀禅，各半其丈数而勿禀绔（袴）。夏以四月尽六月，冬以九月尽十一月禀之。布皆八稯、七稯。以裘皮绔（袴）当袍绔（袴），可。"何有祖等先生据胡家草场《赐律》简324："诸当赐，官毋（无）其物者，以平贾（价）予钱。诸冗作县官、官奴婢、徒隶、冬禀布袍、襦、绔（袴）各一，夏禀禅。官为裁衣。程：……"认为《二年律令·金布律》简418－420当接于《二年律令·赐律》简290之后，其文虽与睡虎地秦简《金布律》相似，但在张家山汉简以及胡家草场汉简时期已归入《赐律》。

此说我们不能赞同。从出土号来看，《二年律令·金布律》简418－420多与《二年律令·金布律》其余诸简编号接近，而与《二年律令·赐律》诸简编号较远。以之为线索，简418－420还是看成《金布律》更为妥当。睡虎地秦简《金布律》简90－93授衣者条对所授衣之材质、规格、价值皆有明细规定，如"大褐一，用枲十八斤，直（值）六十钱"。简94－96禀衣者条规定禀衣者要缴纳衣钱，如"禀衣者，隶臣、府隶之毋（无）妻者及城旦，冬人百一十钱"。以上均与官府财务出纳相关。岳麓秦简（四）简384－385："冬袍裘绔履及它物可衣履者，尽四月收。其后贱〈赋〉夏衣者，假禅裙群襦尽九月收，叚（假）裘者，勿假袍；叚（假）袍者，勿假裘。它有等比。"可见，诸衣物作为公家财物借出后仍应收回。此涉及官府财务保管及废旧物资的处理。秦汉以来《金布律》主要涉及县官金钱、布帛之事,《二年律令·金布律》简418-420自然也与此相关。从律文来看,《二年律令·金布律》简418-420亦属授及稟衣,与上引秦简一致,而非胡家草场《赐律》的赐衣。《二年律令·金布律》简421-425还有马牛等稟食的规定,从性质来看亦与《二年律令·金布律》简418-420一致。故从性质及内容来看诸简也应归入《金布律》。

胡家草场《赐律》在《二年律令·赐律》等基础上进行了重修,因此不能仅根据有类似文句便简单将《二年律令·金布律》简418-420归入《二年律令·赐律》。此外,尚不能排除授及稟衣等相关律文重见于《赐律》《金布律》这一可能。研究者多已关注有关"入钱缿中"的相关规定各见于睡虎地秦简《关市律》、岳麓秦简《金布律》与张家山汉简《金布律》,而其内容繁简不同这一现象。陈伟先生曾对之有详细讨论,他指出:"入钱缿中"律可能同时出现于《关市律》《金布律》而各有侧重,这与秦简《仓律》《效律》一些文字重复出现的情况类似,可能是《晋书·刑法志》批评秦汉旧律"实相采入""错糅无常"的现象。① 此说应可信。

总之,原整理者将《二年律令》简290归入《赐律》,简418-420归入《金布律》,从目前所见资料来看应无问题。

二

胡家草场《贼律》(简1023+1121+1004):

以城邑亭障反,降诸侯,及守乘城亭障,诸侯人来功(攻)盗,不坚守而弃去之,若降之,及谋反者,皆要(腰)斩。其城邑反、

① 陈伟:《秦与汉初"入钱缿中"律的几个问题》,载陈伟主编:《秦简牍整理与研究》,经济科学出版社2017年版,第82页。

降,及守乘城弃去若降之,及谋反者父母、妻子、同产无少长,皆弃市。谋反者狱具,二千石官案掾移廷₌(廷,廷)以闻,有报,乃以从事。其坐谋反者,能编(偏)捕,若先告吏,皆除坐者罪。

此条律文可与张家山汉简(M247)《二年律令·贼律》、张家山M336竹简《贼律》相对读。其中《二年律令·贼律》简1－2:"以城邑亭障反,降诸侯,及守乘城亭障,诸侯人来攻盗,不坚守而弃去之,若降之,及谋反者,皆腰斩。其父母、妻子、同产无少长,皆弃市。其坐谋反者,能偏捕,若先告吏,皆除坐者罪。"张家山M336竹简《贼律》类似律条作:"以城邑亭鄣反,降诸侯,及守乘城亭鄣,诸侯人来攻盗,不坚守而弃去之若降之,及谋反者,皆要(腰)斩。"张家山汉简(M247)《二年律令》时代在吕后二年。张家山M336汉律与《七年质日》同出,年代下限是汉文帝前元七年。简文删去亲属连坐规定,与《汉书·文帝纪》二年"尽除收帑相坐律令"相合,则其时代当在文帝二年或其后。比较而言,胡家草场简仍有罪犯亲属坐罪及谋反坐罪者免罪的规定,并且增加决狱程序。

对于胡家草场《贼律》仍存在连坐犯罪者亲属的规定这一特点,彭浩先生有解释:"胡家草场这条《贼律》简的年代有两个可供考虑的可能,一是早于《二年律令》,在收入《二年律令》时删繁就简;另一种可能是晚于M336《贼律》。但后者于文献无征,即使在汉景帝三年(前154)吴楚七国之乱后也未见修改此律的记载。由此或可判断,《二年律令·贼律》简1－2可能是对胡家草场简《贼律》修改而来。如推测不误,胡家草场此简的年代应在《二年律令》简1－2之前,或是汉高祖时期。"①

---

① 彭浩:《读胡家草场汉简札记两则》,载简帛网2021年10月17日,bsm.org.cn/?hanjian/8462.html。

曹旅宁先生认为,彭说第二种说法较可靠,胡家草场此条律文应晚于M336《贼律》,连坐犯罪家属的法令在文帝统治后期或者景帝统治初期可能得以恢复。他据《史记·晁错传》晁父所言"吾不忍见祸及吾身",认为反映出收孥之制在景帝初年时依然存在,并进一步指出"如果胡家草场《贼律》此条确为文帝以后的汉律条文,也反映出汉初收孥连坐之制存废的复杂情景"。[①]

根据目前已公布的胡家草场汉律来看,其律文均体现出较晚的特征。如因汉文帝除肉刑,故胡家草场《盗律》简1374－1375,《贼律》简1260将《二年律令》律条中的黥刑均改为髡刑。又如,胡家草场《盗律》简1374－1375关于盗赃钱数的规定或处罚均低于《二年律令·盗律》,均反映出减轻判罚的倾向。从部分文字表述来看,胡家草场汉律逻辑更严密,漏洞更少,文意更明晰,反映出后出转精的特点。上文已提到胡家草场《赐律》重修,使律文逻辑上更趋严密的例子。《二年律令·捕律》简142之"回",胡家草场《捕律》简1105改作"回避",就是文意更明晰的例子。[②] 前引胡家草场《贼律》既然与《盗律》简1374－1375、《贼律》简1260同时出土且编联为一册,显然应该同时看待。因此,胡家草场《贼律》有关亲属连坐的律文,其时代与其余律文相同,也应是文帝前元十六年或稍前。

彭年先生、曹旅宁先生均已经提到景帝时期收孥连坐制度仍存在。彭年先生指出汉景帝平定吴楚"七国之乱"后,将"其首事者妻、子没入为官奴婢",这说明文帝"尽除收律"的诏令已变成有名无实

① 曹旅宁:《胡家草场汉简〈贼律〉"以城邑亭障反"条应是文帝以后汉律》,载简帛网2021年10月27日,bsm. org. cn/? hanjian/8476. html。

② 参见拙文:《胡家草场西汉简牍研读》,载复旦大学出土文献与古文字研究中心网2021年10月21日,fdgwz. org. cn/Web/Show/6820。

的一纸具文。① 从胡家草场《贼律》来看,景帝时期实行收孥连坐制,应该就是继承自文帝元年之后的法律。结合张家山 M336《贼律》、胡家草场《贼律》来看,文帝二年确实曾“尽除收帑相坐律令”,但在其后某一时期又曾经恢复。与张家山 M336 汉律同出的《七年质日》年代为文帝七年,则 M336 汉律通行的时代应在此时或稍前。综合考虑,胡家草场《贼律》对律文进行重修其时代或要晚到文帝七年以后。

《汉书·刑法志》谓高后元年“除三族罪”,文帝十七年“新垣平谋为逆,复行三族之诛”。族刑、收孥、连坐诸种刑罚多施于谋逆等重罪,既然除三族罪因新垣平谋逆而复行,收孥连坐罪当然也可能因某重大事件而复行。《汉书·文帝纪》有文帝三年济北王刘兴居谋反、文帝六年淮南王刘长谋反事,但前者处置措施为“虏其王,赦济北诸吏民与王反者”,后者是“帝不忍致法于王,赦其罪,废勿王”。从上引两例来看文帝前期即使对诸侯王谋反者亦采取或诛其首事者或赦其罪的办法,这固然与汉初省禁约法、放宽刑法的大环境相关,也因当时法律仍规定针对谋反者可除三族罪、收帑相坐罪。但接连发生的诸侯王谋反事件,不能不让文帝早做防范。胡家草场《贼律》对律文重修,可能就是文帝后来严加防范诸侯王诸多措施之一。

《汉书·刑法志》载文帝二年拟“除收律相坐法”,诏群臣议之:“左右丞相周勃、陈平奏言:‘父母妻子同产相坐及收,所以累其心,使重犯法也。收之之道,所由来久矣。臣之愚计,以为如其故便。’”已经指出这一措施有可能带来之负面结果。但当时朝廷重在收民心、固皇权,因此仍以此诏入律。《汉书·贾谊传》载淮南、济北王皆为逆

---

① 彭年:《秦汉族刑、收孥、相坐诸法及其施行之探讨》,载四川师大历史系编:《秦汉史论丛》,巴蜀书社 1986 年版,第 158～159 页。

诛之后,贾谊数上疏陈政事,为维护天子的最高威严制定“割地定制”,即“众建诸侯而少其力”的方针。其策谓:“割地定制,令齐、赵、楚各为若干国,使悼惠王、幽王、元王之子孙毕以次各受祖之分地,地尽而止,及燕、梁它国皆然。其分地众而子孙少者,建以为国,空而置之,须其子孙生者,举使君之。诸侯之地其削颇入汉者,为徙其侯国及封其子孙也,所以数偿之;一寸之地,一人之众,天子亡所利焉,诚以定治而已,故天下咸知陛下之廉。地制壹定,宗室子孙莫虑不王,下无倍畔之心,上无诛伐之志,故天下咸知陛下之仁。法立而不犯,令行而不逆,贯高、利几之谋不生,柴奇、开章之计不萌,细民乡善,大臣致顺,故天下咸知陛下之义。”文帝十分欣赏贾谊之策,但为稳定政局,此一激进的政治构想的实施尚需等待时机。《汉书·贾谊传》载文帝十六年:“齐文王薨,亡子。文帝思贾生之言,乃分齐为六国,尽立悼惠王子六人为王;又迁淮南王喜于城阳,而分淮南为三国,尽立厉王三子以王之。”贾谊关于众建诸侯的建议,至此才得以施行。值得注意的是,胡家草场汉律的年代在文帝十六年或稍前,其时间线亦指向文帝十六年。这不能不让人怀疑胡家草场《贼律》复收孥连坐之法,乃是与“割地定制”政策相关的举措之一。贾谊之策要做到“法立而不犯,令行而不逆,贯高、利几之谋不生,柴奇、开章之计不萌”,那么防范、惩罚这些谋逆行为的举措必然会在法律层面有所规定或体现。因此,笔者认为,文帝十六年或有可能是复收孥连坐之法之年,或者至少应是复收孥连坐之法的时代下限。

胡家草场《贼律》较之前代法律增加了决狱程序,即“谋反者狱具,二千石官案掾移廷,廷以闻,有报,乃以从事”。对此处文字,彭浩先生有论:“据《二年律令》简 396－397,县道官所治死罪及过失、戏杀案件,经二千石官复案后,‘当论,乃告县道官以从事’。据上引胡家草场简,谋反案件审结,由二千石官‘移廷’,即报送中央政府的司法部门‘廷尉’,‘廷以闻,有报,乃以从事’。”

按《二年律令》简396－397云:“县道官所治死罪及过失、戏而杀人,狱已具,勿庸论,上狱属所二千石官。二千石官令毋(无)害都吏复案,问(闻)二千石官丞谨掾,当论,乃告县道官以从事。”原整理者归入《兴律》,其注又谓或当入《具律》。张家山汉简研读班认为:《晋书·刑法志》述魏定《新律》前的法律体系时云“是时承用秦汉旧律……《兴律》有上狱之文”,可与该律互证,故不当入《具律》。[①] 此两简性质即为上狱之相关规定,当从《晋书·刑法志》之说归入《兴律》。胡家草场《贼律》“谋反者狱具,二千石官案掾移廷,廷以闻,有报,乃以从事”一段,与《二年律令》简396－397文字、性质皆类似。与《二年律令·兴律》相比较,笔者认为此段新增律文存在两种可能:一是此段律文仅见于《贼律》谋反罪律条。二是此段律文《兴律》《贼律》谋反罪律条俱见。上已指出,相关或类似律文重见于不同律文的情况,秦汉律令并不少见。胡家草场汉律规定谋反案件审结,须由属所二千石官报送廷尉,由廷尉论处,并且将之特别写入新修《贼律》谋反罪律条中,这一处理方式既极为重视又颇为审慎。那么这样一段文字为何要新增入《贼律》谋反罪律条呢?

其实,类似说法在西汉诏令或律令中并不罕见。《汉书·宣帝纪》四年诏曰:“父子之亲,夫妇之道,天性也。虽有患祸,犹蒙死而存之。诚爱结于心,仁厚之至也,岂能违之哉!自今子首匿父母,妻匿夫,孙匿大父母,皆勿坐。其父母匿子,夫匿妻,大父母匿孙,罪殊死,皆上请廷尉以闻。”即家庭成员犯罪,其亲属可以“亲亲得相首匿”,法律允许免于或减轻追究其刑事责任。对于这一现象,彭年先生认

① 张家山汉简研读班:《张家山汉简〈二年律令〉校读记》,载《简帛研究(2002—2003)》,广西师范大学出版社2005年版,第191页。

为这一原则直接源自先秦时期儒家的“亲亲相容隐”的法律思想。其谓：“表面看来，‘亲亲相容隐’的法律原则，同收孥、族诛之法一弛一张，迥然不同：前者温情脉脉，而后者杀气腾腾。然而细加推敲，观其实质，则二者不无相通之处：‘亲亲得相首匿’是通过父子之情，夫妇之道，来巩固君臣之义，以消除臣民犯上作乱之祸生，即《晋书·刑法志》所谓‘相隐之道离，则君臣之义废；君臣之义废，则犯上之奸生矣’。这又叫作‘以仁孝治天下’。”①其说颇有道理。以宣帝四年诏相参，文帝时期对《贼律》谋反罪律条进行修订(此亦可能是以诏入律)，②在复收孥相坐律的同时亦允许免于或减轻追究其刑事责任，可谓宽猛相济、一张一弛，体现出文帝的良苦用心。济北王刘兴居、淮南王刘长谋反案，文帝皆采取了宽大处理的措施，此时修订法律对此类谋逆行为可谓既严加防范，又保留有宽恕的余地，这正体现了儒家“亲亲相容隐”的法律思想。

《史记》《汉书》但谓文帝二年“除收律相坐法”，而不载其后又复之，似有为维护文帝“宽刑仁孝”之形象而刻意曲护之嫌。今据胡家草场《贼律》乃得以窥见当时历史之真相，出土文献之重要性由此可见一斑。

① 彭年：《秦汉族刑、收孥、相坐诸法渊源考释》，载《四川师大学报》1986年第2期。

② 关于汉代以诏入律的情况，参见[日]冨谷至：《通往晋泰始之路(Ⅰ)：秦汉的律与令》，朱腾译、徐世虹校译，载中国政法大学法律史学研究院编：《日本学者中国法论著选译》(上册)，中国政法大学出版社2012年版，第161～163页；陈伟主编、徐世虹等：《秦律研究》，武汉大学出版社2017年版，第72页；周波：《张家山汉简〈二年律令〉与〈汉书〉诏令比较研究》，载《出土文献》(第15辑)，中西书局2019年版，第281～295页。

关于五一简"左贼"及相关问题的考证

李均明*

内容摘要:长沙五一广场东汉简牍常见之"左贼"乃为"左贼曹"的省称。左贼曹通常由县丞及门下掾直接监管,日常事务及文书工作则由左贼史、助史经办。"左贼掾"乃为左贼曹下属诸部"贼捕掾"的泛称,平时派驻诸部,必要时回左贼曹集议,其签到登记称"左贼掾某如曹"。"前部贼捕掾"之"前部"乃为先前部署安排的意思;同理,"外部贼曹掾"即为部署在外之贼曹掾的泛称,实指诸部贼捕掾。

关键词:五一简　左贼　如曹　前部

长沙五一广场东汉简牍中屡见"左贼"的称谓,亦见少量"右贼"的叫法。"左贼"是左贼曹的省称,"右贼"则为右贼曹的省称,与之相关的内容亦多用省略语,今试考证其中关键词,对我们了解当时临湘县的治安体系无疑会有帮助。

---

* 李均明,清华大学出土文献研究与保护中心研究员。

一、左贼　左贼史、助史

（一）　永元十六年

左

十二月左仓曹　《五一选释》165A

史朱宏、刘宫，

贼　卒张石，男子刘

得本。　《五一选释》165B①

此例所见为木楬，形制较短，保存完整，上端呈半圆形，有穿孔用于系绳，两面写字，文字连读。“左”及“贼”字分别位于木楬正面及背面的穿孔上方，字体较大，当连读为“左贼”。穿孔下正面两行文字，背面三行文字，乃木楬正文，亦当连读。整体而言，这是一份文档标签，题示文档内容是关于左仓曹史朱宏、刘宫，士卒张石，男子刘得的事情。乃数人的档案合集。“永元十六年十二月”为归档时间，时当公元104年。“本”是“本事”的省略，《五一（壹）》70木楬见“谢寿本事在此中”。② 本，本原。《吕氏春秋·用民》“不可察之本”，高诱注：“本，始也。”③则署“本事”或“本”之档案皆为原始档案。

（二）贼　委输掾史移书逐　《五一（贰）》673A

捕正代桥充

左

① 长沙市文物考古研究所、清华大学出土文献研究与保护中心、中国文化遗产研究院、湖南大学岳麓书院编：《长沙五一广场东汉简牍选释》，中西书局2015年版。本文简称《五一选释》。

② 长沙市文物考古研究所、清华大学出土文献研究与保护中心、湖南大学岳麓书院、中国文化遗产研究院编：《长沙五一广场东汉简牍（壹）》，中西书局2017年版。本文简称《五一（壹）》。

③ 陈奇猷校释：《吕氏春秋校释》，学林出版社1984年版，第1271页。

本事 《五一(贰)》673B[①]

此例所见木楬形式与上例大体相同,只是上端未穿孔,而是以上端两侧刻槽用以系绳。又“左贼”二字的阅读方向正好与正文相反。

贼曹乃东汉太尉乃至郡县常设机构。《后汉书·百官一》太尉长史掾史属,见“贼曹主盗贼事。”[②]县设贼曹见《后汉书·酷吏·黄昌传》“后拜宛令……人有盗其车盖者,昌初无所言,后乃密遣亲客至门下贼曹家掩取得之”,李贤注引《续汉志》曰:“贼曹主盗贼事。”[③]从五一简所见“君教”类木牍来看,贼曹的日常事务及文书工作常由左贼史、助史经办,如:

(三) 左贼史迁、兼史脩、助史详白:府赵卒史留事:召男子张阳、刘次、次舍客任惠,将诣在所,

君教诺 教今白。丞优诣府对,掾隗议,请敕庾亭长伦亟召次等将诣廷。到,复白。

延平元年十二月一日甲辰白

《五一(壹)》331A

十二月二日付证 《五一(壹)》331B

(四) 左贼史颜迁白:府檄曰:乡佐张鲔,小史石竟、少郑、平殴杀费栎,

亡入醴陵界,竟还归临湘;不处鲔从迹所,断绝。案文书:前部

君教若 贼捕掾蔡错、游徼石封、亭长唐旷等逐捕鲔、平、竟,迹绝

① 长沙市文物考古研究所、清华大学出土文献研究与保护中心、湖南大学岳麓书院、中国文化遗产研究院编:《长沙五一广场东汉简牍(贰)》,中西书局 2017 年版。以下简称《五一(贰)》。

② (晋)司马彪:《后汉书》,(梁)刘昭注补,中华书局 1963 年版,第 3599 页。

③ 《后汉书》第 2496 页。

醴陵楱亭部劣淳丘干溲山中。前以处言,如府书。丞优、掾隗
议:请□却贼捕掾错等白草。 《五一(贰)》427

(五) 左贼史式,兼史顺、详白:前部左部贼捕掾篤等考实
南乡文田史黄宫、趣租史李宗殴男子邓官状。今
君教若 篤等书言解如牒。又官复诣曹诊,右足上殴创一所,
广、袤五寸,不与解相应。守丞护、掾普议:解散略,请
却,实核,白草。 《五一(贰)》0429+0430

(六) 兼左贼史英、助史寿白:阳马亭长种言:掩捕小盗男
子刘郎所有奴吉官。官以矛刺种。种以所持刀斫官,
创三所,官
君教诺 以格辜物故。吉捕得,毄亭。丞优、兼掾重谨议:属功
曹辟(?)
行丞事、兼贼曹掾、史各一人迎取吉,并诊官死,得吏便
《五一(贰)》538

(七) 兼左贼史脩、助史寿白:小武陵亭长箱言:男子
唐虫盗区□雷况木六十三束。虫亡。丞优、行驿掾
君教诺 隗议:请属功曹选兼贼曹掾、史各一人诣发所。具
□□□□□以下□□白 《五一(叁)》1110[①]

以上仅举五例,所见“左贼”无疑亦为左贼曹的省称。从中可见左贼曹史、助史(包括其兼职者)是左贼曹相关文件的起草人。县丞及掾是监管合议人。以排除法理解,则“君教”之“君”非县令莫属。

① 长沙市文物考古研究所、清华大学出土文献研究与保护中心、湖南大学岳麓书院、中国文化遗产研究院编:《长沙五一广场东汉简牍(叁)》,中西书局2019年版。以下简称《五一(叁)》。

问题是和县丞配合的掾为何曹掾?最大的可能是门下掾,即从县属机构诸掾中选派。如例(七)所见隗为“行驿掾”,“隗”在“君教”木牍中出现的频率最多。鉴于对贼曹工作进行监督的需要,及向别曹指令的权限,可排除上述所见为贼曹掾的可能。《五一(贰)》“□临湘丞掾牒上吏民当入事问留事到。亟□”,丞掾亦可监管贼曹的工作。可见贼曹文书工作的程序是:先由贼曹史、助史或其中之一,起草上报;再由县丞、掾审核复议,写出具体处理意见;最后由县令批准。除以上所见,又如《五一(贰)》503 起草人“兼左贼史□、助史寿”,审议人“丞优、兼掾□”。《五一(叁)》1106 起草人“左贼史迁”,审议人“丞优、掾隗”。《五一(肆)》1276 起草人“兼左贼史脩、助史寿”,审议人“丞优、掾□”。《五一(肆)》1509“兼左贼史顺、助史详”,审议人“守丞护、掾浩”。批准人则一概为县令。可以看出凡这类文书,较少见贼曹掾和贼曹史、助史共同起草的。而在其他类型的公文中,贼曹诸掾则多与游徼、亭长共同负责,原因详下。

二、诣左贼　掾如曹

(八)●兼左部賊捕掾則言逐捕不知

何人燒石裦等宅假期書　　詣左賊　　八月廿七日

《五一(壹)》324

(九)黄牒七百枚詣左賊曹

兼北部賊捕掾辰脩叩頭死罪白　　《五一(壹)》325

(一〇)左部賊捕掾蒙言考實　　●詣左賊

故亭長王廣不縱亡徒周順書　　《五一(贰)》440

(一一)桑鄉賊捕掾珍言考實

詣左賊　　五月廿二日丞開

女子陈谒诣府自言竟解 《五一(贰)》500

(一二)北部贼捕掾绥言考实☐

由追者由仓竟解言 十二月十日开 诣左贼

《五一(贰)》651

以上仅举五例,所见皆为标题木两行简,用以标识正文内容之概要。概要所述皆为各自经办的事务。值得注意的是文件的发送方向皆指向"左贼",表明文件是送到左贼曹的。尤其例(一一)见"五月廿二日丞开",由县丞开启文件,与"君教"诸简由县丞审议有关事项的程序类同,印证县丞深度介入左贼曹事务;同时说明左贼曹诸掾通常不在贼曹治所内办公,平时被派出到各个警务区工作(详下),则以下左贼掾"如曹"的记录就不难理解了。

(十三)左贼掾异 如曹 《五一(贰)》743

(十四)兼左贼掾 香如曹 《五一(肆)》1306[①]

(十五)左贼掾 雒如曹 ☑ 《五一(伍)》1809[②]

(一六)左贼掾 副如曹☑ 《五一(伍)》2135

何谓"如曹"? 如,到。《吕氏春秋·赞能》"生与之入国",高诱注:"如,至也。"[③]"如曹"即到曹。《五一(伍)》2571"卿教如曹议。""君教"简之"君"无疑指县令,则此尊称"卿"之地位当低于县令,指

① 长沙市文物考古研究所、清华大学出土文献研究与保护中心、湖南大学岳麓书院、中国文化遗产研究院编:《长沙五一广场东汉简牍(肆)》,中西书局 2019 年版。以下简称《五一(肆)》。

② 长沙市文物考古研究所、清华大学出土文献研究与保护中心、湖南大学岳麓书院、中国文化遗产研究院编:《长沙五一广场东汉简牍(伍)》,中西书局 2021 年版。以下简称《五一(伍)》。

③ 《吕氏春秋校释》第 1592 页。

县丞或县尉的可能性最大。“如曹议”犹今言到机关来商量事情。如果左贼掾始终在曹内坐班办公,不存在“如曹”的问题,可反证因其长期派驻在外,故回曹办事被记录在案。

三、左贼诸部掾

上文“左贼掾”当为左贼曹下属诸部贼捕掾的泛称。以左贼掾副为例:

(一七)兼左部贼捕掾副言考實劫人贼
陈孝偖、王叔异竟解署南郡书　六月廿九日发　诣左賊
《五一(肆)》1484

此见“副”为兼左部贼捕掾,亦需从外向左贼曹呈报相关文件,而例(一六)径称之“左贼掾”。则被派驻在外的诸部贼捕掾,皆可称“左贼掾”。从与左贼诸部掾相关的文件中不难看出其在外活动的方式及统辖关系,例如:

(一八)永初二年七月乙丑朔廿七日辛卯,北部賊捕掾向、游徼汎叩頭死罪敢言之。廷下
詔書曰:告隸校尉部刺史:甲戌詔書罪非殊死且勿案驗,立秋如故。
《五一(壹)》128A
北部賊捕掾烝向名印
史白開
七月　日　郵人以來　《五一(壹)》128B

据例(一二)所见,北部贼捕掾必须向左贼曹汇报工作,无疑属左贼曹管辖。文件乃为北部贼捕掾烝向及北部游徼汎关于收到乃至执行“甲戌诏书”后的共同报告。整理者注:“‘隶’上或脱‘司’字。或

说‘告’字当释为‘司’。”当以前说为是。

(一九)永初元年正月癸酉朔廿日壬辰,东部劝农贼捕掾迁、游徼尚、驷望亭长范叩头死罪敢言之。

廷书曰:言男子吴辅斗伤弟妻麃,亡。逐捕有书,辅以微辨贼伤麃,所犯无

《五一(壹)》230A

东部劝农贼捕掾黄迁名印

史 白开

正月 日 邮人以来 《五一(壹)》230B

下例(二三)见“兼左贼史脩、助史寿白:前部东部贼捕掾迁等考杀妻贼李育、迁等书言:育刃贼杀人,亡。已刻……”“前部”指之前的安排(详下文)。则知破案行动由贼曹安排,东部贼捕掾迁执行后亦向左贼曹汇报,知其亦归左贼曹管辖。“逐捕有书”指逐捕行动有书面依据,犹今持有逮捕令。亦知此次逮捕行动由东部劝农贼捕掾、东部游徼、驷望亭长共同执行。

(二〇)延平元年七月丙子朔十五日庚寅,北部、桑乡贼捕掾绥、并,游徼戎、厚,广亭长封、肥例亭

【长暘叩头】死罪,敢言之。男子谢光与弟□奉射肥例亭长谢暘马,光刺(?)暘,奉 《五一(伍)》1752+1755A

【北部贼】捕掾李綏名印

史 白开

七月 日邮人以来 《五一(伍)》1752+1755B

据例(一一)、(一二)所见,北部及桑乡贼捕掾皆属左贼曹管辖。此例所见,乃北部贼捕掾、北部游徼、广亭长与桑乡贼捕掾、桑乡游徼、肥例亭长协同执行任务。

就迄今已公布的资料而言,左部、东部、北部、桑乡贼捕掾无疑属左贼曹管辖。据下例所见,右部贼捕掾则属右贼曹管辖:

(二一) 右賊史牧,兼史蒙、勝白:右部賊捕掾敬等檟言:男子張

君教若 度與黄叔爭言鬬,度拔刀欲斫叔不中,無狀。適度作下津横

屋二月,以付將吏嵩。守丞護、掾英議如敬等言。請屬左

□曹□…… 《五一(壹)》307

此例所见,右贼史牧,兼史蒙、胜与有直接的业务往来,故其统属关系当可肯定,即右部贼捕掾属右贼曹管辖。可惜文末“请属属左□曹□”最后三字不清晰,“左”下一字还有可能是“贼”字,则此案有可能依然与左贼曹相关。

(二二) 永元十六年十月丁亥朔廿日戊午,南部游徼栩、柚州例游徼京、溪例亭长福叩头死罪敢言之。

廷前以府唐掾书,阴微起居,逐捕杀独栎例亭长、盗发冢者男子区义。

《五一(贰)》426A

南部游徼张栩名印。

史白开。

十月 日邮人以来。 《五一(贰)》426B

一般而言,游徼与贼捕掾属同一警区(另文考证),此例既见“南部游徼”,必由“南部贼捕掾”统管。但此南部警务区与贼曹的统属关系尚待考察。

四、前部

五一简常见“前部”的称谓，有的还与贼曹诸部并列，如例（四）见“前部贼捕掾蔡错”，例（五）见“前部左部贼捕掾篤等考实”，又：

（二三）

兼左贼史脩、助史寿白：前部东部贼捕掾迁等考杀妻

贼李育、迁等书言：育刃贼杀人，亡，已刻。男子逢

君教诺　尉靡穀作酒，以律罚金二两，并直钱千二百五十，簿入

二（？）

月时，如迁等解，平。丞优、行驿掾隗议：请属金曹收

责尉金钱，具事，言府。白草。

永初元年三月十八日己丑白

《五一（肆）》1276

由于例（五）“前部左部贼捕掾”及此例“前部东部贼捕掾”的词语结构与例（一八）“北部、桑乡贼捕掾”相同，所以容易被分别误读为“前部、左部贼捕掾”及“前部、东部贼捕掾”，则“前部”被理解是和“东部”“左部”一样的分区称谓，误也。其实，以上简例所见“部”字，皆为动词，是部署、安排的意思，《史记·淮阴侯列传》：“欲发以袭吕后、太子，部署已定。”①这种用法，五一简亦屡见，如《五一（壹）》简156：“前以府书部守史沅纲，相乡陵亭长王岑、蔡英逐捕沩乡干胡苍、黄阳。”《五一（壹）》简876：“辄部贼曹掾黄纳、游徼李临逐召贤……书到，亟部吏与纳并力逐召贤等必得。”都是部署安排的意思。“前部”之“前”指以前、之前。则“前部”指之前的安排。

① （汉）司马迁：《史记》，中华书局1959年版，第2628页。

五、外部

（二四）外部贼曹掾良叩头死罪

□

白事　　《五一（壹）》71

（二五）外部掾刘憙、贼捕掾殷宫、游徼黄饶俱掩顺家，不得。其廿二日餔时，广复
与柱俱之顺舍，欲诡出顺。时顺门开，广柱入门到堂前，一男子倨内中东
《五一（陆）》2198

（二六）平墨盗取知钱万四千。知诣外部贼曹史不处姓名自言召孟平到都亭。
复解遣孟平。书到，趣考实，正处，言。亲何众叩头死罪死罪。奉得书，辄考问　　《五一（叁）》895

“外部”之“部”当如“前部”之“部”，皆为安排、部署的意思。则“外部掾”泛指部署在外的曹掾。“外部贼曹掾”则指部署在外的贼曹掾，实指诸部贼捕掾。

综上，“左贼”是“左贼曹”的省称。左贼曹机构内的日常事务及文书工作通常由左贼史、助史具体操办。县丞直接监管乃至指挥左贼曹的工作，县廷门下掾协助。而“左贼掾”为左贼曹下辖诸部“贼捕掾”的泛称，平时派驻各个警务分区执勤，必要时才入曹议事，故多有“左贼掾某如曹”的签到记录。诸部贼捕掾在多数情况下与该部游徼及相关亭长协同执行任务。

东汉地方百姓的“用法”能动性

——以“雷旦自言张董受钱行赇案”为例

马　力*

内容摘要：近年来，日本学者倾向于认为东汉地方社会已经包含有宋元以后“诉讼社会”的某些因素。然而，这些研究主要从客观因素的角度展开论证，对地方民众的诉讼能动性问题几乎没有讨论。本文通过复原长沙五一广场东汉简牍“雷旦自言张董受钱行赇案”的文书，提出雷旦在丈夫死亡以后，企图利用刑事诉讼解决财产纠纷，进而达到争夺亡夫遗产的目的。这一案件显示当时作为个体的地方民众在与官府司法、行政的日常互动中，具备了积极“用法”的能动性。

关键词：长沙五一广场东汉简牍　“诉讼社会”　个体能动性

一、问题所在

《长沙五一广场东汉简牍》(壹)(贰)收录有十余枚简牍，涉及东汉临湘县的亭长雷良之妻雷旦起诉狱吏张董和董普行赇、受赇的狱

---

*　马力，浙江师范大学历史系讲师。

讼案件。李均明、周海锋、杨小亮分别撰文复原了所属文书的简次,这其中周海锋还对文书内容做了初步考释,而杨小亮通过补入新见简牍将册书复原得更完整。① 从杨文的复原成果看,这一案件表面上属于刑事诉讼,但内中还牵涉有雷旦与张董的争财纠纷,存在雷旦利用狱讼解决民间纠纷的可能性,而这种做法在宋元以后的"诉讼社会"司空见惯。

中国古代"诉讼社会"下百姓通过频繁的提出刑事诉讼,以迫使官府受理并裁判一般民事纠纷,进而形成"健讼"和"越诉"的社会现象。② 近年来,有关汉唐时代存在"诉讼社会"的某些因素或特征的见解已被日本学者所论及。辻正博认为隋唐的相州城已然拥有培育"诉讼社会"的土壤。③ 籾山明、夫马进则进一步上溯至东汉,认为当时各地诉讼多发已然成为时弊,与宋代以后的"健讼"颇为相似。对此,侯旭东指出籾山明据以立论的《潜夫论》,作者王符生平的活动范围主要在安定与洛阳两地,能否把所述的多讼现象视为全国普遍情况尚容有疑问。④ 就此而言,宋以前所见的地方个案代表的更可能是一时一地的情况。另外,夫马进把东汉诉讼多发的原因归结为,乡作

① 参见李均明:《长沙五一广场东汉简牍所见身份认定述略》,载中国文化遗产研究院编:《出土文献研究》(第 17 辑),中西书局 2018 年版,第 327 页;周海锋:《〈长沙五一广场东汉简牍〉文书复原举隅》,载简帛网 2018 年 12 月 26 日,http://www.bsm.org.cn/show_article.php? id = 3280;杨小亮:《长沙五一广场东汉简牍册书编联复原研究》,清华大学 2021 年博士学位论文,第 99 ~ 108 页。为叙述方便,以下分别称为李文、周文和杨文。

② 参见[日]夫马进:《中国诉讼社会史概论》,载[日]夫马进编:《中国诉讼社会史研究》,范愉、赵晶等译,浙江大学出版社 2019 年版,第 3 ~ 111 页。

③ 参见[日]辻正博:《隋唐时期相州的司法与社会——"诉讼社会"成立的前提》,载[日]夫马进编:《中国诉讼社会史研究》,范愉、赵晶等译,浙江大学出版社 2019 年版,第 137 ~ 158 页。

④ 参见侯旭东:《籾山明著:〈秦漢出土文字史料の研究——形態・制度・社会——〉评介》,载邬文玲主编:《简帛研究二〇一七(秋冬卷)》,广西师范大学出版社 2017 年版,第 334 ~ 342 页。

为基层受诉机关为百姓兴讼提供了便利，以及豪民与羸民间的金钱借贷与土地兼并成为诉讼的主要内容。① 辻正博则把隋唐相州城尚未形成“健讼”风气，归因于印刷技术没有普及和出版业发展不充分等宋代才得到扭转的因素。② 这些研究的共同点是，更多地从客观方面寻找汉唐时期涉及“诉讼社会”的因素，而不从个体能动性的方向考察百姓与诉讼的关联。若参照明代百姓利用申冤机会，以刑事诉讼解决民间纠纷的做法，③则上述研究笔下的东汉百姓更显得被动和窘迫。然而，东汉地方的芸芸众生未必是千人一面般消极、无奈的应付诉讼。史书显示早在西汉时期，百姓已然与地方长官的施政治政积极互动，一地的风土人情甚至为之一变。为此，本文选择雷旦告发张董、董普这一狱讼案件，在复原和考释文书的基础上，对东汉百姓能动地运用司法制度以捍卫自身利益的现象进行探讨。

二、文书复原

关于雷旦诉张董、董普一案的文书复原，李文列举了 11 枚简牍，指出它们从属于 2 到 3 件文书，但未做明确划分。周文则列举了 12 枚简牍，并划分成 3 件文书。杨文把李文所列的 10 枚简牍归入 1 件册书，并将周文列举的文书 1 和文书 2 合并，补入整理所获的新简使之基本复原成册，同时，指出简 348 和简 380 分别属于其他简册。下面依照杨文的排序转录释文如下：④

① 参见［日］夫马进：《中国诉讼社会史概论》，载［日］夫马进编：《中国诉讼社会史研究》，范愉、赵晶等译，浙江大学出版社 2019 年版，第 41 页。

② 参见［日］辻正博：《隋唐时期相州的司法与社会——“诉讼社会”成立的前提》，载［日］夫马进编：《中国诉讼社会史研究》，范愉、赵晶等译，浙江大学出版社 2019 年版，第 158 页。

③ 参见［日］谷井阳子：《为何要诉“冤”——明代告状的类型》，载［日］夫马进编：《中国诉讼社会史研究》，范愉、赵晶等译，浙江大学出版社 2019 年版，第 201～226 页。

④ 本文只转录杨文公布的新见简牍整理号，相关释文参见杨文，第 99～108 页。

文书1:

永初二年五月丙寅朔十八日癸未,直符右仓曹史豫叩头死罪敢言之:

廷书曰:女子雷旦自言夫良前为广亭长,他坐系狱,书佐张董从良少夏防

(《五一(壹)》341 正面/2010CWJ1③:174A)

兼右仓史谢豫名印五月　日,邮人以来　　史　　白开

(《五一(壹)》341 背面/2010CWJ1③:174B)[①]

求钱一万以赇掾董普,防以钱七千二百付董。书到,亟考实奸诈,证椮(参)验,正处

言。豫叩头死罪死罪,奉得书,辄考问董及普,即訊(讯)旦,辞皆曰:县民,乡吏,里、年、

(《五一(壹)》338/2010CWJ1③:171)[②]

姓名如牒。普,都乡三门亭部。董、旦,桑乡广亭部。董与父恭、母何、同产兄辅、弟农俱

居。旦,父母皆前物故,往不处年嫁为良妻,与良父平、母莫俱居,自有庐舍

(《五一(壹)》339/2010CWJ1③:172)[③]

广亭部。董,上丘;旦,桥丘,与男子烝愿、雷勒相比近知习。辅、农以田作,真、旦绩纺为事。普以吏次署狱掾。董,良家子给

① 长沙市文物考古研究所、清华大学出土文献研究与保护中心、湖南大学岳麓书院、中国文化遗产研究院编:《长沙五一广场东汉简牍(壹)》,中西书局2018年版,第166页。

② 长沙市文物考古研究所、清华大学出土文献研究与保护中心、湖南大学岳麓书院、中国文化遗产研究院编:《长沙五一广场东汉简牍(壹)》,中西书局2018年版,第165页。

③ 长沙市文物考古研究所、清华大学出土文献研究与保护中心、湖南大学岳麓书院、中国文化遗产研究院编:《长沙五一广场东汉简牍(壹)》,中西书局2018年版,第165页。

事县，备狱书佐。不处年中，良给事县，永初元

（《五一（壹）》126/2010CWJ1①:113）[1]

年不处月日，为广亭长，债醴陵男子夏防为少，月直六百。今年二月不处日，左

贼史连阳、邓修白：属狱系良，坐桑乡游徼帛豫书言，良送杀人贼黄玉道物故，良

（《五一（贰）》523/2010CWJ1③:260－5）[2]

当适（谪）效亭长逐捕所负，便盗玉刀，结良主守盗。其月不处日，良少仲，仲名防，防到

狱门外呼董曰：为我报雷督，我欲去。董即到南牢门外，呼良曰：防在狱门外，欲去，使我来

（《五一（贰）》489/2010CWJ1③:240）[3]

【简 5552＋2207】

【缺简】

【简 4308】

【缺简】

爵一级，无罪名。□出，□[4]效亭长良。□可四五日，董之下津亭为□□□□□□到东索

门外，与良相逢。良乘马，良问董：汝从来？我这过若二人。

---

① 长沙市文物考古研究所、清华大学出土文献研究与保护中心、湖南大学岳麓书院、中国文化遗产研究院编：《长沙五一广场东汉简牍（壹）》，中西书局 2018 年版，第 121 页。

② 长沙市文物考古研究所、清华大学出土文献研究与保护中心、湖南大学岳麓书院、中国文化遗产研究院编：《长沙五一广场东汉简牍（贰）》，中西书局 2018 年版，第 118 页。

③ 长沙市文物考古研究所、清华大学出土文献研究与保护中心、湖南大学岳麓书院、中国文化遗产研究院编：《长沙五一广场东汉简牍（贰）》，中西书局 2018 年版，第 110 页。

④ 整理者释为“过”，杨文释为“适”，不确，详下。

董曰:□[下][津]□□。良

(《五一(壹)》371/2010CWJ1③:198－8)①

曰:汝何时当复出乎?我欲取央钱。董曰:汝欲取钱者,我旦日暮当出。明日暮时

事毕,董从县出,归主人苏到舍。其日暮,良乘马到董所取钱,皆以钱著马

(《五一(贰)》408/2010CWJ1③:201－17)②

上。其月不处日,良病物故,旦令男弟烝柊与防俱责董钱,防、柊报旦钱未得,

董辞已付良钱,董不为良赇普。防债日备,归醴陵不处亭部;柊,桑乡广

(《五一(壹)》396/2010CWJ1③:201－5)③

亭部,皆不问。旦不敢上爰书,董付良钱时无证左,请且适(谪)董狱牢监,愿假期逐召柊,考实,正处言,不敢出月,唯

(《五一(贰)》415/2010CWJ1③:201－24)④

【简 4972】

【简 2208】

文书 2:

父母皆前物故。往不处年中,姬、旦各嫁,姬为苏憙、旦良

① 长沙市文物考古研究所、清华大学出土文献研究与保护中心、湖南大学岳麓书院、中国文化遗产研究院编:《长沙五一广场东汉简牍(壹)》,中西书局 2018 年版,第 173 页。

② 长沙市文物考古研究所、清华大学出土文献研究与保护中心、湖南大学岳麓书院、中国文化遗产研究院编:《长沙五一广场东汉简牍(贰)》,中西书局 2018 年版,第 87 页。

③ 长沙市文物考古研究所、清华大学出土文献研究与保护中心、湖南大学岳麓书院、中国文化遗产研究院编:《长沙五一广场东汉简牍(壹)》,中西书局 2018 年版,第 182 页。

④ 长沙市文物考古研究所、清华大学出土文献研究与保护中心、湖南大学岳麓书院、中国文化遗产研究院编:《长沙五一广场东汉简牍(贰)》,中西书局 2018 年版,第 89 页。

妻，自有庐舍，姬，逢门，旦，广亭部，与男子吕窦、烝次、雷勅等相比近知习。憙，贾贩，旦、姬，绩纺为事。到永初

（《五一（壹）》348/2010CWJ1③：183）①

文书3：

缣，縻亭部，以佃作为事。良往不处年中，娉取（娶）缣为妻。今年九月不处日，良以吏次

署杅亭长，将缣之亭。武为小伍长，俗往来亭助走使。十一月廿日，良入丘发蒻给亭

（《五一（壹）》380/2010CWJ1③：199－3）②

上述12枚简都属于两行，简长22.8～23.4厘米，宽2.9～3.2厘米（见表1），相当于汉代的一尺简，简面留有两道编痕。有关这些简的归属和简序，先行研究的主要意见可以归纳为如下三点：

（1）各家对文书1前5简的次序皆作简341－338－339－126－523。至于简523后的编联次序，李文认为是简523－348－371－489，周文作简523－489，并且所归纳的文书1到此结束，杨文作简523－489－5552＋2207－缺简－4308－缺简。如杨文所述，简348是另一册书的简，应当剔除出文书1所属的简册。再者，简371主要记载雷良和张董的谈话，简489起首是雷良被贬谪为效功亭长的内容。若把两简衔接在一起，上下文不具备因果关系，前后文意无法自洽，而简489接在简523后，恰能说清雷良被惩处系狱的原因，并且两简“亭长”“玉”“良”“防”等字的笔迹一致（见表2）。另外，杨文补

① 长沙市文物考古研究所、清华大学出土文献研究与保护中心、湖南大学岳麓书院、中国文化遗产研究院编：《长沙五一广场东汉简牍（壹）》，中西书局2018年版，第168页。

② 长沙市文物考古研究所、清华大学出土文献研究与保护中心、湖南大学岳麓书院、中国文化遗产研究院编：《长沙五一广场东汉简牍（壹）》，中西书局2018年版，第176页。

入的简 5552 + 2207 和简 4308 显示周文划分的文书 1 和文书 2 实为同一册书的不同部分,故此处应从杨文的意见。

表 1　12 枚简的尺寸统计

简号	长度/厘米	宽度/厘米
341	23.1	3.0
338	23.2	3.0
339	23.0	2.9
126	23.2	3.0
523	23.1	2.9
489	23.1	2.9
371	23.1	2.9
408	23.2	2.9
396	22.8	2.9
415	23.0	2.9
348	23.4	3.0
380	23.0	3.2

注:相关数据来源于《简牍编号及尺寸对照表》,收入长沙市文物考古研究所、清华大学出土文献研究与保护中心、湖南大学岳麓书院、中国文化遗产研究院编:《长沙五一广场东汉简牍(壹)》,中西书局 2018 年版,第 259 ~ 273 页;以及长沙市文物考古研究所、清华大学出土文献研究与保护中心、湖南大学岳麓书院、中国文化遗产研究院编:《长沙五一广场东汉简牍(贰)》,中西书局 2018 年版,第 243 ~ 257 页。

表 2　简 523 与简 489 笔迹对比

简号	字形				
523		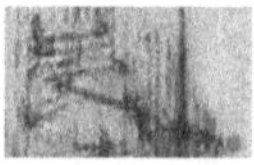			
489			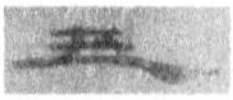		

(2)周文把简 371－408 划分成文书 2,这一部分应如杨文所论归入同一册书,见上文。有关简 408 以后的简序,李文、杨文都作简 408－396－415。对此,周文也同意简 396－415 的次序,但把简 396 置于简 380 后。就笔迹而言,简 396 与简 415 的“旦”“董”“亭部”“柊”5 字笔迹相同(见表 3),两简编联后内容通顺,简 396－415 的编联意见可从。同时,简 396 和简 408“良”“董”“归”“钱”4 字的笔迹亦呈高度重合性(见表 4)。就内容而言,简 317－408－396－415 的编联次序在内容逻辑上没有抵牾之处。这 4 枚简记载了雷良从张董处取走钱后于当月某日病故,导致本案当事双方皆难以澄清案情。假如按照简 380－396 的排序,前简最末一字与后简第一字所组成的“亭上”在汉代文献和这批简牍中都找不到同样的辞例。若按照简 408－396 的排序,所组成的“马上”一词不但在文意上并非扞格难解,相同的辞例也见于其他简牍,如:

> 廷书曰:故亭长李嵩病,邮亭掾赵竟敕楮溪例亭长黄详,次领嵩职。其
>
> 夜鸡鸣时,详乘马将子男顺起例之广成,到赤坑冢间,详从马上见不知何一
>
> (《五一(壹)》359/2010CWJ1③:193)①
>
> 盾,随详行。详乘马在前,顺后,欲之竟所。西行,去详例十四里所,欲明未到广成
>
> 大里可十里所。至赤坑冢间,详从马上见不知何一男子,伏在草中,去大道可

① 长沙市文物考古研究所、清华大学出土文献研究与保护中心、湖南大学岳麓书院、中国文化遗产研究院编:《长沙五一广场东汉简牍(壹)》,中西书局 2018 年版,第 170 页。

（《五一（贰）》529/2010CWJ1③:261－7）①

简359和简529出自不同文书，但所述为同一事件。根据两枚简的记载，楮溪例亭长黄详骑马发现一男子，其中的"马上"证明简408－396的衔接在辞例上可通。据此，简408后的简序应采纳李文、杨文的意见。

表3　简396与简415笔迹对比

简号	字形				
396					
415					

表4　简396与简408笔迹对比

简号	字形			
396				
408				

（3）周文把简348和简380归入同一件文书，李文未将简380列入讨论，但把简348作为本案所属文书的一简，杨文依据笔迹、内容和行文格式作出这一判断，并进一步指出简348和简380分属不同

① 长沙市文物考古研究所、清华大学出土文献研究与保护中心、湖南大学岳麓书院、中国文化遗产研究院编：《长沙五一广场东汉简牍（贰）》，中西书局2018年版，第120页。

简册，其中前者所属册书与本案相关，而后者的简册与本案无关。对此，可以将涉案人的人名作为一项衡量指标。文书1简339-126言雷旦与烝愿、雷勒比近知习，简348同样出现了雷旦与他人比近知习的记载，唯所涉人员变成了烝次和雷勅。烝次应是烝愿的近亲属，而“勒”与“勅”读音接近，疑是使用音近文字记录同一人名，而简380除了雷良以外，继、武等人名均不见于文书1，所以，诚如杨文所论，简348和本案关联较大，简380则是对另一案件的记录。

此外，还有1枚简或许与本案有关，先行研究均未涉及，释文如下：

……直符右仓曹史豫考实女子关(?)旦自言，书佐

(《五一(叁)》1073/2010CWJ1③:264-277)①

简1073是一枚竹简，长22.9厘米，宽1.3厘米，②与前揭12枚两行简的形制不同。这枚简与文书1的责任人皆是“直符右仓曹史豫”，“女子”“旦”“自言”“书佐”等内容也见于文书1，唯此简人名“旦”前所冠的姓是“关”。案整理者对“关”的释文保留了一定疑问，故释文后加问号说明。检核图版，此字上半与“门”“雨”的写法近似，底下的一笔似为横笔，与“关”“雷”的字形出入颇大，和雷旦的原姓“烝”也不相近(见表5)。这里仅把此简作为一种可能性提出，相关疑点留待未来考证。

---

① 长沙市文物考古研究所、清华大学出土文献研究与保护中心、湖南大学岳麓书院、中国文化遗产研究院编：《长沙五一广场东汉简牍(叁)》，中西书局2019年版，第121页。

② 参见《简牍编号及尺寸对照表》，载长沙市文物考古研究所、清华大学出土文献研究与保护中心、湖南大学岳麓书院、中国文化遗产研究院编：《长沙五一广场东汉简牍(叁)》，中西书局2018年版，第220页。

表 5 简 1073 的疑字与“雷”“关”“烝”的字形对比

简号	1073	126	375	396
字形			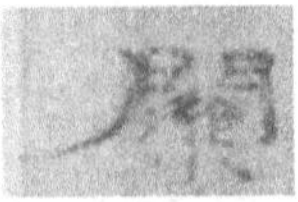	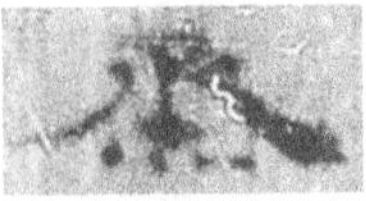

三、释文考证

关于本案各简的释文,周文以简注的方式作了初步考证,下面将在周文和其他相关研究的基础上,依次对 3 件文书进行释读。

文书 1 的永初是汉安帝年号,永初二年即公元 108 年。直符,值班。[①] 廷书,县廷文书。雷旦,人名,本案发起狱讼的一方。案简 396“旦令男弟烝柊”可知雷旦本姓烝,出嫁后改从夫姓,雷良即雷旦的丈夫。自言,本人提出申诉,《汉书 · 楚元王传》附《刘德传》:“盖长公主孙谭遮(刘)德自言,德数责以公主起居无状”,师古曰:“自言,申理公主所坐。”[②]他,其他。坐系狱,《汉书 · 鲍宣传》:“(鲍)宣不知情,坐系狱”。[③] 雷良因其他罪行被拘系于狱。书佐张董及下文的掾董普是本案应诉的一方,张董所任的书佐据下文是狱书佐,董普的职务则是狱掾。少夏防,夏防是人名,案简 489“良少仲,仲名防”,少的全称是少仲。少,《汉书 · 吴王濞传》:“诸子少”,师古曰:“少,幼也。”[④]《史记 · 秦始皇本纪》:“以罪过连逮少近官三郎”,司马贞索隐:“少,小也。”[⑤]仲,《仪礼 · 士冠礼》:“伯某甫仲叔季,惟其所当”,

① 参见李均明:《长沙五一广场出土东汉木牍“直符”文书解析》,载《齐鲁学刊》2013 年第 4 期。

② (汉)班固:《汉书》卷 36《楚元王传》,中华书局 1962 年版,第 1927 页。

③ (汉)班固:《汉书》卷 72《王贡两龚鲍传》,中华书局 1962 年版,第 3094 页。

④ (汉)班固:《汉书》卷 35《荆燕吴传》,中华书局 1962 年版,第 1903 ~ 1904 页。

⑤ (汉)司马迁:《史记》卷 6《秦始皇本纪》,中华书局 1982 年版,第 268 页。

郑玄注：“伯仲叔季，长幼之称。”[①]少仲原是长幼次第排行，但简 523“债醴陵男子夏防为少，月直六百”的记载说明少仲在此与年龄辈分无关。同时，少仲也可简称为“少”或“仲”。[②] 关于少仲的性质，周文认为少可能相当于舍人，是官吏私人聘用的杂役，杨文认为“少”指副贰，是亭长自置的助手。[③] 有关少仲的身份性质，详下。

赇，《汉书·王子侯表上》万魁侯戚条：“元鼎三年，坐缚家吏恐猲受赇，弃市。”师古曰：“赇，枉法以财相谢。”[④]赇有行赇、受赇之别，本案雷旦控告张董在雷良系狱后，向雷良少仲夏防索要钱财“以赇掾董普”，应属于行赇，即行贿。《二年律令·盗律》：“受赇以枉法，及行赇者，皆坐其臧（赃）为盗。罪重于盗者，以重论之。”[⑤]椮验，即参验。参，杂也，《左传·庄公四年》：“授师孑焉”，杜预注：“然则楚始于此参用戟为陈”，孔颖达疏：“参用之者，参杂用之。”[⑥]考问，察问、验问。[⑦] 訊，周文认为是“讯”的俗体，即讯，就问也，即讯旦，指前往旦的住所讯问，非传问，可从。《汉书·淮南王安传》：“会有诏即讯太子”，师古曰：“即，就也。讯，问也。就淮南问之，不逮诣河南。”[⑧]

---

① （汉）郑玄注，（唐）贾公彦疏：《仪礼注疏》卷3《士冠礼》，载（清）阮元校勘：《十三经注疏》（第4册），艺文印书馆2001年影印本，第4册，第32页上栏。

② 简489“仲名防”，“仲”即少仲。另外，简427又有“少郑平”，“少”即少仲。有关这枚简的图版和释文，参见长沙市文物考古研究所、清华大学出土文献研究与保护中心、湖南大学岳麓书院、中国文化遗产研究院编：《长沙五一广场东汉简牍（贰）》，中西书局2018年版，第92页。

③ 对“少”作为“少仲”省称时的含义问题，杨文未作讨论。

④ （汉）班固：《汉书》卷15上《王子侯表上》，中华书局1962年版，第440页。

⑤ 彭浩、陈伟、[日]工藤元男主编：《二年律令与奏谳书》，上海古籍出版社2007年版，第113页。

⑥ （晋）杜预注，（唐）孔颖达疏：《春秋左传正义》卷8，载（清）阮元校勘：《十三经注疏》（第6册），台北，艺文印书馆2001年影印本，第140页上栏。

⑦ 关于考问的含义，参见拙文《东汉中期临湘县的狱讼运行——以“左仓曹史朱宏、刘宫臧罪竟解书”所见为例》，待刊。

⑧ （汉）班固：《汉书》卷44《淮南衡山济北王传》，中华书局1962年版，第2147～2148页。

县民,指雷旦。乡吏,指张董、董普。汉代狱掾史是县属吏,[①]东汉临湘县也设有县一级的临湘狱。[②] 此处将狱掾董普、狱书佐张董定性为乡吏,疑二人任职之狱位于属乡,即文献所称的“犴”。[③] 里、年、姓名如牒,指另在牒书上记录名事爵里等个人信息,与本文书一起上呈。比近,比邻。[④] 知习,知晓熟悉。[⑤] 辅、农,《选释》把两字连读,释成辅助农作之事,不确。[⑥] 依据简339可知辅和农都是人名,是张董的亲兄弟。绩纺,纺织。[⑦] 以吏次,以吏职相近。[⑧] 署,《汉书·儿宽传》:“不署曹”,师古曰:“表也,置也。凡言署官,表其秩位,置立为之

---

① 参见严耕望:《中国地方行政制度史:秦汉地方行政制度》,上海古籍出版社2007年版,第233页;安作璋、熊铁基:《秦汉官制史稿》,齐鲁书社2007年版,第670页。

② 关于临湘狱,见简257右起第4行简文:“永元十六年七月戊午朔十九日丙子,曲平亭长昭劾,敢言之:临湘狱以律令从事,敢言之。”图版和释文参见长沙市文物考古研究所、清华大学出土文献研究与保护中心、湖南大学岳麓书院、中国文化遗产研究院编:《长沙五一广场东汉简牍(壹)》,中西书局2018年版,第145页。

③ 《后汉书·崔骃传》:“所至之县,狱犴填满。”李贤注引《前书音义》曰:“乡亭之狱曰犴。”参见(南朝宋)范晔:《后汉书》卷52《崔骃列传》,中华书局1965年版,第1704页。

④ 长沙市文物考古研究所、清华大学出土文献研究与保护中心、湖南大学岳麓书院、中国文化遗产研究院编:《长沙五一广场东汉简牍选释》,中西书局2015年版,第127页简7注2。

⑤ 长沙市文物考古研究所、清华大学出土文献研究与保护中心、湖南大学岳麓书院、中国文化遗产研究院编:《长沙五一广场东汉简牍选释》,中西书局2015年版,第128页简8注1。

⑥ 长沙市文物考古研究所、清华大学出土文献研究与保护中心、湖南大学岳麓书院、中国文化遗产研究院编:《长沙五一广场东汉简牍选释》,中西书局2015年版,第135页简16注3。

⑦ 长沙市文物考古研究所、清华大学出土文献研究与保护中心、湖南大学岳麓书院、中国文化遗产研究院编:《长沙五一广场东汉简牍选释》,中西书局2015年版,第135页简16注4。

⑧ 长沙市文物考古研究所、清华大学出土文献研究与保护中心、湖南大学岳麓书院、中国文化遗产研究院编:《长沙五一广场东汉简牍选释》,中西书局2015年版,第135页简16注5。

也。”[1]良家子，巫、医、商人和百工以外的百姓。[2] 给事，供事，[3]有研究指出汉代给事相当于借调，不占员吏编制。[4] 备，《韩非子·解老》：“入军不备甲兵”，王先慎集解引《广雅释诂》：“备，具也。”[5]狱书佐，《选释》认为是县狱书佐，可从。

“债醴陵男子夏防为少，月直六百”，先行研究把“债”多训为赁、雇。[6] 五一广场东汉简也见有“受雇”“（不）雇直”等辞例，[7]则“债”的含义在与赁、雇仍有一定的区别。下文言“防债日备，归醴陵不处亭部”，日备又见于里耶秦简 8－71：“佐日备者，士五（伍）梓潼长䙡欣补”，《里耶秦简牍校释》释为期满。[8] 据此，不排除“债”指欠债，即欠债的夏防以“少仲”身份给债主雷良打杂，所付出的劳务按每月 600 钱的标准抵偿债务，劳作日数抵偿完债务即为“债日备”，至此夏防可以自由离开返回原籍。由此可知，文书中的“少仲”及其简称应是指以劳务抵债的欠债人。

属狱系良，委托乡狱拘系雷良。属，《汉书·王莽传》：“属予以

---

① （汉）班固：《汉书》卷 58《公孙弘卜式儿宽传》，中华书局 1962 年版，第 2628～2629 页。

② 长沙市文物考古研究所、清华大学出土文献研究与保护中心、湖南大学岳麓书院、中国文化遗产研究院编：《长沙五一广场东汉简牍选释》，中西书局 2015 年版，第 135 页简 16 注 6。

③ 杨鸿年：《汉魏制度丛考》，武汉大学出版社 2005 年版，第 42～43 页。

④ 参见侯旭东：《长沙走马楼三国吴简所见给吏与吏弟子——从汉代的“给事”说起》，载《中国史研究》2011 年第 3 期。

⑤ （清）王先慎：《韩非子集解》卷 6，钟哲点校，中华书局 1998 年版，第 150 页。

⑥ 参见崔启龙：《走马楼吴简所见“黄民簿”与“新占民”再探》，载中国文化遗产研究院编：《出土文献研究》（第 18 辑），中西书局 2019 年版，第 372～374 页；温冰玉：《朱宏、刘宫臧罪案复原研究》，载简帛网 2020 年 6 月 9 日，http://www.bsm.org.cn/show_article.php? id=3557，以及杨文。

⑦ “受雇”见于简 80，“（不）雇直”见于简 361、简 667、简 1681。

⑧ 关于秦简 8－71 的释文和“日备”的解释，参见何有祖等撰著：《里耶秦简牍校释》（第 1 卷），武汉大学出版社 2007 年版，第 54 页。

天下兆民”,师古曰:“属,委付也。”[①]坐,《助字辨略》:“《汉书·李陵传》:‘坐预诏之,得令老将生奸诈。’《后汉书·光武纪》:‘……坐不生得,以见责让。’汉诗:‘但坐观罗敷。’此坐字,尤云因也。”[②]“坐桑乡游徼帛豫书言”,周文“坐”属上读。案帛豫的上书是左贼史连阳、邓修拘系雷良的依据所在,故“坐”当与下文连读为是。据此,雷良很可能被拘押在桑乡之狱。适,谪。效亭长,其他简牍又作“效功亭长”。[③]《汉书·苏武传》:“效死于前”,师古曰:“效,致也。”[④]《后汉书·西羌传》:“欲效功者,皆除其罪。”[⑤]效功指戴罪立功。“当适(谪)效功亭长逐步所负”,李文将其作为一整句连读,周文把“逐捕所负”下读。案,“逐捕所负”与下文“良主守盗”的罪名无关,但有将功补过的含义,与雷良效功亭长的身份相适应,因而,“逐捕所负”也是“谪”的处罚内容,与“当适(谪)效功亭长”连读,李文意见可从。结,《汉书·严延年传》:“以结延年”,师古曰:“结,正其罪也。”[⑥]《后汉书·杨伦传》:“坐不敬,结鬼薪。”李贤注:“结,正其罪也。”[⑦]主守盗,《汉书·薛宣传》:“或议以为疑于主守盗”,孟康曰:“法有主守盗,断官钱自入己也。”[⑧]关于“便刀玉刀,结良主守盗”,周文把“结”上读,但未详述理由;李文作“结:良主守盗”,杨文作“结良主守盗”。案“结”依照含义应下读,又文献所见辞例,“结”释为结罪时,可直接

① (汉)班固:《汉书》卷99上《王莽传上》,中华书局1962年版,第4095~4096页。
② (清)刘淇著,黄锡琛校注:《助字辨略》卷3,中华书局1954年版,第160页。
③ 如简1383有“效功亭长龚均”。图版和释文参见长沙市文物考古研究所、清华大学出土文献研究与保护中心、湖南大学岳麓书院、中国文化遗产研究院编:《长沙五一广场东汉简牍(肆)》,中西书局2019年版,第106页。
④ (汉)班固:《汉书》卷54《李广苏建传》,中华书局1962年版,第2464~2465页。
⑤ (南朝宋)范晔:《后汉书》卷97《西羌列传》,中华书局1962年版,第2880页。
⑥ (汉)班固:《汉书》卷90《酷吏传》,中华书局1962年版,第3671页。
⑦ (南朝宋)范晔:《后汉书》卷79《儒林列传》,中华书局1962年版,第2564页。
⑧ (汉)班固:《汉书》卷83《薛宣朱博传》,中华书局1962年版,第3387~3388页。

冠于人名、罪名等名词前，故“结”应与“良主守盗”连读。雷督，周文释作人名。案夏防所呼之雷督即雷良。督，《后汉书·郭躬传》：“校尉一统于督”，李贤注：“督谓大将。”①可知“督”可用来指称武吏。雷良前为广亭长，被贬后仍有效功亭长的身份，属于基层武吏，所以夏防称其为雷督，这里的“督”应有下对上尊称的性质。②

“爵一级，无罪名”，前有厥文，疑指削爵一级抵罪，以此得到无罪名的结果。将其与之前雷良坐罪系狱的记载相比较，则这一内容很可能涉及临湘对雷良的惩处。③“□出，□效亭长良”，前一缺字周文补释为“良”，整理者、李文和杨文皆释作缺字；后一缺字，整理者、李文和周文都释为“过”，周文认为应把“过”改释为“适”，通“谪”，杨文直接释为“适”。检核简371的图版，前一缺字的残墨显示此字似呈左右结构，最底下是一长横笔，与同简“良”的字形完全不同（见表6），后一缺字上方的残笔似写作“⺌”，下方的残笔似是横笔的末端，与同简“逢”“过”的“⻌”写法不一致（见表7）。在没有确凿证据的前提下，本文暂将两字作缺字处理。关于简371“无罪名”至“董之下[津]……”的标点，李文存疑未标注，周文作“无罪名，[良]出过（谪）效功亭长，良□□四五日，董之下□……”杨文作“无罪名，□出适（谪）效功亭长。良□[可]四五日，董之下[津]……”案简509：“后可六七日，苌复来”，④与本简“□[可]四五日，董之下□”的行文格式相同，

① （南朝宋）范晔：《后汉书》卷46《郭陈列传》，中华书局1962年版，第1543～1544页。

② “督”作为尊称的用法还见于简471，伍长杜幼尊称演为“督”。关于简471的图版和释文，参见长沙市文物考古研究所、清华大学出土文献研究与保护中心、湖南大学岳麓书院、中国文化遗产研究院编：《长沙五一广场东汉简牍（贰）》，中西书局2018年版，第105页。

③ 杨文也持相似的看法。

④ 长沙市文物考古研究所、清华大学出土文献研究与保护中心、湖南大学岳麓书院、中国文化遗产研究院编：《长沙五一广场东汉简牍（贰）》，中西书局2018年版，第115页。

故这句的“良”应与“效功亭长”一起属上读。同时,整理者所释的“过”和周文补释的“良”应为缺字,整句的标点改动为“无罪名,□出,□效功亭长良。□可四五日,董之下□……”参照简509的文例,“可”前的缺字或许是“后”。东索门,李文、杨文连读,周文将东、索断开,皆释为人名,案简116有“东门亭”,[1]此处的东索门或与临湘县城的东门有关,此处暂从李文的意见。“汝从来?我这过若二人”,“从”,整理者释为“何”,杨文改释,可从。“来”,周文释为“求”,文句标点作“汝何〈从〉来求我?这过若二人。”案此字字形与简341的“来”一致,与“求”有较大区别(见表8)。杨文引陈剑意见把“这”读作“适”,整句话释为“你们怎么来了,我正要找你们去。”可从。

表6　简371第1个缺字与“良”字形对比

简号	字形		
371	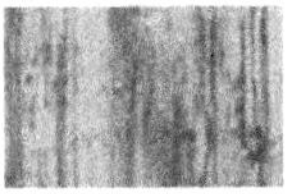	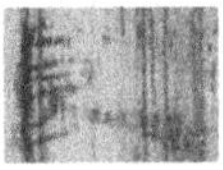	

表7　简371第2个缺字与“过”“逢”字形对比

简号	字形		
371		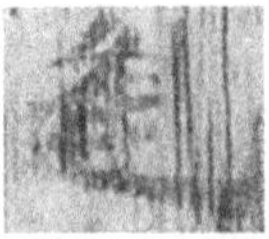	

---

[1] 长沙市文物考古研究所、清华大学出土文献研究与保护中心、湖南大学岳麓书院、中国文化遗产研究院编:《长沙五一广场东汉简牍(壹)》,中西书局2018年版,第118页。

表8 “来”与“求”字形对比

简号	字形
371	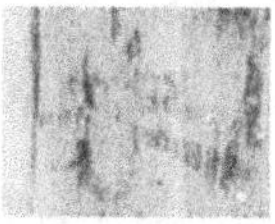
341	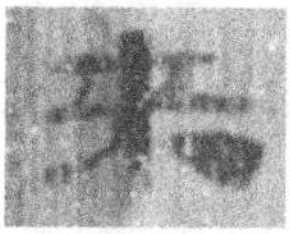
322	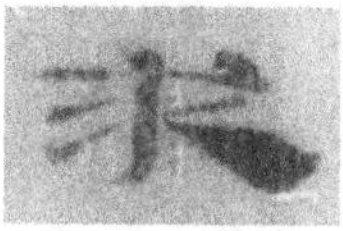

央,人名。旦日,《汉书·高帝纪》:“旦日合战”,师古曰:“旦日,明旦也。”①考下文“明日暮”,“旦日”在文中指明日。《汉书·朱建传》:“今日辟阳侯诛,旦日太后含怒,亦诛君。”②与“今日”对举的“旦日”即明日之义。烝柊,雷旦的弟弟。报,白也。③ 不敢上爰书,不敢上呈爰书,引申为不敢以爰书形式作证。证左,佐证,《汉书·王莽传》:“召会吏民,逮捕证左”。④ 狱牢监,吏职名,⑤亦属乡狱,张董自狱书佐被贬谪为狱牢监,可知书佐地位比牢监高。假期,延期,宽

① (汉)班固:《汉书》卷1《高帝纪上》,中华书局1962年版,第24~25页。

② (汉)班固:《汉书》卷43《郦陆朱刘叔孙传》,中华书局1962年版,第2117页。

③ 《吕氏春秋·乐成》:“还反报文侯”,高诱注:“报,白也。”《淮南子·精神》:“列子行泣报壶子”,高诱注:“报,白也。”参见许维遹撰,梁运华整理:《吕氏春秋集释》卷16《先识览》,中华书局2009年版,第415页;何宁:《淮南子集释》卷7,中华书局1998年版,第534页。

④ (汉)班固:《汉书》卷99中《王莽传中》,中华书局1962年版,第4140页。

⑤ 尹湾汉简《东海郡吏民簿》所记县道员吏包含牢监一职。相关考证,参见谢桂华:《尹湾汉墓所见东汉郡行政文书考述》(上),载连云港市博物馆等编:《尹湾汉墓简牍综论》,科学出版社1999年版,第33~45页。

限期限。[①] 依照杨文提供的简 2208 释文可知,文书 1 是一件假期书。

文书 2 的姬,人名,姬与旦对举说明两人很可能是姐妹。文书 3 的缣、武也是人名。佃作,田作,“佃”通“田”。《墨子·所染》:“宋康染于唐鞅佃不礼”,孙诒让间诂:“佃不礼,《荀子·解蔽篇》杨注引亦作田不禋。《汉书·古今人表》有田不礼,则似据《赵世家》也。”[②]《汉书·韩安国传》:“即上言方佃作时”,师古曰:“佃,治田也,音与田同。”[③]娉取,即娉娶。[④] 小,可使但未成年者曰“小”。[⑤] 伍长,《汉书·韩延寿传》:“又置正、五长”,师古曰:“同伍之中置一人为长也。”[⑥]俗,周文训为平素;走使,周文释为做一些跑腿的杂事,皆可从。发,《管子·四时》:“求有功,发劳力者而举之。”安井衡云:“‘发’、‘伐’通。”戴望校正:“‘发’、‘伐’古同声通用。”[⑦]蒭,通“刍”,草也,[⑧]《汉书·扬雄传》:“麋鹿刍荛与百姓共之”,师古曰:“刍所以食牛马也。”[⑨]

关于 3 件文书的成文顺序,文书 1 撰写于永初二年(公元 108

① 参见李均明:《长沙五一广场东汉简牍“假期书”考》,载李学勤主编:《出土文献》(第 13 辑),中西书局 2018 年版,第 367 ~ 373 页。

② (清)孙诒让撰,孙启治点校:《墨子间诂》卷 1《所染》,中华书局 2001 年版,第 17 页。

③ (汉)班固:《汉书》卷 55《窦田灌韩传》,中华书局 1962 年版,第 2406 页。

④ 娉,《说文·女部》段注:“凡娉女及聘问之礼,古皆用此字。”取,《汉书·地理志》:“嫁取送死奢靡”,师古曰:“取读曰娶”。(汉)许慎撰,(清)段玉裁注:《说文解字注》卷 12 下《女部》,上海古籍出版社 1981 年影印本,第 622 页上栏;(汉)班固:《汉书》卷 28《地理志下》,中华书局 1962 年版,第 1656 页。

⑤ 参见张荣强:《“小”“大”之间——战国至西晋课役身份的演进》,载《历史研究》2017 年第 2 期。

⑥ (汉)班固:《汉书》卷 76《赵尹韩张两王传》,中华书局 1962 年版,第 3211 页。

⑦ 黎翔凤撰,梁运华整理:《管子校注》卷 14《四时》,中华书局 2004 年版,第 847 ~ 849 页。

⑧ 《庄子·天运》:“夫刍狗之未陈也”,成玄英疏:“刍,草也”。参见(清)郭庆藩撰,王孝鱼点校:《庄子集释》(卷 5·下),中华书局 1961 年版,第 511 页。

⑨ (汉)班固:《汉书》卷 87 上《扬雄传》,中华书局 1962 年版,第 3553 页。

年)5 月,其中有夏防离开临湘返回醴陵、雷良已物故身亡等内容。文书 2 把雷旦出嫁后的经历简单描述为“良妻”“自有庐舍……旦,广亭部”,不再记述雷旦与雷良父母俱居等细节。文书 3 记载雷良“今年九月”调任杅亭长,同年 11 月 20 日入丘伐刍草,与本案没有关联。由此可知,文书 3 的案件必然发生在雷良亡故以前,所以文书 3 最先成文。文书 1 和文书 2 涉及同一案件,文书 2 是在文书 1 基础上的继续调查,故能省略文书 1 已查明的个人信息,所以它的成文时间晚于文书 1。最后,雷旦在文书 1 指控张董“从良少夏防求钱一万以赇掾董普”,而张董辩称“不为(雷)良赇(董)普”,董普的供述不见于现存文书。据此,本文把案件定名为“雷旦自言张董受钱行赇案”。

四、东汉百姓对狱讼的运用

“雷旦自言张董行赇案”表面上看是百姓指控狱吏的狱讼案件,但案件本身还包含有争财纠纷的因素。

首先,雷旦指控狱掾董普受贿。根据文书 1 摘录的“廷书”,雷旦诉称己方向狱掾董普支付了贿款,转交钱财的是狱书佐张董。

其次,雷旦指控狱书佐张董是行贿之事的建议者和执行者。根据文书 1 摘录的“廷书”,广亭长雷良坐罪系狱,狱书佐张董向雷良的杂役夏防索要 10000 钱打点疏通,随后雷家通过夏防向张董支付了 7200 钱。至于此事的真实性以及钱财有无交到董普之手,暂时不得而知。

最后,雷旦基于以上两点与张董产生钱财纠纷。文书 1 显示,双方对行贿指控有争议,从雷旦“不敢上爰书”、张董付钱时“无证左”可知,这两人都拿不出确凿证据做实各自的主张。另外,雷旦提出指控的根源在于,雷良与张董私下有钱财往来,这些钱财脱离了她的掌控。据此,本案虽然是一起刑事诉讼,但导火索很可能是民间争财纠纷。

那么,雷旦发起狱讼的举动有无受到争财因素的驱动呢?对此,杨文复原的文书1提供了较丰富的信息。根据复原后的文书1可知,雷旦、张董的主张皆属于一面之词,特别是雷旦主动回避以爰书作证的提议,间接证明她的指控可信度存疑。再者,杨文补充的新见简牍记载,张董供称雷良系狱后曾透露在外舍藏有万余钱,因他不信任夏防,故委托张董进行保管。后来,夏防遵照雷良的嘱咐把钱取出,与张董一起点验钱数为7200钱,张董将其另置容器封存,这笔钱款就是雷旦指控所言的夏防支付给张董的钱财。可见,旦、董二人所言差异非常大。此外,雷良出狱以后又到张董处取走“央钱”,央的钱财为何在雷良、张董二人间授受,以及它与本案7200钱的关系为何,目前并不明确。总之,这些内容说明雷良与张董之间有雷旦不完全知晓的钱财往来,雷旦并不清楚相关钱款的性质和去向,这也为之后的纠纷和诉讼埋下了伏笔。

另一个值得注意的线索是,雷良拥有两位妻子。文书1和文书2都记载雷旦在某年嫁为良妻,而与本案无关的文书3则记载“良往不处年中,娉取(娶)缣为妻”,则雷良拥有雷旦和缣两位妻子。① 相较而言,雷良与缣的关系似乎更紧密一些。文书1记载雷旦与雷良父母“俱居广亭部”,俱居就是同居,文书3言雷良署任杅亭长时“将缣

① 汉代婚俗有正妻、下妻之别,《汉书·王莽传》:“汉氏刘子舆,成帝下妻子也。”师古曰:“下妻尤言小妻。”东汉建武七年五月甲寅诏:“诏吏人遭饥乱及为青、徐贼所略为奴婢下妻,欲去留者,恣听之。”说明下妻在民间应是较为普遍的现象。另外,侯旭东师提示走马楼吴简名籍中亦多见大妻、中妻和小妻的记录,可知东汉至三国时期临湘当地一夫多妻并不罕见。参见(汉)班固:《汉书》卷99中《王莽传》,中华书局1962年版,第4119~4120页;(南朝宋)范晔:《后汉书》(卷1·下)《光武纪下》,中华书局1965年版,第52页。

之亭",雷良携缣共赴任职地杆亭,则两人在亭署共同居住。[①] 案"同居"和"通财"是临湘狱讼文书认定涉案人员相互关系的一项标准,[②]"通财"即文献中的"共财"。[③] 雷良与缣作为夫妻"同居",两人的"共财"关系自应不在话下,[④]而雷旦与夫家父母同居,与雷良不具有"同居"关系,两人"共财"也就无从谈起。假如雷良确实收到了张董归还的7200钱,这笔钱更可能成为雷良与缣"共财"的一部分而与雷旦一方无关。如果此论可从,雷旦在雷良死后发起狱讼不仅为了追索遗产(尽管张董可能早已偿还了款项),而且还有与缣争夺家产、捍卫自己利益的意味。这种做法就与宋元以后百姓的"健讼"——特别是基于争财纠纷发起刑事诉讼——的做法颇为相似了。

---

① 居延汉简有亭长与家属共同居住在边塞亭署的事例。参见[日]鹰取祐司:《汉代长城防卫体制的变化》,郭聪敏译,载周东平、朱腾主编:《法律史译评》(第8卷),中西书局2021年版,第142~194页。

② 《选释》简10:"以华、海相与俱居,有(又)通财,义不应盗。"这里华、海二人没有近亲属关系,故而在"俱居"的同时要强调二人的"通财"关系。换言之,"俱居"的近亲属本身就有"通财"关系,不必对此再做强调。相关图版和释文,参见长沙市文物考古研究所、清华大学出土文献研究与保护中心、湖南大学岳麓书院、中国文化遗产研究院编:《长沙五一广场东汉简牍选释》,中西书局2015年版,第129~130页。

③ 《唐律疏议·擅兴》:"'同居亲属代者,减二等',称同居亲属者,谓同居共财者。"参见刘俊文:《唐律疏议笺解》卷16,中华书局1996年版,第1176页。

④ 沈家本认为汉代的"同居",即《唐律疏议》的"同居共财"。关于"同居"的含义及范围,冨谷至认为指登陆于同一户籍的家庭成员,倾向于从血缘角度进行解释。刘欣宁指出秦律"户为同居"的规定,乃是基于户籍与居所一致的认识,"同居"更强调共同生活,因而,应从地缘团体的角度来把握。参见(清)沈家本撰,邓经元、骈宇骞点校:《历代刑法考》,中华书局1985年版,第1325页;[日]冨谷至:《秦汉刑罚制度研究》,柴生芳、朱恒晔译,广西师范大学出版社2006年版,第149~157页;刘欣宁:《秦汉律令中的同居与连坐》,载王沛主编:《出土文献与法律史研究》(第1辑),上海人民出版社2012年版,第139~170页。考前引《唐律疏议·擅兴》,唐律将同居释为近亲属同居,兼有血缘和地缘上共同生活的属性,故在介绍同居亲属时,不必专门强调已经存在的共财关系,而前引《选释》简10的华、海属于非近亲属关系同居,所以文书要专门指出两者的通(共)财关系。

当然,有关东汉具有后世“诉讼社会”某些因素的见解尚容有一定的疑问,本文无意对此展开。这里想要指出的是,两汉百姓面对朝廷法制所产生的能动性尤其引人瞩目,史籍文献已经透露出汉代地方百姓好兴讼的信息。《史记·货殖列传》:

> 颍川、南阳,夏人之居也。夏人政尚忠朴,尤有先王之遗风。颍川敦愿。秦末世,迁徙不轨之民于南阳。南阳西通武关、郧关,东南受汉、江、淮。宛亦一都会也。俗杂好事,业多贾。其任侠,交通颍川,故至今谓之“夏人”。①

按照司马迁的记载,南阳、颍川原本都保留有夏人“政尚忠朴”的遗风,但随着秦朝向南阳迁入不轨顽民,当地的风俗也发生了急剧转变,好事、多商贾和任侠成为新的特征。至于颍川的风俗,司马迁以“敦愿”一词概括。所谓“敦愿”,指厚朴谨善,②与“忠朴”相呼应,但敦愿的颍川人也不乏任侠之辈,南阳人“任侠,交通颍川”即为明证。总之,司马迁撰写《史记》的西汉武帝时代,颍川的风俗尚以质朴厚善为主,兼有任侠风气,不见好兴讼、争讼的现象。但是,到了班固笔下,当地的情况发生了明显转变。《汉书·地理志》:

> 颍川、南阳,本夏禹之国。夏人上忠,其敝鄙朴。韩自武子后七世称侯,六世称王,五世而为秦所灭。秦即灭韩,徙天下不轨之民于南阳,故其俗夸奢,上气力,好商贾渔猎,藏匿难制御

① (汉)司马迁:《史记》卷129《货殖列传》,中华书局1962年版,第3269页。

② 敦,《老子道德经》:“敦兮其若朴”,河上公章句:“敦者质厚”。《汉书·鲍宣传》:“敦外亲小童及幸臣董贤等在公门省户下”,师古曰:“敦谓厚重。”参见王卡点校:《老子道德经河上公章句》卷1,中华书局1993年版,第58页;(汉)班固:《汉书》卷72《王贡两龚鲍传》,中华书局1962年版,第3087页。愿,《说文·心部》:“愿,谨也。”《汉书·食货志》:“愿民陷而之刑戮”,师古曰:“愿,谨也。”参见(汉)许慎:《说文解字》卷10下《心部》,1963年影印本,第217页下栏;(汉)班固:《汉书》卷24下《食货志下》,中华书局1962年版,第1155页。

> 也。宛,西通武关,东受江、淮,一都之会也。宣帝时,郑弘、召信臣为南阳太守,治皆见纪。信臣劝民农桑,去末归本,郡以殷富。颍川,韩都。士有申子、韩非刻害余烈,高仕宦,好文法,民以贪遴争讼生分为失。韩延寿为太守,先之以敬让;黄霸继之,教化大行,狱或八年亡重罪囚。南阳好商贾,召父富以本业;颍川好争讼分异,黄、韩化以笃厚。“君子之德风也,小人之德草也”,信矣。①

班固对南阳的描述与《史记》没有太大出入,但在颍川的风俗特征方面,当地百姓已不再是司马迁眼中的敦厚之民,而是一副士人深受申、韩法家影响,喜好仕宦文法,百姓崇尚贪吝、争讼、分家等失德之事的景象。案《后汉书·班固传》记载班固撰《汉书》,“自永平中始受诏,潜精积思二十余年,至建初中乃成。”②《后汉书·班昭传》:“兄固著《汉书》,其八表及《天文志》未及竟而卒,和帝诏昭就东观藏书阁踵而成之。”③《续汉书·天文志》:“孝明帝使班固叙《汉书》,而马续述《天文志》。”④则《汉书·地理志》为班固所撰,成书时间不晚于汉章帝建初年间(公元 76 ~ 84 年),这就意味着从西汉武帝年间到东汉章帝建初年间,颍川的民风发生了巨大的变化。稽之史书,变化的根源在于郡守的施政措施。《汉书·赵广汉传》:

> 先是,颍川豪杰大姓相与为婚姻,吏俗朋党。广汉患之,厉使其中可用者受记,出有案问,即得罪名,行法罚之,广汉故

① (汉)班固:《汉书》卷 28 下《地理志下》,中华书局 1962 年版,第 1654 页。

② (南朝宋)范晔:《后汉书》卷 40《班彪列传》附《班固传》,中华书局 1965 年版,第 1334 页。

③ (南朝宋)范晔:《后汉书》卷 84《列女传》,中华书局 1965 年版,第 2785 页。

④ (晋)司马彪:《续汉书·天文志上》,载(南朝宋)范晔:《后汉书》,中华书局 1965 年版,第 3215 页。

漏泄其语,令相怨咎。又教吏为缿筩,及得投书,削其主名,而托以为豪杰大姓子弟所言。其后强宗大族家家结为仇雠,奸党散落,风俗大改。吏民相告讦,广汉得以为耳目,盗贼以故不发,发又辄得。①

赵广汉在宣帝统治期间担任颍川太守,治下的颍川郡豪强大族互为姻亲,吏民结成朋党,形成了能与郡守相抗衡的地方势力。为此,赵广汉采取离间手段使豪族朋党相互结怨,吏民相互告讦,于是"奸党散落,风俗大改"。赵广汉的施政之法导致颍川移风易俗之事,也见于《汉书·韩延寿传》:

颍川多豪强,难治,国家常为选良二千石。先是,赵广汉为太守,患其俗多朋党,故构会吏民,令相告讦,一切以为聪明,颍川由是以为俗,民多怨雠。②

《韩延寿传》把赵广汉的应对措施概括为"构会吏民,令相告讦",即通过离间手段使颍川朋党之人相互告发奸状,结果当地以此为俗,吏民处于相互仇怨、动辄告劾揭发的紧张状态。两传都显示赵广汉治下的颍川,告讦已成为当地之俗。然而,告讦指告发罪行,③侧重于狱讼方面,与《地理志》所载的争讼并非一事。关于"讼",《周礼·地官·大司徒》郑玄注:"争罪曰狱,争财曰讼。"④争讼指争财诉讼,侧重于民间财物纠纷的范畴。《汉书·地理志》把争讼与贪遴、生

① (汉)班固:《汉书》卷76《赵尹韩张两王传》,中华书局1962年版,第3200页。

② (汉)班固:《汉书》卷76《赵尹韩张两王传》,中华书局1962年版,第3210页。

③ 《汉书·刑法志》:"告讦之俗易",师古曰:"讦,面相斥罪也。"参见(汉)班固:《汉书》卷23《刑法志》,中华书局1962年版,第1097页。

④ (清)孙诒让:《周礼正义》卷19,王文锦、陈玉霞点校,中华书局1987年版,第762页。

分并列，贪遴即贪吝，[①]生分即兄弟分家，[②]所以这里的争讼应指由贪吝、分家引起的涉财诉讼。据此，争讼与告讦的关系只能从百姓通过狱讼习得并养成利用争讼解决纠纷的方法，前者是后者副产品的角度来理解。在此过程中，不排除有借助狱讼解决民间纠纷的现象。

颍川郡的例子说明，百姓在与地方郡县日常行政的接触交往过程中，所扮演的绝非消极、顺从的被统治者角色。相反，他们也会发挥自身能动性，与官府、吏员积极互动，特别是在官府提倡告讦导致狱讼数量增加的背景下，百姓积极“学法”“用法”是造成当地好争讼的重要诱因。随着继任者韩延寿、黄霸改弦易辙，推行礼让、教化，颍川的风气又为之一变，《地理志》将之概括为“颍川好争讼分异，黄、韩化以笃厚”。[③] 当地又经历了自上而下移风易俗，百姓自下而上抵制、适应乃至积极互动和应用的过程。

以此观照“雷旦自言张董受钱行赇案”。本案发生在东汉中期的汉安帝年间，有研究指出，随着外来人口的移入，东汉长沙郡的人口数量相较于西汉时期处于净增长状态。移民的增加导致当地社群内部的摩擦、纠纷增多，各类诉讼的数量也呈增长态势。[④] 可见，东汉的长沙郡很可能也属于诉讼多发的地域社会，但多讼的成因却迥异于西汉的颍川郡。在此氛围下，百姓完全有可能利用刑事诉讼来解决

---

① 《汉书·地理志》：“民以贪遴争讼生分为失”，师古曰：“遴与吝同。”参见（汉）班固：《汉书》卷28下《地理志下》，中华书局1962年版，第1654页。

② 《汉书·地理志》：“薄恩礼，好生分”，师古曰：“生分，谓父母在而昆弟不同财产。”参见（汉）班固：《汉书》卷28下《地理志下》，中华书局1962年版，第1647页。

③ （汉）班固：《汉书》卷28下《地理志下》，中华书局1962年版，第1654页。西汉颍川郡在韩延寿和黄霸治下，一改赵广汉时告讦风气盛行之事，也见于《汉书》两人的本传。参见（汉）班固《汉书》卷76《赵尹韩张两王传》，第3210页；（汉）班固：《汉书》卷89《循吏传》，中华书局1962年版，第3629~3630页。

④ 参见侯旭东：《籾山明著：〈秦漢出土文字史料の研究——形態·制度·社会——〉评介》，载邬文玲主编：《简帛研究》（2017·秋冬卷），广西师范大学出版社2018年版，第334~342页。

民间争财纠纷。例如:

> 乡当。又兴令前已当。王、覆中分仲余财,均调。覆得利里宅一区、大奴柱、小
>
> 奴胡、下头缯肆一孔。王、得竹遂里宅一区、大婢益、小奴秩、上头缯肆一孔。当如兴决。
>
> (《五一(贰)》495/2010CWJ1③:264)[①]

简 495 是一件文书的一简,涉及争讼分异之事。王、覆二人平均分割了仲余下的财产,覆、得二人分别获得住宅一区、奴婢两人以及缯肆一孔。简文的"乡当""前已当",疑"当"指奏当。[②] "又兴令前已当",因王覆分割的是仲的财产,兴不是财产的拥有者,所以"兴令"似不能理解成兴的先令(遗嘱)。"令"在此可能指临湘令,整句话是说兴在县令面前已经奏当。因为之前兴已经奏当提出判决意见,故这件文书的责任人建议"当如兴决",即按照兴的裁决处理。这枚简所见的"奏当"是狱讼判决的常用语,但从"王覆中分仲余财"一语来看,其更像是分割过程的描述,因此,不排除相关利益人认为王覆分割不匀而发起狱讼。若此说不错,雷旦起诉张董一案不属于孤例,通过狱讼解决钱财纠纷的做法在东汉临湘县并不罕见。

雷旦在接触和习得狱讼知识方面也有便利条件。先行研究把秦汉律令在民间的传播途径,概括为以吏为师、传授讲学、悬挂扁书与吏员讽诵等。[③] 此外,日常行政环境下的耳濡目染也是重要的学习途

---

① 长沙市文物考古研究所、清华大学出土文献研究与保护中心、湖南大学岳麓书院、中国文化遗产研究院编:《长沙五一广场东汉简牍》(贰),中西书局 2018 年版,第 111 页。

② 孙闻博认为东汉乡啬夫可能对县委托的案件具有一定的审判权,据此,"乡当"可以理解为临湘某乡向县廷奏当。参见孙闻博:《简牍所见秦汉法律诉讼中的乡》,载《中华文化论坛》2011 年第 1 期。

③ 参见朱腾:《秦汉时代律令的传播》,载《法律评论》2017 年第 4 期。

径。《汉书·张汤传》：

> 张汤，杜陵人也。父为长安丞，出，汤爲儿守舍。还，鼠盗肉，父怒，笞汤。汤掘熏得鼠及余肉，劾鼠掠治，传爰书，讯鞫论报，并取鼠与肉，具狱磔堂下。父见之，视文辞如老狱吏，大惊，遂使书狱。①

张汤之父所担任的长安丞有"署文书，典知仓狱"的职责，②儿时的张汤能模仿现实狱讼审讯老鼠，并像老狱吏一样撰写狱讼文书，与他在父亲任职时能够经常接触狱讼，受到司法活动的熏陶有密切关系。类似的例子还有《汉书·路温舒传》：

> 路温舒字长君，钜鹿东里人也。父为里监门。使温舒牧羊，温舒取泽中蒲，截以为牒，编用写书。稍习善，求为狱小吏，因学律令，转为狱史，县中疑事皆问焉。③

路温舒经历了自学书写、任狱小吏、学律令和转任狱史的过程。其中，狱小吏任上学习律令对升职起到了关键作用。狱小吏应是狱小史、狱书佐、牢监等职务的泛称，承担文书撰写、看管人犯和协助狱掾史案问审讯等工作。结合此前的自学经历，路温舒可能是在任职期间"边做边学"，逐渐掌握了律令知识。

本案的涉案人雷良曾分别担任杅亭长和广亭长。汉代无论文吏还是武吏，皆要通文法律令方能胜任。④《汉旧仪》："亭长持二尺版

---

① (汉)班固：《汉书》卷59《张汤传》，中华书局1962年版，第2637页。

② (晋)司马彪：《续汉书·百官志》，载(南朝宋)范晔：《后汉书》，中华书局1965年版，第3623页。

③ (汉)班固：《汉书》卷51《贾邹枚路传》，中华书局1962年版，第2367页。

④ 参见邢义田：《治国安邦：法制、行政与军事》，中华书局2011年版，第23～51页。

以劾贼,索绳以收执贼。”[①]亭长劾贼,当知晓告劾之制;索绳收执,当熟悉逮捕之法;锁定贼人,当能分辨盗、贼罪行。案《晋书·刑法志》,秦汉有关盗、贼罪行的律条收入《盗律》《贼律》,劾捕之制收入《囚律》《捕律》,以及“《兴律》有上狱之法,《厩律》有逮捕之事”。[②] 同时,张家山汉简《二年律令》的《贼律》《盗律》《具律》《告律》《捕律》等律篇亦见有相关条款。可见,作为汉代基层治安、执法吏的亭长,也需要掌握相当数量的律令才具备履职任事的条件。另外,居延汉简也有亭隧长知晓律令的记录,如:

肩水候官并山隧长公乘司马成,中劳二岁八月十四日,能书会计,治官民,颇知律令。武年卌二岁,长七尺五寸,觻得成汉里,家去官六百里。

(《居延汉简(壹)》13·7)[③]

肩水候官始安隧长公乘许宗,中功一劳一岁十五日,【能书】会计,治官民,颇知律令,文,年廿六岁,长七尺五寸,觻得千秋里,家去官六百里。

(《居延汉简(壹)》37·57)[④]

☐【渠】候官穷虏隧长簪褭单立,中功五劳三月,能书会计,治官民,颇知律令,文,年卅岁,长七尺五寸,应令。居延中宿里,家去官七十五里。属居延部。

① (汉)应劭:《汉官仪》卷上,(清)孙星衍校集,载周天游点校:《汉官六种》,中华书局1990年版,第153页。

② (唐)房玄龄等:《晋书》卷30《刑法志》,中华书局1974年版,第922~923页。

③ 简牍整理小组编:《居延汉简(壹)》,台北“中研院”历史语言研究所2014年版,第45页。

④ 简牍整理小组编:《居延汉简(壹)》,台北“中研院”历史语言研究所2014年版,第122页。

(《居延汉简(壹)》89 · 24)①

肩水候官执胡隧长公大夫奚路人,中劳三岁一月,能书会计,治官民,颇知律令,文,年卌七岁,长七尺五寸,氐池宜廪里,家去官六百五十里。

(《居延汉简(贰)》179 · 4)②

上列4简的记录对象都是边塞的隧长。两汉史籍和简牍文书“亭”“隧”常连言,《汉书 · 匈奴传》:“建塞徼,起亭隧”,师古曰:“隧谓深开小道而行,避敌钞寇也。”③《汉官仪》:“鄣塞破坏,亭隧绝灭。”④按照颜师古注,“隧”本义是深挖出的小道,则小道应附属于亭,故而能以“隧”引申指代亭鄣设施。居延汉简“亭隧”连用亦很常见,如简55 · 10:“ · 不侵部建平四年十一月亭隧蓬干转射沙造数簿”,⑤简288 · 7:“ · 匈奴人入塞及金关以北,塞外亭隧见匈奴人,举蓬燔积薪,五百人以上加举二蓬”等。⑥ 可见,边塞的隧长相当于内地的亭长。邢义田提出,汉代边塞具有武吏身份的隧长、候长几乎没有不是“颇知律令”的,⑦并且边塞系统拥有训练相关人选书写能力

---

① 简牍整理小组编:《居延汉简(壹)》,台北“中研院”历史语言研究所2014年版,第264页。

② 简牍整理小组编:《居延汉简(贰)》,台北“中研院”历史语言研究所2015年版,第197页。

③ (汉)班固:《汉书》卷94下《匈奴传》,中华书局1962年版,第3803~3805页。

④ (汉)应劭:《汉官仪》卷上,(清)孙星衍校集,载周天游点校:《汉官六种》,中华书局1990年版,第152页。

⑤ 简牍整理小组编:《居延汉简(壹)》,台北“中研院”历史语言研究所2014年版,第175页。

⑥ 简牍整理小组编:《居延汉简(叁)》,台北“中研院”历史语言研究所2016年版,第237页。

⑦ 参见邢义田:《治国安邦:法制、行政与军事》,中华书局2011年版,第23~51页。

与文化素养的各种设备和措施。① 据此,本案的广亭长雷良当也不例外,其因任职要求而知晓律令,客观上为妻子雷旦接触、习得狱讼知识提供了条件。当然,雷旦与雷良处于异地分居的状态,与丈夫沟通交往的频繁程度尚有疑问。不过,雷良的亭长身份意味着雷旦能够与不少基层吏员交往互动,并透过这些渠道获得起诉所需的知识和信息。

综上所述,现存的 3 件文书显示"雷旦自言张董受钱行赇案"是一起有待查实的狱讼案件。雷旦发起狱讼似不专为揭露犯罪,而是试图以此向张董索要丈夫遗产并与继争夺家产。考虑到汉代的行赇者、诬告者、告不实者和作伪证者也会受到刑罚惩处,②雷旦冒着获罪风险进行起诉的做法颇有"鱼死网破"的意味,这一点或许意味着在其他途径难以有效化解争财纠纷时,狱讼会成为时人不得不采取的选项——尽管在汉代这么做的风险有时远大于获利的可能性。

五、小结

本章以"雷旦自言张董受钱行赇案"为例,在文书复原和释文考证的基础上,对雷旦起诉张董的缘由及相关案情进行了分析,并就雷旦在本案中借助狱讼解决争财纠纷,捍卫个人财产利益的能动性作了考察。主要结论为:

一是本案由文书 1 和文书 2 构成。其中,杨文通过补入新见简

① 参见邢义田:《汉代边塞隧长的文书能力与教育——对中国古代基层社会读写能力的反思》,载《今尘集》(上册),中西书局 2019 年版,第 43 ~97 页。

② 《汉书·功臣表》:"汾阴侯意……十三年,坐行赇,髡为城旦。"《二年律令·具律》:"证不言情,以出入罪人者,死罪,黥为城旦舂;它各以其所出入罪反罪之。"《告律》:"诬告人以死罪,黥为城旦舂;它各反其罪。""告不实及有罪先自告,各减罪一等"。参见(汉)班固:《汉书》卷 16《高惠高后文功臣表》,中华书局 1962 年版,第 549 页;彭浩、陈伟、[日]工藤元男主编:《二年律令与奏谳书——张家山二四七号汉墓出土法律文献释读》,中西书局 2015 年版,第 136、144 页。

牍,基本将文书1复原完整,本案的案情也主要通过这件文书获知。同时,文书2与本案密切关联,行文格式表明它的成文于文书1之后,而文书3与本案无关,所属案件的时间早于本案,但文书3提供了理解本案经过的重要信息。

二是本案雷旦起诉张董、董普行贿受贿是一起有待查证的狱讼案件,内中还包含有雷旦索要丈夫遗产和争夺家产的动机。雷旦的起诉时机和“不敢上爰书”以及丈夫雷良与另一妻子缣“同居共财”等因素加强了雷旦利用狱讼解决争财纠纷的可能性。

三是西汉赵广汉治理颍川导致当地移风易俗,好争讼分异之事说明,地方百姓绝不是消极、被动的被统治者角色,他们也会与作为统治手段的朝廷法制、地方行政积极互动,发挥“学法”“用法”的能动性。本案雷良的亭长身份为妻子雷旦习得、利用狱讼提供了便利条件,通过与雷良及其周遭执法吏的接触交往,雷旦完全有可能获得相关知识并把狱讼作为解决财产纠纷的一种手段。

读秦汉简杂识

张传玺*

内容摘要：秦汉简牍中“迁”“处”常有关联，“处”是“迁”措施之一环节，具有户籍信息变动的程序意义。以此观看相关材料或有新见：睡虎地秦简《法律答问》61 简“啬夫以奸为事，当迁”中“以奸为事”是“过”而非“罪”，“迁”非“刑”而是行政制裁措施，不引发职务连坐；《封诊式》“迁子”爰书“太守处”为“蜀郡守处置”之意，据此应重新断句、释义；岳麓书院藏秦简所见“处”为“迁”的最后环节，由迁所所在郡的郡守“处”迁者及随迁者；《奏谳书》案例七奴顺等“自处彭阳”一语暗示出本案尚存在顺等逃亡、诈冒为良与行赇枉法的罪、刑竞合疑问。简牍文本“迁”“处”诸例展示出秦汉法律上“罪、非罪”“刑、非刑”判断问题的复杂性。

关键词：秦汉简牍　处　迁　户籍变动　罪刑判断

秦及汉初法律简牍中有些用语兼具不同层次的意义，阅读时难

---

* 张传玺，中国政法大学法律古籍整理研究所，副教授。小稿各部分内容曾先后得到陈迪、朱腾二位先生和 2018 年以来中国政法大学《中国法律史》《秦汉官制》等课程同学的指点，谨致谢意。本文受国家社科基金重大项目“甲、金、简牍法制史料汇纂通考及数据库建设”资助，项目批准号：20&ZD180。

以拘于一义。睡虎地秦简《法律答问》61 简有“啬夫以奸为事,迁”,啬夫之“奸”难以被视为性犯罪,“以奸为事”之“迁”也难以被等同于刑罚意义上的“迁”刑,而是类于行政处置措施。讨论与“为事”相关的职务连坐问题也会涉及“罪刑”判断,《法律答问》180 简提供了犯罪性质对是否构成连坐的判断标准例证。

“迁”在刑罚与非刑罚意义上有多面性,睡虎地秦简《封诊式·迁子》爰书揭示了“非刑罚”的一面。对其文本中的“太守处”,若按“处”的一般意义理解为“太守所在的处所”固然通顺,但“处”与表示空间与户籍转移的“迁”常共同出现,有一定程序含义。自此观看张家山汉简《奏谳书》案例七“自处彭阳”,或可发掘该案例文本本身未言明的罪与刑的问题。

小稿即围绕《法律答问》61 简“啬夫以奸为事,迁”、《封诊式·迁子》“迁子,太守处”和《奏谳书》“奴顺等亡,自处彭阳”等材料,尝试讨论其间的罪、刑疑问与程序问题。

一、“啬夫以奸为事,迁”的“罪、刑”

睡虎地秦简《法律答问》61 简记有:

> 啬夫不以官为事,以奸为事,论可(何)殹(也)?当䙴(迁)。䙴(迁)者妻当包不当?不当包。①

对本条中“以奸为事”之“罪”与“迁”之“刑”,所论者不少,但仍有可探讨之处。从本条也可思考官吏履行职事时犯罪的连坐问题。

① 睡虎地秦墓竹简整理小组编:《睡虎地秦墓竹简》,文物出版社 1990 年版,第 107 页。

(一)"啬夫以奸为事"与"迁"

本条言"不以官为事","官",整理小组解为"此处所担当的职务"。① 但啬夫一般指县级机构的某官之长,则此"啬夫"与此"官"对应,可理解为有具体指向的官啬夫。对本条前句的理解,诸家多将注意集中于"奸"是指"一般意义上的'奸邪'"还是特指"性犯罪"的分歧,中国政法大学中国法制史基础史料研读会在归纳诸说后,语译前句为"啬夫不尽责于官职,而做奸邪之事"或"啬夫不尽责于官职,而犯奸罪";并总结了二说的理由和未安之处:

> 对"以奸为事"中的"奸"有两种认识:一是如整理小组与何四维先生,将"奸"作宽泛理解,"奸"指一般意义上的"奸邪",包括多种不法行为。这样也可以使"以奸为事"对应于前文的"以官为事"。但是这样理解,又使"当迁"这种明确具体的处置方式难与泛指的多种不法行为相匹配。二是将"奸"作限定理解,"奸"指性犯罪。这种理解与目前所见秦汉律令简中绝大多数"奸"的内涵相合,也符合律令的罪刑表现方式。只是迁是否啬夫犯奸罪的该当刑罚,还不好确定。②

本文以为"为事"限定本条基调。"为事"之"为"宜理解为实义动词,取"做""从事""履行"之意,"为事"之"事"指职事、本职工作。③"为事"即履行职事,在本条中专指官啬夫履行其职事。本条讨论的

① 睡虎地秦墓竹简整理小组编:《睡虎地秦墓竹简》,文物出版社1990年版,第107页。

② 对诸家之说的梳理分析和简文语译,参见中国政法大学中国法制史基础史料研读会:《睡虎地秦简法律文书集释(八):〈法律答问〉61~110简》,载中国政法大学法律古籍整理研究所编:《中国古代法律文献研究》(第13辑),社会科学文献出版社2019年版,第3~5页。

③ 《说文解字》:"事,职也。"

是官啬夫履行职事的出发点是“奸”，而非“官”时的处置措施。

对啬夫之“奸”，颇有歧义。冨谷至先生提出“奸”有邪恶、不正的一般意思，不限指男女性犯罪，而秦汉时期未婚男女间的性行为本身不构成犯罪，[①]在他处冨谷先生总结了未婚者构成“奸罪”的“越界”性交类型，并提出《法律答问》61 简之“奸”是表示恶行或恶人的“奸”字用例。[②] 刘欣宁先生则以“奸”字用法和秦汉司法文书(《奏谳书》案例二一，《为狱等状四种》“田与市和奸案”，《奏谳书》案例三)论证非婚姻状态下的性关系皆为“奸”，行文中将《法律答问》61 简视为“啬夫犯奸”。[③] 本条之“奸”既不宜解作宽泛的“恶行”“奸邪之事”，也不宜直接认定为“罪—刑”体系中的所谓“性犯罪”。“奸”指非法男女关系无疑，但未落入律令上的奸之犯罪，如不满足《奏谳书》182、183 简所记“捕奸者必案之校上”[④]的捉奸程序要求。[⑤] 作如是解，本条前句是说，作为一官之长的啬夫不按照本官职责去履行职事，而是为照拂男女私情之“奸”去履行职事。此时对啬夫的处理是“迁”，即从原户籍地迁徙到其他地方。值得注意的是本条中啬夫的行为定性与“迁”的性质：

---

① [日]冨谷至：《汉唐法制史研究》，创文社 2016 年，第 3 部，第 2 章《男女间の性的犯罪》，第 451 页。

② 参见 Itaru Tomiya, *The conception of fornication—from the Han code to The Tang Code*, (附)[日]冨谷至：《奸罪的观念——从汉律到唐律》，赵晶译，载中国政法大学法律古籍整理研究所编：《中国古代法律文献研究》(第 8 辑)，社会科学文献出版社 2015 年版，第 142、145 页。构成奸罪的“越界”性交包括：“A. 强奸已婚妇女或与之和奸；B. 居父母丧时犯奸；C. 近亲之间的性交；D. 庶人与奴婢或主、奴之间的性交。”

③ 刘欣宁：《秦汉律令中的婚姻与奸》，载《“中研院”历史语言研究所集刊》(第九十本·第二分卷)，第 225、227～229 页。并更详细地表示奸罪类型，同前文，第 240～241 页。

④ 彭浩、陈伟、[日]工藤元男主编：《二年律令与奏谳书：张家山二四七号汉墓出土法律文献释读》，上海古籍出版社 2007 年版，第 374 页。

⑤ 对本案及《封诊式·奸》《为狱等状四种》“田与市和奸案”的“案校上”要求的讨论，可参邬勖：《论〈奏谳书〉“和奸案”中的法律推理》，载《法律方法》2018 年第 1 期。

啬夫"以奸为事"是"过"非"罪"。"以奸为事"说明其履行职事的出发点不纯,但履行职事本身可以是正常进行的,对啬夫所在之官而言,"以奸为事"可以是无损失、甚或是客观上有助益的。本条问句是"论何也",据《法律答问》他例,回答部分会言明刑罚或确定刑罚的方式。正如中国政法大学中国法制史基础史料研读会所提疑问,"迁"不会是啬夫犯奸罪的该当刑罚。而如果啬夫"为事"时有其他犯罪或渎职造成损失,其刑罚就不会是单独的"迁",至少会辅以秦简牍中针对渎职罪的常见的赀刑;如将"奸"认定为"性犯罪",则无论和奸还是强奸,因啬夫的"吏"之身份,皆将"以强奸论之"而被处以腐刑。《二年律令·杂律》记有:

诸与人妻和奸,及其所与皆完为城旦舂。其吏也,以强奸论之。(192 简)

强与人奸者,府(腐)以为宫隶臣。(193 简)①

《二年律令》文本中不见与未处于婚姻状态中女子有性关系的规定,这应该是学者推测秦汉与未婚女子和奸不构成犯罪的依据之一。不过亦有他例似可说明奸罪不限于与已婚女性发生关系者。《奏谳书》案例二一记有"奸者,耐为隶臣妾",②案中与人通奸的女子甲之夫死亡,甲已非"人妻";"耐为隶臣妾"刑罚指向男女双方,说明此"奸"为一般主体的和奸。学者多认为,本案是秦代案例,③"奸者,耐

① 彭浩、陈伟、[日]工藤元男主编:《二年律令与奏谳书:张家山二四七号汉墓出土法律文献释读》,上海古籍出版社 2007 年版,第 166、167 页。

② 彭浩、陈伟、[日]工藤元男主编:《二年律令与奏谳书:张家山二四七号汉墓出土法律文献释读》,上海古籍出版社 2007 年版,第 374 页。

③ 参见彭浩:《谈〈奏谳书〉中秦代和东周时期的案例》,载《文物》1995 年第 3 期;陈治国:《张家山汉简〈奏谳书〉"杜泸女子甲合奸"案年代探析》,载《中国历史文物》2009 年第 5 期。但李学勤先生认为本案发生于汉初,参见李学勤:《〈奏谳书〉解说(下)》,载《文物》1995 年第 3 期。

为隶臣妾”反映了与非婚姻状态下女性和奸的秦法规定。此外岳麓秦简(伍)291 简记有：

> 令曰：诸从者有卖买而绐(诒)人，与盗同法，有(又)驾(加)其皋(罪)一等，耐皋(罪)以下有(又)罨(迁)之；从而奸，皆以强与人奸律论之。①

此处与奸者未限定为人妻。“从者”可能为随从官吏之人，言“皆以强奸论”，是涵盖强奸与和奸。可见其奸罪比照了官吏奸罪。②

本条之“奸”若为奸罪，则官啬夫以强奸论将是“腐以为宫隶臣”，其刑后身份和去处是固定的，不会受“迁”；据《二年律令·收律》174 简“罪人完城旦、鬼薪以上，及坐奸府(腐)者，皆收其妻、子、财、田宅”，其妻还可能被“收”，③而非随迁之“包”的适用与否。

因此，本条之“迁”，与其说是针对犯罪的刑罚，毋宁说是针对违反为吏操守的行政制裁，和为阻断不当男女关系及其潜在影响的措施。迁是空间变换，客观上会破除原有不当关系(如同僚、邻伍、男女、同行等)，本条问答就是对男女关系与官吏操守的典型规制，迁正可破坏原有男女与官场关系。

由此引发的问题是究竟应如何看待“迁”的性质。史籍所见秦汉之“迁”具有迁徙的一般意义，无须赘言；秦及汉初法律文本将“迁”列入主要由刑罚构成的排序，诸家就多以“迁”为刑罚，未去思考其适

---

① 参见陈松长主编：《岳麓书院藏秦简(伍)》，上海辞书出版社 2017 年版，第 195 页，291 简正。

② 对此条秦令令文的简单解释，参见拙文：《秦及汉初律上的“加罪”和刑罚加等排序》，载郑显文、李云龙主编：《丝绸之路沿线新发现的汉唐时期的法律文书研究》，中国法制出版社 2019 年版，第 75 ~ 76 页。

③ 本条后 175 简有“坐奸略妻及伤其妻以收，毋收其妻”，整理者以“奸、略妻”分为二事，彭浩等认为“奸略”似为一词。参见彭浩、陈伟、[日]工藤元男主编：《二年律令与奏谳书》，上海古籍出版社 2007 年版，第 160 页。

用的复杂场景。在刑罚需对应犯罪的角度上,即便是列入某些排序的"迁",有时其本身也难被视为刑罚。此外,有的材料可见与"迁"类似、有制裁性质的"徙"之措施,如岳麓秦简(陆)收有"史学童诈不入试令",其254简规定,故为诈避不为吏者将被遣往潦东作为县官佐四年,其间若有迁罪则"处之"潦东,有耐罪则"徙之"潦东并强制其家庭随从;[①]但秦及汉初律令中"徙"未取得"迁"般的地位。这说明作为空间处置方式的"迁"即具有刑罚或而非刑罚的多面性。[②]

(二)"为事""迁"与连坐

官吏"为事"即履行职事时犯罪的,常会导致职务连坐。但"啬夫以奸为事"是否犯罪、如是犯罪会导致何种连坐,尚有疑问。就连坐形式而言,在秦汉律令中,职务连坐的基本处置方式是"减罪一等",条文撰写时可能直接说明各级连坐者的罚则,[③]也可能概言"减罪一等"。[④] 如果"迁"是啬夫"以奸为事"的唯一制裁措施,那么如导致令、丞的职务连坐,其连坐减等形式难以落实。《二年律令·告律》127~131简是"减罪一等"的规定,其中129简有"司寇署(迁)及黥

① 图版、释文参见陈松长主编:《岳麓书院藏秦简(陆)》,上海辞书出版社2020年版,第179、180页。对此令"迁""处""徙",下析。

② 笔者已另文梳理睡虎地秦简、岳麓秦简和张家山汉简等律令简和司法文书简所见"迁"之适用情境,对迁之功能做了相应讨论。

③ 如睡虎地秦简《秦律杂抄》9简:"蓦马五尺八寸以上,不胜任,奔摯(絷)不如令,县司马赀二甲,令、丞各一甲。"龙岗秦简152/77A/76A/188A简:"部主者各二甲,令、丞、令史各一甲。……"张家山汉简《二年律令·津关令》488、489简:"一、御史言,越塞阑关,论未有令。·请阑出入塞之津关,黥为城旦舂;越塞,斩左止(趾)为城旦;吏卒主者弗得,赎耐;令、丞、令史罚金四两。"

④ 新出岳麓秦简(伍)19~29简构成一条关于搜求穷治"从人"犯罪的令文,其中23、24简明白显示,职务连坐的刑罚递减被表述为"罪减焉一等":"……所求在其县道官畍中而脱,不得,后发觉└,乡官啬夫、吏及丞、令、令史主者,皆以论狱失辠人律论之└。执法、执法丞、卒史主者,辠减焉一等。当坐者或偏捕告,其所当坐者皆相除。"参见陈松长主编:《岳麓书院藏秦简(伍)》,上海辞书出版社2017年版,第45~48页。

離頯罪赎耐,赎耐罪罚金四两"之语,①则"迁"减一等为"赎耐",转易为财产刑。但《告律》本条前部提示是以"告不审及有罪先自告"为前提列出减罪一等的排序,②职务连坐的减等之例多是在财产刑序列内部,循"赎耐—赀二甲/罚金四两—赀一甲/罚金二两—赀一盾/罚金一两"结构向下减等,目前未见"迁"减为"赎耐"的职务连坐减等事例。就职务连坐的犯罪类型而言,秦官吏以"奸"这样的不纯目的去履行职事时,可能不会导致令、丞连坐,盖因啬夫"为事"本身没有构成犯罪,且其受到制裁是因事涉"奸"私,这都不符合职务连坐之制本身的要求。在罪与非罪的意义上,本条是"办公而涉私"的情形,职务连坐基础的例外。对应唐律,稍可比拟的是"同职犯公坐"条另一律文"若同职有私,连坐之官不知情者,以失论"规定。③

对官吏履行职事时犯罪的性质和官吏间的公私关系进行区分,是判断连坐责任是否成立的标准之一。《法律答问》180 简记有:

> "使者候(诸侯)、外臣邦,其邦徒及伪吏不来,弗坐。"可(何)谓"邦徒""伪使"? ·徒、吏与偕使而弗为私舍人,是谓"邦徒""伪使"。④

据本条可知,出使诸侯、外臣邦时,邦徒、邦伪使滞留不归的,使者不受连坐。随同使者出使的徒、吏,即使属于公派徭使之人,也有

① 彭浩、陈伟、[日]工藤元男主编:《二年律令与奏谳书》,上海古籍出版社 2007 年版,第 144 页。

② 后部"减罪一等"不会限于"告不审及有罪先自告",参见拙文:《秦及汉初减罪之制管窥》,载王捷主编:《出土文献与法律史研究》(第 9 辑),法律出版社 2020 年版,第 432 页。

③ 若按唐律处置,连坐者应先按"失"后依次减等。在秦汉律上如何处置尚不明确,如处置规则相同,则连坐者将受赎迁以下的财产刑,因为犯者本人处迁,连坐者无论是直接减等还是按过失以赎论,都会是赎或罚金刑,上限不超过赎迁的金八两。

④ 睡虎地秦墓竹简整理小组编:《睡虎地秦墓竹简》,文物出版社 1990 年版,第 136 页。

可能与使者亲近(如同居于一舍)而成为使者的“私舍人”,此时如其滞留,使者恐怕需被连坐。

履行职事时“舍人”承担某种形式的连坐责任之例,亦见于《睡虎地秦简《秦律十八种·工律》101简:

> 邦中之繇(徭)及公事官(馆)舍,其叚(假)公,叚(假)而有死、亡者,亦令其徒、舍人任其叚(假),如从兴戍然。　工律

整理小组注“舍人”:“《汉书·高帝纪》注:‘亲近左右之通称也,后遂以为私属官号’。此处指有官府事务者的随从。”[①]不论本条“舍人”的来源是随从还是其他非服徭而同居于官舍者,都需对死亡或逃亡的服徭或办公者之前“借于公”的行为承担连带责任。以此对照《法律答问》180简“私舍人”可以推测,对私舍人滞留外邦不归的,使者很可能需承担连带责任。

而徒、吏不是使者私舍人的,则为“邦徒”“邦伪使”,这类人滞留的,使者不受连坐。“邦徒”为一般随从,不会引起疑问;简文前后“伪吏”“伪使”并存,稍有疑惑。据后问答中的二个“伪使”可知,前一“伪吏”应为“伪使”。整理小组注:“伪,疑读为为,《诗·凫鷖》笺‘犹助也’。伪使,使者的助手。”小稿以为“伪”即本字,取“人为”义,[②]“邦伪使”本是吏,随同出使时在“外交”层面被人为地视为“邦使”,此即“邦伪使”。作如是解时可知,出使外邦时的随行徒、吏,如果不是使者的私舍人,则具有“邦徒、邦伪使”的身份,滞留外邦不归的,使者无连坐之责;如随行徒、吏与使者有亲近的“私舍人”关系,就不能被视为“邦徒、邦伪使”,滞留时使者需连坐。此例中使者与随同

---

① 睡虎地秦墓竹简整理小组编:《睡虎地秦墓竹简》,文物出版社1990年版,第44页。

② 《荀子·性恶》:“人之性恶,其善者伪也。”段玉裁《〈说文解字〉注》引徐锴“伪者,人为之”。

出使的徒、吏的连坐基础不是出使职事，因为就使者与“邦徒、邦伪使”角色而言，后二者滞留不归是“私自犯”，不是“公坐”。相反，在构成“私舍人”这种亲近关系时，使者才承担徒、吏滞留的连坐责任。

二、“迁”与“处”

在涉及“迁”的秦汉简牍文本中，“处”屡次出现，多表示“安置”“处置”。联系各处语境可推想，在“安置”“处置”的宽泛含义背后，“处”还意味着以更改户籍为核心的身份信息的变动，因此，在法律层面，“处”具有较专门的用法。这一点有助于发现和理解某些原本被忽略的问题。

（一）“迁子蜀边县，太守处”中“处”的程序意义

睡虎地秦简《封诊式》46～49简“迁子”爰书记有：

> 䙴（迁）子　爰书：某里士五（伍）甲告曰：“谒鋈亲子同里士五（伍）丙足，䙴（迁）蜀边县，令终身毋得去䙴（迁）所，敢告。”告法（废）丘主：士五（伍）咸阳才（在）某里曰丙，坐父甲谒鋈其足，䙴（迁）蜀边县，令终身毋得去䙴（迁）所论之，䙴（迁）丙如甲告，以律包。今鋈丙足，令吏徒将传及恒书一封诣令史，可受代吏徒，以县次传诣成都，成都上恒书太守处，以律食。法（废）丘已传，为报，敢告主。①

简文大意是，咸阳士伍甲赴官府请求鋈其亲子丙足、迁往蜀边县并终身不得离开，官府允其所请，实施迁输时通知废丘县，丙以其父所求而被迁，近亲属依律随迁（“以律包”），现已鋈丙足，由吏徒携传文书与恒书交给令史，请更换吏徒，逐县传诣到蜀郡并处置。途中依

① 睡虎地秦墓竹简整理小组编：《睡虎地秦墓竹简》，文物出版社1990年版，第155页。

律给予丙饮食。

前引整理者的标点或可调整。一是“以律食”以上是逐县输运被迁者的内容,“以律食”则是对废丘县言,因此“太守处”语义已尽,断以句号为宜。二是“以县次传诣成都成都上恒书太守处”似可调整为“以县次传诣成都,[1]成都上恒书,太守处”。按整理小组标点,恒书逐县传递,到达蜀郡郡治所在的成都后,由成都上交太守;这是将“处”理解为“处所”,具体到本条,或即“太守府”。

作此解时,本条缺少对被迁的丙如何处置的说明,因此笔者曾怀疑“成都上恒书太守处”断句有疑,“处”非指“处所”而是“处置”,应将“太守处”断出,理解为“由太守处置(迁者、迁者所包)”。“以县次传诣成都,成都上恒书,太守处”强调了被迁者是由蜀郡太守处置。

“处”做动词“处置”“安置”之解,秦简牍与“迁”有关的文例不少。《法律答问》122 简:

> 甲有完城旦罪,未断,今甲疠,问甲可(何)以论?当畧(迁)疠所处之;或曰当畧(迁)畧(迁)所定杀。[2]

甲犯罪应处完城旦刑,审判程序未结束即患有麻风病,处理意见之一是将其“迁”到麻风病隔离区“处之”。“处”为动词,整理小组译为“居住”。值得注意的是,122 简设定了“完城旦”的该当刑罚,并不施加肉刑,论断执行完城旦刑罚后迁往疠所与中断司法程序直接迁往疠所,对完城旦罪而言并无不同,将“处”解为“居住”亦无不可,甚或因迁到疠所后必然会被指定居住地点,解为“居住”让“处之”显得可有可无;本句也会被理解为甲与其他无罪的麻风病人一样迁居隔

---

① 何四维先生将“以县次传”与“诣成都”断开处理,参见 A. F. P. Hulsewé, *Remnants of Ch' in Law*, Leiden E. J. Brill, 1985, p. 195。

② 睡虎地秦墓竹简整理小组编:《睡虎地秦墓竹简》,文物出版社 1990 年版,第 155 页。

离区了事，无法体现其该当罪、刑是否还会有后续处理。① 疑问部分若设定为刑城旦罪，“处之”的程序意义就需重视。

更凸显“迁”“徙”事例中“处”的程序意义的，可见岳麓秦简诸例，如岳麓秦简（伍）12简记有：

【●】自今以来，有诲传言以不反为反者，辄以行訞律论之。其有不□者，徙洞庭，洞庭处多田所。　　·十三

注19：“处，或为‘均处’之省。参见本组0898简‘均处’。”“均处”之例在岳麓秦简（伍）16、17（0898）简：

……已论轮〈输〉其完城旦舂洞庭，洞庭守处难亡所苦作，谨将司，令终身毋得免赦，皆盗戒（械）胶致桎传之。其为士五（伍）、庶人者，处苍梧，苍梧守均处少人所。……

注34：“均处，均，均匀。处，处置、安置。”②12简“洞庭处”与16简“洞庭处难亡所”一样，不必解为“均处”之省。“均处”之“均”解为“均匀”，“在人少之处均匀处置”难以理解。则“均”亦可解为“调整”，③“苍梧守均处少人所”是说将本为士伍、庶人者安置于苍梧郡，由苍梧郡守在人口少的各处调整安置。

前已提及的岳麓秦简（陆）“史学童诈不入试令”的253、254简记有著令之文：

---

① 123简有“城旦、鬼薪疠，可（何）论？当䙴（迁）疠䙴（迁）所”，是对“狱已断”（犯罪已经论断执行）后的城旦、鬼薪患疠的处置，122简第一种意见大概是以“狱未断”比照“狱已断”得出。对此参见拙文：《睡虎地秦简〈法律答问〉“狱未断”诸条再释——兼论秦及汉初刑罚体系构造》，载中国政法大学法律古籍整理研究所编：《中国古代法律文献研究》（第12辑），社科文献出版社2018年版，第130页。

② 12简图版释文，参见陈松长主编：《岳麓书院藏秦简（伍）》，上海辞书出版社2017年版，第42页；16、17简图版释文，参见同书，第44页；注19、34，参见同书，第74页。

③ 《周礼·天官冢宰》：“宫伯。月终则均秩，岁终则均叙。”“均”强调的是调整禄廪和次第。

·臣请,令泰史遣以为潦东县官佐四岁,日备免之。日未备而有䙴(迁)辠,因处之潦东└,其有耐辠,亦徙之潦东而皆令其父母、妻子与同居数者从之,以罚其[①]

前列诸条“迁”与“处”有一共同点,即“处”之主体无论是“洞庭”“苍梧”“潦东”,皆系郡为之,“苍梧守均处”更说明系由郡守“处”。岳麓秦简(伍)82 简还有“诸相与奸乱而䙴(迁)者,皆别䙴(迁)之,勿令同郡”,似也说明“迁”以郡为单位划分区域。以此观看《封诊式·迁子》,“太守处”意为由蜀郡太守“处”迁者的理解就颇为合理。这暗示出,至少部分迁者、迁者所包逐县传输到迁所所在郡后,是由郡来统一调配;《封诊式·迁子》条还暗示需传输迁者到郡治所在县,郡守可能需核验迁者信息后才会“处”。因此,虽然“迁所”与“处所”大概都可表示“要迁往的安置之处”,但一起出现时,二者似有差别:“处所”是一具体位置,是郡守所指定的具体去处;“迁所”可能指向更宽泛的范围,即在郡守“处之”之前所获“迁刑”之地域范围;类如“令终身毋得去迁所”之“迁所”,就显然不会是某一具体方位。

在地的“迁者、迁者所包”有时还会受到不得随意移动的特别限制,如《封诊式·迁子》有“令终身毋得去䙴(迁)所”之语,是应其父所求;又如,岳麓秦简(伍)45、46 言及取“有罪迁输及处蜀巴者”为葆庸及送道的禁令,[②]说明“迁”“处”者本身的活动范围受限。至于迁者、迁者所包逃亡的,其刑罚和追究程序不同于一般逃亡者。岳麓秦简(肆)71、72 简记有:

① 图版、释文,参见陈松长主编:《岳麓书院藏秦简(陆)》,上海辞书出版社 2020 年版,第 180 页。

② 陈松长主编:《岳麓书院藏秦简(伍)》,上海辞书出版社 2017 年版,第 53、54 页。

诸罨(迁)者、罨(迁)者所包去罨(迁)所亡,□□(它县?)得;罨(迁)处所,去亡而得者:皆耐以为隶臣妾,不得者,论,令出、会之。复付罨(迁)所县。①

对"皆耐以为隶臣妾"之前句,华东政法大学出土法律文献研读班试补□□为"及未",言"今据残划,暂如此补释",释文作"诸罨(迁)者、罨(迁)者所包去罨(迁)所亡,[及][未]得罨(迁)处所,去亡而得者,皆耐以为隶臣妾",语译此句为"各种应迁徙者、应跟随应迁徙者一并迁徙的人,离开迁徙地逃亡,以及未能迁徙至应居住的地方,离开所在地逃亡,而被抓获者,都要被处耐为隶臣妾"。② 其说解决了整理者释文的部分问题。不过,在此方案下,后一"去亡而得"更应在"及"后限定"未得迁处所","去迁所亡"后缺少"得"(捕获)的后续说明,如此,则"皆耐为隶臣妾"之"皆"似难解释。

本条后有"复付迁所县",似说明前部有逃出迁所县、为它县得之语,因此□□或为"它县"。笔者也另文说明,对迁者、迁者所包之亡,其刑罚与追究程序不同吏民乃至"刑徒";71简简文后有"不得",则前文应是对"得"的规定,前二个"得"都指"拿获逃亡的迁者或其所包者";又据"皆"字用以标示二种以上情况并列,第一句"去迁所亡"和"迁处所,去亡"就应为不同情形,亦即,"皆耐为隶臣妾"针对迁者及随迁者在迁所逃亡和到达"处所"后逃亡这二种情形。此类人的亡罪刑罚是耐为隶臣妾,其刑罚较一般吏民为重,③也说明迁者此前身份高于隶臣妾。其程序"论,令出,会"的程序也有别于一

① 陈松长主编:《岳麓书院藏秦简(肆)》,上海辞书出版社2015年版,第62页。本文对标点有修改。

② 华东政法大学出土法律文献研读班:《岳麓秦简律令释读(一)》,载王沛主编:《出土文献与法律史研究》(第8辑),法律出版社2020年版,第236、237页。

③ 非一般吏民亡之"赎耐"(不盈卒岁)或"耐"(盈卒岁之"不名耐")。

般吏民亡。①

岳麓秦简“史学童诈不入试令”条还有二点可予注意,一是诈伪避为吏者已被遣至潦东从事县官佐,有四年期限,期满可得免归即回到原籍地,②这可视为空间变换的暂时效果;但如期间犯迁罪,不再迁往他处,而是“因处之潦东”,说明此“处”有着不同于“遣为县官佐四岁,日备免之”的长久效果。二是“处”与“迁罪”对应,而同样表示长久效果的“徙”对应“耐罪”。对诈避为吏者而言,耐罪之“徙”更强制要求父母、妻子与同居数者随从共徙,强制随行者的范围不同于“迁者所包”的妻、子,还扩展到基于亲缘之父母与基于户籍之“同居数”者。③ 简牍材料所见民众“移徙”意味着户籍变动,官府需及时办理落户、更换户籍信息;《二年律令·户律》328简记有移户规定:“恒以八月令乡部啬夫、吏、令史相杂案户籍,副臧(藏)其廷。有移徙者,辄移户及年籍爵细徙所,并封。”④看来对诈避为吏、遣于潦东后再犯耐罪之“徙”,同样需更改户籍;且其父母、妻子、同居数从徙移户的原理不同于“包”——“迁者”与“迁者所包”似乎是家庭内支配与被支配的关系,从徙移户则属连坐,未体现出类似关系。

据此,对与“迁”“徙”相应的“处”,与其理解为宽泛的“使居住”或“处置”,不如视其为迁、徙程序的正式环节,涉及户籍变动等长久效果。

① 参拙文:《秦及汉初逃亡犯罪的刑罚适用和处理程序》,载《法学研究》2020年第3期。

② 论者已指出,本条“日备免之”是说“即满四年后免去这些新地吏的官职,令其返回原籍地”。参见朱锦程:《秦对新征服地的特殊统治政策——以“新地吏”的选用为例》,载《湖南师范大学社会科学学报》2017年第2期。以里耶秦简“日备归”材料申说的,参见吴方基:《里耶秦简“日备归”与秦代新地吏管理》,载《古代文明》2019年第3期。

③ 前引《封诊式·迁子》爰书言“以律包”,迁子是应其父之请,则至少排除父母。

④ 彭浩、陈伟、[日]工藤元男主编:《二年律令与奏谳书》,上海古籍出版社2007年版,第222页。

(二)《奏谳书》案例七“自处彭阳”与罪刑问题

注意“处”的程序意义或可更深入讨论某些此前被忽略的问题，如《奏谳书》案例七“女子甑、奴顺等受行赇枉法”案的罪与刑。51、52简记有：

·北地守潚(谳)：女子甑奴顺等亡，自处彭阳。甑告丞相，自行书。顺等自赎甑所，臧(赃)过六百六十。不发告书，顺等以其故不论，疑罪。·廷报：甑、顺等受、行赇狂(枉)法也。①

该案概要是甑之奴顺等逃亡，“自处彭阳”；甑已告发并自行办理文书手续。顺等向其自赎，自赎之资超过六百六十钱。甑未发出告书。顺等因此未受制裁。诸家多认为本案廷复“受行赇枉法”罪名指的是甑收取其奴顺等的自赎钱赃导致逃亡的顺等未受制裁。笔者已另文简析该案成为疑罪和廷报“受行赇枉法”罪名的原因，提出作前述解时，本案无从成疑；据《二年律令·亡律》159、160、162简，奴婢自赎放免本是法所不禁之事，甑受自赎钱也非犯罪；②甑没有主动违

---

① 彭浩、陈伟、[日]工藤元男主编：《二年律令与奏谳书》，上海古籍出版社2007年版，第345页。本文修改标点。

② 《二年律令·亡律》记有：

☐□頯畀主。其自出殹(也)，若自归主，主亲所智(知)，皆笞百。(159简)

奴婢亡，自归主，主亲所智(知)，及主、主父母、子若同居求自得之，其当论畀主，而欲勿诣吏论者，皆许之。(160简)

若有奴婢为善而主欲免者，许之，奴命曰私属，婢为庶人，皆复使及筭(算)，事之如奴婢。……(162简)

159简上段残缺，据图版，现存简长约为整简的1/3强。残缺简文应包含奴婢逃亡被捕获的内容。“頯”字上有残存笔画，“頯”与前部简文应是适用于奴婢逃亡被捕获后的肉刑刑名。岳麓书院藏秦简(肆)98简有：

奴婢亡而得，黥䫜(颜)頯，畀其主。·其自出吏及自归□☐

“黥颜頯”是秦及汉初肉刑时代针对奴婢犯罪的常见刑罚，亦见于《二年律令》多简；但《二年律令》另有“黥頯”刑名，《贼律》30简有：“奴婢殴庶人以上，黥頯，畀主。”“黥頯”亦是针对男女奴婢。因此不能确知159简“頯”前是“黥颜”还是“黥”。

反法律,“不发告书”是消极的不作为,且以文书启动对顺等的刑狱程序也非甑的职权或“义务”:因此本案“行受赇”与“枉法”是否成立,有其疑问。[①]

不过,前说皆未触及顺等的罪、刑问题。实际上,这件文书提出的“疑罪”还包括了对顺等罪、刑之疑,廷报“顺等行赇枉法”是对顺等罪刑之疑的回答。但顺等是否仅犯有自赎构成的行赇枉法罪名和之前的亡罪,尚有思考余地,关键在于,文书述及顺等亡后并非隐迹潜行、保持逃亡状态,而是“自处彭阳”。文书用此四字,不仅说明顺等定居于彭阳、其下落为甑所知,而且按照前述在涉及“迁”“徙”制度时“处”的程序意义,更暗示出顺等在彭阳非以他人之奴的身份生活,可能已改头换面、在此地以自由人面目示人。从顺等得知甑告发于丞后以“自赎”补救的事实也可推知,此前顺等是以非奴身份在彭阳生活。顺等“自处彭阳”时若有错误登记户籍之事,主事官吏将受惩处。《法律答问》147 简记有:“甲徙居,徙数谒吏,吏环,弗为更籍,今甲有耐、赀罪,问吏可(何)论?耐以上,当赀二甲。”[②]此为徙居更籍时对官吏的规定,也反映出更籍时有核验徙居者是否犯罪的要求。类似规定还见于《岳麓书院藏秦简(肆)》,94 简有“作其数,及命者旞(遂),盗贼亡,司寇、隶臣妾、奴婢阑亡者,吏弗能审而数,其县道啬夫”,“及”字后规定了官吏未能核验逃亡者身份信息即登录户籍的情形,其中单列“奴婢阑亡”一项。[③]《二年律令·户律》规定对主管官吏留存户籍、年细籍等时负有核验之责,若籍册有造假、增减之处

① 拙文:《秦及汉初赃罪构造试探——以张家山 247 号汉墓竹简为中心》,待刊。

② 睡虎地秦墓竹简整理小组编:《睡虎地秦墓竹简》,文物出版社 1990 年版,第 127 页。

③ 陈松长主编:《岳麓书院藏秦简(肆)》,上海辞书出版社 2015 年版,第 70 页。对本条的律意梳理,参见华东政法大学出土法律文献研读班:《岳麓秦简律令释读(一)》,载王沛主编:《出土文献与法律史研究》(第 8 辑),法律出版社 2020 年版,第 260、261 页。

而未发觉,将处赎耐的财产刑。① 诸例都说明,核实有无犯罪、是否亡人是徙居更籍书名数的必要环节;本案顺等既得"自处",或许已经漂白身份。

虽然奴婢自赎合法,《亡律》也给予主人选择权去处理逃亡奴婢,但在处理顺序上,本案自赎的效力能不能溯及"自处彭阳"所涉犯罪,还存有疑问:

第一,涉及顺等作为逃奴诈冒为良的罪刑规定,目前秦汉律令未见,但如果是私奴婢试图改变自己身份提起诉讼而不实的,则见于《二年律令·告律》135简:

> 奴婢自讼不审,斩奴左止(趾),黥婢䪼(颜)頯,畀其主。②

"自讼"类如唐律所谓"自理诉",可由奴婢针对自身身份提起,《后汉书·光武帝纪》载"十二年三月癸酉,诏陇、蜀民被略为奴婢自讼者,及狱官未报,一切免为庶人"即为其例。③ 至于非经诉讼、径自认为自己拥有非奴婢身份的,还可见《奏谳书》案例二中媚"自当不当复为婢"而逃亡,吏当意见亦为黥颜頯、畀主。④ 顺等为男性,若诈冒良人比照"自讼不审",则为斩左止。

第二,"行受赇枉法"的罪刑规定见于《二年律令·盗律》60简:

> 受赇以枉法,及行赇者,皆坐其臧(赃)为盗。罪重于盗者,

---

① 333简有"其或为詐(诈)伪、有增减也,而弗能得,赎耐"。参见彭浩、陈伟、[日]工藤元男主编:《二年律令与奏谳书》,上海古籍出版社2007年版,第223页。

② 参见彭浩、陈伟、[日]工藤元男主编:《二年律令与奏谳书》,上海古籍出版社2007年版,第146页。

③ 李安敦、叶山先生已指出135简"自讼不审"是奴婢对自己身份的诉讼。参见Anthony J. Barbieri-Low and Robin D. S. Yates, *Law, State and Society in Early Imperial China*, Vol. II, , p. 549, note 36, p. 556。

④ 彭浩、陈伟、[日]工藤元男主编:《二年律令与奏谳书》,上海古籍出版社2007年版,第337页。

以重者论之。[1]

甑受赇,坐赃为盗,赃过六百六十钱,应处黥为舂。行赇的该当刑罚是黥为城旦。但顺等刑罚如何需考虑其身份:若据前注引《二年律令·亡律》162简主人放良的规定,以顺等自赎后的"私属"身份来考量刑罚时,甑有罪则顺等为庶人,行赇则为黥城旦;若不认可自赎追溯效力,或是按案发时的旧主与私属关系,则顺等需以奴之身份将黥城旦刑替换为黥颜頯刑并畀主。[2] 但鉴于甑将被处以黥舂之刑,估计顺等无法按私奴身份行黥颜頯畀主之刑。

综上,廷报"顺等行赇枉法",其刑罚可能是黥城旦(自赎有追溯力);未取诈冒良人之类的罪名,恐怕是因其刑罚不重于黥城旦。[3]

小稿从先前所读数则材料中存在的疑问出发,试图发掘常见材料背后的有意思的问题。

以简牍材料来看,秦汉"罪""刑"问题颇具复杂性,体现之一端是同一字词有时兼有通常含义与法律专门含义:一方面,如"迁"般被视为刑名专门术语者可能仍保留其通常含义;另一方面,如"处"般的常见用语或蕴含特别的程序意义。强调其一义时或许会忽视其另一义的特别意味,进而失去提出和讨论更深层次问题的机会。

---

① 彭浩、陈伟、[日]工藤元男主编:《二年律令与奏谳书》,上海古籍出版社2007年版,第113页。

② 《二年律令·具律》122简记有"人奴婢有刑城旦舂以下至䙴(迁)耐罪,黥顔(颜)頯畀主"。参见彭浩、陈伟、[日]工藤元男主编:《二年律令与奏谳书》,上海古籍出版社2007年版,第141页。

③ 《二年律令·具律》99简:"一人有数□[罪]殹,以其重罪罪之。"参见彭浩、陈伟、[日]工藤元男主编:《二年律令与奏谳书》,上海古籍出版社2007年版,第132页。

秦汉简牍中的伤创折断

罗小华*

内容摘要:《礼记·月令》:"孟秋之月,命理瞻伤、察创、视折、审断,决狱讼必端平。"蔡邕《孟秋章句》进一步解释说:"皮曰伤,肉曰创,骨曰折,骨肉皆绝曰断。"结合秦汉简牍中的记载来看,除"骨曰折"之外,"皮曰伤""肉曰创""骨肉皆绝曰断"等三项均不成立。

关键词:骨曰折　皮曰伤　肉曰创　骨肉皆绝曰断　秦汉简牍

清代法学家沈家本曾指出:"大辟之狱,自检验始。《礼·月令》:'孟秋之月,命理瞻伤察创,视折审断。'据蔡邕之说,皮曰伤,肉曰创,骨曰折,骨肉皆绝曰断。瞻焉,察焉,视焉,审焉,即后世检验之法也,而其法不传。"①笔者尝试结合秦汉出土简牍,对蔡邕所谓"皮曰伤,肉曰创,骨曰折,骨肉皆绝曰断"进行验证。

一、"皮曰伤"

秦汉简牍中,有不少关于"伤"的记载,能与"皮曰伤"关联起来

---

* 罗小华,长沙市文物考古研究所副研究馆员。本文受国家社科基金重大项目"甲、金、简牍法制史料汇纂通考及数据库建设"资助,项目批准号:20&ZD180。

① (清)沈家本撰,邓经元、骈宇骞点校:《历代刑法考(附寄簃文存)》,中华书局1985年版,第2213页。

的并不多:

《法律答问》简85:“铍、戟、矛有室者,拔以斗,未有伤殴(也),论比剑。”简86:“斗以箴(针)、鉥、锥,若箴(针)、鉥、锥伤人,各可(何)论?”简90:“‘邦客与主人斗,以兵刃、投(殳)梃、拳指伤人,擎以布。’”简91:“‘以梃贼伤人。’”①

《二年律令》简20:“诸食脯肉,脯肉毒杀、伤、病人者,亟尽孰(熟)燔其余。”简27:“斗而以釰及金铁锐、锤、椎伤人,皆完为城旦舂。”简50:“犬杀伤人畜产,犬主赏(偿)之,它☑”②

居延汉简3·35“敞剑庭刺伤状……敞实剑庭自刺伤”,13·6“以剑击伤右手指二所”,118·18“以剑击伤戍卒同郡县戍里靳龟右股一所”。③

居延新简E·P·T68:20“宪以所带剑刃击伤谭匈一所广二寸”,E·P·T68:25“宪以剑击伤谭匈”,E·P·T68:172“尊击伤良头四所其一所创袤三寸”,E·P·T68:188“头四所其一所创袤三寸三所创袤二寸半皆广三分深至骨”。④

敦煌汉简221“秉以刃伤茂三所”,222“助茂秉刃伤大君头一所”。⑤

五一简六四三+六八五:“复射伤武右肩创一所。”九八八“斧□

---

① 陈伟主编,彭浩、刘乐贤等撰著:《秦简牍合集:释文修订本(壹)》,武汉大学出版社2016年版,第215~217页。

② 张家山二四七号汉墓竹简整理小组编著:《张家山汉墓竹简[二四七号墓]释文修订本》,文物出版社2006年版,第11~12、15页。

③ 中国社会科学院考古研究所编:《居延汉简(甲乙编)》(下册),中华书局1980年版,第2、8、81页。

④ 甘肃省考古文物研究所等编:《居延新简(甲渠侯官与第四隧)》,文物出版社1990年版,第457、464~465页。

⑤ 吴礽骧、李永良、马建华释校:《敦煌汉简释文》,甘肃人民出版社1991年版,第20页。

伤右臂一所”。一四〇五“冯斗刃伤人”。①

以上所记伤人情况大致可以分为以下几类:兵刃伤人、女红利器伤人、毒食伤人、拳脚伤人和犬伤人等。其中,毒食伤人,受伤处必然包括皮肉骨。其余三种情况,恐怕在打斗过程中,也无法控制为只伤害皮肤。另外,马王堆汉墓帛书《五十二病方》第 12 行“令伤者毋痛,毋血出”,第 13 行“伤者血出”,更是明确指出“伤者”出血,是已伤及肌肉和血管。② 据此,则“皮曰伤”的解释不成立。

二、“肉曰创”

秦汉简牍中,“创”出现得相对较晚。除了上文中所引居延新简 E·P·T68:172、188 的简文外,仍有一例 E·P·T68:324“又手中创二所皆广半寸长三寸”。③ “创”在五一简中比较常见,如三四五:“左胁创一所,袤一寸五分,广五分,深通中。”四三六:“脐上、左臂创各一所,袤广各五分,深皆达外。”六一四:“右足踝上创一所,袤广各五分,

① 参见长沙市文物考古研究所、清华大学出土文献研究与保护中心、湖南大学岳麓书院、中国文化遗产研究院编:《长沙五一广场东汉简牍(贰)》,中西书局 2018 年版,第 141 页;长沙市文物考古研究所、清华大学出土文献研究与保护中心、湖南大学岳麓书院、中国文化遗产研究院编:《长沙五一广场东汉简牍(叁)》,中西书局 2019 年版,第 105 页;长沙市文物考古研究所、清华大学出土文献研究与保护中心、湖南大学岳麓书院、中国文化遗产研究院编:《长沙五一广场东汉简牍(肆)》,中西书局 2019 年版,第 110 页。按:“五一广场东汉简牍”,本文均简称为五一简。

② 马王堆汉墓帛书整理小组编:《马王堆汉墓帛书(肆)·五十病方释文注释》,文物出版社 1985 年版,第 27 页。

③ 甘肃省考古文物研究所等编:《居延新简(甲渠侯官与第四隧)》,文物出版社 1990 年版,第 199 页。

深至骨。”九八八:“右臂一所,袤二寸,广二寸,深断骨。”[①]我们曾就“深至骨”“深通中”“深达内”“深断骨”“深达外”等伤势进行过逐一讨论。[②] 从简文记载看,受伤者的“创”口的有深有浅,皮肉骨均有损害。据此,“肉曰创”的解释不成立。

在此,我们想顺带讨论的是,五一简对于伤势的记载已经呈现出格式化,我们也曾做过相关讨论,并将其概括为“身体部位(亦分左右)+相对位置(分上下中内外)+创几所+袤+广+深”。[③] 而居延新简中的伤势记录虽然内容不多,却存在三种格式:

(一)E·P·T51:324:“左臂二所,皆广二寸,长六寸。又手中创二所,皆广半寸,长三寸。”[④]左臂伤势记录可与五一简九八八的记载对比:“右臂一所,袤二寸,广二寸,深断骨。”手中伤势可与五一简一三五一中的记载对比:“左掌中创一所,袤四寸,广一寸,深至骨。”[⑤]不难发现:五一简中已经格式化的“袤”和“广”,居延新简中记作“广”和“长”。二者存在两处区别:一是以“袤”代“长”,二是先“袤”后“广”,取代了先“广”后“长”。

---

① 参见长沙市文物考古研究所、清华大学出土文献研究与保护中心、湖南大学岳麓书院、中国文化遗产研究院编:《长沙五一广场东汉简牍(壹)》,中西书局2018年版,第167页;长沙市文物考古研究所、清华大学出土文献研究与保护中心、湖南大学岳麓书院、中国文化遗产研究院编:《长沙五一广场东汉简牍(贰)》,中西书局2018年版,第94、137页;长沙市文物考古研究所、清华大学出土文献研究与保护中心、湖南大学岳麓书院、中国文化遗产研究院编:《长沙五一广场东汉简牍(叁)》,中西书局2019年版,第105页。

② 参见黄朴华、罗小华:《五一广场东汉简牍中的“像人”》,载《出土文献》2020年第4期。

③ 参见黄朴华、罗小华:《五一广场东汉简牍中的“像人”》,载《出土文献》2020年第4期。

④ 甘肃省考古文物研究所等编:《居延新简(甲渠侯官与第四隧)》,文物出版社1990年版,第199页。

⑤ 长沙市文物考古研究所、清华大学出土文献研究与保护中心、湖南大学岳麓书院、中国文化遗产研究院编:《长沙五一广场东汉简牍(肆)》,中西书局2019年版,第102页。

（二）E·P·T68:188:“头四所。其一所创，袤三寸，三所创，袤二寸半，皆广三分，深至骨。”与五一简的伤势格式相对比，除了“创几所”写作“几所创”外，其他如“袤”“广”“深”等都是一样的。

（三）E·P·T68:20“宪以所带剑刃击伤谭匈一所，广二寸”。E·P·T68:25“宪以剑击伤谭匈”。这两枚简牍记载的是同一案件。“匈”，当读为“胸”。E·P·T68:172“尊击伤良头四所，其一所创，袤三寸。”其记录格式可概括为“伤＋某人＋某处＋几所”。居延汉简也有这种记录格式。13·6“以剑击伤右手指二所。”与五一简的伤势记录格式相比，最大的区别是有“伤”无“创”。“击伤谭匈”和“击伤良头”，都属于动宾结构。“伤”都是用作动词。这种用法的“伤”，亦见于五一简，如六四三＋六八五：“复射伤武右肩创一所。”九八八：“斧□伤右臂一所，袤二寸，广二寸，深断骨。”两相比较，我们怀疑，这里的“创”应该是用作名词。

通过以上分析可以看出，居延新简对于伤势的记录存在多种格式，有的与居延汉简的记录格式一致，有的与五一简的记录格式接近。这种记录伤势的格式是从何时开始形成的，现在还不清楚。然而，睡虎地秦简《封诊式》中，有几处关于伤势的记载，引起了我们的注意。简35－36：“诊首□鬐发，其右角痏一所，袤五寸，深到骨，类剑迹；其头所不齐𦠾𦠾然。”简56－58：“某头左角刃痏一所，北（背）二所，皆从（纵）头北（背），袤各四寸，相耎，广各一寸，皆臽中类斧，脑角出（頔）皆血出，柀（被）污头北（背）及地，皆不可为广袤；它完。”①可见，《封诊式》对于伤势记载，也呈现出一定格式，可概括为“身体部位（亦分左右）＋痏几所＋袤＋广/深”。与五一简的格式相比，最

① 睡虎地秦墓竹简整理小组编：《睡虎地秦墓竹简》，文物出版社1990年版，第153、157页。

大的区别是,“创几所”写作了“痏几所”。据此,有理由怀疑,《封诊式》中的“痏”,与五一简中的“创”,所指相同。

“痏”,在文献中多与“疻”连用作“疻痏”,亦见于睡虎地秦简《法律答问》简 87:“或与人斗,夬(决)人唇,论可(何)殹(也)? 比疻痏。”简 88:“或斗,啮人頯若颜,其大方一寸,深半寸,可(何)论? 比疻痏。”简 89:“斗,为人殴殹(也),毋(无)疻痏,殴者顾折齿,可(何)论? 各以其律论之。”[①]《汉书·薛宣传》:“传曰:‘遇人不以义而见疻者,与痏人之罪钧,恶不直也。’”颜师古注引应劭曰:“以杖手殴击人,剥其皮肤,肿起青黑而无创瘢者,律谓疻痏。遇人不以义为不直,虽见殴与殴人罪同也。”[②]《说文》疒部:“疻,疻痏,殴伤也。”段玉裁指出:“此应注讹脱。《急就篇》颜注云:‘殴人皮肤肿起曰疻,殴伤曰痏。’盖应注‘律谓疻痏’下夺去六字,当作‘其有创瘢者谓痏’。《文选》嵇康诗‘怛若创痏’,李善引《说文》:‘痏,瘢也。’正与应语合。皆本《汉律》也。疻轻痏重,遇人不以义而见疻,罪与痏人等,是疻人者轻论,见疻者重论,故曰恶不直也。创瘢谓皮破血流。……或曰,依应仲远,则疻痏异事,何为合之也? 曰:应析言之,许浑言之。许曰殴伤,则固兼无创瘢有创瘢者言之。《文选》注引《仓颉篇》:‘痏,殴伤也。’与许正合。”[③]沈家本认为:“段氏析言、浑言乃古人之通例,惟以创瘢之有无为疻、痏之分别,无佐证。”[④]闫晓君先生指出:“事实上,段玉裁的说法是很有见地,《睡虎地云梦秦简》中有例证。……从《睡虎地云梦秦简》中可以看出,‘疻痏’连称,为一般创伤的泛称。

① 睡虎地秦墓竹简整理小组编:《睡虎地秦墓竹简》,文物出版社 1990 年版,第 113~114 页。

② (汉)班固:《汉书》,中华书局 1962 年版,第 3395~3396 页。

③ (东汉)许慎:《说文解字注》,上海古籍出版社 1988 年版,第 351 页。

④ (清)沈家本:《历代刑法考(附寄移文存)》,邓经元、骈宇骞点校,中华书局 1985 年版,第 1467 页。

但有创伤的只能称‘痏’。《说文通训定声》:‘凡殴伤皮肤起青黑而无创瘢者为疻,有创瘢者曰痏。’”①从“类剑迹”和“刃痏”的记载看,《封诊式》中的“痏”当为兵刃所伤,非“殴伤”。结合《封诊式》“脑角出(頔)皆血出,柀(被)污头北(背)及地,皆不可为广袤”的记载看,“痏”显然是未愈合的伤口。结合“为人殴殴(也),毋(无)疻痏”的记载来看,“疻痏”之“痏”又包含“殴伤”。“痏”,亦见于岳麓秦简《魏盗杀安、宜等案》简151:“安、宜及不智(知)可(何)一女子死(尸)皆在内中,头颈有伐刑痏。”②何有祖先生曾指出:“这里的‘伐刑杀’之伐、刑当用作动词,其中‘刑’可参考上文提及的《譊、妘刑杀人等案》中‘以刀刑’,指用刀砍斫。……结合《魏盗杀安、宜等案》所记载的魏‘即买大刀,欲复以盗杀人’、‘有(又)买大刀,欲复(?)盗杀人’,两次提及买大刀打算再次杀人,似可推知魏伐刑杀安等所用凶器可能是刀。”③可见,“伐刑痏”仍为兵刃所致之伤。

至于以上所涉及的“瘢”,都是指的伤口,与传世文献记载不同。《说文》徐锴系传:“痍伤处已愈,有痕曰瘢。”④《玉篇》:“瘢,疮痕也。”“疮,疮痍也。古作创。”⑤《汉书·朱博传》:“长陵大姓尚方禁少时尝盗人妻,见斫,创着其颊。府功曹受赂,白除禁调守尉。博闻知,以它事召见,视其面,果有瘢。”颜师古注:“瘢,创痕也。”⑥所谓“痍伤处已愈,有痕曰瘢”,正是指的现在所说的“疤”,亦见于秦汉简帛。《封诊式》简60:“其腹有久故瘢二所。”整理者指出:“久,读为

① 闫晓君:《出土文献与古代司法检验史研究》,文物出版社2005年版,第36页。
② 朱汉民、陈松长主编:《岳麓书院藏秦简(叁)》,上海辞书出版社2013年版,第185页。
③ 何有祖:《再论秦汉“弃市”的行刑方式》,载《社会科学》2018年第11期。
④ (南唐)徐锴:《说文解字系传》,中华书局1987年版,第154页。
⑤ (南朝梁)顾野王:《大广益会玉篇》,中华书局1987年版,第56~57页。
⑥ (汉)班固:《汉书》,中华书局1962年版,第3402~3403页。

灸。灸故瘢,灸疗遗留的疤痕。"[①]我们怀疑,"久"不一定指"灸疗",可能指"灸灼"。《后汉书·光武帝纪下》:"癸亥,诏曰:'敢灸灼奴婢,论如律,免所灸灼者为庶(民)[人]。'"[②]"久故瘢"应该指"灸灼"留下的疤。马王堆汉墓帛书《五十二病方》第 14 行"令伤毋般(瘢)",整理者指出:"毋瘢,没有瘢痕,这是防止创伤愈合后造成瘢痕的方法。"[③]张家山汉简《奏谳书》简 109-110:"诊讲北(背),治(笞)纼(朋)大如指者十三所,小纼(朋)瘢相质五(伍)也,道肩下到要(腰),稠不可数。"整理者指出:"朋,《说文》:'瘢也。'"[④]闫晓君先生认为:"'纼瘢'指用笞杖捶击后留的条状伤痕。在法医学上,把用棍棒等快速打击在软组织丰满处(如腰背)所留下的两条平行中空性皮下出血称为'竹打中空'。"[⑤]"纼",当如整理者所言,读为"朋"。《广韵·轸韵》:"朋,杖痕肿处。"[⑥]

另外,兵刃所致之伤口,被称为"金创"。《汉书·艺文志》:"金创瘲瘛方三十卷。"[⑦]《左传》成公十六年"子反命军吏察夷伤",杜预注:"夷亦伤也。"孔颖达疏:"服虔云:'金创为夷。'杜以战用五兵,唯殳无刃,所言伤者,皆刃伤也,何须于此独辨金木?故知夷亦伤也,复言之耳。"[⑧]文献或作"金疮"。《六韬·龙韬·王翼》:"方士二人,主百药,以治金疮,以痊万病。"[⑨]张家山汉简《二年律令》简 409 中有

① 睡虎地秦墓竹简整理小组编:《睡虎地秦墓竹简》,文物出版社 1990 年版,第 157~158 页。
② (南朝宋)范晔:《后汉书》,中华书局 1965 年版,第 58 页。
③ 马王堆汉墓帛书整理小组编:《马王堆汉墓帛书(肆)·五十病方释文注释》,文物出版社 1985 年版,第 27~28 页。
④ 张家山二四七号汉墓竹简整理小组编著:《张家山汉墓竹简[二四七号墓]释文修订本》,文物出版社 2006 年版,第 101~102 页。
⑤ 闫晓君:《出土文献与古代司法检验史研究》,文物出版社 2005 年版,第 300~301 页。
⑥ (北宋)陈彭年等编:《宋本广韵》,江苏教育出版社 2008 年版,第 79 页。
⑦ (汉)班固:《汉书》,中华书局 1962 年版,第 1777 页。
⑧ (清)阮元校刻:《十三经注疏》,中华书局 1980 年版,第 1919 页。
⑨ 骈宇骞、李解民、盛冬玲等译注:《武经七书》,中华书局 2007 年版,第 410 页。

"金痍"。整理者指出:"金痍,兵器创伤。"[①]马王堆汉墓帛书《五十二病方》第16行"金伤者",第23行"令金伤毋痛方",第25行"令金伤毋痛"。[②] "金痍"与"金伤",应该就是"金创"。闫晓君先生指出"痍,也是指有创口的伤,《释名·释疾病》:'痍,侈也,侈开皮肤为创也。'《公羊传》成十六年:'王痍者,何伤乎?矢也。'"[③]"痍",亦见于睡虎地秦简《法律答问》简208:"可(何)如为'大痍'?'大痍'者,支(肢)或未断,及将长令二人扶出之,为'大痍'。"《封诊式》简32-33:"甲告曰:'甲,尉某私吏,与战刑(邢)丘城。今日见丙戏旞,直以剑伐痍丁,夺此首,而捕来诣。'诊首,已诊丁,亦诊其痍状。"[④]此处"以剑伐痍丁",正可与岳麓秦简中的"伐刑痏"相印证。而且,"痍"与"痏"又同时出现睡虎地秦简之中。因此,我们怀疑,"痏""痍""伤"和"创"的称呼,可能与时代、地域有关。

由此可见,五一简记录伤势的格式,当远承睡虎地秦简《封诊式》。前者记录伤势的格式"身体部位(亦分左右)+相对位置(分上下中内外)+创几所+袤+广+深",完全可以看作在后者记录格式的基础上进一步完善起来的。后者虽然记录伤势的内容并不多,但是,其格式"身体部位(亦分左右)+痏几所+袤+广/深"已经相对固定,而且对后世的影响甚为深远。据此,则我国司法检验的萌芽,应出现在秦简《封诊式》之前。贾静涛先生就曾明确指出:"由于《吕氏春秋·孟秋纪》的记载与睡虎地秦墓竹简的发现,我们认为先秦时期,更准确地说,战国时期是我国法医学与刑事侦查技术的萌芽时

① 张家山二四七号汉墓竹简整理小组编著:《张家山汉墓竹简[二四七号墓]释文修订本》,文物出版社2006年版,第64页。

② 马王堆汉墓帛书整理小组编:《马王堆汉墓帛书(肆)》,文物出版社1985年版,第28~29页。

③ 闫晓君:《出土文献与古代司法检验史研究》,文物出版社2005年版,第36~37页。

④ 睡虎地秦墓竹简整理小组编:《睡虎地秦墓竹简》,文物出版社1990年版,第143、153页。

期,距今大约二千四百年。”①

三、“骨曰折”

秦汉简牍中,关于“折”的记载并不多,且目前不见于五一简。睡虎地秦简《法律答问》简75:“斗折脊颈骨,可(何)论?比折支(肢)。”简79:“妻悍,夫殴治(笞)之,夬(决)其耳,若折支(肢)指、胅膻(体),问夫可(何)论?当耐。”简89:“斗,为人殴殹(也),毋(无)疻痏,殴者顾折齿,可(何)论?各以其律论之。”②张家山汉简《二年律令》简27-28:“斗……其非用此物而盯人,折枳、齿、指,胅体,断肤(决)鼻、耳者,耐。”简65-66:“群盗及亡从群盗,殴折人枳(肢)、胅体……皆磔。”③

从“折脊颈骨”“折支(肢)指”“折齿”等记载来看,“折”确实与骨有关。据此,蔡邕所谓“骨曰折”是对的。

四、“骨肉皆绝曰断”

关于“断”的记载,在秦汉简牍中出现得也不多。睡虎地秦简《法律答问》简83:“或斗,啮断人鼻若耳若指若脣(唇),论各可(何)殹(也)?议皆当耐。”④张家山汉简《二年律令》简27-28:“……断肤(决)鼻、耳者,耐。”五一简九一七:“下断咙喉、膞(?)。”⑤九八八:

① 贾静涛:《中国古代法医学史》,群众出版社1984年版,第3页。

② 陈伟主编:《秦简牍合集释文注释修订本(壹)》,武汉大学出版社2016年版,第212、214、216页。

③ 张家山二四七号汉墓竹简整理小组编著:《张家山汉墓竹简[二四七号墓](释文修订本)》,文物出版社2006年版,第12、17页。

④ 陈伟主编:《秦简牍合集释文注释修订本(壹)》,武汉大学出版社2016年版,第215页。

⑤ 长沙市文物考古研究所、清华大学出土文献研究与保护中心、湖南大学岳麓书院、中国文化遗产研究院编:《长沙五一广场东汉简牍(叁)》,中西书局2019年版,第92页。

“斧□伤右臂一所,袤二寸,广二寸,深断骨。”

从“啮断人鼻若耳若指若脣(唇)”“断肤(决)鼻、耳者”“断咙喉、膊”“右臂……深断骨”的记载看,右臂与指均有骨头,鼻与耳均有软骨,唇与咙喉均无骨。蔡邕所谓“骨肉皆绝曰断”不成立。此外,“右臂……深断骨”的记载并未涉及肉绝,再次证明“骨肉皆绝曰断”不成立。

五、余论

蔡邕“皮曰伤,肉曰创,骨曰折,骨肉皆绝曰断”的注解,经常被法医史学者所引用。然而,结合秦汉简牍中的记载来看,除“骨曰折”之外,其余三项均不成立。在秦汉简牍中,“伤”多用作动词;“创”多指兵刃所致之伤,偶指“殴伤”;“断”或指骨绝,或指皮肉绝。其实,这句话之后还有一句。《玉烛宝典》卷七引蔡雍(邕)《孟秋章句》:“言民斗辨而不死者,当以伤、创、折、断、深浅,大小正其罪之轻重。”①这是说,当时的量刑标准,包括“伤、创、折、断、深浅,大小”。虽然“伤”、“创”和“断”多与实际情况不符,但是,“折”“断”“深浅”(包括睡虎地秦简中的“深到骨”,居延新简中的“深至骨”,五一简中的“深绝革”“深通中”“深达内”“深至骨”“深断骨”“深达外”等)、“大小”(包括睡虎地秦简中的“大方一寸”、“袤”和“广”,居延新简中的“广”和“长”,五一简中的“袤”和“广”)等,仍能反映出受害者的受伤程度,可作为判定肇事者的量刑标准。也就是说,蔡邕的注解虽不能与秦汉简牍的记载相契合,但还是可以反映出秦汉时期的司法检验的真实情况。结合蔡邕的注解和秦汉简牍的记载来看,秦汉时期尤其是东汉时期的司法检验,已经达到比较成熟的阶段。

① (隋)杜台卿:《玉烛宝典》,杨守敬校订,载《续修四库全书》(第885册),上海古籍出版社1996年版,第71页。

秦汉简所见“二千石”官秩考

王牧云*

内容摘要：韩非子提出“明主治吏不治民”的法治思想后，历朝历代都将官吏视为重点管理对象，以官吏法作为研究主体的学术成果业已形成一定规模。秦汉两代，随着出土材料的不断整理出版，官吏的相关管理规定亦受到了学界重视。作为“爵—秩”官阶体制中的一环，官秩在秦汉官吏法中起着极为基础的作用，其直接影响了官吏的职权与特权。本文以秦汉简中所见作为官秩的“二千石”为考察对象，以此管窥秦汉时期官秩体系的发展，并试图以此思考秦汉法律在中国古代法律中的特殊地位。

关键词：岳麓秦简　张家山汉简　官秩

战国时出现的谷物俸禄，在秦汉时期得以继续发展形成禄秩形态的官阶，周朝创立的“爵本位”等级秩序，亦经战国秦汉的发展完备为二十等爵制。秦汉时期“爵—秩”官阶体制初步形成，后魏晋九品官品的问世，为中国“一元化多序列的复式品位结构”官阶提供了容

* 王牧云，中国人民大学博士研究生。

纳各种位阶的一元性框架，直至唐，这种官阶体系才最终形成。[①] 换句话说，秦汉时期的“爵—秩”官阶体制可视为中国“多元位阶”官阶体系的开端，考察其时的发展对理解中国的官制大有助益。

《汉书·百官公卿表》载：“监御史，秦官，掌监郡。……成帝绥和元年更名牧，秩二千石……郡守，秦官，掌治其郡，秩二千石；有丞，边郡又有长史，掌兵马，秩皆六百石。……”又，张家山汉简《二年律令·秩律》载：“·御史大夫、廷尉、内史、典客、中尉、车骑尉、大仆、长信詹事、少府令、备塞都尉、郡守、尉、衛（卫）将军、衛（卫）尉、汉$_{440}$中大夫令、汉郎中、奉常，秩各二千石。御史、丞相、相国长史，秩各千石。$_{441}$”[②]另，《后汉书·百官志》中有出现“中二千石”“真二千石”“二千石”“比二千石”等语。参看《汉书》《二年律令·秩律》《后汉书》文献记载可知，作为官秩的“二千石”由秦承袭而来，其所对应的具体官职亦随着时代的发展而不断变化。岳麓书院藏秦简[③]整理出版后，其简上可明见“二千石官（吏）”等语，亦为考察秦时“二千石”的特殊地位提供了证明材料。作为秩级的“二千石”，其对应的具体官职涉及中央与地方，以此管窥秦汉官制的发展具有一定的代表性，以下将先对秦汉简中可见的“二千石”作简要介绍。

① 参见阎步克：《中国古代官阶制度引论》（第2版），北京大学出版社2021年版，第3、29页。

② 彭浩、陈伟、［日］工藤元男主编：《二年律令与奏谳书》，上海古籍出版社2007年版，第258页。

③ 以下简称岳麓秦简。文中所引简文同时标注卷册、整理者编号和原始简号，例：

·行书律曰：传行书，署急辄行，不辄行，赀二甲。不急者，日觱（毕）。留三日，赀一盾；四日［以］上，赀一甲。二千石官书不急者，毋以邮行。（肆，192/1250－193/1368）

一、秦简所见作为官秩的“二千石”

已整理出版的岳麓秦简共6卷,其中第四、五、六卷为秦律令,其上均有关于“二千石官”或“二千石吏”①的记载,可视作“二千石”作为官秩的一手材料。其中一条《行书律》中关于“二千石官”的记载为此律首见,亦与其后以“内史郡二千石官共令”“廷内史郡二千石官共令”为令名的令文规范存在较大差异,先对此条做简要分析。此《行书律》载:

·行书律曰:传行书,署急辄行,不辄行,赀二甲。不急者,日觱(毕)。留三日,赀一盾;四日[以]上,赀一甲。二千石官书$_{192/1250}$不急者,毋以邮行。(肆,192/1250－193/1368)②

此律文是有关行书延误的处罚规范,其中简192/1250与简193/1368能否直接相连,笔者认为存疑。京大读简班认为其两简可连,并一同出注,认为除皇帝的“命书”“制书”外,即使是二千石官的文书不急的也不能用邮行。③ 此编联下,“二千石官书不急”或为强调性规定,但前款是有关行书延误的处罚规范,后款是有关行书方式的适用规范,两款规范间似有一定差距。睡虎地秦简及张家山汉简有相似条文可供参照:

行命书及书署急者,辄行之;不急者,日毕,勿敢留。留者以律论之。行书$_{○一八三}$(秦律十八种·行书律,)④

---

① 有关“官”“吏”之别,一般认为秦汉时期二者可通,直至魏晋南北朝分开。岳麓秦简中既有“二千石官”,亦有“二千石吏”,两者出现的律令篇目不同,暂分开说明。

② 陈松长主编:《岳麓书院藏秦简》(肆),上海辞书出版社2015年版,第131～132页。

③ 参见[日]“秦代出土文字史料の研究”班:《嶽麓書院所藏簡〈秦律令(壹)〉譯註稿その(三)》,《東方學報》95冊,2020,第130～131頁。

④ 睡虎地秦墓竹简整理小组编:《睡虎地秦墓竹简》,文物出版社1990年版,第61页。

……令邮人行制书、急书，复勿令为它事。……267（二年律令·行书律）①

诸狱辟书五百里以上，及郡县官相付受财物当校计者书，皆以邮行。276（二年律令·行书律）②

从以上几条律文规范来看，邮行的对象为制书、急书（如第3条所列），与秩级并无关联，不需要对“二千石官书”做特别强调。故笔者推测此处可能存在缺简，或直接以“二千石官书”③作结。

除《行书律》外，可见直接以“二千石官”为令名的令文规范。这批简文格式基本一致，带有干支编号，或可视作篇题简，④现按干支顺序摘录如下：

■内史郡二千石官共令　第甲（肆，307/0355）
■内史郡二千石官共令　第乙（肆，328/0690）
■内史郡二千石官共令　第丙（肆，340/0522）
■内史郡二千石官共令　第丁（肆，333/0351）
■内史郡二千石官共令　第戊（肆，312/0465）
■内史郡二千石官共令　第己（肆，320/0316）
■内史郡二千石官共令　第庚（肆，327/0617）⑤

除以上以“内史郡二千石官共令”为令名外，另有“廷内史郡二千石官共令”，其编号较“内史郡二千石共令”复杂，似经过进一步整

① 彭浩、陈伟、［日］工藤元男主编：《二年律令与奏谳书》，上海古籍出版社2007年版，第199页。

② 彭浩、陈伟、［日］工藤元男主编：《二年律令与奏谳书》，上海古籍出版社2007年版，第205页。

③ 此处“书”的用法，或与“某某手”“某某半”相类。

④ 参见陈松长：《岳麓秦简中的几个令名小识》，载《文物》2016年第12期。

⑤ 陈松长主编：《岳麓书院藏秦简（肆）》，上海辞书出版社2015年版，第196、198、201、203、205、207页。

理。如：

■廷内史郡二千[石]官共令·第庚·今壬（肆，390/1131）①

■廷内史郡二千石官共令·卅六第己（伍，062/0081 + 0932）②

■廷内史郡二千石官共令·第庚·今壬（伍，098/1131）③

有关以“二千石官”为令名的令，目前材料所见仅有“内史郡二千石官共令”“廷内史郡二千石官共令”两种。④ 陈松长认为，此处“共令”之“共”为“供给”之意，即供内史、郡二千石官所遵守使用的令。⑤ 至于其令的具体规范，已有学者作专门分析。如有学者认为，里耶秦简中的“令史行庙”文书与岳麓秦简中的“内史郡二千石官共令第己”可互相参证，可以推知秦朝存在县道庙制度。⑥ 以上所涉“内史郡二千石官共令”“廷内史郡二千石官共令”简，简首有墨钉，独立成简，无法确定能否做篇题简向后编联，故此处暂不讨论其令文

---

① 陈松长主编：《岳麓书院藏秦简（肆）》，上海辞书出版社 2015 年版，第 224 页。

② 陈松长主编：《岳麓书院藏秦简（伍）》，上海辞书出版社 2017 年版，第 59 页。

③ 陈松长主编：《岳麓书院藏秦简（伍）》，上海辞书出版社 2017 年版，第 72 页。

④ 亦有残缺简载：

⧄□[郡]二千石官共令　□甲（陆，213/2076）

岳简整理小组认为，按照长度对比，此简首残一字，但从相关简文内容来看，此处应该是“廷内史郡二千石官共令”或“内史郡二千石官共令”。暂从整理者意见，将其释为前二种令名。参见陈松长主编：《岳麓书院藏秦简（陆）》，上海辞书出版社 2019 年版，第 157 页。另，陈松长认为秦令令名可分为篇名和单一令名两类，“内史郡二千石官共令”“廷内史郡二千石官共令”同属第一类篇名范畴，后一类仅针对某一对象及某一事项。此文对所有令名进行了整理和释读，亦不见其他以“二千石官”为题的令名。参见陈松长：《岳麓秦简中的秦令令名订补》，载王捷主编：《出土文献与法律史研究》（第 6 辑），法律出版社 2017 年版，第 98 ~ 99 页。

⑤ 参见陈松长：《岳麓秦简中的几个令名小识》，载《文物》2016 年第 12 期。

⑥ 参见范云飞：《岳麓秦简“内史郡二千石官共令第己”释证》，载《简帛》2019 年第 2 期。

具体内容。

另外,在"卒令""尉卒令"中出现了"二千石吏"等语,摘录几条令文如下:

·令曰:吏有论毄(系),二千石,治者辄言御史,御史遣御史与治者雜受印,在郡者,言郡守、郡监,守丞、尉丞与治者杂受印,以治所县官令若丞印封印,令卒史上御史;千石到六百石,治者与治所县令若丞杂受,以令若丞[杂]受,以令若丞印封,令吏上御史;五[百]以下印行郡县者,治者受印,以治☑所执法;印不行郡县及乘车吏以下,治者辄受,以治所令、丞印封印,令吏☑(伍,123/1174－126/1142)①

·令曰:吏从军治粟将漕长挽者,自敦长以上到二千石吏,居君治粟漕长挽所∠,得卖(买)所歓(饮)食衣服物及所以歓(饮)食居处及给事器兵∠,买此物而弗歓(饮)食衣服用给事者,皆为私利。毋重车者,得买以给事,舍,毋过□□□人。丞相、御史言:……奏。制曰:可。布以为恒令。·尉郡卒令乙(伍,146/1880－153/1163)②

按简册的编排顺序,或可推测第一条令文出自卒令,即以上令文分别出自卒令、尉郡卒令。第一条令文规范可明显看出不同官秩在犯罪后的审理差异。令文将犯罪吏按官秩分为二千石、千石到六百石、五百石以下印行郡县和五百石以下印不行郡县及乘车吏以下四级,规定二千石吏犯罪,在中县道犯罪的由御史派人和治狱的官吏一

① 简125/1151、126/1142下部均残断,其内容上有相似处,可将其编联。整理小组另将简127/1875编于126/1142之后,并认为简126/1142后存在缺简。简127/1875提及归印问题,似与前简文受印规范相差较远,故暂不编联。参见陈松长主编:《岳麓书院藏秦简(伍)》,上海辞书出版社2017年版,第108~110页。

② 陈松长主编:《岳麓书院藏秦简(伍)》,上海辞书出版社2017年版,第116~118页。

同审理,在郡县道犯罪的由郡守、郡监、守丞、尉丞与治狱的官吏共同审理。所有官秩的犯罪都要将印上交给执法,但审理"二千石吏"犯罪的官吏级别更高,人员更多,在一定程度上保证了审理的公正性。第二条令文则是有关敦长以上到二千石吏买卖衣物的适用规范和私利的认定,令文保留了完整的请令过程。

综上,在岳麓秦简中存在以"二千石官"为令名的篇题简和以"二千石官"或"二千石吏"为规范对象的具体律令简。其分布零散,在律令中均可能出现,从中可见"二千石官"作为一个官吏群体有一定的特殊地位。在其余整理出版的秦简中暂未见到明载"二千石"作为秩级的简文。

二、汉简所见作为官秩的"二千石"

除前文所提及的张家山汉简《二年律令·秩律》外,在《具律》《捕律》《置吏律》《传食律》等律中均可见作为特殊群体出现的"二千石官"或"二千石吏",如:

> 县道官有请而当为律令者,各请属所二千石官,二千石官上相国、御史,相国、御史案致,当请,请之,毋得径请者。径请者,$_{219}$罚金四两。$_{220}$(二年律令·置吏律)①
>
> 丞相、御史及诸二千石官使人,若遣吏、新为官及属尉、佐以上征若迁徙者,及军吏、县道有尤急$_{232}$言变事,皆得为传食。车大夫粺米半斗,参食,从者糲(糲)米,皆给草具。车大夫酱四分升一,盐及从者人各廿二分升一。$_{233}$食马如律,禾之比乘传者马。使者非有事其县道界中也,皆毋过再食。其有事焉,留过十日

① 彭浩、陈伟、[日]工藤元男主编:《二年律令与奏谳书》,上海古籍出版社2007年版,第179页。

者，稟米令自234炊。以诏使及乘置传，不用此律。县各署食尽日，前县以谁(推)续食。食从者，二千石毋过十人，千石到六百石毋235过五人，五百石以下到三百石，毋过二人，二百石以下一人。使非吏，食从者，卿以上比千石，五大夫以下到官大夫比五百石，236大夫以下比二百石；吏皆以实从者食之。诸吏乘车以上及宦皇帝者，归休若罢官而有传者，县舍食人、马如令。237(二年律令·传食律)①

赐衣者六丈四尺、缘五尺、絮三斤，襦二丈二尺、缘丈、絮二斤。绔(袴)二丈一尺、絮一斤半，衾五丈二尺、缘二丈六尺、絮十一斤。五大夫以上282锦表，公乘以下缦表，皆帛里；司寇以下布表、里。二月尽八月赐衣、襦，勿予里、絮。二千石吏不起病者，赐衣襦、棺及官衣常(裳)。283郡尉，赐衣、棺及官常(裳)。千石至六百石吏死官者，居县赐棺及官衣。五百石以下至丞、尉死官者，居县赐棺。284(二年律令·赐律)②

以上3条律文分别出自《置吏律》《传食律》《赐律》。第一条律文规定县道官请律令的程序，即由县道官请其所属“二千石官”，再由“二千石官”上请相国、御史，由相国、御史决定是否上请皇帝颁布律令。此处可见“二千石官”有上传县道官请令的职责。第二条律文规定了“二千石官”遣吏办事时可配置的人员数量及提供的食宿标准，所能跟从的人员数量按二千石、千石到六百石、五百石以下到二百石、二百石以下四个不同秩级递减，但人员的食宿标准没有变化。需要注意的是，此处的秩级是被派遣的吏的秩级。第三条律文是有关

① 彭浩、陈伟、[日]工藤元男主编：《二年律令与奏谳书》，上海古籍出版社2007年版，第184页。

② 彭浩、陈伟、[日]工藤元男主编：《二年律令与奏谳书》，上海古籍出版社2007年版，第208页。

衣物赏赐的规定。在有关任上去世的赏赐上,我们可以看见“二千石吏”的特殊之处。首先,对于任上去世,“二千石吏”不称“死官者”,而称“不起病”。张家山汉简整理小组认为,对“二千石吏”的死使用“不起病”的表达可能是顾及其身份的缘故。① 其次,根据官秩的不同,所赐衣物数量与品质亦不同。而在二千石、千石至六百石、五百石以下3个不同官秩中,又单列郡尉,暂不知此处作为“二千石官”的郡尉不赐襦的原因。

新近出版的胡家草场汉简中亦有“二千石官”的相关词例,与案狱或请令相关,可与《二年律令》相同律篇作对读,如:

以城邑亭鄣反、降诸□(侯),及守乘城亭鄣,诸□(侯)人来功(攻)盗,不坚守而弃去之,若降$_{1023}$之,及谋反者,皆要(腰)斩。其城邑反、降,及守乘城弃去若降之,及谋反者,父母、妻子、同产$_{1121}$无少长,皆弃市。谋反者狱具,二千石官案掾移廷,廷以闻,有报,乃以从事。其坐谋反$_{1122}$者,能徧(徧)捕,若先告吏,皆除坐者罪。$_{1004}$(旁律甲·贼律)②

县道官有请而当为律令者,各请属所二千石官,二千石官上相国、御史,相国、御史案致,当请,【请】之,毋得径请,径请者$_{338}$(旁律乙·置吏律)③

第一条律文规范与《二年律令·贼律》相比,多了“二千石官”移

① 参见彭浩、陈伟、[日]工藤元男主编:《二年律令与奏谳书》,上海古籍出版社2007年版,第209页。

② 李志芳、李天虹主编:《荆州胡家草场西汉简选粹》,文物出版社2021年版,第22页。

③ 李志芳、李天虹主编:《荆州胡家草场西汉简选粹》,文物出版社2021年版,第63页。

廷的程序，①其余文字基本相同，可能是律文经过了细化发展，第二条律文规范与前引《二年律令·置吏律》毫无二致，或可说明从高祖时期到文帝时期，“二千石”对应的官职及其群体职能并无发生太大变化。

除张家山汉简《二年律令》与胡家草场汉简《贼律》《置吏律》中有多处关于“二千石官”“二千石吏”特权的律令记载外，还须注意尹湾汉墓出土的“东海郡吏员簿”，现摘录其部分简文如下：

> □郡尉县乡……
>
> 大守吏员廿七人：大守一人，秩□二千石；大守丞一人，秩六百石；卒史九人；属五人；书佐九人；门兵佐一人；小府啬夫一人，凡廿七人·
>
> 都尉吏员十二人：都尉一人，秩真二千石；都尉丞一人，秩六百石；卒史二人；属三人；书佐四人；门兵佐一人，凡十二人·②

此封文书可视作《秩律》在郡县道的具体实践，可作为《汉书·百官公卿表》《后汉书·百官志》的细节补充。③

另外，在《居延汉简》中亦有“二千石官”的记载，如：

---

① 《二年律令·贼律》：

> 以城邑亭障反，降諸侯，及守乘城亭障，諸侯人來攻盜，不堅守而棄去之，若降之，及謀反者，皆$_1$要(腰)斬。其父母、妻子、同產，無少長皆棄市。其坐謀反者，能偏(徧)捕，若先告吏，皆除坐者罪。$_2$

彭浩、陈伟、[日]工藤元男主编：《二年律令与奏谳书》，上海古籍出版社2007年版，第88页。

② 连云港市博物馆、东海县博物馆、中国社会科学院简帛研究中心、中国文物研究所编：《尹湾汉墓简牍》，中华书局1997年版，第14页。

③ 已有学者就东海郡吏员簿作西汉官制的研究。参见苑苑：《尹湾汉简所见县长吏研究——以东海郡为考察基点》，载《河北北方学院学报（社会科学版）》2015年第4期；高敏：《试论尹湾汉墓出土〈东海郡属县乡吏员定簿〉的史料价值—读尹湾汉简札记之一》，载《郑州大学学报（哲学社会科学版）》1997年第2期；卜宪群：《西汉东海郡吏员设置考述》，载《中国史研究》1998年第1期。

囚律告劾毋轻重皆关属所二千石官 E. P. T10. 2A①

制曰下丞相御史臣谨案令曰发卒戍田县侯国财令史将二千石官令长吏并将至戍田所罢卒还诸将罢=卒不与起居免削爵☑ E. P. T51. 15②

此二条似说明"二千石官"的职责与告劾、将卒有关。

综上,在张家山汉简、胡家草场汉简、尹湾汉简、居延汉简中均出现了与"二千石官"相关的内容。此四批简跨越汉代年限较长,地域涉及中央、郡县道及边塞,以此为代表研究汉朝的"二千石官"仍需谨慎。另外,很多不同批次出土的汉简亦出现了"二千石官"相关的内容,如敦煌悬泉汉简、疏勒河流域出土汉简、青海大通县上孙家寨汉简等,受材料整理及笔者能力所限,暂不将其列入本文的研究范围。

三、秦汉时期作为官秩的"二千石"

前文大致梳理了秦汉简中"二千石官"记载的相关情况。受可见材料所限,秦简中"内史郡二千石官共令""廷内史郡二千石官共令"的具体内容③,以"二千石官""二千石吏"为规范对象的律令则十分分散。与秦简相比,汉简中可见"二千石官"的规定相对较多,在行政文书中亦有出现。纵观秦汉简中相近的"二千石官"规定,或可得出以下几点结论:

---

① 马怡、张荣强主编:《居延新简释校》,天津古籍出版社 2013 年版,第 83 页。

② 马怡、张荣强主编:《居延新简释校》,天津古籍出版社 2013 年版,第 269 页。

③ 前文已提,"内史郡二千石官共令""廷内史郡二千石官共令"的性质为篇题简,缺乏能与其后简文编联的证据,其具体规范暂不可知。

(一)秦汉简中的“二千石官”应是以“二千石”为秩的官吏群体的总称(“二千石官”与“二千石吏”可以混用),包括汉代出现的“真二千石官”“中二千石官”“比二千石官”

对比前引岳麓秦简《卒令》与张家山汉简《二年律令·传食律》《赐律》,笔者发现,其所依据的审理、传食、赏赐的官秩等级相同,即均将官吏分为二千石、千石到六百石、五百石以下三等进行规范,暂未出现更高官秩,亦未出现三等以外更细致的官秩划分。另外,在张家山汉简《二年律令》中出现“二千石官上相国、御史”“丞相、御史及诸二千石官”等语,或可将丞相、御史排除在“二千石官”之外,其是否具有更高的秩级仍需新材料进行验证。

(二)秦汉时期“二千石官”具有特殊的法律地位,其或作为沟通地方与中央的群体存在

汉简中多次出现“属所二千石官”一语,除上引张家山汉简《二年律令·具律》、胡家草场汉简《置吏律》、居延汉简外,亦在张家山汉简《捕律》《兴律》等律中出现,如:

□□□□发及斗杀人而不得,官啬夫、士吏、吏部主者,罚金各二两,尉、尉史各一两;而斩、捕、得、不得、所杀伤及臧(赃)物数属所二千石$_{147}$官,二千石官上丞相、御史。……行其赏。$_{149}$(二年律令·捕律)①

县道官所治死罪及过失、戏而杀人,狱已具,勿庸论,上狱属所二千石官。二千石官令毋害都吏复案,问(闻)二千石官,二千

① 彭浩、陈伟、[日]工藤元男主编:《二年律令与奏谳书》,上海古籍出版社2007年版,第150页。

石官$_{396}$丞谨掾,当论,乃告县道官以从事。彻侯邑上在所郡守。$_{397}$(二年律令·兴律)①

以上两条律文将有关犯罪的人员及赃物上“属所二千石官”。其中第一条律文又需“二千石官”上丞相、御史,程序与县道官请律令相同,或可说明“二千石官”在沟通地方与中央上的作用。另外,此处所引两律文均与杀人相关,案件具有一定的复杂性,需“属所二千石官”的复核,可知“二千石官”具有一定的治狱职责。而第二条律文最后强调“彻侯邑上在所郡守”应是对“二千石”秩级对应郡守的特殊规定,郡守仍包括在“二千石官”内,强调郡守治狱复核的职能。

即,在请律令和疑难案件审理上,“二千石官”具有沟通地方与中央的作用,这是二千石这一官秩对应的一系列官职的共同职责。

四、余论

前文通过分别介绍秦简、汉简中作为官秩的“二千石”及秦汉时期的“二千石官”对读,大致展现了作为群体出现的“二千石官”所拥有的职权和特权。其中,在讨论“二千石官”特权的律文规范中,亦涉及诸如“千石”“六百石”“五百石”等官秩,或可以此描绘秦汉时期完整的秩级体系。与“秩级体系”并行存在的“爵级体系”亦见于上引规范,如前引《二年律令·传食律》,有学者就此条指出,对没有官秩的人,要根据其爵位来决定其随从人员的伙食,并列出卿以下的不同爵位与官秩的关系。② 此外,《二年律令·赐律》亦有“卿比千石”“五大夫比八百石”等语,其比官秩与《二年律令·传食律》不同,似说明

① 彭浩、陈伟、[日]工藤元男主编:《二年律令与奏谳书》,上海古籍出版社2007年版,第242页。

② 参见彭浩、陈伟、[日]工藤元男主编:《二年律令与奏谳书》,上海古籍出版社2007年版,第186页。

“爵级”与“官秩”非固定的对应关系,两者不可直通。此不固定的对应关系亦从侧面证明了“多序列”的官阶体制在秦汉时期就已存在。

此类“一元多序列的复式品位结构”官阶从秦汉发展而来,与其相配的官吏法亦不断发展完善,成为中国古代法律制度最重要的组成内容。从此方面来说,秦汉时期确可称作中国古代法律的初创时期,绝大部分一直沿袭至唐的法律制度都在此时初现端倪。

东汉县廷的告与劾

——以五一广场简为中心的讨论

林琦婧*

内容摘要：本文根据长沙五一广场简中的八件木牍，对东汉时期临湘县廷的告和劾进行探究。告与劾有多方面不同，在行为主体和对象上，告的行为主体和对象皆可以是官和民；而劾的行为主体只能是官，对象可以是官和民。在形式和内容上，告的形式可以是口头和书面的，内容较为简单，但涵盖的事项范围广；劾的形式难以下定论，但本文倾向于认为劾只能是书面形式，其内容更为详细，但涵盖的事项范围较窄。在性质上，告的性质相当复杂，包括当今语义下的起诉、检举、报案、纠举等；劾的性质则相对单一，与当今语义下的"公诉"相类似，是官吏履行职务的行为。虽然告和劾有诸多不同，但二者并不完全是各自独立的：直符史作为告、劾之间重要的连结点，既可以听告，也可以举劾，当出现"诣告当举劾者"时，直符史就会行使其举劾的职权。这也体现了告与劾的另一联系，即当告的事项为官吏提供可能的犯罪信息时，案件信息发生流通。

---

* 林琦婧，华东政法大学法律史专业硕士研究生。本文受国家社科基金重大项目"甲、金、简牍法制史料汇纂通考及数据库建设"资助，项目批准号：20&ZD180。

关键词：长沙五一广场简　东汉　临湘县廷　告劾

一、引言

无论在现代还是古代，一个案件要进入诉讼都需要启动程序。在现代，该启动程序一般被称为起诉。在论及秦汉时期的起诉制度时，学者往往称为"告劾"。秦朝"公室告""非公室告"的规定，《汉书·张汤传》中"汤掘熏得鼠及馀肉，劾鼠掠治，传爰书，讯鞫论报，并取鼠与肉，具狱磔堂下。"①的记载，都展现秦汉时期的告与劾。前辈们对秦汉的告、劾，已有诸多研究成果。

清末律学家沈家本先生在《汉律摭遗》中对其做如下区分：告、劾是二事，告属下，劾属上。劾有三义：一为上对下之词；二为两人相对之词；三为依《周礼》郑注，为罪法之要辞。② 后来的学者基本都同意"告、劾是二事"的说法，学术讨论大多围绕二者的性质和区分标准展开。对二者性质的讨论，如陈晓峰先生指出沈家本概括的劾字三义中前二义绝难成立，唯有第三义才符合汉史，他还认为汉代劾制即为"案举犯人"，包括先案后举这两个过程。③ 徐世虹先生主编的《中国法制通史（战国秦汉卷）》一书认为告是"下告上"，泛指社会上一切主动告请官府处理的诉讼行为，颇近似于现代诉讼中的自诉；劾是"上告下"，泛指一切官吏请示法司处理的诉讼行为，是一种政府行为，颇近似于现代诉讼中的公诉。④ 陈长琦先生和赵恒慧先生将

① （汉）班固：《汉书》卷59《张汤传》，中华书局1962年版，第2637页。

② （清）沈家本撰，邓经元、骈宇骞点校：《历代刑法考》，中华书局1985年版，第1372～1373页。

③ 参见陈晓枫：《两汉劾制辨正》，载《法学评论》1989年第3期。

④ 参见徐世虹主编：《中国法制通史》第2卷《战国秦汉卷》，法律出版社1999年版，第577、585页。

"告"和官司纠举、自告并列,认为这是汉代县廷案件的主要来源,并把"劾"理解成是官府立案后,将案犯交付正式审讯时的诉状。[①]

学者也逐渐以行为主体和对象等因素为标准,对二者进行区分。如张建国先生不同意将告与劾简单类比为自诉和公诉的观点,认为告是指吏民告发犯罪,适用情况比较广泛,包含自诉但仅是自诉;劾最初也并不相当于现代的公诉,被劾者的身份往往是官吏等公职人员,劾的本意也许是指负有相应职责的官吏(朝廷命官)对有犯罪嫌疑的官吏(公职人员)提诉讼,这也是区别劾与告的关键之点。[②] 徐世虹先生在《汉劾制管窥》一文中指出,告与劾二者的区别在于:告行为的发生者往往是民,劾行为的发生者往往是官。民对民、民对官或官对民的起诉行为称告,官僚系统内部的彼此起诉行为称劾,二者一般不混淆使用。[③] 胡仁智先生在其博士论文《两汉郡县官吏司法权研究》中从主体、对象、司法官吏的处理等多方面进行辨析,认为两汉的"告"制比起现代意义上的起诉有更复杂的内涵,即皆具自诉、报案、举告、纠举和自首的性质;"劾"相当于现代意义上的公诉。[④] 日本学者宫宅潔先生认为,"劾"除用于官吏之间的检举外,也可用于官对民的起诉,即劾是由官进行的告发。[⑤] 刘庆先生认为,不能简单以"自诉""公诉"来区分二者;告出现较早,劾制应是战国时代随着官僚制、成文法的出现以及公私观念的发展而产生的,并成为官吏诉讼

① 参见陈长琦、赵恒慧:《两汉县级管辖下的司法制度》,载《史学月刊》2002年第6期。

② 参见张建国:《汉简〈奏谳书〉和秦汉刑事诉讼程序初探》,载《中外法学》1997年第2期。

③ 徐世虹:《汉劾制管窥》,载高旭晨主编:《中国法制史考证》甲编第3卷《两汉魏晋南北朝法制考》,中国社会科学出版社2003年版,第275页。

④ 胡仁智:《两汉郡县官吏司法权研究》,西南政法大学法律史专业2007年博士学位论文,第92~109页。

⑤ [日]宫宅潔:《中国古代刑制史研究》,杨振红等译,广西师范大学出版社2016年版,第244~265页。

的专门用语；他还从最低受理机构和能否越诉两方面来辨析二者。[①]总的来说，前辈们基本上都在“告、劾是二事”这一基础上，以行为主体和对象等因素为区分标准，探究二者的性质和不同。随着近年来出土文献的增多和研究的推进，学者对告、劾的认识和区分也越来越细化。

然而，目前学者的研究多以秦汉时期或两汉时期为时间范围，聚焦于东汉时期告、劾的论述并不多。究其原因，可能是东汉出土文献的匮乏导致东汉时期的法制研究相对滞后。令学界振奋的是，2010年新出土、2013年公布的长沙五一广场简，其数量超过之前各地出土东汉简牍的总和，约占已出土东汉简牍总数的3/4。[②] 这批简牍绝大多数为长沙郡和临湘县的官文书，包括上行文书、下行文书和少量平行文书。

县廷作为东汉帝国官僚行政体系的最末端，是直接触及各类案件和纠纷的地方，告和劾就是县廷启动案件程序的起点。本文将目光集中于东汉的临湘县廷，分析五一广场东汉简牍中与告、劾相关的内容，并结合传世文献，期望在前人的基础上进一步探究东汉时期县廷告、劾的原貌。

二、东汉县廷里的“告”

五一广场简内容涉及东汉中期的政治、经济、法律、军事诸多领域，其中司法方面尤其多，包括了上下级往来的司法文书、讯问笔录、

---

① 刘庆：《秦汉告、劾制度辨析》，载《中国史研究》2016年第4期。

② 程薇：《五一广场出土东汉简牍的整理与研究前景》，载《中国史研究动态》2016年第2期。

勘验记录、当事人供词等内容。① 关于告的内容主要存在于上下级往来的司法文书中。

(一)五一广场简中与告相关的木牍

此类木牍较一般木两行宽出许多,分三栏书写,首栏通常写作"君教若",二三栏可以贯通连读。② 这里列举4件木牍,③此4件木牍已经过学者考证,是临湘县的行政文书。④ 释文如次:

木牍一(CWJ1③:325-2-9)

1 辞曹助史襄白:女子张罢自言,桑乡佐旰负布钱万九千三百

2 五十。械旰。曹下诡旰,今以钱万九千三百五十墊雇罢,毕。当处重

君教诺。3 罚,以钱毕,蒙阔略。丞优、兼掾畼议请解旰械,勑遣归

4 乡。

延平元年八月四日己酉白

这件简牍中,襄、张罢、旰、优、畼皆为人名,助史、佐、丞、兼掾皆为官吏名。简文记载,辞曹的助史襄报告:女子张罢自言,桑乡的佐

---

① 姚远:《东汉内郡县法官法吏复原研究——以长沙五一广场东汉简牍为核心》,载《华东政法大学学报》2016年第4期。

② 王朔:《东汉县廷行政运作的过程和模式——以长沙五一广场东汉简为中心》,载《华中师范大学学报(人文社会科学版)》2018年第6期。

③ 4件木牍释文皆出自长沙市文物考古研究所等编著的《长沙五一广场东汉简牍选释》,中西书局2015年版,分别对应编号为四六、四七、四八、一三六的木牍。本文所引简号,皆为《长沙五一广场东汉简牍选释》所编写简号。

④ 参见王朔:《东汉县廷行政运作的过程和模式——以长沙五一广场东汉简为中心》,载《华中师范大学学报(人文社会科学版)》2018年第6期。

盱欠布钱一万九千三百五十。盱被官府施加刑具拘禁。辞曹责成盱还债,现今盱已用钱一万九千三百五十抵偿所欠债务完毕。原本应当处以重罚,念在盱已用钱偿还完毕,可以宽恕其罪。丞优、兼掾晹议请解除盱的刑具,命令遣他回乡。延平元年(公元106年)八月四日报告。临湘县令认可了此奏请报告。

木牍二(CWJ1③:325-5-21)

1 兼辞曹史辉、助史襄白:民自言,辞如牒。

2 教属曹分别白。案:惠前遣姊子毐、小自言,易永元十七年

君教诺。3 中,以由从惠质钱八百。由去,易当还惠钱。属主记为移长

刺部

4 曲平亭长寿考实,未言,两相诬。丞优、掾晹议请敕理讼

5 掾伉、史宝实核治决。会月廿五日复白。

延平元年八月廿三日戊辰白。

这件简牍中,辉、襄、惠、毐、小、易、由、寿、优、晹、伉、宝皆为人名,兼辞曹史、助史、亭长、丞、掾、理讼掾、史皆为官吏名。简文记载,兼辞曹史辉、助史襄报告:有百姓自言,讼辞记录如牒。教属曹分别报告。案:惠先前派遣姐姐的孩子毐、小来自言,在永元十七年(公元105年),易以由为担保人向惠借钱八百。由走了,易应当还钱给惠。委托主记录文书的官吏以长刺的文书形式发文给曲平亭长考问核实,未上报,双方互相诬陷。丞优、兼掾晹议请命令理讼掾伉和史宝核实判决。会月25日再报告。延平元年(公元106年)8月23日报告。临湘县令认可了此奏请报告。

木牍三(CWJ1③:325－32)

1 [左][贼]史迁、兼史修、助史庞白。男子烝备条言:界上贼捕掾副

在

2 部受所臧(赃)罪狼藉。

3 教今白。案文书,番称前盗备禾。今副将备□称,左曹谨[君][教]诺。4 实问。备辞不自言,不以钱布与副,恐猾……

5 条言副未有据告者。丞优、掾畼……,副□□亡。

6 任五人。写移书桑乡贼捕掾并等考实。□[考]……宏□□□

7 所起及主名[副]、任具解到。复白。白草。

永初元年四月十八日[庚] 白。

这件简牍中,迁、修、庞、烝备、副、番称、优、畼、并皆为人名,左贼史、兼史、助史、界上贼捕掾、丞、掾、桑乡贼捕掾皆为官吏名。简文记载,左贼史迁、兼史修、助史庞报告。男子烝备条言:界上贼捕掾在部内收受贿赂,犯了赃罪狼藉。教现今报告。查阅(有关)文书,番称先前偷盗备的禾。如今副说备……左曹谨慎地核实考问。备的说辞并没有自述其罪,只说没有把钱布给副……条言里也没有相应的证据。副似是逃亡了。为他做无罪担保的有五个人。移书给桑乡贼捕掾并等,令他考按实情。……得到了副及其保人完整的担保说明。永初元年(公元 107 年)4 月 18 日报告。临湘县令认可了此奏请报告。

木牍四(CWJ1③:143)

1 右贼史牧,兼史蒙、胜白:右部贼捕掾敌等椟言,男子张

2 度与黄叔争言，斗，度拔刀欲斫叔，不中，无状。适（谪）度作下津横

君教諾。3 屋。二月，以付将吏嵩。守丞护、掾英议如敬等言，请属左

4□曹□……

这件简牍中，牧、蒙、胜、敬、张度、黄叔、嵩、护、英皆为人名，右贼史、兼史、右部贼捕掾、守丞、掾皆为官吏名。简文记载，右贼史牧，兼史蒙、胜报告：右部贼捕掾敬等椟言，男子张度与黄叔争吵、斗殴，张度拔刀想要砍黄叔，没有砍中，无状。责罚张度去做苦力修房屋，2 月时交给将吏嵩。守丞护、掾英商议，就按敬说得那样办。请委托……临湘县令认可了此奏请报告。

（二）告的行为主体和对象

从以上 4 枚木牍记载的内容可以看出，告的行为主体可以是民，也可以是官。告的行为对象同样可以是民，也可以是官。

1. 行为主体

告的行为主体可以是民。如上文列举的木牍一中女子张罢“自言”，木牍二中“民自言”，木牍三中男子烝备“条言”，均是民作为告的主体向官府进行诉讼。在传世文献中记载的“自言”，如《汉书·赵尹韩张两王传》中“民有昆弟相与讼田自言”“延寿恩信周遍二十四县，莫复以辞讼自言者。”[①]《汉书·薛宣朱博传》中“吏民数百人遮道自言，官寺尽满。”“从事白请且留此县录见诸自言者”[②]以及《后汉书·循吏列传》：“（许荆）尝行春到耒阳县，人有蒋均者，兄弟争财，

---

① （汉）班固：《汉书》卷 76《赵尹韩张两王传》，中华书局 1962 年版，第 3213 页。
② （汉）班固：《汉书》卷 83《薛宣朱博传》，中华书局 1962 年版，第 3399 页。

互相言讼。"[1]中,"自言""言"都和"讼"、官府相关联。"条言"在传世文献中亦有记载,如《汉书·薛宣朱博传》中"宣察湛有改节敬宣之效,乃手自牒书,条其奸臧,封与湛曰:吏民条言君如牒,或议以为疑于主守盗。"[2]颜师古注:"牒书谓书于简牒也。"[3]又《汉书·贾邹枚路传》中颜师古注:"小简曰牒,编连次之。"[4]即"牒"是一种薄小的竹简,文书中常以编联方式使用。木牍三中的男子"条言"当与此传世文献记载的方式一致。

告的行为主体也可以是官吏。如木牍四中贼捕掾敬等"椟言"。"椟",《说文解字·木部》:"椟,匮也。从木卖声。一曰木名,又曰大梡也。"[5]如果取匮的含义,"椟言"就是用木匣装的文书;如果取梡的含义,"椟言"就是用未剖开的大木块写的文书。又,上文提到《汉书·薛宣朱博传》中"吏民数百人遮道自言""吏民条言君如牒",均可说明官吏也可作为告的主体。

2. 行为对象

告的行为对象既可以是民,也可以是官。木牍二中"民自言"易欠惠的钱不还,木牍四中贼捕掾敬等"椟言"男子张度与黄叔争言拔刀欲伤人之事,告的对象即为民。木牍一中女子张罢"自言"桑乡佐欠债不还,木牍三中男子烝备"条言"贼捕掾副受贿,告的对象即为官。同样,传世文献《汉书·赵尹韩张两王传》中"民有昆弟相与讼田自言",《后汉书·循吏列传》中"兄弟争财,互相言讼"告的对象为民;《汉书·薛宣朱博传》中"吏民条言君如牒"告的对象为官。

---

① (南朝宋)范晔:《后汉书》卷76《循吏列传》,中华书局1965年版,第2472页。
② (汉)班固:《汉书》卷83《薛宣朱博传》,中华书局1962年版,第3387页。
③ (汉)班固:《汉书》卷83《薛宣朱博传》,中华书局1962年版,第3388页。
④ (汉)班固:《汉书》卷51《贾邹枚路传》,中华书局1962年版,第2368页。
⑤ (汉)许慎:《说文解字》,中华书局1963年影印版,第121页。

(三)告的形式和内容

上述的木牍中,吏民提出告的形式各不相同,可以分为口头形式和书面形式。告的内容比较简单,但涵盖事项的范围很广。

1. 形式

告可以分为口头形式和书面形式。木牍一和木牍二中的“女子张罢自言”和“民自言”,即是用口头形式进行的告。木牍三中的“男子烝备条言”,就是写在“牒”这种薄小的竹简上的书面形式;木牍四中“贼捕掾敬等椟言”,前文已论证“椟言”或是用木匣装的文书,或是用未剖开的大木块写的文书,无论何种都是以书面形式提出的告。

虽然民可以用口头形式提出告,但官府应将其以书面形式记录。张家山汉简《二年律令·具律》明确规定:“诸欲告罪人、及有罪先自告而远其县廷者,皆得告所在乡,乡官谨听,书其告,上县道官。廷士吏亦得听告。”①木牍二中的“民自言,辞如牒”便是官吏为民“书其告”的例证。

2. 内容

在内容上,告的内容较为简单,但所涵盖的事项范围很广。例如,木牍一中的女子张罢告的是桑乡佐欠债不还,木牍二中毐、小告的是易欠惠的钱不还,木牍三中男子烝备告的是贼捕掾副受贿,木牍四中贼捕掾敬等告的则是男子张度与黄叔争言拔刀欲伤人之事。4件木牍中对于他们所告事项的记载都只是很简单地陈述事实,虽然有可能官吏在书写呈报时进行了概括,但推测一般情况下告也只是陈述一件事,或者再补充一个罪名,后续的详细信息是官府进行核查

① 彭浩、陈伟、[日]工藤元男主编:《二年律令与奏谳书——张家山二四七号汉墓出土法律文献释读》,上海古籍出版社2007年版,第132页。

的。而且,四件木牍中告的事项包括了官或民欠债不还、官吏受贿和民斗殴伤人等种类,行为性质分别属于非法占有他人财物和非法伤害他人身体,这两者几乎可以涵盖中国传统社会中大多数的违法行为了。

(四)告的性质

综上可知,告具有相当复杂的性质。东汉时期的告包括当今语义下的起诉、检举、报案、纠举等多重性质。如木牍一、二中民告官、民欠债不还并要求还钱,具有民事起诉的性质;木牍三中民告官在所辖地区赃罪狼藉,具有检举和报案的性质;木牍四中官告民的斗殴伤人行为,则具有报案和纠举的性质。

三、东汉县廷里的"劾"

和上文所提到的告相类似,五一广场简中劾的内容也主要存在于上下级往来的司法文书中。

(一)五一广场简中与劾相关的木牍

与劾有关的文书,其标志性词语是开头的"案"和结尾处的"敢言之"等词句。这里列举三件木牍,其中木牍五和木牍六为劾文书,木牍七是与木牍六密切相关的鞫文书。根据木牍五"临湘狱"和木牍七"临湘令丹"等记载,可以推断此三件木牍是临湘县的官文书。释文如次:

木牍五(2010CWJ1③:71-26)[①]

① 此木牍图版参见长沙市文物考古研究所、清华大学出土文献研究与保护中心、湖南大学岳麓书院、中国文化遗产研究院编:《长沙五一广场东汉简牍(壹)》,中西书局2018年版,编号257,第53页;断句参见长沙市文物考古研究所、清华大学出土文献研究与保护中心、湖南大学岳麓书院、中国文化遗产研究院编:《长沙五一广场东汉简牍选释》,中西书局2015年版,第122页。

·案:都乡潭阳里大男马胡、南乡不处里区冯,皆坐。冯,生不占书。胡,西市亭长。

今年六月……胡、冯及泛所从□汝曹护我。胡、冯、亥、建可即俱之老舍门,泛令亥、建、冯入老舍,得一男子将出,胡、亥以将老出门。泛以所……建以所持矛刺老背,亥以建,辜二旬内,其时立物故。

泛、胡、建、冯、亥谋共贼杀人,已杀,泛本造计谋,皆行。胡……名数……冯□建格,物故。亥、建(?)及泛等别劾……

永元十六年七月戊午朔十九日丙子,曲平亭长昭劾,敢言之。临湘狱以律令从事,敢言之。

在这件简牍中,马胡、区冯、泛、亥、建、老、昭皆为人名,亭长为官吏名。简文大意为:

察验:都乡潭阳里的成年男子马胡、南乡某里(不能辨察)的区冯均违法应当受到处罚。区冯,在世时没有申报户口。马胡,是西市的亭长。

今年六月,马胡、区冯和泛等人去实施犯罪,泛令众人保护他。马胡、区冯、亥、建同意并一起前往老的房舍,泛命令亥、建、区冯进入房舍,抓到一名男子,马胡、亥将他和老一起押送出门。建用所持的矛刺老的背(通过残存文字推测泛也用器物实施了伤害),老在保辜期二十日内死亡。

泛、马胡、建、区冯、亥谋划共同贼杀人,且已经杀死了,泛是始为谋划之人,大家共同执行。马胡、区冯……(可能是身份和犯罪情况)。亥、建和泛等人另外再行举劾。

永元十六年(公元 104 年)7 月 19 日,曲平亭长昭举劾以上案件。临湘狱按照法律处理。

木牍六(J1③:281－5)[①]

案(?):都乡利里大男张雄,南乡匠里舒俊、逢门里朱循、东门里乐竟,中乡泉阳里熊赵,皆坐。雄,贼曹掾;俊、循,史;竟,骖驾;赵,驿曹史;驿卒李崇,当为屈甫证。

二年十二月廿一日,被府都部书逐召崇,不得。

雄、俊、循、竟、赵典主者掾史,知崇当为甫要证,被书召崇,皆不以征逮(逮)为意,不承用诏书,发觉得。

永初三年正月壬辰朔十二日壬寅,直符户曹史盛劾,敢言之:谨移狱,谒以律令从事,敢言之。

这件简牍中,张雄、舒俊、朱循、乐竟、熊赵、李崇、盛皆为人名,贼曹掾、史、骖驾、驿曹史、驿卒、户曹史为官吏名。简文大意为:

察验:临湘县都乡利里的张雄、南乡匠里的舒俊、逢门里的朱循、东门里的乐竟、中乡泉阳里的熊赵均违法应当受到处罚。张雄是贼曹掾,舒俊、朱循是吏,乐竟是骖驾,熊赵是驿曹史。驿卒李崇应当是重要的案件证人。永初二年(公元 108 年)12 月 31 日长沙府的部尉下诏书要求追捕征召李崇做证,但未实施。张雄、舒俊、朱循、乐竟均是主管官,明知李崇是重要的案件证人,却不认真执行征召逮捕李崇的要求,犯了不承用诏书之罪,户曹史盛值班期间发现此事实并拘得当事人。

永初三年(公元 109 年)正月十二日,值班人户曹史盛举劾以上案件,并谨慎移交给狱按照法律处理。

① 此木牍图版,参见长沙市文物考古研究所:《湖南长沙五一广场东汉简牍发掘简报》,载《文物》2013 年第 6 期,图十五,第 14 页。释文,参见同文第 21 页。此处释文亦参考了唐俊峰:《秦汉劾文书格式演变初探》,载中国政法大学法律古籍整理研究所编:《中国古代法律文献研究》(第 11 辑),社会科学文献出版社 2017 年版,第 149 页表 2。

木牍七(CWJ1③:201－1)[①],此木牍正反两面皆有文字:

CWJ1③:201－1A

鞫:雄、俊、循、竟、赵,大男,皆坐。雄,贼曹掾;俊、循,史;竟,骖驾;赵,驿曹史;驿卒李崇,当为屈甫证。二年十二月廿一日,被府都部书逐召崇,不得。雄、俊、循、竟、赵典主者掾史,知崇当为甫要证,被书召崇,皆不以征逻(逮)为意,不承用诏书,发觉得。直符户曹史盛劾。辞如劾。案:辟都、南、中乡,未言。雄、俊、循、竟、赵辞皆有名数,爵公士以上。癸酉赦令后以来,无它犯坐罪耐以上,不当请。

永初三年正月十四日乙巳,临湘令丹、守丞晧、掾商、狱助史护,以劾律爵咸(减)论,雄、俊、循、竟、赵耐为司寇,衣服如法。司空作,计其年。

CWJ1③:201－1B

得平

木牍七鞫文书和木牍六劾文书的关联表现在:鞫文书开头的"雄……当为屈甫证",实撮写自劾开首一段交代被劾者、居住地身份的部分。其后"二年十二月……发觉得",甚至直接抄自劾。在交代劾者身份(直符户曹史盛)后,更直接说"辞如劾",即被劾者之后的供辞与劾所记载完全相同,没有改动、补充。[②] 由此可见,劾文书中的数名被劾者进入审判程序,并最终被论罪和执行。

---

① 此木牍图版,参见长沙市文物考古研究所、清华大学出土文献研究与保护中心、湖南大学岳麓书院、中国文化遗产研究院编:《长沙五一广场东汉简牍选释》,中西书局2015年版,第49页编号144。释文,参见该书第220页。

② 唐俊峰:《秦汉劾文书格式演变初探》,载中国政法大学法律古籍整理研究所编:《中国古代法律文献研究》(第11辑),社会科学文献出版社2017年版。

(二)劾的行为主体和对象

木牍五和木牍六这两份文书有其特殊的格式,即以“案”开始,再列举涉案人士的个人资料,然后叙述案情,被劾者的罪名,最后以举劾者的呈文结束,[①]一般认为这是劾文书。从两份劾文书的内容可得:劾的行为主体是官。劾的对象可以是民,也可以是官。

就劾的行为主体而言,主体木牍五末尾呈文中的“曲平亭长昭劾”,木牍六呈文中的“直符户曹史盛劾”,表明这两次劾行为的举劾者分别是曲平亭长和值班的户曹史,他们都是官吏。

就劾的行为对象而言,木牍五中的被劾者是实施了杀人行为的马胡和区冯,身份分别是官吏和民;木牍六中的被劾者是贼曹掾雄,史俊、循,驂驾竟,驿曹史赵,身份是官吏。

(三)劾的形式和内容

劾的形式如何较难定论,因为在当前公布的五一广场简中仅能看到这两份劾文书。在其他简文中有提到“劾”这一行为,也难以推断其形式。如此只能证明当时的劾有书面形式,却不能排除口头形式的存在。

但笔者倾向于认为劾仅是书面形式的。首先,因为劾是由官吏所为,如果告允许民以口头形式提出是考虑文化水平,那么官吏都是接受了读写教育而就任的,没有这方面的顾虑;其次,法律规定官吏对于民口头提出的告都应“书其告”,那么作为官吏履行自身职务的劾行为更应以书面形式进行了。

劾的内容十分详细,但所涵盖的事项比较狭窄。上文引用的两

① 马力:《长沙五一广场东汉简牍举劾文书初读》,载《出土文献》2016 年第 1 期。

件劾文书，清楚记载了被劾者的居住地、被劾者身份、案情、调查结果以及末尾的呈文，这就使劾的内容更丰富、详细。同时，劾作为官吏才能进行的行为，主要用于纠举犯罪，故通常适用于刑案，但也可用于检举官员的失职或不胜任行为。

（四）劾的性质

劾的性质相对单一，当时的劾虽不能简单等同于当今语义下的“公诉”，但与其很类似，是官吏履行职务的行为。在劾文书中，有明确的被劾者居住地、身份、案情、所指控的罪名等详细信息，也从侧面说明东汉时期官吏在“劾”之前须对案件详情进行察验。

四、东汉县廷里的告与劾之关系

前文所述，皆为东汉县廷里的告、劾的不同之处，在行为主体和行为对象上、在形式和内容上、在性质上，二者均存在明显的差异，甚至可以看作两种各自独立的行为。然而“告劾”常常在传世文献中连用，很多论著在论及秦汉时期的起诉制度时也往往“告劾”连称。所以，告、劾在秦汉时期的诉讼程序中应当有内在联系。在五一广场简中也有一枚重要的简牍，使我们窥见东汉县廷里告、劾之间的些许关系。

（一）直符史：一个重要的连结点

五一广场简中的一件直符文书相当重要，它涉及告、劾的处理机关。释文如次：

木牍八（J1③：325－1－26）[①]，此木牍正反两面皆有文字：

---

① 此木牍图版，参见长沙市文物考古研究所：《湖南长沙五一广场东汉简牍发掘简报》，载《文物》2013年第6期。图版和编号，参见《长沙五一广场东汉简牍・木两行选》，载《中国书法》2016年第9期。

J1③:325－1－26A

直符户曹史宋奉、书佐烝谭符书。　　　　　直月十七日

J1③:325－1－26B

永初五年七月丁未朔十八日甲子,直符史奉、书佐谭敢言之。直月十七日,循行寺内狱司空、仓、库,后尽其日夜,无诣告当举劾者。以符书属户曹史陈躬、书佐李宪,敢言之。

这是一份直符文书,性质属于值班报告。简文大意为:

A. 户曹史宋奉、书佐烝谭值班报告　　永初五年七月十七日

B. 永初五年(公元 111 年)七月十八日,值班人宋奉、书佐烝谭汇报,十七日巡逻检查了官府内的狱司空、仓、库等地,在值班的一天一夜中,无人前来告诉按规定应该举劾的案件。将值班报告转交给户曹史陈躬、书佐李宪。

其中,A 面的永初五年七月十七日应当是指值班人员值班之日,并非文书作成之日的落款。

直符户曹史或直符史,指值班的官吏。《汉书·赵尹韩张两王传》云:"今将辅送狱,直符史诣阁下,从太守受其事。"[①]颜师古注:"直符史,若今之当直佐史也。"[②]从木牍八的直符文书来看,值班工作应是一日一班。这份文书中的"无诣告当举劾者",表明直符史可以直接接受官、民前来告诉纠纷和案件。当这些告的纠纷、案件,涉及犯罪和官员失职、不胜任等法律规定应当举劾的情形时,直符史可以直接进行举劾,如木牍六正是直符户曹史盛写下的劾文书,以此来举劾官吏的犯罪行为。

---

① (汉)班固:《汉书》卷 76《赵尹韩张两王传》,中华书局 1962 年版,第 3228 页。

② (汉)班固:《汉书》卷 76《赵尹韩张两王传》,中华书局 1962 年版,第 3228 页。

换言之,若直符史是直接面对官、民前来告诉的机关,那么前文所引的木牍一至木牍四中,汇报案件情况的辞曹、贼曹就可能并非告的最直接的受理机关。应当是由直符史将值班过程中官、民告诉的纠纷、案件之情况以书面形式记录后,转交给相应机关的。《后汉书·百官一》记载东汉时期"辞曹主辞讼事"①"贼曹主盗贼事"②,这也与木牍一至木牍四的案件情况相符。如木牍一、二中官、民欠债不还的纠纷,是由辞曹官吏上报的,而木牍三、四中官吏受贿和民斗殴伤人的案件是由贼曹的左贼史、右贼史等上报的。

当然,在此不能排除辞曹、贼曹直接接受官、民告诉的情况,毕竟县廷每日当值的"直符史""书佐"一共2人,既要外出巡视又要保障治安,如果要接受所有官、民的告诉并记录显然是不太符合实际的。因此,笔者认为,直符史要听的告应是关于威胁社会治安的贼盗事件、官民之间因纠纷引发的械斗案件,或者官吏失职、不作为的事件(如木牍六所载),并且此类案件一般比较重大、紧急。另外,劾的实施机关也并不单一。除了上文木牍八中的直符史、木牍六劾文书中的直符户曹史,有相关职能如求捕盗贼、调查犯罪情况的其他机关和官吏均应当有权举劾,如木牍五中进行举劾的就是曲平亭长。《后汉书·百官五》记载"亭有亭长,以禁盗贼。本注曰:亭长,主求捕盗贼,承望都尉。"③可见亭长的主要职责是求捕盗贼,管理当地治安,其也拥有举劾的职权。

尽管如此,直符史仍是告和劾的重要连结点。仅从直符史的职责来看,这是一个既可以听告也可以举劾的机关,且由于其是轮值性质的,能保证每天都有官吏当班,因此应当可以推测直符史是能够及

① (南朝宋)范晔:《后汉书》志第二十四《百官一》,中华书局1965年版,第3559页。
② (南朝宋)范晔:《后汉书》志第二十四《百官一》,中华书局1965年版,第3559页。
③ (南朝宋)范晔:《后汉书》志第二十八《百官五》,中华书局1965年版,第3624页。

时处理告、进行劾的。

(二)案件信息之流通

根据对上述八枚简牍的分析,可以得出当告的事项涉及钱财纠纷时,无论对象是官还是民,都不会被劾。如木牍一中桑乡佐欠债不还,木牍二中易欠惠的钱不还,均不涉及犯罪,因此不会被劾。当告的事项涉及盗贼时,则可能会成为官吏纠举犯罪的信息来源,如木牍三中男子烝备告界上贼捕掾副“臧(赃)罪狼藉”①,如若查证属实则该贼捕掾是可能被劾的。从木牍八中“无诣告当举劾者”也可推出若有人前来告诉的事件是应当举劾的案件,则其所告的案件、对象就会被官吏依法进行举劾。反之,劾的成立则不一定需要告的发生,因为特定官吏纠举犯罪是其职责所在。

由此可得,告与劾之间联系还在于,当告的事项为官吏提供可能的犯罪信息时,案件信息发生流通。

五、结语

长沙五一广场简的出土和公布,令我们对东汉时期郡县的司法活动有了新的认识。本文根据五一广场简中的八件木牍,对东汉时期县廷的告和劾进行了探究。

告与劾有多方面的不同,在行为主体和对象上,告的行为主体和对象都可以是官和民;而劾的行为主体只能是官,对象可以是官和民。在形式和内容上,告的形式可以是口头和书面的,内容较为简单,但涵盖的事项范围广;劾的形式难以下定论,但本文倾向于认为

① 长沙市文物考古研究所等编著:《长沙五一广场东汉简牍选释》,中西书局2015年版,第158页。整理者注:臧罪狼藉,罪名。

劾只能是书面形式，其内容更为详细，但涵盖的事项范围较窄，通常是纠举犯罪或检举官员的失职、不胜任行为。在性质上，告的性质相当复杂，包括当今语义下的起诉、检举、报案、纠举等多重性质；劾的性质则相对单一，虽不能简单等同于当今语义下的“公诉”，但与其比较类似，是官吏履行职务的行为。

虽然告和劾有着诸多方面的不同，但二者并不是完全独立的。直符史作为告、劾之间重要的连结点，其既可以听告，也可以举劾。当出现“诣告当举劾者”时，直符史就会行使其举劾的职权。这也体现了告与劾的另一联系，即当告的事项为官吏提供可能的犯罪信息时，案件信息发生流通。

由于仅以此八件木牍还不易对东汉县廷的告、劾作出整体、客观的判断，因此笔者希望随着五一广场简的持续公布，能在将来的研究中对此进行更深入、更全面的探索。

北宋法官薛奎的仕宦生涯

——以其墓志铭为中心的考察

聂　雯*

内容摘要：薛奎是北宋一位著名的法官，通过考论其仕宦生涯，或可探讨北宋法官的法律事功与仕途发展的关系。薛奎仕宦于真宗、仁宗年间，担任过推官、知州、御史等多种与法律有关的职务，官至参知政事，法律事功可圈可点。他在司法中追求无冤，注重矜恤，充分考量情理，准确运用法条，尤其以权知开封府和知益州两任，法律事功最为突出。薛奎因“材中御史”得以进入中央任职，又因任御史时遇事敢言、颇为称职，及在司法上有其他突出表现，获得真宗、仁宗的肯定，最终登上相位。另外，也不能忽视时代风气带来的助益，真宗、仁宗年间鼓励御史言事，仁宗重视法律，这些都造就了薛奎较为成功的仕宦生涯。

关键词：法官　薛奎　仕宦生涯　折狱龟鉴　御史

薛奎（967～1034 年）字宿艺，谥简肃，真宗、仁宗年间活跃于政

*　聂雯，中国政法大学法学院 2019 级博士研究生。

坛,官至参知政事,[①]以"质直"列人臣之典范,[②]因"矜谨"成折狱之龟鉴。[③] 从薛奎的仕宦经历来看,既曾在地方任推官、州县长官,又曾在中央御史台任职,且期间均不乏让人称道的法律事功,故而无论职任还是政绩,其优秀法官的形象都不容忽视。下面将围绕薛奎的仕宦生涯及相关事功展开研究,首先结合现有研究成果说明为何选择薛奎作为个案,接着梳理他的生平,最后阐述、分析薛奎的法律事功及其对宦途的影响,由此尽量全面地勾勒他的法官形象。

一、研究缘起

本文的研究主题是法官的仕途发展。所谓的"法官"涵盖参与司法审判的所有官员,这与宋人的理解基本一致,也为当今学人所认可。从宋代文献中的大量用例可见,在当时语境下常以"法官"指代县级长官、州级司法官、中央司法机关的官员等。[④] 同时,检视近年来的宋代法律史论著,"法官"一词在学者的行文中也颇为通行。[⑤] 宋代法律史研究中,法典和制度研究一直占据主流,[⑥]而对将制度付诸

---

① (宋)欧阳修:《欧阳修全集》卷26《墓志四首·资政殿学士尚书户部侍郎简肃薛公墓志铭》,李逸安点校,中华书局2001年版,第401~403页。

② (元)脱脱等:《宋史》卷336《司马光传》,中华书局1985年版,第10760页。

③ (宋)郑克编撰:《折狱龟鉴译注》卷8《矜谨·薛奎出俸》,刘俊文译注、点校,上海古籍出版社1988年版,第508~509页。如刘俊文序言所言,《折狱龟鉴》的编纂目的在于"为断狱者提供借鉴",故被选中记入此书的法官应该是编者及当时人心目中比较优秀的法官。

④ 陈景良:《宋代"法官"、"司法"和"法理"——兼论宋代司法传统及其历史转型》,载《法商研究》2006年第1期。

⑤ 柳立言:《青天窗外无青天:胡颖与宋季司法》,载柳立言主编:《中国史新论》(法律史分册),台北,联经出版事业股份有限公司2008年版,第235~244页。

⑥ 戴建国:《20世纪宋代法律制度史研究的回顾与反思》,载《史学月刊》2002年第8期。

实践的法官,则比较不重视,[①]现有的关于宋代法官的研究,从群体出发的“鸟瞰式”论著[②]较多,但个案分析较少。[③] 时段上以南宋为主,

① 主要有如下研究成果,柳立言:《从官箴看宋代的地方官》,载《宋史研究集》(第21辑),1988年;柳立言:《青天窗外无青天:胡颖与宋季司法》,载柳立言主编:《中国史新论》(法律史分册),台北,联经出版事业股份有限公司2008年版,第235~282页;柳立言:《南宋的民事裁判:同案同判还是异判》,载《中国社会科学》2012年第8期;柳立言:《从〈名公书判清明集〉看南宋审判宗教犯罪的范例》,载柳立言主编:《性别、宗教、种族、阶级与中国传统司法》,台北“中研院”历史语言研究所2013年版,第93~141页;何忠礼:《略论宋代士大夫的法制观念》,载《浙江学刊》1996年第1期;王志强:《〈名公书判清明集〉法律思想初探》,载《法学研究》1997年第5期;陈景良:《“文学法理,咸精其能”(上)——试论两宋士大夫的法律素养》,载《南京大学法律评论》1996年秋季号;陈景良:《“文学法理,咸精其能”(下)——试论两宋士大夫的法律素养》,载《南京大学法律评论》1997年春季号;陈景良:《试论宋代士大夫司法活动中的德性原则与审判艺术——中国传统法律文化研究之二》,载《法学》1997年第6期;陈景良:《试论宋代士大夫的法律观念》,载《法学研究》1998年第4期;[日]梅原郁:《宋代司法制度研究》,创文社2006年版,第140~141、150~151、156~157页;郭东旭、李婕:《南宋蔡杭法律思想探析——以〈名公书判清明集〉为中心》,载《宋史研究论丛》(第8辑),河北大学出版社2007年;赵晶:《宋代明法科登科人员综考》,载《华东政法大学学报》2011年第3期;贾灿灿:《两宋刑部尚书人员结构考述——以判刑部、刑部尚书为中心》,载《江西社会科学》2013年第9期;贾文龙:《卑职与高峰:宋朝州级属官司法职能研究》,人民出版社2014年版;[日]大泽正昭:《南宋地方官の主張:『清明集』『袁氏世範』を読む》,汲古書院2015年版,第42~61、83~92页;柳立言、陈建志:《北宋司法参军毛滂与饶州安太守的法律对决》,载《法律史译评》(第4卷),中西书局2017年版。

② 柳立言:《青天窗外无青天:胡颖与宋季司法》,载柳立言主编:《中国史新论》(法律史分册),台北,联经出版事业股份有限公司2008年版,第237页。

③ 属于“个案分析”的研究成果仅有郭东旭、李婕:《南宋蔡杭法律思想探析——以〈名公书判清明集〉为中心》,载《宋史研究论丛》(第8辑),河北大学出版社2007年;柳立言:《青天窗外无青天:胡颖与宋季司法》,柳立言主编:《中国史新论》(法律史分册),台北,联经出版事业股份有限公司2008年版,第235~282页;[日]大泽正昭:《南宋地方官の主張:『清明集』『袁氏世範』を読む》,汲古書院2015年版,第42~61、83~92页;柳立言、陈建志:《北宋司法参军毛滂与饶州安太守的法律对决》,载《法律史译评》(第4卷),中西书局2017年版。

北宋仍待开拓；[①]研究重点多为法官的法律推理和法律思想，围绕《清明集》展开讨论，少数研究关注到法律文化的层面，即法官对法律和司法的认知、态度，[②]还有一些以法官的个人背景及官职升迁为主题。[③] 本文与先行研究有别，以北宋法官为研究对象，采用个案分析的思路，探讨其仕宦生涯。受限于史料，难以细绎主人公的具体审判、法律推理，只能泛论其法律事功。

根据薛奎的仕历（详下），他在地方和中央数次出任法官，足以作为研究法官宦途发展的个例。同时，因为薛奎具备下述“闪光点”，确有一定的研究价值。

首先，对于薛奎仕宦生涯中与法律相关的表现，史料中不乏记载，有深入研究的可能，他的传记和墓志中记录了不少法律事功可供讨论。[④] 尤其薛奎的墓志提供了大量信息，如学者指出，北宋官员的墓志中常见审案明察秋毫、为民平反诬枉等司法审判方面的功劳，这

① 涉及北宋时段的研究成果仅有，陈景良：《“文学法理，咸精其能”（上）——试论两宋士大夫的法律素养》，载《南京大学法律评论》1996 年秋季号；［日］梅原郁：《宋代司法制度研究》，创文社 2006 年版，第 140 ~ 141、150 ~ 151、156 ~ 157 页；赵晶：《宋代明法科登科人员综考》，载《华东政法大学学报》2011 年第 3 期；贾灿灿：《两宋刑部尚书人员结构考述——以判刑部、刑部尚书为中心》，载《江西社会科学》2013 年第 9 期；柳立言、陈建志：《北宋司法参军毛滂与饶州安太守的法律对决》，载《法律史译评》（第 4 卷），中西书局 2017 年版。

② 柳立言：《青天窗外无青天：胡颖与宋季司法》，载柳立言主编：《中国史新论》（法律史分册），台北，联经出版事业股份有限公司 2008 年版，第 235 ~ 282 页；柳立言、陈建志：《北宋司法参军毛滂与饶州安太守的法律对决》，载《法律史译评》（第 4 卷），中西书局 2017 年版。

③ ［日］梅原郁：《宋代司法制度研究》，创文社 2006 年版，第 140 ~ 141、150 ~ 151、156 ~ 157 页；赵晶：《宋代明法科登科人员综考》，载《华东政法大学学报》2011 年第 3 期；贾灿灿：《两宋刑部尚书人员结构考述——以判刑部、刑部尚书为中心》，载《江西社会科学》2013 年第 9 期。

④ （元）脱脱等：《宋史》卷 286《薛奎传》，中华书局 1985 年版，第 9629 ~ 9632 页；（宋）欧阳修：《欧阳修全集》卷 26《墓志四首 · 资政殿学士尚书户部侍郎简肃薛公墓志铭》，李逸安点校，中华书局 2001 年版，第 401 ~ 403 页。

类事项在宋以前的墓志中较少见。[①] 墓志文固然都以“隐恶扬善”为撰写原则,但正史传记也自有其书写笔法,这些文本中的信息都值得细加甄别后使用。

其次,因薛奎的才能和性格颇具“法官风范”,其法律事功尤为值得关注。向敏中(948～1019年)举荐薛奎时,主要理由是认为薛奎“材中御史”,[②]即能力符合担当御史的要求,后薛奎被召为殿中侍御史,且任职期间不短。性格方面,如《宋史》所言,薛奎“性刚不苟合,遇事敢言”[③],恰好符合法官“正直不阿”的理想人格。

复次,薛奎在仁宗年间参知政事,据仁宗之谕,这是“先帝意也”,即真宗亦认为薛奎可堪大任。[④] 或可设问,薛奎受到二帝的重用,其“法官风范”及法律事功是否有所助益?

最后,从现有研究成果来看,虽然薛奎是一位比较重要的政治人物,相关史料也不算匮乏,但几乎没有针对薛奎个人的研究。对薛奎的事迹做初步整理,并以法律事功为切入点管窥之,抛砖引玉,有一定的意义。

二、仕宦生涯简述

由于目前暂无研究薛奎的专门论著,缺乏对薛奎生平的梳理,本节先以时间为序简单叙述薛奎仕途经历;[⑤]再围绕家世、人际关系、治绩等,择要论之;最后将薛奎事功制成表格,以期清晰呈现他的仕宦

① 黄繁光:《宋代墓志铭中的报偿表述法——以士人仕宦际遇及妇女持家生涯为探讨中心》,载《东吴历史学报》2004年第12期。

② (宋)欧阳修:《欧阳修全集》卷26《墓志四首·资政殿学士尚书户部侍郎简肃薛公墓志铭》,李逸安点校,中华书局2001年版,第402页。

③ (元)脱脱等:《宋史》卷286《薛奎传》,中华书局1985年版,第9632页。

④ (元)脱脱等:《宋史》卷286《薛奎传》,中华书局1985年版,第9631页。

⑤ 主要依据《宋史》本传及欧阳修所撰墓志梳理,以《续资治通鉴长编》《宋会要辑稿》等其他史料作为补充。

生涯,并为下一节的进一步讨论提供便利。

薛奎出生于乾德五年(967 年),是绛州正平人。初举进士即为本州第一,让与同乡而居其次。淳化三年(992 年)再举即中第,得授秘书省校书郎,出任隰州军事推官,后徙任仪州推官。改大理寺丞、知莆田县,又迁殿中丞、知长水县,徙知兴州,迁太常博士,受向敏中举荐为殿中侍御史,出任陕西转运使,[①]因举荐失当而坐罪免官,数月后起复任陕州通判,改尚书户部员外郎、淮南转运使。以上诸任,任职时间多不可考,唯知至道三年(997 年)作为仪州推官处理兵粮事务,[②]大中祥符四年(1011 年)以殿中侍御史身份上言,[③]大中祥符五年(1012 年)在陕西转运使任上,[④]天禧元年(1017 年)在淮南转运使任上。[⑤] 天禧二年(1018 年)迁江淮制置发运使,[⑥]进吏部员外郎,父丧夺哀后擢三司户部副使,因与三司使李仕衡争事,天禧五年(1021

① 欧阳修所撰墓志言“出为陕西转运副使”,《宋史》本传与《续资治通鉴长编》均记为“陕西转运使”。参见(元)脱脱等:《宋史》卷286《薛奎传》,中华书局1985年版,第9630页;(宋)李焘:《续资治通鉴长编》卷77《真宗大中祥符五年》,上海师范大学古籍整理研究所、华东师范大学古籍整理研究所点校,中华书局2004年版,第1763页。

② (宋)李焘:《续资治通鉴长编》卷41《太宗至道三年》,上海师范大学古籍整理研究所、华东师范大学古籍整理研究所点校,中华书局2004年版,第862页。

③ (宋)李焘:《续资治通鉴长编》卷76《真宗大中祥符四年》,上海师范大学古籍整理研究所、华东师范大学古籍整理研究所点校,中华书局2004年版,第1739页。

④ 参见(宋)李焘:《续资治通鉴长编》卷77《真宗大中祥符五年》,上海师范大学古籍整理研究所、华东师范大学古籍整理研究所点校,中华书局2004年版,第1763页;(元)脱脱等:《宋史》卷286《薛奎传》,中华书局1985年版,第9630页。

⑤ (宋)李焘:《续资治通鉴长编》卷90《真宗天禧元年》,上海师范大学古籍整理研究所、华东师范大学古籍整理研究所点校,中华书局2004年版,第2090页。

⑥ 参见(宋)李焘:《续资治通鉴长编》卷91《真宗天禧二年》,上海师范大学古籍整理研究所、华东师范大学古籍整理研究所点校,中华书局2004年版,第2100页;(清)徐松辑:《宋会要辑稿》职官四二之一六,刘琳、刁忠民、舒大刚、尹波等点校,上海古籍出版社2014年版,第4078页。

年)改户部郎中、直昭文馆,出知延州。[①] 至天圣元年(1023 年),迁吏部,擢龙图阁待制、权知开封府,[②]仁宗愈加重用。出使契丹返朝后,天圣二年(1024 年)迁右谏议大夫、权御史中丞,[③]因有谗言云薛奎泄漏禁中语,天圣三年(1025 年)改授集贤院学士、知并州,改秦州。[④]天圣四年(1026 年)加枢密直学士、知益州。[⑤] 天圣六年(1028 年)召为龙图阁学士、权三司使[⑥],至天圣七年(1029 年)参知政事,[⑦]明道二年(1033 年)因喘疾辞位,罢为户部侍郎、资政殿学士、判尚书都省。景祐元年(1034 年)卒。[⑧]

薛奎家世不显,上三代均不仕。薛奎之父名化光,能文,善数术,太宗时曾上《平晋策》,虽受召见,但未得任用。薛奎十余岁时即能属文

① (宋)李焘:《续资治通鉴长编》卷 97《真宗天禧五年》,上海师范大学古籍整理研究所、华东师范大学古籍整理研究所点校,中华书局 2004 年版,第 2249 页。

② (宋)李焘:《续资治通鉴长编》卷 100《仁宗天圣元年》,上海师范大学古籍整理研究所、华东师范大学古籍整理研究所点校,中华书局 2004 年版,第 2320 页。

③ 参见(宋)李焘:《续资治通鉴长编》卷 102《仁宗天圣二年》,上海师范大学古籍整理研究所、华东师范大学古籍整理研究所点校,中华书局 2004 年版,第 2361 页;(清)徐松辑:《宋会要辑稿》礼二八之八一,刘琳、刁忠民、舒大刚、尹波等点校,上海古籍出版社 2014 年版,第 1311 页。

④ (宋)李焘:《续资治通鉴长编》卷 103《仁宗天圣三年》,上海师范大学古籍整理研究所、华东师范大学古籍整理研究所点校,中华书局 2004 年版,第 2377 页。

⑤ 参见(宋)李焘:《续资治通鉴长编》卷 104《仁宗天圣四年》,上海师范大学古籍整理研究所、华东师范大学古籍整理研究所点校,中华书局 2004 年版,第 2403 页;(清)徐松辑:《宋会要辑稿》食货三七之十,刘琳、刁忠民、舒大刚、尹波等点校,上海古籍出版社 2014 年版,第 6810 页。

⑥ (宋)李焘:《续资治通鉴长编》卷 106《仁宗天圣六年》,上海师范大学古籍整理研究所、华东师范大学古籍整理研究所点校,中华书局 2004 年版,第 2469 页。

⑦ (宋)李焘:《续资治通鉴长编》卷 107《仁宗天圣七年》,上海师范大学古籍整理研究所、华东师范大学古籍整理研究所点校,中华书局 2004 年版,第 2496 页。

⑧ 参见(宋)李焘:《续资治通鉴长编》卷 115《仁宗景祐元年》,上海师范大学古籍整理研究所、华东师范大学古籍整理研究所点校,中华书局 2004 年版,第 2692 页;(清)徐松辑:《宋会要辑稿》礼四一之四九,刘琳、刁忠民、舒大刚、尹波等点校,上海古籍出版社 2014 年版,第 1664 页。

词,其读书情况、师承背景未见记载,可能是在家中自学或受教于长辈。

人际关系方面,薛奎的知人、爱才值得注意。史载薛奎“尤善知人,范仲淹、庞籍、明镐自为吏部选人,皆以公辅许之,后卒如其言。欧阳修、王拱辰,皆其女婿也。”[①]薛奎不仅善于识别人才,还十分爱惜人才。范镇(1008～1088年)在益州尚为举子时,薛奎知益州,一见范镇就非常喜欢,请他到自己府中给自家子弟讲学,常称赞范镇有廊庙之才,离蜀还京时,携范镇同行。有人问薛奎从益州得到什么奇珍之物,薛奎答“得一伟人,当以文学名世。”[②]

不过,在薛奎的仕宦生涯中,人际关系所提供的助益并不显著。除了向敏中推荐薛奎为御史,未见其他因人际关系产生直接影响的例证。欧阳修在墓志中言薛奎“守节不苟合,既与政,尤挺立无所牵挂”[③],这一书写体现出的处世、为政风格与其后庆历年间“朋党”成风可谓对比鲜明。[④]

至于薛奎的治绩,就担任地方官而言,以权知开封府和知益州两任最为突出。开封和益州素来难理:

> 开封,天子之畿,益州,蜀一都会,皆世号尤难理者,而公尤有名,其猛宽之政,前后异施,可谓知其方矣。[⑤]

---

① 参见(宋)李焘:《续资治通鉴长编》卷115《仁宗景祐元年》,上海师范大学古籍整理研究所、华东师范大学古籍整理研究所点校,中华书局2004年版,第2692页;(元)脱脱等:《宋史》卷286《薛奎传》,中华书局1985年版,第9632页。

② 参见(宋)邵伯温:《邵氏闻见录》卷8,李剑雄、刘德权点校,中华书局1983年版,第79页;(元)脱脱等:《宋史》卷337《范镇传》,中华书局1985年版,第10783页。

③ (宋)欧阳修:《欧阳修全集》卷26《墓志四首·资政殿学士尚书户部侍郎简肃薛公墓志铭》,李逸安点校,中华书局2001年版,第403页。

④ 关于庆历年间朋党问题的形成,参见刘子健:《欧阳修的治学与从政》,台北,新文丰出版公司1984年版,第190～196页。

⑤ (宋)欧阳修:《欧阳修全集》卷26《墓志四首·资政殿学士尚书户部侍郎简肃薛公墓志铭》,李逸安点校,中华书局2001年版,第403页。

薛奎均能得当治之。任权知开封府,行猛政。正值仁宗刚即位,庄献太后临朝主政之时,薛奎"一切以严治"[①]"为政严敏,击断无所贷",[②]开封民众称其为"薛出油",且相互告诫不可犯事,以至于监狱数次全空。[③] 知益州时,行宽政。若无事,薛奎常顺其风俗,从容宴乐,甚至自号"薛春游";临事也能破奸发伏,逆见随决。"知益州,蜀人以张咏比之"[④],"以比张尚书咏而不苛"[⑤],张咏乃宋初治蜀名臣,如此可知薛奎在益州有治绩,并且政策、手段相对温和,颇受当地民众爱戴。

就在中央任官而言,有二事最值得一提,因为在薛奎的墓志书写中,认为此二事使得仁宗益加看重薛奎。第一件事涉及对契丹的政策,是时薛奎已拜参知政事。明道元年(1032 年),朝廷听闻消息,有边吏称得到谍报,契丹打算毁弃盟约、举兵南下,辅臣争相讨论择帅、增兵之事,只有薛奎指出,契丹从盟约中获利甚多,必不可能轻易背约,不宜"失持重之势而使其可窥",事情很快平息,果如薛奎所料,仁宗"于是益重之"。[⑥] 第二件事与章献太后临朝有关,章献太后临朝时,薛奎"刚毅守节,事不苟随。朝廷赖之,天下至今称焉。"[⑦]在"群臣多希合用事"的情况下,薛奎是少数能够"参预其间,正色孤立,无

---

① (宋)范镇:《东斋记事》卷 3,汝沛、诚刚点校,中华书局 1980 年版,第 25 页。

② (元)脱脱等:《宋史》卷 286《薛奎传》,中华书局 1985 年版,第 9630 页。

③ (宋)范镇:《东斋记事》卷 3,汝沛、诚刚点校,中华书局 1980 年版,第 25 页。

④ (宋)曾巩:《隆平集校证》卷 7《参知政事》,王瑞来校证,中华书局 2012 年版,第 225 页。

⑤ (宋)欧阳修:《欧阳修全集》卷 26《墓志四首·资政殿学士尚书户部侍郎简肃薛公墓志铭》,李逸安点校,中华书局 2001 年版,第 403 页。

⑥ (宋)欧阳修:《欧阳修全集》卷 26《墓志四首·资政殿学士尚书户部侍郎简肃薛公墓志铭》,李逸安点校,中华书局 2001 年版,第 403 页。

⑦ (宋)苏辙:《苏辙集》卷 25《欧阳文忠公夫人薛氏墓志铭》,陈宏天、高秀芳点校,中华书局 1990 年版,第 418 页。

所回挠”[①]的官员之一。明道二年(1033年),章献太后欲着天子衮冕谒太庙,薛奎极力反对,太后于是作罢。及章献崩,薛奎依然坚持太后着衮冕无法见先帝,仁宗最终从其所言,以后服莽章献。仁宗“于是益以公为果可用也。”[②]此二事也均能体现薛奎之“不苟合”及“遇事敢言”。

上文仅就薛奎仕宦生涯的几个重要问题略作阐述,恐有失偏颇,下面将薛奎的全部仕历和事功制成表1。为便于下一节的研究,“法律事功”单列一栏;其余概不分类。

表1 薛奎仕历事功一览

官职	法律事功	其他事功
隰州军事推官 淳化三年(992年)～?	1. 在已经裁断的案件中发现冤情,使四位冤者得以活命。[③] 2. 州民常聚于一僧舍赌博,某日有盗杀死寺奴取财而去,赌博的人正好到寺,血迹偶然沾到衣服上,逻卒将此人逮捕,使此人屈打成招。薛奎认为案件可疑,向知州陈述请求稍缓定罪,后来果然抓到杀人者[④]	

① (元)脱脱等:《宋史》卷286《薛奎传》,中华书局1985年版,第9636页。

② (宋)欧阳修:《欧阳修全集》卷26《墓志四首·资政殿学士尚书户部侍郎简肃薛公墓志铭》,李逸安点校,中华书局2001年版,第404页。

③ (宋)欧阳修:《欧阳修全集》卷26《墓志四首·资政殿学士尚书户部侍郎简肃薛公墓志铭》,李逸安点校,中华书局2001年版,第402页。

④ (元)脱脱等:《宋史》卷286《薛奎传》,中华书局1985年版,第9629页。

续表

官职	法律事功	其他事功
仪州推官		1. 丁夫运粮遇雨,粮食腐坏,说服转运使卢之翰奏除民所失粮①
知莆田县		2. 奏请蠲免南闽时税咸鱼、蒲草钱②
知兴州		3. 原来本州每年调兵采铁,入不敷出,薛奎听任民众自行采铁,收入大增③
殿中侍御史,判三司都磨勘司		4. 谏言不宜过度宴乐。④ 大中祥符四年(1011 年)
陕西转运使		5. 依诏按验赵德明黑林平事。⑤ 大中祥符五年(1012 年)
通判陕州		

① 参见(宋)李焘:《续资治通鉴长编》卷 41《太宗至道三年》,上海师范大学古籍整理研究所、华东师范大学古籍整理研究所点校,中华书局 2004 年版,第 862 页;(元)脱脱等:《宋史》卷 286《薛奎传》,中华书局 1985 年版,第 9629 页。

② (元)脱脱等:《宋史》卷 286《薛奎传》,中华书局 1985 年版,第 9629 ~ 9630 页。

③ (元)脱脱等:《宋史》卷 286《薛奎传》,中华书局 1985 年版,第 9630 页。

④ (宋)李焘:《续资治通鉴长编》卷 76《真宗大中祥符四年》,上海师范大学古籍整理研究所、华东师范大学古籍整理研究所点校,中华书局 2004 年版,第 1739 页。

⑤ 参见(宋)李焘:《续资治通鉴长编》卷 77《真宗大中祥符五年》,上海师范大学古籍整理研究所、华东师范大学古籍整理研究所点校,中华书局 2004 年版,第 1763 页;(元)脱脱等:《宋史》卷 286《薛奎传》,中华书局 1985 年版,第 9630 页。

续表

官职	法律事功	其他事功
淮南转运副使、殿中侍御史	3. 上言建议对于灾伤州军饥民为盗的，只以现存赃值估断，已经花费的不计入。① 天禧元年(1017年)	6. 前往京东路体量安抚遭受蝗灾的地区。② 天禧元年(1017年) 7. 请求遣使沿汴河收瘗流尸。③ 天禧元年(1017年)
江、淮制置发运使 天禧二年(1018年)3月～?		8. 组织疏通漕河、废用三堰，以便饷运④
三司户部副使		
知延州 天禧五年(1021年)7月至天圣元年(1023年)4月		9. 建议将蜀地缣帛留到关中，再运送到西夏，以防西夏吏卒经手牟利⑤
权知开封府 天圣元年(1023年)4月至天圣二年(1024年)7月	4. 囹圄数空⑥	

① (清)徐松辑：《宋会要辑稿》刑法三之二，刘琳、刁忠民、舒大刚、尹波等点校，上海古籍出版社2014年版，第8393～8394页。

② (宋)李焘：《续资治通鉴长编》卷89《真宗天禧元年》，上海师范大学古籍整理研究所、华东师范大学古籍整理研究所点校，中华书局2004年版，第2060页。

③ (宋)李焘：《续资治通鉴长编》卷90《真宗天禧元年》，上海师范大学古籍整理研究所、华东师范大学古籍整理研究所点校，中华书局2004年版，第2090页。

④ 参见(元)脱脱等：《宋史》卷286《薛奎传》，中华书局1985年版，第9630页；(宋)欧阳修：《欧阳修全集》卷26《墓志四首·资政殿学士尚书户部侍郎简肃薛公墓志铭》，李逸安点校，中华书局2001年版，第402页。

⑤ (元)脱脱等：《宋史》卷286《薛奎传》，中华书局1985年版，第9630页。

⑥ (宋)欧阳修：《欧阳修全集》卷26《墓志四首·资政殿学士尚书户部侍郎简肃薛公墓志铭》，李逸安点校，中华书局2001年版，第403页。

续表

官职	法律事功	其他事功
权御史中丞 天圣二年(1024年)7月至天圣三年(1025年)2月	5.改易旧制,京朝官丁忧服阕者须亲自到御史台,于三院御史厅下拜授。① 天圣二年(1024年)	10.上疏论择人、求治、崇节俭、屏声色等数十事② 天圣二年(1024年) 11.南郊大礼任卤簿使。③ 天圣二年(1024年) 12.契丹使请见太后,机智应答挫其锐气。④ 天圣三年(1025年)
知秦州 天圣三年(1025年)2月至天圣四年(1026年)3月		13.开源节流、精心理财,使财政经费充足。⑤ 天圣三年(1025年)

---

① (清)徐松辑:《宋会要辑稿》礼三六之一,刘琳、刁忠民、舒大刚、尹波等点校,上海古籍出版社2014年版,第1536页。

② 参见(宋)李焘:《续资治通鉴长编》卷102《仁宗天圣二年》,上海师范大学古籍整理研究所、华东师范大学古籍整理研究所点校,中华书局2004年版,第2361页;(元)脱脱等:《宋史》卷286《薛奎传》,中华书局1985年版,第9630页。

③ (宋)李焘:《续资治通鉴长编》卷102《仁宗天圣二年》,上海师范大学古籍整理研究所、华东师范大学古籍整理研究所点校,中华书局2004年版,第2362页。

④ 参见(宋)李焘:《续资治通鉴长编》卷103《仁宗天圣三年》,上海师范大学古籍整理研究所、华东师范大学古籍整理研究所点校,中华书局2004年版,第2374页;(元)脱脱等:《宋史》卷286《薛奎传》,中华书局1985年版,第9630页。

⑤ 参见(宋)李焘:《续资治通鉴长编》卷103《仁宗天圣三年》,上海师范大学古籍整理研究所、华东师范大学古籍整理研究所点校,中华书局2004年版,第2377页;(元)脱脱等:《宋史》卷286《薛奎传》,中华书局1985年版,第9630页。

续表

官职	法律事功	其他事功
知益州 天圣四年(1026年)3月至天圣六年(1028年)3月	6. 成都民妇讼子不孝,诘问后得知儿子贫穷无法奉养母亲,出俸钱给他,告诫说如果再不养母亲就不会宽贷,使母子和好如初。① 7. 夜宴上有戍卒杀人,密遣人捕杀。② 8. 乡里富人死后仅留下三个孤女,有人想妄争其产,将家财一分为三,以嫁三女。③ 9. 趁节庆时辨识盗贼,用计捕盗。④ 10. 有戍卒抢劫人家后,又去别处放火杀伤人,面对众多捕盗者,自知不敌,只好就擒。薛奎下令就地斩杀⑤	14. 妥善处理伪蜀时的中书印。 15. 定布价,春天给民众布匹钱,秋天再从民众处收布匹。⑥ 16. 川界诸州无银,以银钱折纳绸绢多有弊端,请求改为以绸绢送纳上京。⑦ 天圣五年(1027年)

① 参见(元)脱脱等:《宋史》卷286《薛奎传》,中华书局1985年版,第9631页;(宋)郑克编撰,刘俊文译注、点校:《折狱龟鉴译注》卷8《矜谨·薛奎出俸》,上海古籍出版社1988年版,第508页。

② (元)脱脱等:《宋史》卷286《薛奎传》,中华书局1985年版,第9631页。

③ (宋)欧阳修:《欧阳修全集》卷26《墓志四首·资政殿学士尚书户部侍郎简肃薛公墓志铭》,李逸安点校,中华书局2001年版,第403页。

④ (元)脱脱等:《宋史》卷289《高琼传》,中华书局1985年版,第9696~9697页。

⑤ (宋)范镇:《东斋记事》卷4,汝沛、诚刚点校,中华书局1980年版,第35页。

⑥ (宋)范镇:《东斋记事》卷3,汝沛、诚刚点校,中华书局1980年版,第25~26页。

⑦ (清)徐松辑:《宋会要辑稿》食货三七之十,刘琳、刁忠民、舒大刚、尹波等点校,上海古籍出版社2014年版,第6810页。

续表

官职	法律事功	其他事功
权三司使 天圣六年(1028年)3月至天圣七年(1029年)2月		
权三司使、参知政事 天圣七年(1029年)2月至明道二年(1033年)11月	11. 处置一度权宠颇盛的江德明党羽时，请求斥逐，以防再乱①	17. 相信契丹不会背弃盟约，反对因传闻而增兵选将备战。② 明道元年(1032年) 18. 上言阻止太后谒太庙时被服天子衮冕，未被接受；太后崩后，又提出应以后服敛。③ 明道二年(1033年) 19. 禁中火灾，宝册都焚毁了，受命书尊号册宝④
资政殿学士、判尚书都省 明道二年(1033年)11月至景祐元年(1034年)8月		

① (宋)李焘:《续资治通鉴长编》卷112《仁宗明道二年》，上海师范大学古籍整理研究所、华东师范大学古籍整理研究所点校，中华书局2004年版，第2612页。

② (宋)欧阳修:《欧阳修全集》卷26《墓志四首·资政殿学士尚书户部侍郎简肃薛公墓志铭》，李逸安点校，中华书局2001年版，第403页。

③ (元)脱脱等:《宋史》卷286《薛奎传》，中华书局1985年版，第9631页。

④ (宋)马端临:《文献通考》卷115，上海师范大学古籍研究所、华东师范大学古籍研究所点校，中华书局2011年版，第3532页。

三、法律事功简析

由表1可知,史籍所见薛奎事功共计30项,法律事功11项,所占比例不小;其中第3、5两项为法律建议,其余9项均属司法、执法方面的事功。从这些事功中可以总结出如下要点:

1. 薛奎司法时追求无冤,对疑案极其慎重。任阳州军事推官时,刚到任就纠正了若干本州已行判决的案件,为4名被冤枉者洗脱罪名,使其得以活命。同样在阴州,某民因为恰到现场、沾染血迹而被诬劫杀寺奴,屈打成招,薛奎觉察到案件仍存疑点,便请知州稍缓定罪执行,后来抓到正犯。可见薛奎防范冤案的审慎。

2. 充分考量情理,①尤其注重矜恤,为此甚至不依法审判。益州民妇讼子不孝,了解案情后薛奎得知民妇之子无钱供养母亲,薛奎未追究子之罪,还拿出自己俸钱,给其维持生计。儿子不供养母亲,"苟绳以法,子罪不轻",②按照《宋刑统》规定,此为子孙违犯教令之罪:

> 诸子孙违犯教令及供养有阙者,徒二年。(谓可从而违,堪供而阙者,须祖父母、父母告,乃坐。)③

此案中母亲已提出告诉,但薛奎未依法定罪,而是以理教之,让儿子从此妥善供养母亲,应该是认为儿子"不堪供",考虑到了民妇之

① 此处"情""理"的概念定义参考大泽正昭先生的观点。情包括社会实际情况(客观环境等)、相关人的意愿、人际关系、社会议论及法官自身体察到的其他情形等;理包括义、孝、恶等,主要是与道德有关的一些因素。参见[日]大泽正昭:《南宋地方官の主張:『清明集』『袁氏世範』を読む》,汲古書院2015年版,第42~60页。不过,有时"情"与"理"二者不易区分。

② (宋)郑克编撰:《折狱龟鉴译注》卷8《矜谨·薛奎出俸》,刘俊文译注、点校,上海古籍出版社1988年版,第509页。

③ (宋)窦仪等:《宋刑统》卷24《斗讼律·子孙违犯教令供养有阙》,薛梅卿点校,法律出版社1999年版,第420页。

子贫穷的实情以及家庭伦理;郑克认为此案仍是“今律所谓‘可从而违,堪供而阙’者是也”,[①]薛奎法外开恩,是为“矜谨”。在现实中认定是否“堪供而阙”,或许有一定难度,不过无论如何,薛奎这一审判未被认为是“出全罪”(本有犯罪,却以无罪处断),[②]还成为“矜谨”的正面榜样被载入《折狱龟鉴》,同时《宋史》本传也收录了此事。或是由于现存史料性质所限,目前所见北宋的裁判中几乎没有直接提及“情”“理”的,这与《清明集》的南宋判词有所不同。然而,如薛奎此案所体现的,虽未言情理,实际并不乏对情理的考量。

矜恤的思想在薛奎的法律建议中也有所体现,薛奎同情饥民,希望针对灾伤州军饥民为盗的情况调整立法,只根据现存赃值定罪,其奏言交审刑院和大理寺定夺,不知是否得到落实。对于饥民偷盗的情况,太宗曾言:

> 彼皆平民,因饥取糇粮,以图活命尔。若其情非钜蠹,悉为末减,不可从强盗之科。[③]

其后的真宗、仁宗、英宗大致沿袭这一恤刑政策,具体处断上各有区别,不过均倾向于宽贷为盗的饥民。[④] 大臣中不时有人提出反对意见,如仁宗至和元年(1054 年)杨安国在讲论《周礼》中的“缓刑”时,认为“缓刑”是针对平民的小过失,灾荒时强盗粮粟者不属于此,

---

① (宋)郑克编撰:《折狱龟鉴译注》卷8《矜谨·薛奎出俸》,刘俊文译注、点校,上海古籍出版社1988年版,第509页。

② (宋)窦仪等:《宋刑统》卷30《断狱律·官司出入人罪》,薛梅卿点校,法律出版社1999年版,第552~553页。

③ (宋)陈均编:《皇朝编年纲目备要》卷5《太宗皇帝·淳化五年》,许沛藻等点校,中华书局2006年版,第96页。

④ 北宋诸帝宽贷饥民的政策散见诸史籍,在此不赘,《宋史·刑法志》集中摘录了其中一部分,但系年问题较多,具体参见邓广铭:《宋史刑法志考正》,载《史语所集刊》(第20本·下册),1949年版,第150~152页。

"一切宽之,恐不足以禁奸";[①]英宗治平六年(1064 年)司马光上《除盗札子》,指出宽贷强盗粮粟者是在纵容强盗行为,解决灾荒缺粮问题的正道应是官方加紧救济,对于强盗者必须依法严惩。[②] 可见这一问题所存在的争议,而薛奎的看法大致与诸帝相合,关注其中"饥荒"的特殊情况和民生需求,对待饥民以矜恤为出发点。

3. 熟悉并准确运用法律条文。薛奎为益州一富人分遗产,富人死后仅留下三个孤女,有人欲争产,薛奎将财产一分为三,作为三女嫁资。这是户绝情况下在室女的财产继承问题,《宋刑统》卷一二户婚律"户绝资产"条有规定:

> [准]《丧葬令》:诸身丧户绝者,所有部曲、客女、奴婢、店宅、资财,并令近亲(亲,依本服,不以出降。)转易货卖,将营葬事及量营功德之外,余财并与女。(户虽同,资产先别者,亦准此。)[③]

益州富人所遗三女俱是在室女,应该也无继子,故而适用此条法律,所有遗产归三女所得。薛奎的处理方式完全符合法律规定。

4. 严惩盗患,保证治安。在薛奎知益州时期的 5 件司法事功中,有 3 件与盗相关,其中 2 件还是戍卒为盗的情况,盗患应是薛奎在益州面临的主要犯罪问题。薛奎对盗惩处极严,即捕即杀。在抓捕一名先抢劫又放火杀伤人的戍卒时,薛奎下令于擒获处直接斩杀,以避免在审判程序中拖延日久,长期不能理断,也可阻绝其他人犯事意。

---

① (宋)李焘:《续资治通鉴长编》卷 177《仁宗至和元年》,上海师范大学古籍整理研究所、华东师范大学古籍整理研究所点校,中华书局 2004 年版,第 4280 页。

② (宋)司马光:《司马温公集编年笺注》卷 31《疏札 · 除盗札子》,李之亮笺注,巴蜀书社 2009 年版,第 348 页。

③ (宋)窦仪等:《宋刑统》卷 12《户婚律 · 户绝资产》,薛梅卿点校,法律出版社 1999 年版,第 222 页。

这显然是超越法律程序的处断,然而“民以为神断”,即受到当地民众认可,并得以载诸史籍,作为正面范例流传。

北宋前期,“法外斩杀”在蜀地似乎一直被默许存在,知益州者对盗贼、吏卒作乱多采取强硬手段。这一“传统”肇始于张咏,淳化五年(995年),王小波、李顺起义后,太宗下诏张咏知益州,曾面谕道:

> 西川乱后,民不聊生,卿往,当以便宜从事。①

张咏治蜀确实不乏“非常措施”,比如斩杀本应决杖的恶吏示众、②将恐吓勒索民众的招安使属卒投井处死,③使益州治安稳定,民众“畏而爱之”,君主“无西顾之忧”,④益州长官“便宜从事”的特权在其后得以延续:

> 自李顺、王均之乱,蜀守皆得便宜从事,虽或小罪,并其家内徒,流离道路,失所者颇众。⑤
>
> 蜀自李顺、王均再乱,人心易摇,守得便宜决事,多擅杀以为威,虽小罪,犹并妻子徙出蜀,至有流离死道路者。⑥

两段史料所载内容大体一致,即益州长官一直得“便宜从事”,甚至以“擅杀”立威,是时田况(1005~1063年)知益州,约在皇祐元年

① (宋)李焘:《续资治通鉴长编》卷36《太宗淳化五年》,上海师范大学古籍整理研究所、华东师范大学古籍整理研究所点校,中华书局2004年版,第795页。

② (宋)郑克编撰:《折狱龟鉴译注》卷5《惩恶·张咏斩杀吏》,刘俊文译注、点校,上海古籍出版社1988年版,第254页。

③ (宋)李焘:《续资治通鉴长编》卷36《太宗淳化五年》,上海师范大学古籍整理研究所、华东师范大学古籍整理研究所点校,中华书局2004年版,第798页。

④ (元)脱脱等:《宋史》卷286《薛奎传》,中华书局1985年版,第9629页。

⑤ (宋)曾巩:《隆平集校证》卷11《枢密》,王瑞来校证,中华书局2012年版,第330页。

⑥ (元)脱脱等:《宋史》卷292《田况传》,中华书局1985年版,第9783页。

(1049 年),[①]而薛奎知益州在天圣四年(1026 年)至天圣六年(1028 年),故应亦享有“便宜从事”的特权。同时,对于益州长官在便宜之下“法外斩杀”的行为,皇帝往往是支持的态度,由以下一事可作佐证:

> 时王曙治蜀,或言其政苛暴,因对,上问曙治状与凌策孰愈,(刘)烨曰:“策在蜀,岁丰事简,故得以宽假民。比岁少歉,盗贼间发,非诛杀不能禁,然曙所行,亦未尝出陛下法外也。”上善之。曙峻法以绳盗,贼赃无轻重一切戮之,众股栗。居数月,盗贼屏窜,蜀外户不闭。尝有卒夜告其军谋乱者,曙立辨其伪,斩之。民安其政,以比张咏,号“前张后王”。[②]

时为天禧元年(1017 年),刘烨认为王曙将盗贼一概诛杀的行为,虽然严苛,但“未尝出陛下法外”,神宗表示赞同,蜀地民众亦称颂之。薛奎知益州时,朝廷之上与蜀地之中,各方态度也大致如是。值得注意的是,虽然如上述史料所展示,益州在北宋前期不乏盗乱,但从未被列入“盗贼重法地”名单,[③]而是长期以“便宜从事”的形式治理,具体处断方式上有与“盗贼重法”相通之处,如缘坐家属、一并迁徙,[④]至于不论贼赃、一概斩杀,则更重于“盗贼重法”。简言之,薛奎在益州严惩盗患,体现了北宋前期朝廷对蜀地特殊的法律治理方式。

不过,除了打击盗患,薛奎在处理其他事情时都较为宽和,甚至

---

① (宋)李焘:《续资治通鉴长编》卷 166《仁宗皇祐元年》,上海师范大学古籍整理研究所、华东师范大学古籍整理研究所点校,中华书局 2004 年版,第 3998 页。

② (宋)李焘:《续资治通鉴长编》卷 89《真宗天禧元年》,上海师范大学古籍整理研究所、华东师范大学古籍整理研究所点校,中华书局 2004 年版,第 2056 页。

③ [日]德永洋介:《北宋时期的〈盗贼重法〉》,周东平、肖秋莲译,《法律史译评》第 4 卷,中西书局 2017 年版,第 218 页。

④ [日]德永洋介:《北宋时期的〈盗贼重法〉》,周东平、肖秋莲译,《法律史译评》第 4 卷,中西书局 2017 年版,第 211、215 页。

宽于权知开封府时,益州民众认为薛奎“比张尚书咏而不苛”。

四、法律事功与仕途发展

从薛奎的仕宦生涯来看,法律事功应是他受重用的主要条件。根据皇帝的评价,薛奎因权知开封府“为政严敏,击断无所贷,帝益加重”,①如表1所示,薛奎权知开封府时最突出的政绩应是“囹圄数空”,故而在时人看来,薛奎应是凭借在开封府执法有成,获得仁宗的直接肯定。

另外,从薛奎仕途中两个关键转折点来看,法律事功发挥着重要作用。其一是进入中央,直接缘由是向敏中(948~1019年)举荐薛奎“材中御史”,②即薛奎的能力符合担当御史的要求,欲以之为监察御史。“材中御史”这一说法,零星见诸宋代传记、墓志:

1. 时文节张公镇魏,荐公(黄宗魏)才中御史,遂召为殿中侍御史,寻擢侍御史。③

2. 方是时,陕西用兵,丁文简公举君陕西任使,贾魏公亦以才中御史荐君(陈希亮)。④

3. 吏部侍郎汪公应辰、侍御史汪公澈交章荐公(黄瑀)材中御史,除御史台检法官。⑤

① (元)脱脱等:《宋史》卷286《薛奎传》,中华书局1985年版,第9629页。
② (宋)欧阳修:《欧阳修全集》卷26《墓志四首·资政殿学士尚书户部侍郎简肃薛公墓志铭》,李逸安点校,中华书局2001年版,第402页。
③ (宋)苏舜钦:《苏舜钦集》卷16《行状二首·韩公行状》,沈文倬校点,上海古籍出版社2011年版,第204页。
④ (宋)范镇:《陈少卿希亮墓志铭》,载曾枣庄、刘琳主编:《全宋文》第40册,上海辞书出版社、安徽教育出版社2006年版,第303页。
⑤ (宋)朱熹:《朝散黄公墓志铭》,载曾枣庄、刘琳主编:《全宋文》第253册,上海辞书出版社、安徽教育出版社2006年版,第156页。

4. 何溥荐(吴)芾材中御史,除监察御史。①

上述4人除吴芾之外,志传文本中都有大量篇幅描述其任御史前的法律事功,"材中御史"这一说法应非虚言,确能说明其人在法律方面能力出众。薛奎被向敏中举荐之前,在隰州军事推官任上平反数起冤案,已有不俗的法律表现。因受举荐,薛奎被召为殿中侍御史,天圣二年之后又权御史中丞,在御史台任职期间不短。作为言官,薛奎遇事敢言,这一颇具"法官风范"的特征,使他在各种场合都能从容发声,表达观点。是时言官力量强大,君主对言官十分优容,②例如,薛奎任殿中侍御史时谏言真宗不宜过度宴乐,真宗还颇善其言。真宗曾对御史人选发表过看法:"谏官、御史之任,实难其人。当须识朝廷大体,达政刑要道,言必诣理,乃为称职耳。"③观薛奎之行事,可谓称职。薛奎任参知政事时,仁宗言"先帝意也",无论真宗是否切实表达过这一想法,至少可知真宗应较为认可薛奎,北宋中期的政治风气正好对薛奎这样的台谏官十分有利。这也引出薛奎仕途的第二个关键转折,即出任宰相。薛奎有突出的法律事功,作为御史亦称职,这些都使他受到仁宗的青睐,而薛奎入相后,依然坚持遇事敢言的行事风格,因刘太后仪服"逾礼"先后两次进言。

五、余论

本文围绕薛奎展开个案研究。薛奎出生于北宋初年,仕宦于真宗、仁宗年间,担任过推官、知州、御史等多种与法律有关的职务,官

① (元)脱脱等:《宋史》卷387《吴芾传》,中华书局1985年版,第11887页。

② 参见刘子健:《欧阳修的治学与从政》,台北,新文丰出版公司1984年版,第196~203页;《南宋君主和言官》,载《两宋史研究汇编》,台北,联经出版事业公司1987年版,第11页。

③ (宋)李焘:《续资治通鉴长编》卷41《真宗天禧元年》,上海师范大学古籍整理研究所、华东师范大学古籍整理研究所点校,中华书局2004年版,第2056页。

至参知政事,法律事功可圈可点。薛奎司法时追求无冤,注重矜恤,充分考量情理,准确运用法条。权知开封府和知益州两任,薛奎的法律事功最为突出,在开封府以严猛之政肃清犯罪,在益州以宽和之政治民理讼,但打击盗患时便宜从事、毫不手软。此外,薛奎"性刚不苟合,遇事敢言",可谓颇具法官风范。法律事功是薛奎受到重用的主要条件,再加上他在财政等其他领域也颇有成就,以及北宋中期对言官言事极为宽容的大环境,薛奎的宦途可谓相当成功。对于仁宗时代的政情,有"大臣或操法令断天下事"①的说法,这与北宋其他时期大为不同,以法官的仕宦生涯为例,《折狱龟鉴》中仕历可考的北宋法官共 52 人,有 9 人曾在仁宗朝入相,而太宗、真宗、英宗、神宗、哲宗各朝,仅真宗朝有 1 人入相。② 本文所讨论的薛奎的仕宦生涯,或许可以为仁宗朝重视法律的风气作一注脚。

① (宋)王安石:《临川先生文集》卷 87《神道碑·赠司空兼侍中文元贾魏公神道碑》,载王水照主编:《王安石全集》(第 5 册),复旦大学出版社 2016 年版,第 1520 页。

② 具体统计与分析,将留待日后另撰专文。

甲、金、简牍法制史料汇纂通考专题

回顾与前瞻：甲、金、简牍法制史料研究述评

华东政法大学出土法律文献研读班*

内容摘要：中国中古之前的法律史框架基本由出土法律文献建构，只有全面整理与精研甲骨、金文、简牍法制史料才能突破早期法史研究中的"瓶颈"，才能厘清早期中国法制演进的宏观线索，才能准确认识中华法系的形成过程及其世界价值。近30年来出土法律文献数量急剧增长，新的重要发现层出不穷，对旧材料的认识亦随之发生诸多变化。本文分别对甲骨、金文、简牍法制史料的整理研究情况加以综述，并对未来的研究前景加以探讨。

关键词：甲骨文　金文　简牍　法制史料

中国中古之前的法律史框架基本由出土法律文献建构，只有全面整理与精研甲骨、金文、简牍法制史料才能突破早期法史研究中的"瓶颈"，才能厘清早期中国法制演进的宏观线索，才能准确认识中华法系的形成过程及其世界价值。国内外对甲骨、金文、简牍法制史料

---

* 执笔人为王沛、王捷、姚远、邬勖、陈迪、周博、黄海、乔志鑫，全文由王沛统稿。博士生朱群杰承担了校对工作，特此致谢。本文受国家社科基金重大项目"甲、金、简牍法制史料汇纂通考及数据库建设"资助，项目批准号：20&ZD180。

进行系统整理的成果,都出现于20世纪90年代前期,主要代表作有滋贺秀三主编的《中國法制史——基本資料の研究》[①]与刘海年、杨一凡主编的《中国珍稀法律典籍集成》甲编。[②] 这两部著作问世以后,立即在相关领域引发高度关注,成为中国法律史学研究的必备参考书,至今仍发挥着深远的影响力。《中國法制史——基本資料の研究》中的金文法制资料部分由松丸道雄、竹内康浩撰写;简牍法制资料部分由"云梦睡虎地秦简"与"汉简"组成,分别由籾山明与冨谷至撰写。不过,该书作为基本资料的导读,并未收入当时已公布的很多重要资料,例如未提及甲骨资料,金文资料仅收入10篇,秦简牍资料只有睡虎地秦简,而汉简牍资料亦只是提供索引,并提纲挈领地加以解说。

与之相较,《中国珍稀法律典籍集成》收录的资料丰富而完备。该书甲编第一册的撰写人为刘海年、杨升南、吴九龙,第二册的撰写人分别为李均明、刘军。甲编第一、二册对当时已公布的甲骨、金文、简牍法制资料进行了更为全面地整理、翻译、注释。该书从法学角度对出土文献进行遴选、分类与分析,在宏观社会背景下探讨法制运行的一般状况,极大地弥补了传世文献的不足,加深了对早期中国法制的认识。不过该书所收录的资料大多公布于30年前,而这段时间正是出土法律文献数量急剧增长的时期,新的重要发现层出不穷,对旧材料的认识亦随之发生诸多变化,甲骨、金文、简牍法制史料的重新整理工作就变得十分迫切了。

对甲骨、金文、简牍法制史料进行通考的代表性著作为杨一凡

① [日]滋贺秀三編『中國法制史——基本資料の研究』、東京大学出版会、1993年。
② 刘海年、杨一凡主编:《中国珍稀法律典籍集成》(甲编),科学出版社1994年版。

教授主编的《中国法制史考证》与《中国法制史考证续编》的相关部分,[①]这两套大型丛书分别出版于2003年与2009年,是近百年来海内外学者考证中国法制史学术创见的汇集。其中《中国法制史考证》甲编《夏商西周法制考》《战国秦汉法制考》《两汉魏晋南北朝法制考》、乙编《律令考》、丙编《日本学者考证中国法制史重要成果选译》中的《通代·先秦·秦·汉》,《中国法制史考证续编》中的《历代例考》《律注文献丛考》《法律史料考证》等均是重要的论著。《中国法制史考证》与《中国法制史考证续编》为学界系统掌握海内外学者的研究见解奠定了基础,也为通过出土法律文献贯通研究早期中国法制创造了有利条件。然而,早期中国法史的通考工作仍有诸多肯綮盲区,甲骨、金文、简牍法制史料的全面、系统整理乃是推动通考工作深入前行的基础。

除上述著作之外,贯通整理甲骨、金文、简牍的著作就比较少见了。除了具有教材性质的《中国法制史资料选编》[②]《中国古代法制丛钞》[③]之外,其他研究成果多以断代、材料分类的方式展开。以下我们分别对甲骨、金文、简牍法制史料的整理研究情况加以综述,并对未来的研究前景加以探讨。

一、史料整理研究综述

(一)甲骨、金文、楚简法制史料

就甲骨法制史料整理研究而言,杨升南《甲骨文法律文献译注》

① 参见杨一凡主编:《中国法制史考证》,中国社会科学出版社2003年版;杨一凡主编:《中国法制史考证续编》,社会科学文献出版社2009年版。

② 法学教材编辑部《中国法制史资料选编》编写组:《中国法制史资料选编》,群众出版社1988年版。

③ 蒲坚:《中国古代法制丛钞》,光明日报出版社2001年版。

对殷墟甲骨文中的法制资料进行了较为系统地整理与译注,分作“拘系之刑”“监狱”“肉刑”“死刑”“律”等五类,辑录卜辞约500条。① 另外,蒲坚《中国古代法制丛钞》(第一卷)②辑录商代的法制资料,其中甲骨卜辞有115条,分为立法概况、行政立法、刑事立法、婚姻立法四类。郭沫若《甲骨文字研究》,③于省吾《甲骨文字释林》,④彭邦炯《商史探微》,⑤严一萍《殷商史记》,⑥蒲坚主编《中国法制通史》(夏商周卷),⑦胡留元、冯卓慧《夏商西周法制史》,⑧王宇信、徐义华《商代国家与社会》,⑨林沄《商史三题》⑩等著作对甲骨法制史料进行了考释或讨论。胡厚宣、裘锡圭、齐文心、王贵民、肖楠、杨升南、宋镇豪、黄天树、蔡哲茂、郭旭东、唐云明、周忠兵、赵平安、籾山明、竹内康浩、李力等学者在其相关论文里对甲骨法制史料中的犯罪、刑罚、监狱、军事法等具体问题展开了深入的探究。⑪ 概言之,学界目前在甲

① 杨升南:《甲骨文法律文献译注》,载刘海年、杨一凡主编:《中国珍稀法律典籍集成》(甲编·第1册),科学出版社1994年版。

② 蒲坚:《中国古代法制丛钞》,光明日报出版社2001年版。

③ 郭沫若:《甲骨文字研究》,载《郭沫若全集·考古编》(第1卷),科学出版社1982年版。

④ 于省吾:《甲骨文字释林》,中华书局1979年版。

⑤ 彭邦炯:《商史探微》,重庆出版社1988年版。

⑥ 严一萍:《殷商史记》,台北,艺文印书馆1991年版。

⑦ 蒲坚主编:《中国法制通史》(夏商周卷),法律出版社1999年版。

⑧ 胡留元、冯卓慧:《夏商西周法制史》,商务印书馆2006年版。

⑨ 王宇信、徐义华:《商代国家与社会》,中国社会科学出版社2011年版。

⑩ 林沄:《商史三题》,台北“中研院”历史语言研究所2018年版。

⑪ 相关代表性研究论文如下:胡厚宣:《殷代的刖刑》,载《考古》1973年第2期;胡厚宣:《甲骨文所见殷代奴隶的反压迫斗争》,载《考古学报》1976年第1期;裘锡圭:《甲骨文中所见的商代“五刑”——并释“刓”、“剢”二字》,载《考古》1961年第2期(署名赵佩馨),收入《裘锡圭学术文集·甲骨文卷》,复旦大学出版社2012年版;齐文心:《殷代的奴隶监狱和奴隶暴动——兼甲骨文“圉”、“戎”二字用法的分析》,载《中国史研究》1979年第1期;王贵民:《“”字臆义——有关刖足几个文字的解释》,载《南京大学学报(哲学社会科学)》1979年第2期(署名寒峰);肖楠:《试论卜辞中的师和旅》,载

骨法制史料整理研究方面取得了丰硕的成果,但也存在一些不足与缺陷,主要表现在:第一,甲骨法制史料研究集中于刑狱方面,对反映立法司法、礼法关系等资料的搜集与研究尚不足,有待加强;第二,甲骨法制史料的整理之作虽有《甲骨文法律文献译注》《中国古代法制丛钞》,但二书出版比较早,距今已有 20 年以上,其间新的甲骨文资料陆续刊布,甲骨缀合、文字考释及殷商史研究等方面的成果不断涌现,故而有必要对甲骨法制史料进行重新整理。

就金文法制史料整理研究而言,搜集汇释金文法律文献的著作有松丸道雄、竹内康浩《西周金文中の法制史料》,①杨升南《金文法律文献译注》②,胡留元、冯卓慧《长安文物与古代法制》③等。

从 20 世纪 40 年代起,对金文法制资料的考释成果便开始面世,其中以陈小松 1947 年在《中央日报·文物周刊》发表的"取徵(赐)"

《古文字研究》(第 6 辑),中华书局 1981 年版;杨升南:《商代的法律》,载《甲骨学研究》(第 2 辑,1989 年),收入《甲骨文献集成》(第 25 册),四川大学出版社 2001 年版;宋镇豪:《夏商法律制度研究》,载中国先秦史学会、洛阳市第二文物工作队编:《夏文化研究论集》,中华书局 1996 年版;黄天树:《甲骨文"寇""农"二字补释》,载《出土文献》2020 年第 1 期;蔡哲茂:《甲骨文中的〈阿波卡猎逃〉——商代奴隶逃亡的故事》,载《甲骨文与殷商史》(新 9 辑),上海古籍出版社 2019 年版;郭旭东:《商代刑法问题述论》,载《甲骨学研究》(第 1 辑,1987 年),收入《甲骨文献集成》(第 25 册),四川大学出版社 2001 年版;唐云明:《试论商、西周时期的刖刑》,载《文物春秋》1989 年第 4 期;周忠兵:《从甲骨金文材料看商周时的墨刑》,载《出土文献与古文字研究》(第 4 辑),上海古籍出版社 2011 年版;赵平安:《释"㓷"及相关诸字》,载《文字·文献·古史:赵平安自选集》,中西书局 2017 年版;[日]籾山明「甲骨文中の"五刑"をめぐって」、『信大史学』五、1980 年;[日]竹内康浩:《商周时期法制史研究的若干问题》,载佐竹靖彦主编:《殷周秦汉史学的基本问题》,中华书局 2008 年版;李力:《1904—2009 年:百年来的殷墟甲骨文与商代法制史研究》,载王沛主编:《出土文献与法律史研究》(第 1 辑),上海人民出版社 2012 年版。

① [日]松丸道雄、竹内康浩「西周金文中の法制史料」、滋贺秀三『中国法制史——基本資料の研究』、東京大学出版会、1993 年。

② 杨升南:《金文法律文献译注》,载刘海年、杨一凡主编:《中国珍稀法律典籍集成》甲编·第 1 册),科学出版社 1994 年版。

③ 胡留元、冯卓慧:《长安文物与古代法制》,法律出版社 1989 年版。

问题研究最具代表性。[①] 陈文举𣪘𤮊铭文例证对“取徵(赐)”问题加以讨论,𣪘𤮊却因视为伪作而不受重视。60余年后𪭢簋的公布,[②]证明𣪘𤮊是非常重要的与郑地相关的司法资料,而取徵(赐)与诉讼的关系至今学界还在不断讨论,松丸道雄、朱凤瀚、李峰等著名学者都提出言之有据,却观点相异的见解,[③]足见该问题的复杂性与学术价值。讨论数十年的类似主题还有不少,新材料相继出现的同时,针对旧有理论的检讨与反思亦会快速跟进,并将科学探索推向更深层次,这是此领域的显著特点。1949年至今,又有数量庞大的重要青铜器出土,其铭文不断改写历史,而研究方法亦日趋成熟。斯维至、谭戒甫、姚孝遂、杨宽、唐兰、林甘泉、黄盛璋、孙常叙、李学勤、赵光贤、林沄、陈公柔、朱凤瀚、胡留元、冯卓慧、刘海年、连劭名、李朝远、晁福林、李峰、杜勇、黄天树、陈絜、贝塚茂树、伊藤道治等中外学者都有极富价值的金文法制史料考释成果。[④]

① 陈小松:《释𣪘𤮊“取徵十寽”:周礼“以两剂禁民狱入钧金”新证之五》,载《文物周刊》1947年第44期。

② 吴镇烽主编:《商周青铜器铭文暨图像集成》(第2卷·05258),上海古籍出版社2012年版,第130页。

③ [日]松丸道雄「西周時代の重量単位」、『東洋文化研究所紀要』117、1992年;朱凤瀚:《西周金文中的“取𨾴”与相关诸问题》,载陈昭容主编:《古文字与古代史》(第1辑),台北“中研院”历史语言研究所2007年版;李峰:《文献批判和西周青铜器铭文:以牧簋为例》,载李峰:《青铜器和金文书体研究》,上海古籍出版社2018年版。

④ 相关代表性论著如下:斯维至:《关于召伯虎簋的考释及“仆庸土田”问题》,载四川大学历史系编:《徐中舒九十寿辰纪念文集》,巴蜀书社1990年版;谭戒甫:《周召二簋铭文综合研究》,载《江汉论坛》1961年第2期;姚孝遂:《曶鼎铭文研究》,载《吉林大学社会科学学报》1962年第2期;杨宽:《西周史》,上海人民出版社1999年版;唐兰:《略论西周微史家族窖藏铜器群的重要意义——陕西扶风新出墙盘铭文解释》,载《文物》1978年第3期;林甘泉:《对西周土地关系的几点新认识——读岐山董家村出土铜器铭文》,载《文物》1976年第5期;黄盛璋:《卫盉、鼎中的“贮”与“贮田”及其牵涉的西周田制问题》,载《文物》1981年第9期;孙常叙:《曶鼎铭文通释》,载孙常叙:《孙常叙古文字学论集》,东北师范大学出版社1998年版;李学勤:《论曶鼎及其反映的西周制度》,载《中国史研究》1985年第1期;赵光贤:《从裘卫诸器看西周的土地交易》,载《北

学界关于金文法律文献综合研究主要集中于立法、司法、契约、刑罚、礼制等方面,基本涵盖了早期法史的所有重点领域。不过,如下几方面还需继续推进:第一,金文法律文献的性质研究。金文法律文献不属于法史意义上的“第一手”材料,而是因各种原因旁涉、转抄、摘录形成的材料。作器者的立场、器物的用途都直接影响文本表述,使用这些材料时必须要加以细致分析。对此夏含夷、竹内康浩、王沛等学者都有论述。①第二,从法学角度准确切入研究。金文中“刑”的内涵、“礼”的法律功能、法律关系的认定、诉讼程序的考察,诸如此类的法学命题都要严格谨慎地判研,既防误读史料,又防忽视史料。第三,正确处理金文与传世史籍的关系。特别要注意不能以金文资料来简单填充《周礼》《礼记》等战国以后定型著作所构建的制度框架。科学、辩证地看待两类史料的关系,应当是追求的目标。第四,动态地理解制度演变。要把握西周中期礼制变革前后、春秋末期法制变革前后等关键时间点,不能用金文材料笼统地勾勒上古制

京师范大学学报(社会科学版)》1979 年第 6 期;林沄:《琱生尊与琱生簋的联读》,载《古文字研究》(第 27 辑),中华书局 2008 年版;陈公柔:《先秦两汉考古学论丛》,文物出版社 2005 年版;朱凤瀚:《卫簋与伯獄诸器》,载《南开学报(哲学社会科学版)》2008 年第 6 期;胡留元、冯卓慧:《夏商西周法制史》,商务印书馆 2006 年版;刘海年:《文物中的法律史料及其研究》,载《中国社会科学》1987 年第 5 期;连劭名:《能原镈铭文新证》,载《故宫博物院院刊》1999 年第 3 期;李朝远:《西周土地关系》,上海人民出版社 1997 年版;晁福林:《𠑇匜铭文补释及其性质再考——附论“牧牛”为何受罚》,载《历史研究》2020 年第 2 期;李峰:《西周的政体:中国早期的官僚制度和国家》,生活·读书·新知三联书店 2010 年版;杜勇:《金文“生称谥”新解》,载《历史研究》2002 年第 3 期;黄天树:《黄天树甲骨金文论集》,学苑出版社 2014 年版;陈絜:《琱生诸器铭文综合研究》,载朱凤瀚主编:《新出金文与西周历史》,上海古籍出版社 2011 年版。貝塚茂樹『中国古代の社会制度』、中央公論社、1977 年;伊藤道治『中国古代国家の支配構造:西周封建制度と金文』、中央公論社、1987 年。

① 夏含夷:《西周历史》,载夏含夷编:《古史新声——〈剑桥中国上古史〉的编撰与反响》,生活·读书·新知三联书店 2020 年版;[日]竹内康浩:《商周时期法制史研究的若干问题》,载[日]佐竹靖彦主编:《殷周秦汉史学的基本问题》,中华书局 2008 年版;王沛:《刑书与道术——大变局下的早期中国法》,法律出版社 2018 年版,第 281 ~283 页。

度。第五,贯通相关材料理解铭文含义。甲骨、楚简乃至秦简中的资料往往对理解金文具有重要价值,通考史料内涵尤其应当引起重视。

就楚简法制史料整理研究而言,相关成果已深刻改变了对战国时期文献及历史的认知,为了解早期中国的政府运行实况及其背后的"新制"提供了难得的机遇。楚简研究作为国际性的学术前沿领域之一,日益繁盛,其研究重心在中国,而日韩欧美汉学界的研究具有方法论、问题意识、视角等方面的特点,颇值关注和参考。

前期的楚简研究已基本解决了文字释读、简册编联等基础性问题,而综合性地再整理和研究成果可见陈伟主编《楚地出土战国简册(十四种)》①、武汉大学简帛研究中心、湖北省博物馆编《楚地出土战国简册合集》(至2019年年底已出版四集)②、朱晓雪《包山楚简综述》③等著作,这些著作在总结既往研究、提供更佳图版方面均有贡献,为今后的研究提供了有力的资料支持。司法文书研究有陈伟《包山楚简初探》④、张伯元《出土法律文献丛考》⑤、张伯元《包山楚简案例举隅》⑥、王捷《包山楚司法简考论》⑦等专著。由于楚系法律文献所显现的楚法制多是碎片化的,今后研究需要深入阐释战国楚法制的整体面貌,并以此探讨中国法律史的早期源流。以法律史学的标准对楚简法律文献进行再整理,其侧重点是将楚简法律文献置于司法档案的层面来研究,这是本领域应当努力的方向。

对包山楚简中的司法档案加以研究是本领域的工作指向。目前

① 陈伟等:《楚地出土战国简册(十四种)》,经济科学出版社2009年版。
② 武汉大学简帛研究中心等编著:《楚地出土战国简册合集》(一至四),文物出版社2011~2019年版。
③ 朱晓雪:《包山楚简综述》,福建人民出版社2014年版。
④ 陈伟:《包山楚简初探》,武汉大学出版社1996年版。
⑤ 张伯元:《出土法律文献丛考》,上海人民出版社2013年版。
⑥ 张伯元:《包山楚简案例举隅》,上海人民出版社2014年版。
⑦ 王捷:《包山楚司法简考论》,上海人民出版社2015年版。

相关研究主要在司法术语、个案分析、文书制度等方面展开,学者或从字词术语出发进行研究,或用现代法学概念进行剖析,其中存在的最大问题是法律史学和简牍学的沟通不够充分,以至于在以包山司法简为材料进行研究楚国司法制度时各说各话。总体而言,考证翔实、论证严密的成果较为少见,这与文书简的内容解读需要一定的法学素养和法律史学知识有关,今后需要相关专业学者加入,以利于司法简和楚司法制度研究的深入。

此外,郭店楚墓竹简、上海博物馆藏楚竹书、清华大学藏战国竹简、安徽大学藏楚简等材料中也蕴含着丰富的先秦法制信息,特别是清华简《子产》《四告》《皇门》诸篇可补史籍之阙,尤其值得关注。

(二)秦简牍法制史料

秦简牍法制史料的整理与研究以睡虎地秦简的发现为开端,一经公布,即掀起了秦法律史研究的热潮,以全国之力集结而成的睡虎地秦墓竹简整理小组学术实力强大,效率极高,先后出版了 3 个版本的秦简整理报告,①其中 1990 年文物出版社精装本可以说代表了秦简整理的一个高峰,②其突出特点在于体例严谨恰当,具体表现为:释文隶定清晰准确,注释详略得当,译文易于理解。不管从专业角度还是普及知识角度来看,都足以作为秦简牍资料发掘整理报告的范本。

其后诸如龙岗秦简牍、青川木牍、里耶秦简牍等资料陆续公布,进一步扩充了秦出土法律文献内容。而近年来秦法制简牍整理最新

① 参见睡虎地秦墓竹简整理小组:《睡虎地秦墓竹简》(八开线装本),文物出版社 1977 年版;睡虎地秦墓竹简整理小组:《睡虎地秦墓竹简》(32 开平装本),文物出版社 1978 年版;睡虎地秦墓竹简整理小组:《睡虎地秦墓竹简》(八开精装本),文物出版社 1990 年版。

② 睡虎地秦墓竹简整理小组:《睡虎地秦墓竹简》,文物出版社 1990 年版。

代表性成果则属陈松长主持出版的《岳麓书院藏秦简》。岳麓秦简整理小组在很短时间内就将入藏材料的内容陆续公布,从 2010 年至 2020 年共出版了 6 卷。[①] 从整理体例上看,整理小组增加了所有简牍背面的红外图版照片,为学者通过对简背划线、反印文的研究复原简册编联提供了必不可少的基础信息。这批秦简的价值表现在:第一,秦令大规模的出现,为研究秦律令体系带来了巨大契机。秦令的多样性以及内容的丰富程度,大大超过以往学者的理解与想象。秦令令名的构成、分类都是值得重点研究的方向,以往因为材料不足而无法深入讨论秦令与秦律之间的异同关系、秦律与秦令的转化问题,随着这批秦令资料的公布,此种局面得以初步改善。第二,秦案例司法卷宗有效地填补了材料空白。以往研究多用汉初《奏谳书》记载的案例分析复原秦代诉讼审判制度,而现在则有了秦的第一手文献,可以说为秦司法研究提供了充分的材料,比如其中涉及地方郡级长官与御史对下级上报案件的复核,就是以往所未见的。第三,新出现了一些律篇名,加深了学界对秦律的认识,特别是第四卷中的《亡律》,是目前所见关于单一秦律内容最为丰富的,可以说是研究秦逃亡犯罪立法、司法的最为重要的直接材料。岳麓秦简的出现,将秦代法史研究的广度与深度推向了全新的水平。

秦简牍法制史料的研究热点首推刑罚制度。就个案专题而言,以“隶臣妾”身份性质及其有无刑期这一问题为典型代表,自高恒首次撰文讨论其身份特征以来,[②]引发了国内外学界十分热烈的

① 朱汉民、陈松长主编:《岳麓书院藏秦简》(一至三),上海辞书出版社 2010 ~ 2013 年版;陈松长主编:《岳麓书院藏秦简》(四至六),上海辞书出版社 2015 ~ 2020 年版。

② 高恒:《秦律中“隶臣妾”问题的探讨》,载《文物》1977 年第 7 期。

讨论,[①]李力的《"隶臣妾"身份再研究》一书对此加以详细梳理与总结。[②] 关于刑罚体系的研究,早期研究成果以刘海年《秦代刑罚考析》、[③]栗劲《秦律通论》[④]等为代表,特点是用现代刑罚概念对应秦律加以分类并考释。日本学者冨谷至《秦汉刑罚制度研究》从历史角度复原秦刑罚体系,深入考辨了秦刑罚专名,亦是十分重要的秦汉刑罚体系著作。[⑤] 此外,韩树峰《汉魏法律与社会》关于刑罚体系的讨论,[⑥]水间大辅《秦汉刑法研究》关于刑罚理论的研究,[⑦]陶安《秦漢刑罰体系の研究》[⑧]等试图重构秦刑罚体系的工作均具有十分重要的价值。

张家山汉简《二年律令》的出土亦推动了秦汉律令问题的研究。学界进而对传统叙述李悝《法经》六篇,商鞅携《法经》入秦、改法为律,到萧何制《九章律》这一形式完整的法典发展脉络产生了整体性质疑。而关于秦令的研究,基本对其存在有无没有太大争议,但对其内容、种类与性质,特别是与律的关系到底如何界定等问题,从大庭脩、张建国到冨谷至等学者都有讨论,[⑨]广濑薰雄《秦汉律令研究》专

① 关于"隶臣妾"身份讨论,多集中于20世纪80年代,90年代以后逐渐转冷,但因秦及汉初简牍新资料的不断出现,相关主题研究一直未间断,最近的,如朱德贵:《岳麓秦简所见"隶臣妾"问题新证》,载《社会科学》2016年第1期。

② 李力:《"隶臣妾"身份问题再研究》,中国法制出版社2007年版。

③ 刘海年:《秦代刑罚考析》,载中华书局编辑部编:《云梦秦简研究》,中华书局1981年版,后收入刘海年:《战国秦代法制管窥》,法律出版社2006年版。

④ 栗劲:《秦律通论》,山东人民出版社1985年版。

⑤ 冨谷至:《秦汉刑罚制度研究》,柴生芳、朱恒晔译,广西师范大学出版社2006年版。

⑥ 韩树峰:《汉魏法律与社会——以简牍、文书为中心的考察》,社会科学文献出版社2011年版。

⑦ [日]水間大輔『秦漢刑法研究』、知泉書館、2007年。

⑧ [日]陶安あんど『秦漢刑罰体系の研究』、東京外国語大学アジア・アフリカ言語文化研究所、2009年。

⑨ 参见大庭脩『秦漢法制史の研究』、創文社、1982年;张建国:《中国律令法体系概论》,载《北京大学学报(哲学社会科学版)》1998年第5期;冨谷至『漢唐法制史研究』、創文社、2016年。

门提及秦汉律令问题。[①] 而岳麓秦简大量秦令的问世公布,则为秦令问题研究的向前推进提供了难得的机遇。

秦司法制度研究大致有两个主要趋势:首先是对司法文书的认识与类型化研究的不断加深。以传世文献所见"爰书"为例,在西北汉简中已见,而睡虎地秦简《封诊式》"爰书"的发现进一步引发了秦司法文书种类与性质的讨论,刘海年、高敏、胡留元、冯卓慧、籾山明等以秦简为基础进一步考察"爰书"的性质。[②] 里耶秦简陆续公布,对秦基层官文书的实证研究成为热点,通过数量众多的文书类型与内容,分析基层司法官员的设置、调动以及司法的实际运行。另外,李均明《秦汉简牍文书分类辑解》[③]虽然出版在里耶秦简大规模公布之前,但作者长期从事简牍一线整理研究,该书具有基础性的指引价值。

其次,在司法文书释读研究基础上,复原秦诉讼审判制度成为另一焦点。早期如高敏、刘海年、栗劲以睡虎地秦简复原秦司法审判制度,[④]填补了空白,而真正掀起热潮的则是《奏谳书》大量反映秦代与汉初司法审判流程资料的出现,李学勤、彭浩以《奏谳书》案例的解读

---

① [日]廣瀬薫雄『秦漢律令研究』、汲古書院、2010 年。

② 刘海年:《秦汉诉讼制度中的爰书》,载《法学研究》1980 年第 1 期,收入刘海年:《战国秦代法制管窥》,法律出版社 2006 年版;高敏:《释"爰书"——读秦、汉简牍札记》,载《益阳师专学报》1987 年第 2 期;胡留元、冯卓慧:《爰书、传爰书考》,载《烟台大学学报》1990 年第 1 期;籾山明「爰書新探——漢代訴訟論のために」、『東洋史研究』51(3)、1992 年,后收入[日]籾山明『中国古代訴訟制度の研究』、京都大学学術出版会、2006 年。

③ 李均明:《秦汉简牍文书分类辑解》,文物出版社 2009 年版。

④ 参见高敏:《〈秦律〉反映的诉讼、审讯和量刑制度》,载《郑州大学学报》1981 年第 3 期;刘海年:《秦的诉讼制度》,载《中国法学》1985 年第 1、3、4 期,1986 年第 2、3、6 期,1987 年第 1 期,后收入刘海年:《战国秦代法制管窥》,法律出版社 2006 年版;栗劲:《秦律通论》,山东人民出版社 1985 年版,第 298 ~ 340 页。

初步考证了秦及汉初的司法审判制度,①籾山明、张建国继续深入论证审判程序,②取得了较高的成就,而宫宅潔《秦漢時代の裁判制度》一文最具有代表性,该文从管辖原则开始论述,从不同环节详细分解论述了诘问、诊问、鞫、当、报等不同环节的内涵,归纳总结出基层小吏作为审判程序的核心参与者特征。③ 另外,李均明、闫晓君、高恒、陶安等均有复原秦及汉初司法审判制度与完整程序的研究成果。④而《岳麓书院藏秦简》第三卷不同类型的秦代案例的问世,有助于更全面地了解秦代的司法制度与运行实态,整理者在第三卷附录中对司法文书进行分层,即是通过文书还原秦从立案到最终定罪量刑的具体环节。⑤

随着秦简牍法律资料不断公布,将分散的材料汇总起来,重新释读其内容并调整相应的观点,是本领域研究的当务之急,更是将研究推向深入的必然要求。而信息时代带来发达便捷的诸种技术优势,也为下一步工作地展开提供了必要的技术支持与保障。回顾历史,

---

① 需要说明的是,张家山汉简《奏谳书》的司法案例涵盖秦代与汉初,一般均视其为探讨秦及汉初司法的重要简牍资料。参见李学勤:《〈奏谳书〉解说(上)》,载《文物》1993年第8期;李学勤:《〈奏谳书〉解说(下)》,载《文物》1995年第3期;彭浩:《谈〈奏谳书〉中的西汉案例》,载《文物》1993年第8期;彭浩:《谈〈奏谳书〉中秦代和东周时期的案例》,载《文物》1995年第3期。

② [日]籾山明『中国古代訴訟制度の研究』、京都大学学術出版会、2006年;张建国:《汉简〈奏谳书〉和秦汉刑事诉讼程序初探》,载《中外法学》1997年第2期。

③ 宫宅潔「秦漢時代の裁判制度——張家山漢簡《奏讞書》より見た」、『史林』81(2)、1998年。

④ 参见李均明:《简牍所反映的汉代诉讼关系》,载《文史》2002年第3期;闫晓君:《秦汉时期的诉讼审判制度》,载吴永琪主编:《秦文化论丛》(第10辑),三秦出版社2003年版;高恒:《汉代诉讼制度论考》,载高恒:《秦汉简牍中法制文书辑考》,社会科学文献出版社2008年版;[日]陶安あんど《"断狱""听讼"与"诉讼"之别——以汉代文书资料为中心》,载张中秋主编:《理性与智慧:中国法律传统再探讨》,中国政法大学出版社2008年版。

⑤ 参见朱汉民、陈松长主编:《岳麓书院藏秦简(叁)》附录一《文书层次表》,上海辞书出版社2013年版。

秦简牍法律资料已经成为秦法律研究领域的基本性资料,进一步而言,秦法律研究已经离不开简牍法制史。因此,我们当以审慎的态度,充分利用现代日益发展的技术条件,全面系统地整合秦简牍法律资料。

(三)西汉简牍法制史料

西汉简牍法制史料研究的第一阶段为陆续发现西北汉简的 20 世纪初直至 70 年代末,其研究对象绝大多数为边塞官署遗址所出官文书残简,也兼及少量内地墓葬所出文书简牍,研究旨趣表现为从搜辑、整理、复原、解释法律文书出发,尝试与传世文献关于立法体系、司法制度、法律用语、法律文化的零星记载相比较。但由于缺乏系统化材料,对法律制度的深入探讨尚未展开,其研究尚处于“开拓”阶段。第二阶段始于 1983 年江陵张家山 M247 汉简的出土,该批简是西汉系统性法律文本和程序完整的诉讼案卷编纂本的首次发现,开启了西汉法制史研究的大繁荣,使研究真正推进到理解、辨析、复原西汉法律制度和司法制度的“核心”阶段。随着版本更完善、传抄更精良的张家山 M336 汉简、睡虎地 M77 汉简、胡家草场 M12 汉简律令,以及长沙走马楼西汉简中的大量原始案卷的陆续发现,可以预见西汉简牍法制史料研究将随着这些材料的公布而推进到更为深入的第三阶段:西汉法律整体面貌和各种具体细节,都会在行将到来的“材料汇总”阶段获得前所未有的清晰认识。

在第一阶段的开拓性研究中,最具贡献的成果要数王国维、陈梦家等学者开展的简牍制度、法律术语、法律文书及立法形式研究。①王国维在与罗振玉合著的《流沙坠简》的《屯戍丛残》和《简牍遗文》

① 参见王国维、罗振玉:《流沙坠简》,中华书局 1993 年版;陈梦家:《汉简缀述》,中华书局 1980 年版。

二章中,以及后来独著的《流沙坠简考释补正》中,对简文逐一详加考释,尝试厘清文书的行文关系和检署签收等方面的制度,其许多观点现已成为学界基本共识。① 劳榦则在《居延汉简 · 考释之部》中继续推进文书制度研究,并结合石刻材料对诏书制度作了深入探讨,开创了新的研究路径。② 陈直则在《居延汉简解要》《居延汉简文例》等一系列论文中对法律文书习语、符传邮驿制度、诏书、散见律令条文等作了专门探讨。③ 陈梦家的《西汉施行诏书目录》一文,对居延汉简中的几枚诏书条文目录残简作了排序,尝试复原其完整面貌,并得出传世文献所不载的关于西汉律令编纂形式的重要认识,堪称此一研究课题的开山之作,启发了后来的相关研究。④ 武威汉简整理小组、郭沫若、武伯纶、大庭脩、李均明、何双全等学者围绕武威汉简"王杖十简"简册的编联各抒已见,⑤滋贺秀三、冨谷至、臧知非、郝树声、籾山明等学者又进而利用该材料深入研究律令、赋役、矜老恤幼等方面的法律制度。⑥

---

① 参见王国维、罗振玉:《流沙坠简》,中华书局 1993 年版。

② 参见劳榦:《居延汉简考释 · 释文之部》,四川南溪石印本 1943 年版、上海商务印书馆 1949 年版。

③ 参见陈直:《居延汉简研究》,天津古籍出版社 1986 年版。

④ 陈梦家:《西汉施行诏书目录》,载陈梦家:《汉简缀述》,中华书局 1980 年版。

⑤ 参见甘肃省博物馆、中国科学院考古研究所编著:《武威汉简》,文物出版社 1964 年版;郭沫若:《武威"王杖十简"商兑》,载《考古学报》1965 年第 2 期;武伯纶:《关于马镫问题及武威汉代鸠杖诏令木简》,载《考古》1961 年第 3 期;大庭脩『漢簡研究』、同朋舎、1992 年;李均明、刘军:《武威旱滩坡出土汉简考述——兼论"挈令"》,载《文物》1993 年第 10 期。

⑥ [日]滋贺秀三「武威出土王杖十簡と解釈と漢令の形態——大庭脩氏の論考を読みて」、『國家學會雜誌』90(3 · 4)、1977 年;[日]冨谷至:《秦汉刑罚制度研究》,柴生芳、朱恒晔译,广西师范大学出版社 2006 年版;臧知非:《秦汉赋役与社会控制》,三秦出版社 2012 年版;郝树声:《武威"王杖"简新考》,载甘肃省文物考古研究所等编:《简牍学研究》(第 4 辑),甘肃人民出版社 2004 年版;籾山明「王杖木簡再考」、『東洋史研究』65(1)、2006 年。

20世纪80年代以后,本领域研究获得了新的发展,裘锡圭对基层职务“啬夫”的辨析,[①]于豪亮对“檄”等文书和“斥免”等法律术语的考释,[②]运用了新发现的秦简材料,其研究愈加精良。李均明《简牍法制论稿》、[③]张伯元《出土法律文献研究》[④]则堪称新材料发现后进一步推进研究的代表作。在海外方面,泷川政次郎的专门论文《流沙墜簡に見える漢代法制の研究》将流沙坠简所见法律类材料归为“官职”“公文”“刑狱”“军防”“俸禄”“民法”六大类,首次尝试对西汉简牍法制史料作专门的搜辑和研究工作。[⑤] 大庭脩的《秦汉法制史研究》和《汉简研究》堪称本领域的名著,其对居延汉简中的诏书残册的复原和“不道”等法律术语的辨析,都具有指明研究路径和方法的重要意义。[⑥] 鹰取祐司对居延新简中“劾状”的复原和研究,[⑦]籾山明对西北汉简中“爰书”的搜辑、探讨和辨析,[⑧]都是法律文书研究中的重要成果。

在第二阶段研究中,张家山M247汉简成为最核心的材料,围绕它展开的立法体系和具体法律制度研究成果也最为引人瞩目。学界首先围绕《二年律令》的年代、简册编联复原、篇目结构、条文归属、字词考释等基础问题展开热烈讨论,张建国《试析汉初“约法三章”的法律效力》提出“二年”有指“汉二年”的可能,《叔孙通定〈傍章〉质

① 参见裘锡圭:《啬夫初探》,载裘锡圭:《古代文史研究新探》,江苏古籍出版社1992年版。

② 参见于豪亮:《释青川秦墓木牍》,载《文物》1982年第1期。

③ 李均明:《简牍法制论稿》,广西师范大学出版社2011年版。

④ 张伯元:《出土法律文献研究》,商务印书馆2005年版。

⑤ [日]瀧川政次郎「流沙墜簡に見える漢代法制の研究」、『滿洲學報』6、1941年。

⑥ [日]大庭脩『秦漢法制史の研究』、創文社、1982年;大庭脩『漢簡研究』、同朋舍、1992年。

⑦ [日]鷹取祐司「居延漢簡劾状関係冊書の復原」、『史林』79(5)、1996年。

⑧ [日]籾山明「爰書新探——漢代訴訟論のために」、『東洋史研究』51(3)、1992年。

疑》又根据《二年律令》篇目指出“傍章”并非《礼仪》，而应是指正律以外的律；[①]王伟的《论汉律》则提出商榷，认为没有证据可以证明汉律不同律章在形式或法律地位上存在区别，至少在《二年律令》时代之后，九章律只是汉律的一部分，不是汉律的总名或泛称，萧何“作律九章”与汉律不止九章之间没有矛盾；[②]杨振红的《秦汉律篇二级分类说》独辟蹊径，认为《二年律令》和传世文献中不属于九章的汉代律篇，应是九章之下的次级律篇。[③] 王伟则在《辨汉律》中针锋相对，认为其说有推测的成分，不仅史无明文，而且无法通过《晋志》《二年律令》、睡虎地秦简和唐律获得有效的证明；李均明《〈二年律令·具律〉应分出〈囚律〉条款》指出部分条文应归入未见篇名但可确定存在的《囚律》；[④]张伯元《〈二年律令〉编联札记（四则）》和《〈二年律令·津关令〉与汉令之关系考》也是该类研究中具有代表性的成果。[⑤] 在刑事法律制度方面，曹旅宁的《张家山汉律研究》收入了其11篇系列论文，[⑥]另有未及收入的《秦律宫刑非淫刑辨》等单篇论文，提出了大量颇有创见的观点；[⑦]李均明《简牍法制论稿》收入的5篇论文，就刑罚原则和几种具体制度作了详细考辨；[⑧]针对具体刑罚和犯罪制度，如肉刑、耐刑、完刑、赎刑、刑期、劳役刑和身体刑的关系、盗罪、奸罪、亲属相犯、主奴相犯等问题的讨论，都已形成研究专题，产生了大量优秀成果，在此不一一赘述。民事法律方面，则有徐世虹

① 张建国：《帝制时代的中国法》，法律出版社1999年版。
② 参见王伟：《论汉律》，载《历史研究》2007年第3期。
③ 参见杨振红：《秦汉律篇二级分类说》，载《历史研究》2005年第6期。
④ 参见李均明：《〈二年律令·具律〉应分出〈囚律〉条款》，载《郑州大学学报（哲学社会科学版）》2002年第3期。
⑤ 张伯元：《出土法律文献研究》，商务印书馆2005年版。
⑥ 曹旅宁：《张家山汉律研究》，中华书局2005年版。
⑦ 曹旅宁：《秦律宫刑非淫刑辨》，载《史学月刊》2002年第6期。
⑧ 李均明：《简牍法制论稿》，广西师范大学出版社2011年版。

《对汉代民法渊源的新认识》①《张家山二年律令简所见汉代的继承法》,②李均明《张家山汉简所见规范继承关系的法律》③等成果问世。

诉讼制度方面,李学勤《〈奏谳书〉解说》和彭浩的《谈〈奏谳书〉中秦代和东周时期的案例》《谈〈奏谳书〉中的西汉案例》对几则重要案例作了细致的诠释;④曹旅宁《〈奏谳书〉考述》则对重要案例从法制史的角度作了进一步挖掘;⑤蔡万进《张家山汉简〈奏谳书〉研究》对奏谳制度的历史渊源流变和一些具体问题作了极好的研究,奠定了后来许多同类成果的基础;⑥陈晓枫《两汉"鞫狱"正释》准确地指出汉代"鞫"的涵义与后世不同,⑦《两汉劾制辨正》则对汉代的"劾"的涵义及其制度作了有益的探索;⑧宫宅潔《秦汉时代的裁判制度》首次对《奏谳书》所反映的汉代刑事诉讼程序进行完整复原,成果斐然;⑨籾山明的《中国古代诉讼制度研究》则结合睡虎地秦简、西北汉简等其他材料拓展了更为广阔的主题。⑩

在总体研究方面,《张家山汉墓竹简(释文修订本)》吸收学界意

① 徐世虹:《对汉代民法渊源的新认识》,载《郑州大学学报》(哲学社会科学版)2002年第3期。

② 徐世虹:《张家山二年律令简所见汉代的继承法》,载《政法论坛》2002年第5期。

③ 李均明:《张家山汉简所见规范继承关系的法律》,载《中国历史文物》2002年第2期。

④ 参见李学勤:《〈奏谳书〉解说(上)》,载《文物》1993年第8期;李学勤:《〈奏谳书〉解说(下)》,载《文物》1995年第3期;彭浩:《谈〈奏谳书〉中的西汉案例》,载《文物》1993年第8期;彭浩:《谈〈奏谳书〉中秦代和东周时期的案例》,载《文物》1995年第3期。

⑤ 曹旅宁:《〈奏谳书〉考述》,载曹旅宁:《张家山汉律研究》,中华书局2005年版。

⑥ 蔡万进:《张家山汉简〈奏谳书〉研究》,广西师范大学出版社2006年版。

⑦ 陈晓枫:《两汉"鞫狱"正释》,载《法学评论》1987年第5期。

⑧ 陈晓枫:《两汉劾制辨正》,载《法学评论》1989年第3期。

⑨ [日]宫宅潔「秦漢時代の裁判制度——張家山漢簡《奏讞書》より見た」、『史林』81(2)、1998年。

⑩ [日]籾山明『中国古代訴訟制度の研究』、京都大学学術出版会、2006年。

见，对最初的意见进行了修正[①]；彭浩、陈伟、工藤元男主编的《二年律令与奏谳书》对截至2007年的重要考释、编联、研究成果作了集大成式的汇释，具有极高的实用价值；[②]朱红林的《张家山汉简〈二年律令〉集释》尝试进行逐条的集释，并提出有益见解；[③]叶山、李安敦的*Law, State, and Society in Early Imperial China*[④]不仅对截至2015年的中国、日本、韩国、欧美的重要研究成果作了良好的梳理和吸收，更提出了大量逻辑严谨、依据牢靠的创见，并通过对条文和案例的逐一英语语译体现出来，堪称一部质量精湛的杰作，甚至在一定程度上相比冨谷至编的同类杰作《江陵张家山二四七号墓出土汉律令研究》[⑤]也毫不逊色。

随着张家山M336汉简、睡虎地M77汉简、胡家草场M12汉简法律文献的逐渐披露、公布，相关的先行研究也已初露端倪。彭浩的《读云梦睡虎地M77汉简〈葬律〉》基于已公布的5枚简对前所未见的《葬律》内容作了诠释，并探讨了其制定方式；[⑥]熊北生、陈伟、蔡丹《湖北云梦睡虎地77号西汉墓出土简牍概述》重点讨论了亦见于《二年律令》的一条惩治审判官吏出入罪人的律文，指出该条在睡虎地M77汉律中明确归入《告律》，说明张家山汉简整理者将之归入《具律》不确，且睡虎地版本优于张家山版本，对后者具有校勘价值。[⑦]

---

① 张家山二四七号汉墓竹简整理小组：《张家山汉墓竹简247号墓（释文修订本）》，文物出版社2006年版。

② 彭浩、陈伟、工藤元男主编：《二年律令与奏谳书》，上海古籍出版社2007年版。

③ 朱红林：《张家山汉简〈二年律令〉集释》，社会科学文献出版社2005年版。

④ Anthony J. Barbieri-Low and Robin D. S. Yates, Law, State, and Society in Early Imperial China—A Study with Critical Edition and Translation of the Legal Texts from Zhangjiashan Tomb no. 247. Brill, 2015.

⑤ 冨谷至編『江陵張家山二四七號墓出土漢律令の研究』、朋友書店、2006年。

⑥ 参见彭浩：《读云梦睡虎地M77汉简〈葬律〉》，载《江汉考古》2009年第4期。

⑦ 参见熊北生、陈伟、蔡丹：《湖北云梦睡虎地77号西汉墓出土简牍概述》，载《文物》2018年第3期。

回望绵延近百年的西汉简牍法制史料研究,在仅能依靠西北边地残章断简的时代,学者渴望探求西汉法律整体面貌的进取之心已然显露锋芒,而材料的不足证则使之举步维艰,重新审视律令关系等部分天才的创见也不足以掩盖其成果取得的艰辛。张家山汉简面世后,学界的热情再度被激发,引起了持续数年且涵盖立法和司法研究的热潮。然而,对该批材料能在多大的时间和制度范围上反映西汉法律的整体面貌,学者仍充满着疑虑,这使研究不断向着精细却碎片化的方向发展。

随着几批系统化、集中性的西汉律令、文书简牍的面世,长期困扰学界的材料匮乏难题,从近十年到未来几年间或将迅速消解,对已发表的各批次材料进行汇总、对前人研究成果进行总结的时机已经成熟,我们终于有机会从整体上清楚地认识、理解西汉法律及其在中国古代文明发展史上的独特价值。

(四)东汉简牍法制史料

在简牍大规模面世之前,东汉法律制度的研究多与西汉并言,但随着越来越多出土文献的发现,两汉法制之间的差距越发明显。本领域的早期研究著作以严耕望《秦汉地方行政制度》为代表,[①]该书是较早对秦汉地方行政进行全面研究的论著,认为汉代郡县政府组织之属吏名目盖为西汉中叶以后及东汉郡县政府组织扩大后属吏的实际吏职名目。严氏认为汉代地方官吏之籍贯限制即长吏不用本籍、属吏必用本籍。但由于严氏在写此书的时候出土简牍资料较少,而涉及东汉的更少,因此对东汉的地方行政制度多从传世文献入手,即便如此,也可以从中发现两汉在基层司法官吏设置上的差异,这是

① 严耕望:《秦汉地方行政制度》,北京联合出版公司 2020 年版。

研究司法工作的基础。

在大批简牍资料面世后，学界对东汉立法、司法的观点都发生了重大的变化。在立法研究领域，徐世虹《汉代法律载体考述》指出，作为法律的一种载体，科在形式上是独立的，不依附律令，但在内容上往往与律令杂糅。科只有在被纳入立法程序后，才有可能获得法律效力。品同样也是汉代具有法律效力的法律载体之一。从领属关系上看，它是律令科的附属法规，不具有独立品格，但它同时又是律令科的扩充与延伸。① 徐世虹《汉简与汉代法制研究》进一步指出汉代的科、品并不能修正、取代律令。二者的关系是，律令是科品的载体，科品则是律令的具体化。②

韩树峰《汉晋法律由"繁杂"到"清约"的变革之路》提出重要观点："繁""杂"是汉律存在的两个主要问题，变"杂"为"清"是"化繁为约"的前提条件。汉人改律，重视后者，忽略前者，导致历年无成。曹魏时期，分类学在学术领域高度发展，受其影响，曹魏修律以"都总事类"为原则，基本解决了"杂而不清"的问题。西晋时期，追求简约成为学术界的普遍风尚，受玄学"得意废言""辞约旨达"的影响，西晋修律重在压缩律条字数，基本解决了"繁而不约"的问题。经过数百年的探索和实践，汉晋法律终于完成了从"繁杂"到"清约"的蜕变，中国古代法律的体例最终得以确立。③ 对相关问题的探讨，还可参见王沛《刑名学与中国古代法典的形成：以清华简和〈黄帝书〉资

① 徐世虹：《汉代法律载体考述》，载杨一凡主编：《中国法制史考证》（甲编・第3卷），中国社会科学出版社2003年版。

② 参见徐世虹：《汉简与汉代法制研究》，载《内蒙古大学学报》1992年第2期。

③ 参见韩树峰：《汉晋法律由"繁杂"到"清约"的变革之路》，载《中国人民大学学报》2014年第5期。

料为主的研究》。[①] 张忠炜关于律章句的探索亦值得关注。他认为律章句学是以自然章句为基础,确定某些律条的分合独立,从而构成一个意义相对完整的单位——“章”,与之同时,是进行文字方面的断句,然后是为疏通律文所作的注说。律章句的出现与律令文本的特质相关。特殊字例及符号标识,对理解律令文本的分章断句及含义有重要意义。[②]

在司法研究领域,黎明钊指出汉代无论在中原核心地区抑或在边陲地区都广泛地分布着豪族大姓,只是正史不一定以大姓、豪人、豪族称之而已。地方豪族大姓早已融入官僚系统,成为郡县掾吏、乡里亭长,甚至已是百石以上的地方长吏,其家族成员散布在官僚体系之中,有广泛的关系网络。负责逐捕盗贼的亭长,以及其部下求盗、亭候、亭父等人,其出身颇有来自地方大姓者,他们当中也不乏守法爱民的循吏,但具体事例表明,有部分大姓合谋犯法,仿如群盗。尤其边陲地区的盗贼、群盗,颇有以地方大姓为首者,可见盗贼、群盗与地方大姓之间有着非常密切的关系。[③] 而张建国则分析了居延新简“粟君债寇恩”民事诉讼案,认为简册中实际上包含了4篇文书:初三日(乙卯日)寇恩自证爰书、十六日(戊辰日)寇恩自证爰书、十九日(辛未日)乡啬夫报县文书、二十七日(己卯日)居延县移甲渠侯官文书。初三日爰书和十六日爰书,是不同情况下的作品,不能互校。初三日寇恩的第一次自证爰书,已经在本案中被十六日寇恩的第二次自证爰书所取代,因此在解决本案时失去法律效力,最多只具有参考

① 王沛:《刑名学与中国古代法典的形成:以清华简和〈黄帝书〉资料为主的研究》,载《历史研究》2013年第4期。

② 张忠炜:《秦汉律令法系研究初编》,社会科学文献出版社2012年版,第154~162页。

③ 参见黎明钊:《辐辏与秩序——汉帝国地方社会研究》,香港中文大学出版社2013年版,第383~400页。

价值。而十六日爰书、十九日乡文书和二十七日县文书则是一个有机的整体，反映了有关的案情及诉讼程序。①

上述研究以较早发掘、公布的西北汉简为主要资料，而 2006 年公布的长沙东牌楼东汉简牍、2015 年以来陆续公布的长沙五一广场东汉简牍、2016 年公布的长沙尚德街东汉简牍以及近年陆续公布的长沙走马楼三国孙吴简牍官文书则为东汉以降的法律史研究打开了全新的局面。② 这些资料数量庞大，地域集中且时代有连续性，是法史研究的极好标本。随着资料的公布，本领域的研究正逐渐开启，李均明、黎明钊、刘国忠、张朝阳、姚远、徐畅、罗小华等学者均对这批资料中的案件、制度进行讨论，并发表了相关论文。③ 虽然对长沙简牍的研究还处于起始阶段，但其重要性已充分显示出来。可以预见，长沙东汉魏晋简牍将继西北汉简之后成为法律史研究中的下一个

---

① 参见张建国：《居延新简"粟君债寇恩"民事诉讼个案研究》，载《中外法学》1996 年第 5 期。

② 长沙市文物考古研究所、中国文物研究所编：《长沙东牌楼东汉简牍》，文物出版社 2006 年版；长沙文物考古研究所、清华大学出土文献研究与保护中心、中国文化遗产研究院、湖南大学岳麓书院编：《长沙五一广场东汉简牍选释》，中西书局 2015 年版；长沙文物考古研究所、清华大学出土文献研究与保护中心、中国文化遗产研究院、湖南大学岳麓书院编：《长沙五一广场东汉简牍(壹)(贰)》，中西书局 2018 年版；长沙文物考古研究所、清华大学出土文献研究与保护中心、中国文化遗产研究院、湖南大学岳麓书院编：《长沙五一广场东汉简牍(叁)(肆)》，中西书局 2019 年版；长沙市文物考古研究所编：《长沙尚德街东汉简牍》，岳麓书社 2016 年版；王素、宋少华、罗新：《长沙走马楼简牍整理的新收获》，载《文物》1999 年第 5 期等。

③ 例如，李均明：《长沙五一广场出土东汉木牍"直符"文书解析》，载《齐鲁学刊》2013 年第 4 期；黎明钊：《试析长沙五一广场出土的几枚东汉简牍》，载黎明钊等编：《东汉的法律、行政与社会：长沙五一广场东汉简牍探索》，三联书店(香港)有限公司 2019 年版；刘国忠：《长沙东汉简所见王皮案件发微》，载《齐鲁学刊》2013 年第 7 期；张朝阳：《长沙五一广场东汉简牍所见早期房屋租赁纠纷案例研究》，载《史林》2019 年第 6 期；姚远：《东汉内郡县法官法吏复原研究——以长沙五一广场东汉简牍为核心》，载《华东政法大学学报》2016 年第 4 期；徐畅：《新刊长沙走马楼吴简与许迪割米案司法程序的复原》，载《文物》2015 年第 12 期；罗小华：《长沙五一广场出土 J1③：285 号木牍解读》，载《齐鲁学刊》2013 年第 4 期。

热点。

相比于早已兴盛繁荣的秦和西汉简牍法制史料研究,东汉的同类研究可以说仍处于发展不够充分的早期阶段,这主要是因为以下三点:第一,受制于可供进行宏观背景构建的传世材料所固有的缺陷,即魏晋人编纂的东汉史料的原始程度和档案性明显较西汉为弱;第二,因为新出土材料的"新颖性",其性质、内容、运用背景和书写方式都与我们所熟悉的西汉和魏晋时期的材料有所区别,造成理解和运用的困难;第三,新出土材料结构具有一定的"欠缺性",文书丰富而法律文本不足。随着五一广场文书简等新材料的不断公布,相关问题还将进一步凸显,并不断为本领域研究带来新的挑战和机遇。

二、关于研究前景的思考

(一)对中国法律成文化与法典化问题的思考

中国法律的成文化问题,是关涉法律起源途径、法律演变规律、中国传统法制自身特征与性质的重要论题,历来为法律史学与法学理论所重视。由于传世文献较为匮乏,以往此领域探索之进展相当不易。在构建早期中国法史架构时,通过比附他国法律文明演进模式来解释中国问题的做法普遍存在,导致中国成文法出现及变迁的真实原因难以清晰揭示,中国传统法制在世界法律文明中的特殊价值亦无从充分体现,而系统整理甲、金、简牍法制史料的工作就显得非常迫切且重要了。

以出土法律文献为基础,综合各种历史信息来通考早期中国法律成文化与法典化演变轨迹,进而解决中国法制史学中的以下 3 个节点性疑难问题,是本领域研究者的迫切任务:第一,中国成文法何时出现。此问题聚讼已久。在出土材料出现之前,研究者只能通过传世文献的成书时代考证、前后文语义推测等方式对彼此抵牾的记载加以调和解释,但并未形成普遍认同的结论,这使中国法律史的演进坐标难以确立。第二,中国成文法典何时出现。无论在何种法律文明中,成文法典的出现都属于具有里程碑意义的重大事件,中国亦不例外。但关于中国成文法典出现的时代、背景与意义,同样充满了争议。争议主要存在于两个方面:首先,怎样界定法典;其次,法典何时出现。而这两个问题通常又缠绕在一起,传世文献表述的彼此矛盾使进一步的探讨十分难行。第三,习惯法如何成文化。尽管习惯法的成文化是世界法律演进史中的普遍规律,但从中国法制发展的独特历程来看,此趋势产生的深层背景与具体表现皆呈现出复杂性,如学界通常将“引礼入法”作为习惯法成文化的标志之一,但如何界定礼这种发端于中国本土之固有概念的内涵,如何剖析礼的法律功能,如何分辨礼与习惯法的关系,如何理解礼典与法典的关系,都成为必须先行解决的基础性难题。而东周以后出现的大规模立法活动中,哪些成文法规是在旧俗习惯基础上发展而来;哪些曾具影响力的习惯法规被摒弃于成文立法之外,甚至在公权力“移风易俗”乃至“除其恶俗”的名义下消失弥散——此类重大问题的法理阐释,在出土法律文献大量面世之前,同样是无法找寻到确切答案的。而在出土法律文献大量面世之后,我们有了如下新的认识:

1. 重新认识两周立法事件的性质

目前法史教科书对两周重大立法事件的性质判断,仍然是以传世文献的叙事框架为基础而确定的。出土文献使我们对这些事件有了更深层次的认知,而某些重要观点则需修正,甚至改写。这些立法事件包括《吕刑》的制定、子产铸刑书、晋国铸刑鼎、《法经》与早期秦立法。我们将有待解决的疑难问题归纳为两个分支:(1)成文法出现于何时。从清华简相关篇章、荆州夏家台、枣林铺楚简《吕刑》出发,结合吕簋、班簋、伯獄簋、豳公盨等铜器铭文重新研判《吕刑》性质,分析其出现的背景与文本性质,探讨战国中后期文献中《吕刑》高频出现的缘由,为进一步推断中国成文法出现时代提供了启发。(2)早期秦系法制的特征。秦系法制的出现是中国成文法史中的划时代事件,中国成文法自此出现崭新的面貌,但秦系立法的出现与《法经》的关系仍存在诸多难解之疑。以春秋以降秦国铜器中的相关资料与战国简牍所反映的秦法信息为核心,重新解读早期秦系法律的特征,或许可以对部分学者提出的《法经》质疑论作出回应。

2. 深入辨析法律成文化中的习惯法问题

此领域之研究将从两个分支问题展开:(1)习惯法如何进入成文法体系。尽管习惯法演变为成文法是法律进化之普遍规律,但习惯法如何被成文法吸纳,却需要更多的例证来做分析。如系统整理甲骨、金文、简牍、建筑遗址(悬泉置)、中古礼书中的月令资料,便可初步描摹出上古习惯转变为习惯法,再演进为成文法,继而纳入礼典、引进法典的全过程,此过程之各节点充分揭示出法律成长中的若干规律性理论问题。类似资料还见于约剂、案例、盟书、日书等诸多领域,而对此类材料的全面探讨都是本领域的重要任务。(2)从出土文献中搜检曾广具影响力,最后却在法律成文化过程中被取缔以至消亡的习惯法规则。在战国、秦汉大规模的成文法颁布活动中,很多上古旧俗被废止,睡虎地秦简中云"今法律令已具矣,而吏民莫用,乡俗淫失之民不止,是即废主之明法也",[①]其所废乡俗,正包含广泛流行于南方地区的习惯法则,对此在会稽刻石等材料中亦有体现。法、俗

① 睡虎地秦墓竹简整理小组:《睡虎地秦墓竹简》,文物出版社 1990 年版,释文注释部分第 13 页。

之碰撞对立,为研究成文法秩序提供了耐人寻味的另类视角,系统研究金文、简牍及相关资料中的习惯法消失现象,将有助于更全面、综合地分析古代法律的成文化问题。

3. 对法典化问题进行综合研究

结构开放、体例松散、错综杂糅的秦汉律令如何跳跃式地转型为篇章固定、结构封闭的魏晋法典,亦是本领域的研究重点。就此可以从律典、令典、礼典等3个分支问题展开探讨:(1)魏晋律典形成的学理与技术内因。曹魏《新律》与西晋《泰始律》是早期封闭式法典的代表性作品,以往学界用汉末科条无限之实践困境来分析魏晋新式法典出现的背景,但战国以降出土文献如清华简、马王堆帛书《黄帝书》等资料逐渐揭示出,律典形成还有其内部演进动力所在,这包括刑名学、经学、玄学以及立法技术的相互交融与进化突破,而传世文献对此所涉极少。(2)令典编纂考证。过去学界将汉令划分为干支令、事项令、挈令三类,而"集类为篇,结事为章"则被视为汉令编纂的基本原则。现在看来,这种认识并不能简单套用于秦令。从岳麓秦简公布的令文来看,其中如"·第己·今辛"(岳麓秦简四简353)等记载已证明秦令已被有计划地整理。在干支令等类别外,"四司空共令"(如岳麓秦简六简118)"廷内史郡二千石官共令"(如岳麓秦简四简375)等多官署共同使用的令文结尾又明确标识数字编序如"·二""·九"等,此类新发现启发我们必须重新审视秦汉令文编纂轨迹的复杂性。(3)礼典的演进及其法律内涵的再分析。与后世礼教、礼俗、礼法混用的笼统概念不同,上古礼的演变经历了从具体节仪到社会规则再到理论原则的演进三部曲,尽管礼的法律功能在三阶段中都有体现,但其实践表现却各有不同。礼典之编纂深刻影响法典之编纂,把礼典中的法律成分从烦冗的仪规缛节中剥离出来,探讨其在法典化进程中所发挥的作用,是学界鲜少涉及但又极具法理价值的课题。即将公布的张家山 M336 汉墓竹简《朝律》、五一广场司法简中的礼制化法律资料为探索此课题提供了最新的材料,应结合上述材料对礼典、法典的互动演化关系加以研究。

以上 3 领域之研究有利于突破中国法律成文化研究之疑点、难点与瓶颈,解决中国法文化之成文传统从哪里来,何以呈现此种独特面貌等关键性法史问题。多项重要但长期纠缠不清的概念、论断有望得到廓清。我们相信,中国早期法律演变的线索会因之更清晰地呈现在今人眼前。

(二)对律令起源及演变问题的思考

律令起源及演变问题是贯穿先秦、秦汉、魏晋、隋唐等数个时代的法律演变大问题。律令体系不但是中国传统法律中的核心部分,也是以中国为中心,辐射东亚的中华法系的枢机。关于律令的起源问题,在传世文献中难寻其迹;经沈家本、程树德等先贤辑佚的秦汉律令残文,也仅可窥见其大致轮廓,而难以知晓全貌。

幸运的是,20 世纪睡虎地秦简、张家山汉简等相继公布,为探索秦汉律令提供了崭新的材料,近年来东汉、魏晋资料的公布,又为认识律令变迁创造了有利条件。学界对秦汉律的体系建构有了新的认知,丰富的律令内容也为了解中国古代律令的起源及演变提供了依据。随着出土法律文献的相继涌现,学界对秦汉律令的认知越来越深刻,以往故有的定义诸如九章律、旁章等都有了多种解读的可能性。在此研究进程中,秦汉律令的源头在哪里?秦汉律令的差异在哪里?如何突破已有的思维定式,正确把握律令体系从秦汉经魏晋至隋唐的演变过程?这都将是未来亟待解决的问题。

1. 早期律、令的内容与特征

本研究重点有两个方面:(1)金文中的法令;(2)早期律、令的比较。以上两点均为以往学者较少关注的领域,但其价值不言而喻。从前期搜集的金文资料来看,某些东周铭文已出现和秦简类似的表述,某些铭文可复原出原始法令的面貌。而新公布的岳麓简则为探讨律令关系提供了第一手资料。

2. 秦律、令关系

本研究重点有两个方面:(1)秦简中的律、令功能比较。晋代杜预所描述的"律以正罪名,令以存事制"①的律令之别在秦时并不适用,大量秦律令公布之后,可以发现二者的界限十分模糊,都可用于具体的定罪量刑,且适用范围并无大小之分,传统学界所认为的"律主令辅""令为补充法"的观点有待商榷。(2)秦律、令地位比较。律令体系已十分完备的唐律云,"律令义殊,不可破律从令",②虽然秦律令中多见令文对律文的补充,但亦可见"以令破律"的例外出现。秦律令之间并不存在所谓"律主令辅"的地位分辨问题,秦令既可用以补充律文,也可用以破律,作为律令体系源头的秦律、令之间,其关系并不像后世律、令之间主次分明,可知彼时律令体制并未成熟。

3. 汉律、令的新特点

本研究重点有三个方面:(1)汉代律、令的法典化趋势。以目前所见秦汉之际的律令来看,律、令以单行法的形式颁布,结构封闭的法典性质的编纂文本可能尚未出现。西汉前中期开始出现有意识的法律分类编纂,益阳兔子山汉简所见律目将律篇分为两类,即"狱律"与"旁律"。③ 胡家草场汉简的令文分为两卷,其令名也各不相同。④

---

① 《艺文类聚》卷54引杜预《晋律序》。

② 《唐律疏议》卷6《名例》称日年及众谋条。

③ 参见张忠炜:《汉律体系新论——以益阳兔子山遗址所出汉律律名木牍为中心》,载《历史研究》2020年第6期。

④ 参见陈伟:《秦汉简牍所见的律典体系》,载《中国社会科学》2021年第1期。

可知此时有意识地法典化已经开启。(2)汉律、令的功能差异。汉令作为汉律的补充作用日益明显,如胡家草场汉简“户律”外有“户令”,“厩律”外有“厩令”等,律文保持稳定的同时,为适应社会变化,令文逐渐增多,遂有“户令甲”“户令丙”等。(3)立法技术对汉律、令功能演变的影响。从立法技术的层面考虑,由于律文最初已有量刑,为避免文烦而“以某律论”等术语的使用,为律、令之间的功能分化创造了条件。根据张家山汉简、睡虎地汉简等出土律令,结合传世文献,对汉律、令呈现出的法典化趋势及功能差异予以探讨,将会得到新的认识。

4. 魏晋律、令的形成

魏晋是律令法系的转型期,律令分途、律主令辅的特征也是这一时期所确定的。而基于出土法律文献所见,汉时已出现转型之萌芽。律,“常也,法也”(《尔雅·释诂》),多为施行较稳定的法律;令,“发号也”《说文解字》,多为临时性的指令。单从最初的内涵及功能来看,律、令均为适用于社会之普遍规定,适用对象并无不同,也都可用于定罪量刑,甚至令可转化为律,睡虎地秦简《魏户律》等便带有令的特征。至秦汉之际则有所变化,汉令虽然也有定罪量刑之规定,但多以制度、部门等事项规定为主,如张家山汉简的津关令,胡家草场汉简的少府令、卫官令、禁苑令等;据程树德所辑佚的汉令,①约 3/4 的令文不涉及刑罚内容,已初步显现“律以正罪名,令以存事制”的律令分途迹象。之后才有曹魏措摭汉律令而制《新律》,并析“军事、田农、酤酒”以为令,“施行制度,以此设教,违令有罪则入律”(《晋书·刑法志》)最终明确律、令之主次。金文、秦汉简到《晋律注》,为我们呈现了早期律令的演变轨迹。

① 参见程树德:《九朝律考》,中华书局 1963 年版。

(三)对中国早期司法制度演变的思考

早期中国司法模式的形成道路非常独特。传世文献对不同时代的司法特征均有描述,但并不成体系,而且内容较为杂乱。而张家山汉简《奏谳书》、岳麓秦简《奏谳状》公布以后,学界对于秦汉司法的运作过程及其细节有了更为清晰的把握。不过关于如何贯通考察中国古代司法的形成、演变过程,还需要将甲骨、金文、简牍中的相关司法材料做通盘考察。具体而言,包括以下三方面内容:

1. 司法职官如何形成

以金文中的册命文书作为主要研究对象,我们发现西周王朝司法模式的核心特征在于授权,即通过审判权之个别授予方式,而不是建立专门的司法官员体系来实现王朝的司法职能,这是对早期中国司法职官的起源方式的新认识。初步研究表明,审判权在西周国家权力构建过程中起到相当关键的作用,被授权者以王朝代言人的身份处理争端、消除纠纷、团结力量、控制权贵,既贯彻了王朝的意志,也使西周国家的公共权力色彩得以体现。不过西周特殊的政权体制与权力配置方式,又使其审判权始终存在弱化国家权力的反作用,其突出表现是世族政治控制司法权,继而侵蚀国家权力。准确认识西周司法模式的独特性,对于分析《周礼》等传世文献与金文资料之差异原因,进而探究早期中国法律的演进轨迹是至关重要的。专职法官的产生与宗族社会的瓦解密切相关。战国时期,统治者通过设置郡县直接控制着每位社会成员,导致国家需要处理的司法事务数量激增,专职法官遂应运而生。换言之,专职法官乃是官僚体制为适应复杂社会治理需求,趋向细化分工发展的产物。

2. 司法运作方式考察

传世文献和较早出土的金文、包山楚简、秦汉简牍都表明,秦和周人、楚人的司法模式差异甚大。新近出土的金文、简牍资料为此提供了更多证据,呈现出以前并不太了解的运作场景。特别是湖南战国秦汉衙署遗址出土的大量公文档案类简牍,其中涉及司法制度的文献可以帮助我们探讨以下问题:(1)以湖南新出简牍为核心,分析上古司法制度的演变。长沙市区和周边出土的大量新资料为研究上古司法制度的变迁提供了珍贵的地域标本。近年来,湖南连续出土了大量战国到东汉时期的司法简牍(包括益阳兔子山、湘乡三眼井、长沙五一广场简牍等),为了解楚秦之变到汉承秦制,到汉改秦制,再到两汉变革提供了翔实的基层司法资料。(2)奏谳文书的整理与进一步释读。我们可以将秦汉奏谳文书看作一个整体来研究:张家山汉简《奏谳书》中既有西汉初期案例,也有秦时的上谳案例。而岳麓秦简《奏谳状》集中了秦时十余个上谳或者类似案例的文书,里耶秦简中的公文档案保存了洞庭郡发生过的若干奏谳案件。对奏谳文书的释读不仅可以复原传世文献中记载不多的秦汉奏谳制度,更有助于我们认识秦及汉初的诉讼环节与流程。

3. 立法与司法文献比照研究

立法与司法文献存在对应关系的现象,在西周金文中即见端倪。如牧簋铭文中周王直言当时的政局是“不用先王作刑”,导致“多虐庶民”的现象发生。具体在司法领域,处理诉讼案件的时候,既不依照刑的规范,也不恪守中道的原则。周王让牧承诺,他必须遵守先王的“明刑”,在审讯案件与处理政事的时候,都要依据刑与中的要求。类似表述还见于毛公鼎铭文,宣王既重申了先王的任命,又要求毛公做出承诺,保证自己处理政事时严格遵循先王制定的“明刑”。在册命级别较低的官员时,同样能看到周王的类似要求。四十二年逨鼎、逨盘、四十三年逨鼎分别记录了周宣王后期对那位高调贵族逨的三次册命,在第三次册命的典礼上,周王要求逨做出承诺,无论是处理政务还是审讯案件,都要符合“中”的原则和“刑”的要求——“毋敢不中不刑”,几乎与牧簋所言一模一样。从册命礼中的前后语境不难判断,四十三年逑鼎中的“刑”就是牧簋中的“先王作刑”“先王作明刑”,而二者时代已相距百年。若结合清华简与传世《逸周书·皇门》《尚书·吕刑》等文献可知,“明刑”并不能仅做为刑法来理解,而是有立法层面的含义。在司法过程中必须适用“先王作刑”,正是立法与司法文献相结合的体现,在秦汉法律文献中,立法与司法材料的比照研究更显得重要。出土律令文献与奏谳文书虽然性质上存在差异,但同样都是十分重要的法律文献,涉及诉讼制度时两者在内容上可以互证。如关于“乞鞫”的规定,见于睡虎地秦简《法律答问》,又见于《二年律令·具律》。而实际的乞鞫案例不仅见于《奏谳书》,更在岳麓秦简《奏谳状》中发现了秦时的两次乞鞫不实的案件。又如秦汉时期特殊的“覆狱”程序,其法律规定见于汉初《二年律令》以及《岳麓书院藏秦简(肆)》中的秦律令,体现“覆狱”程序的案件也同时见于岳麓秦简《奏谳状》以及《奏谳书》当中。以上两个例子说明了如将律令与奏谳文书互相参照,便可以从立法、司法角度更为全面真实地还原秦及汉初法律制度的原貌。再如,赃罪作为侵犯公私财产之罪,如何从秦汉模式演变至唐律六赃,长沙五一广场司法简提供了重要线索。解读“左仓曹史朱宏、刘宫”案与其他相关案例,可清楚地解剖东汉时期中央对地方官吏的管理与控制方式。皇权如何通过灵活的“诏令”渗透到地方司法,而地方势力又如何在司法中逃避惩治,这种立法与司法交错影响的法律现象完整地展现在今人面前,无疑为深刻地阐释中国古代司法制度演进的宏观脉络提供了宝贵资料。

(四)对中国刑制起源及演变的思考

中国刑制演变史是中国法制史上最重要的内容之一,但目前学界在本领域的研究仍以断代为主,通考其变的论著比较少见。在中国刑制演变通史中,秦汉可以作为一个分界点。秦汉以后刑罚演变的成果相对较多,如冨谷至《汉唐法制史研究》便是研究秦汉刑制如何演变为隋唐刑制的杰作,①但从秦汉向上追溯,探讨其与先秦时期刑制传承关系的研究成果就十分少见了。出现这种研究现状的根本原因,还是在于材料的时代壁垒未能完全破除。而以下两部分工作就显得非常重要:

1. 先秦、秦及汉初刑罚体系的复原与完善

在正确释读出土文献的基础上,将其中所见刑制信息与既往发现的先秦、秦汉刑罚制度相联系,通过新见材料进一步还原与完善不同时期的刑罚体系,是学界一直努力的方向。通过上述研讨来回答诸如两周盟誓与刑罚的关系、两周罚金刑、秦及汉初赎刑在刑罚体系中的位置、笞在秦汉刑罚体系中的位置、秦之赀刑与汉初之罚金刑的关系等具体问题,则是近来学者们较为关注的焦点。

2. 分析先秦刑制向中古刑制演变的过程及其变化原因

关于此问题,以下三方面工作尤其需要引起重视:

(1)先秦刑制信息碎片化问题。先秦出土文献中,有关刑罚制度的材料虽有不少,但比较零碎,难成体系。这主要是甲骨文与金文有关材料的数量及性质所限。这种碎片化的特征,使我们很难单单依靠出土文献对于先秦刑制进行系统还原。故而时至今日,对于先秦时期的刑制研究,大多还是以传世文献为基础,辅之以出土文献中的残章断简。然而这样又会面临新的问题,即传世文献是否真实反映了先秦时期的实际情况。与此同时,春秋战国作为先秦刑制向秦汉刑制过渡的重要时期,亦缺少足够的刑制相关出土文献以资研究。

① [日]冨谷至『漢唐法制史研究』、創文社、2016年。

解决这一问题的关键在于充分利用现有出土文献与传世文献进行对比,以在传世文献之中筛选出真实反映先秦实态的记载,从而最大限度地还原先秦刑罚制度。例如,一般认为《周礼》成书较晚,所载并非西周实际情况。然而,《周礼》整个体系固然与西周时期有别,但在具体章节之中,仍然可以通过与金文材料的对比获得反映西周实态的内容。

(2)区分秦及汉初刑制的细节差异。通过睡虎地秦简、岳麓秦简、张家山汉简等简牍,可以确定秦与汉初的刑罚体系基本相同,拥有继受关系。也正因为此,学者在研究该时期的刑罚制度之时,多将二者视为一体。这种研究方法大体无碍,但是忽略了一个重要的问题,即秦与汉初的刑制在具体细节上仍然有一些细微的区别,有时候不宜直接视为一体。

(3)辨析具体刑种在先秦与秦汉魏晋的地位变化。明确具体刑种在先秦与秦及汉初刑罚体系中的不同地位,是考证秦及汉初刑制源流的重点之一,然而这方面的研究也面临一些困难。秦及汉初的某些刑种,在先秦时期虽然存在,但并不是刑罚,而之前的研究者们往往对此有所忽略。例如,关于秦及汉初的迁徙刑,这种行为在战国之前确实存在,但其是否为基于国家强制力而长期稳定存在的刑罚,则值得进一步探讨。另外,秦及汉初的某些刑种,在律令当中仍然存在非刑罚的样态,这一点也时常为人所忽略。例如笞刑,笞作为刑罚存在于秦汉律令之中,但与此同时,亦作为非刑罚的刑讯手段出现于律令之中,若忽略此点,则对笞刑的理解容易产生偏差。若要避免这些问题,必须首先对先秦、秦汉、魏晋的所有材料进行详尽梳理,以先明确某一刑种之源流是否确为刑罚,以及其除了作为刑罚之外是否存在非刑罚的样态。

除了前述涉及中国古代立法、司法、刑罚领域的关键问题外,秦汉魏晋的契约与民事规则问题、魏晋至唐代的法律演变问题、世界法制演变中的中华法制本质特征问题等都是值得关注的领域。甲骨、金文、简牍法制史料的综合研究,将为通考先秦、秦汉、魏晋的法律源流演变提供可能,也将为中华法制文明探源做出贡献。

两周秦汉金文法制史料汇考

王 沛*

内容摘要：目前所见的金文法制史料，年代跨越了西周、春秋战国、秦及西汉，其中以西周金文法制史料的数量最多。西周春秋的金文法制史料多非法令、判例的原始记录，而是铸造于礼器之上的转述、摘录文辞，作器者的主观色彩非常鲜明。战国秦汉金文法制史料的礼器色彩逐步淡化，并出现了少量较为单纯的法令条文。本文系统整理了迄今已正式发表的金文法制史料86篇，以供学界参考。

关键词：两周　秦汉　金文　法制史料

目前所见的金文法制史料，年代跨越了西周、春秋战国、秦及西汉，其中以西周金文法制史料的数量最多。不过，西周春秋的金文法制史料多非法令、判例的原始记录，而是铸造于礼器之上的转述、摘录文辞，作器者的主观色彩非常鲜明。战国秦汉金文法制史料的礼器色彩逐步淡化，并出现了少量较为单纯的法令条文。西周金文法

* 王沛，华东政法大学法律古籍整理研究所所长，教授。本文受国家社科基金重大项目“甲、金、简牍法制史料汇纂通考及数据库建设”资助，项目批准号：20&ZD180。本文受国家社科基金一般项目“新出土资料视野下的早期中国法律成文化问题研究”资助，项目批准号：20BFX022。

制史料多出自陕西,也即当时的王畿及附近区域。陕西所出金文以宝鸡为多,宝鸡所出金文以岐山、扶风两县为多,这两县正是古周原所在地,故西周金文法制史料所反映的制度以王畿地区为主。从非王畿地区出土的铭文来看,各地制度存在较大差异,不能简单将王畿资料反映的制度看作王朝普遍通行的制度。东周以降的金文资料出土地点相当广泛,遍布陕西、山西、山东、安徽、河南、河北、湖南、湖北等省。与之相应,其中反映的法制信息也更加多元。笔者在前期工作的基础上,系统整理了迄今已正式发表的两周秦汉金文法制史料86篇,以供学界参考。①

一、西周早期

1. 天亡簋

天亡簋亦名大豊簋、朕簋,道光末年(或云1844年)出土于陕西岐山县礼村,是武王时的铜器,现藏于中国国家博物馆。器内底铸铭文78字(其中合文1)。本器的主要著录文献及编号为:《三代吉金文存》9.13.2;《愙斋集古录》11.15.2;《殷周金文集成》04261;《商周青铜器铭文选》23;《商周青铜器铭文暨图像集成》05303。铭文之释文如下:

> 乙亥,王又(有)大豊(礼),王凡三方,王祀于天室,降。天亡又(佑)王,衣(殷)祀于王,不(丕)显考文王,事喜(糦)上帝,文王德才(在)上,不(丕)显王乍眚(作省),不龢(丕肆)王乍庚(作庚),不(丕)克乞讫衣(殷)王祀。丁丑,王卿(饗)大宜,王

① 前期整理工作,参见王沛:《西周金文法律资料辑考(上)》,载中国政法大学法律古籍整理研究所编:《中国古代法律文献研究》(第7辑),社会科学文献出版社2010年版;王沛:《刑书与道术:大变局下的早期中国法》(第5编),法律出版社2018年版,第367～372页。

降亡助嘉、贺、爵、退囊，隹朕有蔑，每(敏)啟王休于尊簋。

铭文对研究西周礼、德、天命理论之构建具有重要价值。铭文中说“不(丕)克乞衣王祀”，指终结了殷王朝祭祀于天室的历史。天子在会同三方诸侯之后，在天室举行大礼，象征着周王朝的统治具有合法性。

2. 何尊

何尊1963年出土于陕西宝鸡县贾村(今属宝鸡市陈仓区)，现收藏于宝鸡青铜器博物院，是成王时的铜器，内底铸铭文12行，122字(其中合文3)。本器的主要著录文献及编号为：《文物》1976年1期；《殷周金文集成》06014；《商周青铜器铭文选》32；《商周青铜器铭文暨图像集成》11819。铭文之释文如下：

隹王初䙴(迁)宅于成周，复禀珷(武)王豊(礼)，祼自天，[①] 才(在)四月丙戌，王誥(诰)宗小子于京室，曰：昔才(在)尔考公氏，克逨(弼)玟(文)王，肄(肆)玟(文)王受丝(兹)[大命]，隹珷(武)王既克大邑商，则廷告于天，曰：余其宅兹中国，自之辥(乂)民，乌乎，尔有唯(虽)小子亡戠(识)，䚕(视)于公氏，有爵(勳)于天，叡(徹)令(命)，苟(敬)享弋(哉)。叀(唯)王龏(恭)德谷(裕)天，顺(训)我不每(敏)，王咸誥(诰)，何易(锡)贝卅朋，用乍(作)囗(庾)公宝尊彝，隹(唯)王五祀。

铭文说成王沿用武王的典礼，通过“廷告于天”的仪式，宣示自己有统治天下之中(中国)、治理人民的合法权力，这和天亡簋是一样的。铭文称发布命令为“诰”，与《尚书》等古籍的记载相同。《尚书》中《大诰》《康诰》《酒诰》诸篇都是周初重要的法律文件，直至明代朱

① 这句话李学勤释为“复禀武王豊福自天”，禀为领受之意；豊为酒醴；福为胙肉。参见李学勤：《何尊新释》，载《中原文物》1981年第1期。

元璋制定法律时还沿用《大诰》的名称。金文中相关材料还有史䛐簋(《集成》04030)。铭文在述及"王诰宗小子于京室"时,特别强调他们要"视于公氏",[①]即效法自己的父辈。西周时代法令的贯彻,很大程度上是通过仿效的方式完成的:子孙仿效父祖、下级仿效上级、地方仿效中央。金文册命资料中常见继任者做出"帅井祖考"之类的表述,其意同于"视于公氏"。成王对同宗小子提出要求,让他们仿效父辈以贯彻政令,这与当时世卿世禄、宗族内自治性较强的社会特征是一致的。作器者何作为宗小子,接受诰令后,特制作了纪念其父庾公的礼器,此虽为金文惯常模式,但亦为"视于公氏"之体现。

关于西周早期诸王立法的历史,可以将西周金文和战国楚简材料联系起来研究。如2020年11月公布的清华简(拾)中有《四告》篇,其内容是周公、伯禽、周穆王、召伯虎四人向神明祷告求福之辞。在祷辞中,周公所言"我亦永念天威,王家无常,周邦之无纲纪,畏闻丧文武所作周邦刑法典律,用创兴立诲",表明周初文王、武王即制作法律。[②] 最近整理者(贾连翔)又将这句话和此前公布,并经缀补的清华简《封许之命》联系起来,获得了更多的历史信息。[③]

3. 宜侯夨簋

宜侯夨簋1954年出土于浙江省丹徒县龙泉乡烟墩山,是康王时的铜器,现收藏于中国国家博物馆。铜器出土时已破碎,虽经修复,仍有缺字,内底铸铭文12行,126字(其中合文2)。本器的主要著录文献及编号为:《文物》1955年第5期;《殷周金文集成》004320;《商周青铜器铭文选》57;《商周青铜器铭文暨图像集成》05373。铭文之释文如下:

① 《尔雅·释诂》:"视,效也"。

② 黄德宽主编:《清华大学藏战国竹简(拾)》,中西书局2020年版,第109~126页。

③ 参见贾连翔:《〈封许之命〉缀补及相关问题谈研》,载《出土文献》2020年第3期。

隹四月辰才(在)丁未,王眚(省)珷(武)王、成王伐商图,征眚(省)东或(国)图,王立(位)于宜,入土(社),南鄉(向)。王令(命)虞侯夨曰:繇! 侯于宜,易(锡)䰝鬯一卣,商瓒一□、彤弓一、彤矢百、旅弓十、旅矢千;易(锡)土:氒(厥)川三百□,氒(厥)□百又廿,氒(厥)宅邑卅又五,氒(厥)□百又卌,易(锡)才(在)宜王人十又七生(姓、里?),易(锡)奠(甸)七白(伯),氒(厥)盧□又五十夫,易宜庶人六百又□六夫,宜侯夨扬王休,乍(作)虞公父丁尊彝。

铭文是研究周初分封制度的重要资料。铭文"易(錫)才(在)宜王人十又七生"中通常被释为"生(姓)"的字,李学勤释为"里",这是非常重要的意见。① "王人"为周人族属,可参见曶鼎(集成02838)铭文。被赐者未必都是奴隶,朱凤瀚有详细论述。②

4. 大盂鼎

据《愙斋集古录》说,大盂鼎在道光初年出自眉县礼村沟岸中,《缀遗斋彝器考释》则说道光中岐山河岸崩出三大鼎,本器为其一。本器是康王时的铜器,现收藏于中国国家博物馆。本器内壁铸铭文19行,291字(其中合文5)。本器的主要著录文献及编号为:《三代吉金文存》4.42.1-43.2;《愙斋集古录》4.12-17;《殷周金文集成》02837;《商周青铜器铭文选》62;《商周青铜器铭文暨图像集成》02514。铭文之释文如下:

隹九月,王才(在)宗周,令(命)盂。王若曰:盂! 不(丕)显玟(文)王受天有大令(命),在珷(武)王嗣玟(文)乍(作)邦,闢(闢)氒(厥)匿(慝),匍(敷)有四方,畯(畯)正氒(厥)民,在雩

① 李学勤:《宜侯夨簋与吴国》,载《文物》1985年第7期。

② 朱凤瀚:《商周家族形态研究》,天津古籍出版社2004年版,第249~252页。

(于)御事,𠭰!酉(酒)无敢𨢛(酖),有髭(祡)𦔻(烝)祀无敢𩜥,古(故)天异(翼)临子,灋(法)保先王,匍(敷)有四方,我闻殷述(坠)令(命),隹殷边侯、田(甸)雩(与)殷正百辟,率肄(肆)于酉(酒),古(故)丧𠂤(师)。巳!女(汝)妹昧辰(晨)又(有)大服,余隹即朕小学,女(汝)勿𩞁(蔽)余乃辟一人。今我隹(唯)即井(型)䆃(禀)于玟(文)王正德,若玟(文)王令命二三正,今余隹令(命)女(汝)盂召荣,苟(敬)雝(拥)德巠(经),敏朝夕入谰(谏),享奔走,畏天畏(威)。王曰:而,令(命)女(汝)盂井(型)乃嗣且(祖)南公。王曰:盂乃召夹死尸司戎,敏誎罚讼,夙夕召我一人䒼(烝)四方,雩(粤)我其遹眚(省)先王受民受疆土。易(锡)女(汝)鬯一卣,冂衣、市(韨)、舄、车、马,易(锡)乃且(祖)南公旂,用狩。易(锡)女(汝)邦司四白(伯),人鬲自驭至于庶人六百又五十又九夫,易(锡)尸(夷)司王臣十又三白(伯),人鬲千又五十夫,遂𢦚迁自氒(厥)土。王曰:盂,若苟(敬)乃正,勿灋(废)朕令(命)。盂用对王休,用乍(作)且(祖)南公宝鼎,隹王廿又三祀。

这篇铭文是探讨西周天命观、政权合法性理论、德政、禁酒令、审判权授予方式、分封制度的重要资料。其中有关禁酒令的内容可与毛公鼎(《集成》02841)铭文对读,有关分封制度可与小盂鼎(《集成》02839)对读,器主家族背景资料可参见2009年随州文峰塔墓地曾侯腆编钟(《铭图》21029)铭文、2019年随州枣树林墓地出土曾公𠭯编钟(《江汉考古》2020.1)铭文。

5. 小盂鼎

据王国维《观堂集林》说,小盂鼎与大盂鼎(《集成》02837)同出于陕西眉县礼村,是康王时的铜器,传说毁于太平天国之际,或云重埋于土。本器内壁铸铭文,残缺很多,又为锈所掩,可辨者约20行、

290字左右。本器的主要著录文献及编号为:《攈古录金文》3之3.42;《三代吉金文存》4.44.1-45.1;《殷周金文集成》02839;《商周青铜器铭文选》63;《商周青铜器铭文暨图像集成》02516。铭文之释文如下:

隹八月既望,辰才(在)甲申,昧丧(爽),三左三右多君入,服酉(酒)。明,王各(格)周庙,[赞王、邦]宾,延。邦宾尊其旅服,东向。盂以多旂佩鬼方□□□□入南门,告曰:王令盂以□□伐鬼方,□□□□□,执兽(酋)三人,获馘四千八百[又]十二馘,孚(俘)人万三千八十一人,孚(俘)马□□匹,孚(俘)车卅辆,孚(俘)牛三百五十五牛,羊卅八羊。盂或(又)告曰:□□□□,乎蔑(?),我征,执兽(酋)一人,获馘二百卅七馘,孚(俘)人□□人,孚(俘)马百四匹,孚(俘)车百□辆。王□曰:□,盂拜稽,首,以兽(酋)进,即大廷。王令荣□兽(酋),□□□嘼(酋)邎(鞫)氒(厥)故,□趞白(伯)□□鬼闻,鬼闻虘以亲□從。咸,折兽(酋)于□。□□□□□□以人、馘入门,献西旅;以□入,燎周[庙],□□□□□□□□□入三门,即立位中廷,北向。盂告。费白(伯)即立(位),费□□□□□于明白(伯)、继白(伯)、□白(伯)告。咸,盂以[诸]侯眔侯田(甸)[男]□□□盂征告。咸,宾即立(位),赞宾,王乎(呼)赞盂,于氒(厥)□□□進宾,□□。大采,三周入,服酉(酒)。王各(格)廟,祝延□□□□□,邦宾,不(丕)祼。□□用牲,啻(禘)周王、[武]王、成王,□□有逸,王祼祼,遂赞邦宾。王乎(呼)□□□令盂以区入,凡区以品,雩(粤)若翌乙酉,□三事[大][夫]入服酉(酒),王各(格)庙,赞王邦宾,延。王令赏盂,□□□□□,弓一、矢百、画皋一、貝胄一、金干一、戭戈二、□□,用乍(作)□白(伯)宝尊彝,隹王廿又五祀。

铭文说周人抓获鬼方三酋,周王命令荣伯进行审讯,使用的是“遴(鞫)氒(厥)故”一词。陈梦家认为,遴假作籟,即鞫字,李学勤从之。[①] 据此说,则“鞫”之术语渊源甚古。从铭文还可得知,鬼方之乱的起因是其首领鬼闻与周朝的�伯起了冲突。审讯的地址在“大廷”,朱右曾云,“大廷”在雉门外,雉门就是铭文中的“三门”。[②] 在曶鼎(《集成》02838)铭文中,三门为悬法(即所谓“木方”)之处。审讯结束后,三酋被斩。

6. 麦方尊

麦方尊又名作册麦方尊,原藏清宫,是康王时的铜器。本器内底铸铭文8行,166字(其中重文3,合文1)。本器的主要著录文献及编号为:《西清古鉴》8.33;《殷周金文集成》06015;《殷周青铜器铭文选》67;《商周青铜器铭文暨图像集成》11820。铭文之释文如下:

> 王命(令)辟井(邢)侯出坏(坯),侯于井(邢)。雩若二月,侯见于宗周,亡迖(尤),迨(合)王餈莽京,彭(肜)祀。雩若竭(翌)日,才(在)璧(辟)雝(雍),王乘于舟,为大豊(礼),王射大龏(鸿)禽,侯乘于赤旂舟,从,死咸之日,王以侯内(入)于寝(寝),侯易(锡)幺(玄)周(琱)戈;雩王才(在)庥(斥),已夕,侯易(锡)者(赭)𡨄臣二百家,剂(赍)用王乘车马、金勒、冂(裳)、衣、市(韍)、舄,唯归,遅天子休,告亡尤,用龏(恭)义(仪)宁侯,覭孝于井(邢)侯,乍(作)册麦易(锡)金于辟侯,麦扬,用乍(作)宝尊彝,用鬲侯逆𨑐(覆),遅明令,唯天子休于麦辟侯之年铸,孙孙子子其永亡终,终用寍(造)德,妥(绥)多友,享旋(奔?)走令(命)。

① 参见陈梦家:《西周铜器断代》(上册),中华书局2004年版,第108页;李学勤:《小盂鼎与西周制度》,载《历史研究》1987年第5期。

② 参见黄怀信:《逸周书汇校集释》(上册),上海古籍出版社2007年版,第147页。

铭文中的肜祀,可以和《尚书·高宗肜日》对读。肜祀之后又有射礼,可以和令鼎(《集成》02803)铭文对读。本铭说制作礼器的目的是用以光美君主之“明令”,类似的表述见于西周晚期的史颂鼎(《集成》02787)。铭文末尾所说用德来安抚多友、来奔走效命,可知当时“德”在规范社会、校正行为上的作用。铭文中的“赭𡚸臣”可能是穿赭色囚服的刑徒或降臣。

7. 亢鼎

亢鼎为上海博物馆1998年从我国香港特区古玩肆征集所得,是康王时的铜器,收藏于上海博物馆。本器内壁铸铭文8行、49字(其中合文6)。本器的主要著录文献及编号为:《新收殷周青铜器铭文暨器影汇编》1439;《商周青铜器铭文暨图像集成》02420。铭文之释文如下:

乙未,公大(太)保买大珏于美亚,才(财)五十朋。公令(命)亢归美亚贝五十朋,以(与)茅[illegible]、鬯坛、牛一。亚宾亢骍、金二钧。亢对亚宦,用乍(作)父己,夫册。

本铭是西周早期用贝购买商品的实例。西周时代贵族购买大宗商品后,除了支付价款外,对卖者还有赏赐。卖方对买方贵族派来支付价款的人员亦有礼物赠与,这是西周买卖规则中礼制的体现。铭文中“亚宾亢骍、金二钧”与宾礼相关。关于宾礼,可参见《周礼·秋官·司仪》:“宾继主君,皆如主国之礼”,贾公彦疏:“按聘礼君遣卿劳及致馆等皆宾,宾者报也。”是为礼制在交易规则中之功能体现,对此可与任鼎(《铭图》02442)铭文对读。

8. 龏簋

龏簋在1989年出土于山东省滕州市姜屯镇庄里西村,是西周早期前段的铜器。本器出土时曾遭哄抢,并流出境外,现收藏于美国纽约首阳斋。本器内底铸铭文4行,31字。本器的主要著录文献及编号为:首阳斋、上海博物馆、香港中文大学编:《首阳吉金——胡盈莹、范季融藏中国古代青铜器》,上海古籍出版社 2008 年版,第 83 页;《商周青铜器铭文暨图像集成》05106。铭文之释文如下:

> 隹九月,者(诸)子具服。公乃令命才(在)辟,曰:井(刑—型)朕臣兴诲。奮敢对公休,用乍(作)父癸宝尊彝。

铭文对研究西周邦国法秩序构建具有参考价值。[①] 铭文中的"井"或释为"凡"。器主奮之父名癸,以日得名,为商人习俗。从首阳斋藏奮觶(《铭图》10655)可知,奮在滕国担任史官。

9. 令鼎

令鼎出土于山西芮城县,又名大搜鼎、耤田鼎、諆田鼎,是昭王时的铜器。本器内壁铸铭文 8 行,70 字。本器的主要著录文献及编号为:《三代吉金文存》4.27.1;《殷周金文集成》02803;《殷周青铜器铭文选》97;《商周青铜器铭文暨图像集成》02451。铭文之释文如下:

> 王大耤农于諆田,餳。王射,有司眔师氏小子卿(会)射,王归自諆田,王驭溓中(仲)仆,令眔奋先马走,王曰:令眔奋,乃克至,余其舍女(汝)臣十家,王至于溓宫,敀,令拜稽首,曰:小子乃学,令对扬王休。

本铭和西周的礼制密切相关,涉及籍礼、射礼。籍礼和西周土地制度相关,射礼和选任制度相关。关于籍礼的内容,各家解释有所不同。但大多学者认为,籍礼的目的在于以其仪式确认井田制度的合

---

① 参见王沛:《西周邦国的法秩序构建——以新出金文资料为基础的研究》,载《政法论坛》2016 年第 6 期;朱凤瀚:《䰧器与鲁国早期历史》,载朱凤瀚主编:《新出金文与西周历史》,上海古籍出版社 2011 年版,第 11 页;董珊:《新见鲁叔四器铭文考释》,载中国古文字研究会、复旦大学出土文献与古文字研究中心编:《古文字研究》(第 29 辑),中华书局 2012 年版,第 303～312 页。

法性。《国语·周语上》说西周土地制度的崩坏始于"宣王即位，不籍千亩"。金文籍田资料又见于𢦏簋盖铭文(《集成》05289)，该铭文中，周王册命𢦏担任司土，主管籍田。[①] 籍田礼对后世影响深远。汉晋时期在阴阳、天人感应理论的影响下，籍田礼和司法、立法密切相关。[②] 关于射礼资料，金文出现较多。杨宽曾论证过射礼在拣选人才方面的重要作用。[③]

10. 作册令方彝

作册令方彝又名夨令彝，据传为1929年出土于河南洛阳马坡，是昭王时的铜器，现藏美国华盛顿弗利尔美术馆。又有作册方尊与方彝同时出土，铭文相同，现藏于台北故宫博物院。方彝铭文相对清晰，盖、器同铭，各14行，187字(其中重文2)。作册令方彝的主要著录文献及编号为:《三代吉金文存》11.38.2;《殷周金文集成》09901;《商周青铜器铭文选》95;《商周青铜器铭文暨图像集成》13548。铭文之释文如下:

隹八月，辰才(在)甲申，王令(命)周公子明保尹三事四方，受卿事寮。丁亥，令夨告于周公宫，公令(命)𢓊(𢓊)同卿事寮，隹十月月吉癸未，明公朝至于成周，𢓊(𢓊)令(命)舍三事令，眔卿事寮、眔者(诸)尹、眔里君、眔百工、眔者(诸)侯，侯、田(甸)、男，舍四方令。既咸令(命)，甲申，明公用牲于京宫;乙酉，用牲于康宫。咸既，用牲于王，明公归自王，明公易(锡)亢师鬯、金、小牛，曰:用𩼈(祓);易(锡)令鬯、金、小牛，曰:用𩼈(祓)。乃令

① 𢦏簋著录于宋吕大临《考古图》3.22，以及中国社会科学院考古研究所编:《殷周金文集成》(第3册)，中华书局2007年版，第2477页。

② 参见《后汉书·明帝纪》;晋武帝《籍田大赦诏》，收录于(唐)许敬宗编、罗国威:《文馆词林校证》，中华书局2001年版，第269页。

③ 杨宽:《西周史》，上海人民出版社1999年版，第734页。

(命)曰:今我隹令(命)女(汝)二人亢眔矢爽左右于乃寮以乃友事,乍(作)册令敢扬明公尹人(氏)宮,用乍(作)父丁宝尊彝,敢追明公赏于父丁,用光父丁,雋冊。

铭文展示了最高执政大臣接受任命,并向天下发布命令的场景。铭文详细列举了发布命令的对象,其中包括文武百官和四方诸侯。虽然命令的详细内容不得而知,但是对了解西周权力运作及政令贯彻而言却是难得的资料。在命令发布之后,周公又举行了各种用牲之祭礼,体现出了西周时代礼制和法制之间的关系。周公在任命亢和矢时,赐予他们礼物,这是当时之礼仪,以此确立上下级的主从关系,亦为以礼制确立秩序的体现。

11. 䝨尊、䝨卣

䝨尊、䝨卣出土地不详,是西周早期后段铜器。䝨尊、䝨卣的铭文相同,可以对读。䝨尊现藏中国国家博物馆,䝨卣为海外收藏家收藏。䝨尊内底铸有铭文 10 行,114 字(其中重文 1),䝨卣盖、器铭文相同,各 114 字(其中重文 1)。铭文的主要著录文献及编号为:朱凤瀚:《新出金文与西周历史》,上海古籍出版社 2011 年版,第 1 ~ 20 页;《商周青铜器铭文暨图像集成》11818、13347。铭文之释文如下:

侯曰:䝨,不(丕)显朕文考鲁公夊(各)文遗工(功),不(丕)肆乒(厥)诲。余令(命)女(汝)自寽虢来诲鲁人,为余宪(宫)。有姝具(俱)成,亦唯小羞。余既眚(省),余既处,亡不好、不齇(忤)于朕诲。侯曰:䝨,若(诺)! 若(诺)! 自今往,弜其又达女(汝)于乃丂。赏女(汝)贝马用,自今往,至于啬(亿)万年,女(汝)日其赏,勿替乃工(功),日引。唯三月叔易(锡)贝于原,䝨对扬辟君休,用乍(作)朕剌(烈)考宝尊彝。

铭文是研究西周早期法律史、特别是诸侯国法制状况的重要资料。本器的主人叀(叔)并非周人,而是殷商旧族,铭文显示出周人任用殷商遗民发布教令的情景,可与前列奞簋(《铭图》05106)、后列叀提梁卣(《铭图》13327、13328)铭文对读。①

12. 盠父鼎

据《积古斋钟鼎彝器款识》说,本器又名周麻城鼎,盖得自湖北麻城,后下落不明,是西周早期铜器。盠父鼎有两器,铭文相同,内壁铸铭文,各4行,一器存24字,一器存19字。本器的主要著录文献及编号为:《积古斋钟鼎彝器款识》4.15;《殷周金文集成》02671;《山东金文集成》168;《新收殷周青铜器铭文暨器影汇编》20059;《商周青铜器铭文暨图像集成》02259。铭文之释文如下:

> 盠父乍(作)𩰫宝鼎,征令曰:有女(汝)多兄,母(毋)又(有)䢦(违?)女(汝),隹女(汝)率我友以事。

本铭的作器者为盠父,但从行文口气来看,鼎之所有者似乎并非盠父,而是铭文中的“汝”。盠父命令说,你有多位的兄长,但他们都不能违背你,②只有你能率领我友(亲族成员)以从事。友在西周多指亲族成员,③盠父可能是诸友之首,因为他称呼诸友为“我友”。盠父赐“汝”鼎,当是以之作为授权的依据。

13. 韩伯豐鼎

韩伯豐鼎为私人收藏青铜器,是西周早中期之际的铜器,内壁到内底铸有铭文6行,51字。本器的主要著录文献及编号为:《商周青

---

① 参见王沛:《西周邦国的法秩序构建——以新出金文资料为基础的研究》,载《政法论坛》2016年第6期;朱凤瀚:《叀器与鲁国早期历史》,载朱凤瀚主编:《新出金文与西周历史》,上海古籍出版社2011年版,第11页;董珊:《新见鲁叔四器铭文考释》,载中国古文字研究会、复旦大学出土文献与古文字研究中心编:《古文字研究》(第29辑),中华书局2012年版,第303~312页。

② “䢦”字或释为“達(达)”,“毋有达汝”,即没有人能赶得上你。

③ 参见朱凤瀚:《商周家族形态研究》,天津古籍出版社2004年版,第292页。

铜器铭文暨图像集成》02426。铭文之释文如下：

> 隹十月既生霸甲辰，才(在)成周。御史至，以兹令(命)曰："内史曰：'告韩白(伯)，䲨！白(伯)氏宕，卿事司曰：仑(论)。今我既即命曰：先王令(命)，尚(当)付。'"韩白(伯)豐作宝䵼彝。

这件铜器体量较小，即便铭文从铜器内壁延伸到底部，也无法拓展更多的篇幅空间，所以行文非常简省，有限的文字只表达出最核心的主旨——官司赢了。至于案件的具体情节，则大多略去了。不过从关键词出发，还是可以复原出不少信息。内史是王室的秘书，负责处理和保存书面文书；①而御史则低于内史，是传达内史命令的人员。伯氏，是宗族内部对大宗宗子的称呼，铭文使用伯氏这个称呼，则暗示案件发生于宗族内部。宕，指度量土地，琱生三器(《集成》04292、04293、《铭图》11816)在提及宗族内部的田土划分时，就使用了这个术语。卿事司，当为卿事寮有司的简称。论，在秦汉法律术语中有判决定罪的意思，本铭指做出裁断。有司做出的裁断由周王最后正式公布，反映出西周审判的最终主导权在周王手中的特质。需要指出的是，铭文中还出现"先王令"一词，关于此词，有两种理解方式：其一，这个裁断是先王在世时所做出的，传达之时，先王已然去世。其二，"先王令"是先王制定的某项法令，判决是根据这项法令而做出的。当付，就是土地应该交付给韩伯。韩伯，就是上文中的伯氏。本案可能是伯氏(大宗)获利的家族内部纷争案件；与本案形成对照的是琱生诸器案与肃卣(《铭图》20882)案，后两者为小宗获利的家族内部纷争案件。本案显示，周王审判权渗透至贵族之宗族内部，这与

① 李峰：《西周的政体——中国早期的官僚制度和国家》，生活·读书·新知三联书店2010年版，第313页。

肃卣(《铭图》20882)等器反映的社会现象是一致的。

14. 姬皃母温鼎

姬皃母温鼎为台北陈氏所藏,是西周早中期之际的铜器,有铭文3行,13字,本器的主要著录文献及编号为:张光裕、黄德宽:《古文字学论稿》,安徽大学2008年版,第246~257页。铭文之释文如下:

姬皃母乍(作)鲁鼎,用旨尊厥公毕(厥)姊。

铭文对研究西周的婚姻制度很有帮助。公为作器者姬皃母的配偶,姊为其姐,或其姐为正妻。姬皃母可能是在其姊死后,以嫡娣的身份继承其姊的位子,有权力作器祭祀其公其姊。①

二、西周中期

15. 親簋

据传親簋在清末民初出土于陕西宝鸡,是穆王时的铜器。原收藏者的祖父在1949年之前以一座小中药铺换得此器,2005年由国家博物馆征集入藏。器底铸有铭文11行,110字。本器的主要著录文献及编号为:《中国历史文物》2006年第3期、《商周青铜器铭文暨图像集成》05362。铭文之释文如下:

隹廿又四年九月既望庚寅,王才(在)周,各(格)大(太)室,即立(位),司工逸入右親立中廷,北向。王乎(呼)乍(作)册尹册申令(命)親曰:更乃且(祖)服乍(作)冢司马,女(汝)乃谏讯有瑟,取遺(赐)十寽。易(锡)女(汝)赤市(韨)、幽黄(衡)、金车、金勒、旂,女(汝)乃敬夙夕勿灋(废)朕命。女(汝)肇享。親拜稽首,敢对扬天子休,用乍(作)朕文且(祖)幽白(伯)宝簋,親

① 参见黄国辉:《略论"姬皃母温鼎"中的人物关系及婚姻制度》,载《中国史研究》2010年第1期。

其万年孙子其永宝用。

本铭是非常重要的法制史料。铭文显示,作器者觏接受册命,继承其祖的职务,担任王朝之“冢司马”,并承担“谏讯有粦”的职责。何谓粦,学界有很大的理解分歧,如认为鲞训为粦,为粦明;或训为嫌,为嫌疑;或训为鄰,指邻里组织。清华大学藏战国楚简《摄命》公布后,从其中“粤御事庶百有告有眘”“有狱有鲞”“无狱无眘”等表述可知,粦、鲞、眘当是一个字,与告、诉讼、狱讼同义。铭文中“取遺”,在金文中常有出现,“遺”字写法有所不同,马承源结合各种资料,正确地分析了该字的字形,指出其本字当即赗,《集韵》释之为“小有财”。[①] 马承源认为赗是西周的官俸,但是从取赗数额来看,不过五寽、十寽;即便身份极其高贵的毛公,取赗数目亦不过三十寽,而这已经是目前所见的最高额度了。金文诉讼案件中的罚款标准则远高于此,师旂鼎(《集成》02809)和𠑇匜(《集成》10285)铭文所反映的罚款数额都为三百寽。如此微小的取赗数额作为年俸,似乎不太可能。至于是否为月俸,抑或是其他种类的俸禄,均无相关证据。朱凤瀚认为取赗是朝廷就讯讼而支付的俸禄;[②]而张光裕认为取赗是审理者从败诉者罚金中抽取的酬金,[③]这两种说法都可供参考。还需注意的是,师瘨簋盖铭文(《集成》04284)中担任司马的井伯也叫觏,其身份为井氏家族的宗子,应为本铭中的觏。井叔采钟(《铭图》15290)、禹鼎(《集成》02833)铭文所言井氏之宗子穆公,即霸姬盘(《铭图》

---

① 参见马承源:《说赗》,载中国古文字研究会等编:《古文字研究》(第12辑),中华书局1985年版;朱凤瀚:《西周金文中的“取徵”与相关诸问题》,载陈昭容:《古文字与古代史》(第1辑),台北“中研院”历史语言研究所2007年版。

② 参见朱凤瀚:《西周金文中的“取徵”与相关诸问题》,载陈昭容主编:《古文字与古代史》(第1辑),台北“中研院”历史语言研究所2007年版,第192~211页。

③ 参见张光裕:《读新见西周簋铭文札迻》,载中国古文字研究会等编:《古文字研究》(第25辑),中华书局2004年版。

31220)中之穆公,即本铭中的䜌。概言之,穆、恭时期铭文中出现的井伯、穆公、䜌当为一个人,他在穆王二十四年继承其祖之职承袭其祖之职任冢司马,并获取审判权,并在穆、恭之际在处理霸姬诉讼案[霸姬盘(《铭图》31220)、盉《铭图》14795],在恭王五年处理邦君厉诉讼案[五祀卫鼎(《集成》02832)]。

16. 螱卣(提梁卣)

螱卣出土地不详,为圆筒形提梁卣,共两件(下文称为甲、乙),是西周中期前段铜器。螱卣甲盖、器同铭,据吴镇烽说,盖铭锈层较厚,器铭8行,供47字。① 螱卣乙内底铸铭文8行,47字,内容与螱卣甲同。螱卣甲、乙为海外收藏家收藏。铭文的主要著录文献及编号为:朱凤瀚:《新出金文与西周历史》,上海古籍出版社2011年版,第1~20页;《商周青铜器铭文暨图像集成》13327、13328。铭文之释文如下:

> 侯曰:螱,女(汝)好(孝)友。朕诲才(在)兹鲜,女(汝)生(姓)继自今,弜(弗)又(有)辛女(汝)井(刑—型)。易(锡)女(汝)贝用。唯六月,螱易(锡)贝于寪(寝),螱对扬辟君休,用乍(作)朕文考宝尊彝。

铭文"弜(弗)又(有)辛女(汝)井(刑)"这句话中的"辛"有触犯法律意思。《说文解字》云:"辛,辠也";"辠,犯法也。""井"在金文中通"刑",后世写作"型",是规范的意思。《尔雅·释诂》中说"刑,法也"即此义。在鲁候所推行的教令中,孝友原则或为其核心准则,对此可参见曆鼎(《集成》02614)铭文。本铭可与前列𩁹簋(《铭图》05106)、螱尊(《铭图》11818)、螱卣(《铭图》13347)铭文对读。

① 吴镇烽:《商周青铜器铭文暨图像集成》(第24卷),上海古籍出版社2012年版,第280页。

17. 静簋

静簋是穆王时的铜器,现藏美国萨克勒艺术博物馆。器内底铸铭文8行,90字(其中重文2)。本器的主要著录文献及编号为:《西清古鉴》27.14,《殷周金文集成》04273,《商周青铜器铭文选》170。《商周青铜器铭文暨图像集成》05320,铭文之释文如下:

隹王六月初吉,王才(在)葊京,丁卯,王令静司射学宫,小子眔服、眔小臣、眔尸(夷)仆学射,雩八月初吉庚寅,王以吴𣎼、吕犅卿(会)豳、𥂴师邦君射于大池,静学无眈(尤),王易(锡)静鞞剢,静敢拜稽首,对扬天子不(丕)显休,用乍(作)文母外姞尊簋,子子孙孙其万年用。

本铭说六月初吉,周王在葊京。丁卯这天,周王命令静管理学宫之射箭事。学习者有贵族小子、官员、小臣、夷仆。八月初吉庚寅这天,周王和吴𣎼、吕犅会同豳师、𥂴师邦君在大池射箭,由于静教学无差错,所以得到赏赐。铭文是研究射礼及其政治意义的重要资料,铭文中的吴𣎼和吕犅,或为后文班簋(集成04341)中的吴伯和吕伯。在班簋中,吴、吕二伯为主帅毛公的左右助手。

18. 班簋

班簋亦名毛伯彝、毛父班彝、毛伯班簋,是穆王时的铜器,1972年6月北京市物资回收公司有色金属供应站拣选到本器之残余部分,经复原后收藏于首都博物馆。现在见到的班簋与清宫旧藏有别,但铭文内容相同,或为同时所作的数器之一。内底铸铭文20行,197字。本器的主要著录文献及编号为:《文物》1972年第9期;《商周青铜器铭文暨图像集成》05401,铭文之释文如下:

隹八月初吉,才(在)宗周,甲戌,王令(命)毛白(伯)更虢𨙵(城)公服(服),甹(屏)王立(位),乍(作)四方亟(极),秉緐、蜀、巢令,易(锡)铃、鋚(勒)。咸,王令(命)毛公以邦冢君、土(徒)驭、戜人伐东或(国)痛(偃)戎。咸,王令(命)吴白(伯)曰:以乃师左比毛父,王令(命)吕白(伯)曰:以乃师右比毛父,遣令(命)曰:以乃族从父征。𢓊戟(城)卫父身,三年静(靖)东或(国),亡不成䍙(尤)天畏(威),否奥(畀)屯(纯)陟,公告氒(厥)事于上,隹(唯)民亡徃在彝,恣(昧)天令(命),故亡,允才(哉)显,隹苟(敬)德,亡卣(攸)违。班拜稽首曰:乌(呜)乎(呼),不(丕)杯丮皇公受京宗懿(懿)釐,毓(育)文王、王姒(姒)圣孙,隥登于大服,广成氒(厥)工(功),文王孙亡弗褱(怀)井(刑—型),亡克竞氒(厥)剌(烈),班非敢觅,隹乍(作)卲(昭)考爽,益(谥)曰大政,子子孙多世其永宝。

铭文说王令毛伯“作四方极,秉緐、蜀、巢令”,其中“作……极”是为……之准则的意思;“秉……令”是执掌发布命令之权柄的意思。“四方”为天下之泛称,而“緐、蜀、巢”则具指三地。这是天子授予毛伯对特定地区发布政令之权限。类似的表述可参见兮甲盘(《集成》10174)铭文之“王令甲政司成周四方积,至于南淮夷”。铭文提到,辅助毛班的人为吕伯,吕伯有可能是作《吕刑》的吕侯。本铭与《吕刑》中的遣词用句尤其类似。《吕刑》中穆王说要求“率乂于民棐彝”“尔尚敬逆天命”“以成三德”,而本铭说东国之民因为“亡徃(顺)在彝”“昧天命”,故亡。只有“敬德”,才能“亡攸违”。类似的用语亦见于《尚书》其他篇章,如《尚书·召诰》中说“其惟王勿以小民淫用非彝”等。案,《尚书孔传参正》:“彝,法,常也”。铭文中说“文王孙亡弗褱(怀)井(刑—型)”,井为法度的意思。东周以后抄写为“刑”,《论语》“君子怀刑,小人怀惠”,即为此用法。《尚书·召诰》中“小民乃惟刑用于天下”的“刑”亦是此义。过去,学者大多将《吕刑》的“刑”统一解释为“刑罚”之义,然而清代学者戴均衡在分析《吕刑》

"伯夷降典,折民惟刑"句时,就说:

"折民惟刑",旧解以为刑罚之刑,夫下文始言"士制百姓于刑之中",此三后乃教民、安民、养民之事,不宜插入刑言。且伯夷何尝兼刑官乎?说者盛谓教民以礼,折绝斯民入刑之路,其意巧而是迂。窃谓"刑",法也,即典也。《诗》曰:"尚有典刑"。"折"读曰"制",陶潜诗曰:"伯夷降典,制民惟刑",是"折"、"制"古通也。制民者礼,所谓固肌肤束形骸之谓。"惟"犹"以"也。言伯夷降布典礼制以轨法也。①

戴氏之观点,并不被很多学者重视。然以西周铭文考之,则可知其为卓见。《吕刑》中"刑"字的涵义,有再做具体分析的必要。传说中《吕刑》作于穆王时期,而班簋亦为穆王时的青铜器,故在研究《吕刑》方面,其价值是不言而喻的。班簋的背景与穆王时期的东征有关,与下列肃卣(《铭图》20882)、师旂鼎(《集成》02809)的背景一致。

19. 肃卣

肃卣 2005 年出土于山西绛县,是穆王时的铜器,现收藏于山西省考古研究所,盖器同铭,我们以公布的盖铭为标本,共 8 行,66 字。本器的主要著录文献及编号为:《山西绛县衡水 M2 出土肃卣铭文初探》,载《文物》2014 年第 1 期;《商周青铜器铭文暨图像集成》30882。铭文之释文如下:

白(伯)氏易(赐)肃仆六家,曰:自择于庶人。今氒仆我兴,邑竞谏鉬芰鯀,昔大宫静(争)。王卑(俾)粲叔、再父、攺父复付肃,曰:非令。曰:乃兄殀(既)鼻(畀)汝,害义(曷宜)。敢再令,偿(偿)汝。肃有(佑)王于东征,付肃于成周。

① 戴钧衡:《书传商补》,载《续修四库全书·经部》(第 0050 册),上海古籍出版社 2002 年版,第 178 页。

铭文说“伯氏”，也就是器主肃的兄长给肃六家仆从，并让肃从其庶人中自由选择。但当肃征发这些仆从时，仆从们却跑到“大宫”里抗争。“大宫”是祖庙的意思，《左传》中多见，[①]此处的大宫指伯氏与肃兄弟家的祖庙。当原属大宗伯氏、现属小宗肃的六家仆众在祖庙抗争时，周王介入裁判。周王令三位大臣㨖叔、爯夫、𢼸父再次将仆从交给肃[②]，说：这样做是违背法令的；并说：“你兄长既然赐予仆众于你，（发生这种事件）是不适宜的。现在执行法令，偿还你。”肃从王东征时，仆从们在成周被交付了肃。王朝的权力尽显于此铭：在邦国的宗族内部出现纠纷时，王朝的司法力量介入，有效地化解矛盾。这篇铭文与西周司法、族内大小宗之间涉仆纠纷相关，其中“非令”“敢爯令”等用语尤其值得分析。[③] 相关内容可与韩伯豐鼎（《铭图》02426）、琱生诸器（《集成》04292、04293、《铭图》11816）对读。

20. 师旂鼎

师旂鼎又名师旅鼎、弘鼎，是穆王时的铜器，现藏故宫博物院，内壁铸铭文 8 行，79 字。本器的主要著录文献及编号为：《三代吉金文存》4. 31. 2；《殷周金文集成》02809；《殷周青铜器铭文选》84；《商周青铜器铭文暨图像集成》02462。铭文之释文如下：

唯三月丁卯，师旂众仆不从王征于方雷（雷）。使氒（厥）友弘以告于白（伯）懋父。在艿，白（伯）懋父乃罚得、系、古三百寽。今弗克氒（厥）罚，懋父令曰：义（宜）𢾊，𫊸！氒（厥）不从氒

① 如《左传·隐公十一年》：“五月甲辰，授兵于大宫。”杜预注：大宫，郑祖庙。参见（晋）杜预：《春秋经传集解》，上海古籍出版社 1978 年版，第 57 页。

② 或认为㨖叔、爯叔、𢼸父为周王的三有司，似不妥。西周时期的审判者、或代表王室处理政务的成员通常为数位贵族组成，这在五祀卫鼎、裘卫盉的铭文中都有体现，此处虽恰为三人，但其身份不必然是三有司。相关观点，参见董珊：《山西绛县横水 M2 出土肃卣铭文初探》，载《文物》2014 年第 1 期。

③ 参见吴雪飞：《山西绛县横水西周墓出土肃卣补释》，载《考古与文物》2016 年第 3 期。

(厥)右征。今母(毋)敝,其又(有)内(纳)于师旂。弘㠯(以)告中史书,旂对乓(厥)賫(劾)于尊彝。

本铭记录了一桩周王东征时众仆不服从主人指令的案件。根据胡嘉麟的研究,这件铜器铸造于穆王后期,奈良博物馆藏旂鼎(《集成》02670)之器主旂与本器器主为同一人;由旂鼎铭文可知,师旂当出身于东方的虪族。① 铭文中的审判官伯懋父多次出现在昭穆时期的铜器中,参加了昭王南征、穆王北征和东征。铭文是研究西周审判与刑罚的重要资料,铭文说:不服从指令的众仆本应缴纳三百寽的罚金,但他们拒不缴纳这笔罚金;伯懋父说本应将其戮㱙(敝),现在不处死,而是让他们将罚金交给师旂。不处死众仆的原因,或许和东征用人在即有关;而铭文说仆众要将罚金交给其主人——原告师旂,又使这笔罚金的性质带有了补偿性质,这是很值得玩味的现象。

21. 趞簋

趞簋是穆王时的铜器,现收藏于日本东京书道博物馆,器内底铸铭文9行,83字(其中合文1,重文2)。本器的主要著录文献及编号为:《窓斋集古录》5.10;《殷周金文集成》04266;《商周青铜器铭文选》172;《商周青铜器铭文暨图像集成》04266。铭文之释文如下:

唯三月王才(在)宗周,戊寅,王各(格)于大(太)朝(庙),密叔右趞即立(位),内史即命。王若曰:趞,命女(汝)作豳师冢司马,啻官仆、射、士,讯小大有隣,取遗(赎)五寽,赐女(汝)赤市(韨)、幽亢(衡)、銮旗,用事。趞拜稽首,对扬王休,用乍(作)季姜尊彝,其子子孙孙万年宝用。

这篇铭文与西周时期的审判权授予制度密切相关。趞所担任的

① 胡嘉麟:《师旂鼎铭文与西周军法研究》,载王沛:《出土文献与法律史研究》(第8辑),法律出版社2008年版,第46~47页。

冢司马一职，还见于䚮簋(《铭图》05362)铭文，为与军事相关的职务。所不同的是，䚮担任的是王朝之冢司马，而趞担任的是豳师之冢司马，级别较低，取赗数额较少。铭文中的“士”，可能指法官。《周礼·秋官·司寇》序官郑注：“士，察也，主察狱讼之事者。”张亚初、刘雨则认为，此处的“士”应该是对披甲之士的称呼，与法官无关。[①]不过，铭文紧接着又有“讯小大有隣”，即处理诉讼的表述，铭文中的“士”与处理诉讼之间到底有无联系，还有待进一步研究。

22. 虎簋盖

虎簋盖在1995年征集于陕西丹凤县，据传出土于丹凤县城西北5里西河乡山沟村东小梁，征集时已距出土时间很久。[②] 本器发现时断裂为4块，但经过拼凑，铭文无残损。本器是穆王时的铜器，现收藏于商洛市文物管理委员会。盖内铸铭文13行，161字(其中重文1)。本器的主要著录文献及编号为：《考古与文物》1997年第3期；《近出殷周金文集录》491；《商周青铜器铭文暨图像集成》05399。又案，张光裕曾披露1995年出现于我国香港特区的一件虎簋盖，行款内容与出土虎簋盖大体相同，盖内铸铭文157字。[③] 出土虎簋盖铭文之释文如下：

> 隹卅年四月初吉甲戌，王才(在)周新宫，各(格)于大(太)室，密叔内(入)右虎，即位(立)。王乎(呼)入(内)史曰：“册令(命)虎。”曰：“䵼(载—哉)乃且(祖)考事先王，司虎臣，今命女(汝)曰：更氒(厥)且(祖)考，疋(胥)师戏司走马驭人眔(暨)五邑走马驭人，女(汝)毋敢不善于乃政。易(锡)女(汝)䵼市

① 张亚初、刘雨：《西周金文官制研究》，中华书局1986年版，第37~38页。

② 《考古与文物》编辑部：《虎簋盖铭座谈纪要》，载《考古与文物》1997年第3期。

③ 张光裕：《虎簋甲、乙盖铭合校小记》，载《古文字研究》(第24辑)，中华书局2002年版。

(韨)、幽黄(衡)、玄衣、滰屯(纯)、銮旂五日,用史(事)。”虎敢拜稽首,对扬天子不(丕)秠鲁休。虎曰:不(丕)显朕剌(烈)且(祖)考粦明,克史(事)先王,肆天子弗忘氒(厥)孙子,付氒(厥)尚(常)官,天子其万年申兹命。虎用乍(作)文考日庚尊簋,子孙其永宝用,夙夕享于宗。

本铭在研究西周官僚制度特征方面具有代表性,是穆王时期册命制度形成、固化期的研究标本。铭文中担任右者的密叔,即前述趞簋(《铭图》04266)中担任右者的密叔。李峰指出,虎的祖、父在穆王之前担任管理虎臣的官员,虎承袭了这样的“尚(常)官”,但却被分派了不同职位,即协助师戏管理走马驭人及五邑走马驭人。这表明继承者并非完全世袭前任职务,周王在控制任命时拥有较大权力。①如将本篇铭文和后面的师虎簋(《集成》04316)铭文对比来看,此现象就更加明显了。

23. 伯獄簋诸器

伯獄簋诸器是穆、恭王之际铜器,共两件,由上海崇源艺术拍卖公司和诚源文化艺术公司于2005年从海外购回,同批购回的青铜器还有“二式獄簋”“獄盘”等一组獄器。据传这组铜器出土于陕西关中东部。此处作为标本的是伯獄簋,又称为“一式獄簋”,器盖内壁铸铭文7行,68字(其中重文1),器内底铸铭文两行,16字(其中重文2)。本器的主要著录文献及编号为:《考古与文物》2006年第6期;《商周青铜器铭文暨图像集成》05275。铭文之释文如下:

[盖铭]獄肈乍(作)朕文考甲公宝䵼彝,其日夙夕用氒(厥)馨香享示(祀)于氒(厥)百神,亡(无)不鼎(则),燹(豳)夆馨香

① 李峰:《西周的政体:中国早期的官僚制度和国家》,生活·读书·三联书店2010年版,第198~199页。

则登于上下，用匃百福，万年俗(裕)丝(兹)百生(姓)，亡(无)不𫍙临畯鲁，孙孙子其迈(万)年永宝用丝(兹)彝，其諜(世)毋忘。

[器铭]白(伯)獄乍(作)甲公宝尊彝，孙孙子子其万年用。

本铭内容很独特，有大量关于祭祀的论述，正如李学勤所说，这些文句可作礼书阅读。[①] 铭文说，獄制作了祭祀其父亲甲公的礼器，日夜用其馨香享祀诸神，无不符合法度。其芬芳馨香升于上下，用以祈求百福，万年丰裕各家贵族，百神无不赐福，子孙万年都将珍藏使用此簋，永世毋忘。

本铭之重点在于"馨香则登于上下"，这种表述和《吕刑》一致，也体现出礼与法的共同渊源。《吕刑》云："上帝监民，罔有馨香德，刑发闻惟腥"，自孔传以来，人们多将文中的"德刑"并举以理解，《蔡传》说："天视苗民无有馨香德，而刑戮发闻，莫非腥秽"，即为代表性看法。[②] 不过，也有学者认为这里的"德"应通"升"。《说文》："德，升也"。孙星衍说《吕刑》"罔有馨香德"含义即"天帝视民无有馨香升闻"，[③]升、登同义，从本铭之"馨香则登于上下"来看，孙说是。獄或释为"狱"，或释为"熙"。本铭的断代在穆王、或与穆王相近的恭王时代，铭文用语有接近《吕刑》的地方，而《吕刑》传为穆王时作，这尤应引注意。

铭文中"无不鼎"，据下篇卫簋(《集成》05368)铭文，其"鼎"字当作"鼎刂"，即"则"字，为效法、法度的意思，在本铭中，引申为"符合法度"，具体当指祭祀的法度。

与本铭相关的獄器还有：

① 李学勤：《伯獄青铜器与西周典祀》，载李学勤：《文物中的古文明》，商务印书馆 2008 年版，第 289～294 页。

② 蔡沈：《书经集传》，载宋元人注：《四书五经》(第 1 册)，中国书店出版社 1985 年影印版。

③ (清)孙星衍：《尚书今古文注疏》，中华书局 2004 年版，第 523 页。

(1)獄盘,现收藏于中国国家博物馆,内底铸铭文9行,78字(其中重文3),本器的主要著录文献及编号为:《考古与文物》2006年第6期;《商周青铜器铭文暨图像集成》14531。铭文之释文如下:

> 唯四月初吉丁亥,王各(格)于师再父宫。獄曰:朕光尹周师右告獄于王,王賜(锡)獄仲(佩)、戈(缁)市(黻)丝亢、金车、金[illegible]。曰:"用夙夕事。"獄拜稽首,对扬王休。用乍(作)朕文祖戊公盤盉,孙孙子子其万年永宝用兹王休,其日引勿炏(替)。

按:另有獄盉(《铭图》14799)铭文与之相同。

本铭记录了周王对獄的册命、赐物,并说右獄觐见周王的上级官长(尹)是周师。獄接受册命后,制作此盘盉以纪念其祖戊公。

(2)二式獄簋,应至少有四件,[①]此处以收藏于中国国家博物馆的獄簋为标本。盖与器均有铭文,内容相同。盖铭8行,89字(其中重文3);盖铭8行,88字(其中重文3)。本器的主要著录文献及编号为:《考古与文物》2006年第6期;《商周青铜器铭文暨图像集成》05315。其释文如下:

> 唯十又一月既望丁亥,王各(格)于康大(太)室。獄曰:朕光尹周师右告獄于王,王或(又)賜(锡)獄仲(佩)、戈(缁)市(黻)、絑(朱)亢,曰:"用事。"獄拜稽首,对扬王休。用乍(作)朕文考甲公宝尊簋,其日夙夕用氒(厥)馨香享祀于氒(厥)百神,孙孙子子其万年永宝,用兹王休,其日引勿炏(替)。

本铭记录了周王对獄的赏赐,铭文说"王又赐",即再次赏赐,右者仍然为獄的上级官长周师。獄接受册命后,制作此簋以纪念其父

① 张光裕:《乐从堂藏獄簋及新见卫簋三器铭文小记》,载《中山大学学报(社会科学版)》2009年第5期。

甲公。獄盘和二式獄簋铭文为早期的册命记录，对研究册命制度非常有帮助。[①]

(3)獄鼎，收藏于中国国家博物馆，内壁铸铭文4行，30字(其中重文2)，本器的主要著录文献及编号为：《考古与文物》2006年第6期；《商周青铜器铭文暨图像集成》02329。其释文如下：

> 獄肈乍(作)朕文考甲公宝尊彝，其日朝夕用享祀于氒(厥)百申(神)，孙孙子子其永宝用。

本铭说獄制作了纪念其父亲甲公的礼器，用以日夜享祀诸神。獄器铭文一再叙说祭祀百神，故李学勤猜想作器者身份可能是岐周的礼官。[②] 然而本器据传出土于关中东部，作器者父祖名甲、戊，以日记名，因此，有可能其为移居关中的商人之后。

24. 卫簋

卫簋是西周中期铜器，由我国香港特区藏家私人收藏，有甲、乙两器。据朱凤瀚披露，另有同铭、同形二簋，已为我国博物馆与私家收藏。[③] 作为标本的这件卫簋盖、器同铭，各12行，123字(其中重文3，合文1)。本器的主要著录文献及编号为：《南开学报(哲学社会科学版)》2008年第6期；《商周青铜器铭文暨图像集成》05368。铭文之释文如下：

> 唯八月既生霸庚寅，王各(格)于康大(太)室。卫曰：朕光尹中(仲)侃父右告卫于王，王易(锡)卫佩(佩)、戈(缁)市(韍)、粒(朱)亢、金车、金[illegible]。曰："用事。"卫拜稽首，对扬王休。

---

① 吴镇烽：《獄器铭文考释》，载《考古与文物》2006年第6期。

② 李学勤：《伯獄青铜器与西周典祀》，载李学勤：《文物中的古文明》，商务印书馆2008年版，第289～294页。

③ 朱凤瀚：《卫簋与伯獄诸器》，载《南开学报(哲学社会科学版)》2008年第6期。

卫用肇(肇)乍(作)朕文考甲公宝鬻彝,其日夙夕用氒(厥)馨香享祀于氒(厥)百神,亡(无)不鼎(则),燹(豳)夆馨香鼎(则)登于上下,用匄百福,万年俗(裕)丝(兹)百生(姓),亡(无)不睟鲁,孙孙子子其万年永宝用丝(兹)王休,其日引勿炑(替),諆(世)毋忘。

本铭与前述獄簋铭文十分类似,基本融合一式獄簋(《铭图》05275)和二式獄簋(《铭图》05315)铭文为一体。从铭文来看,作器者卫的父亲和獄的父亲是同一人,都为甲公。但獄自称为伯獄,故知獄为大宗,卫为小宗。小宗始作彝器,标志着其已从大宗家族分出,另立门户,从铭文内容来看,却和大宗的礼器保持一致。这说明大宗在祭祀活动和礼器制作方面,仍然享有主导权。① 本铭对研究西周时代的家族制度有重要意义。铭文中卫接受天子册命后始作礼器,或为小宗分家的原因。而天子对小宗卫的册命赐物几乎完全和大宗伯獄一致,表明两人官职大体相同,故得以"分庭抗礼",而卫的上级官长则和伯獄不同,是仲侃父。正因如此,本铭在研究宗法背景下的册命制度时,具有特殊的价值。铭文中的"无不则",其义为"无不合乎法度",法度者,祭祀之法度也。

25. 霸姬盘、霸姬盉

霸姬盘、霸姬盉在2009~2011年出土于山西翼城县,是穆、恭王之时铜器,现收藏于山西省大河口墓地联合考古队。霸姬盘和霸姬盉为同批铸造的一套铜器,其铭文所叙述为同一件事,盘内底铸有铭文10行,153字(其中合文4,重文1);盉背上盖内壁铸有铭文8行,52字(含重文1)。本器的主要著录文献及编号为:《山西翼城大河口西周墓地2002号墓发掘》,载《考古学报》2018年第2期;《商周青铜

① 朱凤瀚:《卫簋与伯獄诸器》,载《南开学报(哲学社会科学版)》2008年第6期。

器铭文暨图像集成》31220(盘)、14795(盉)。霸姬盘铭文之释文如下：

唯八月戊申，霸姬以气讼于穆公曰：以公命用簋朕僕驭臣妾自气，不余气。公曰：余不女(汝)命曰𧆞霸姬？气誓曰：余某弗㝬公命，用𧆞霸姬。余唯自舞，鞭五百，罚五百寽。报氒(厥)誓曰：余爯公命，用𧆞霸姬，襄余改朕辞，则鞭五百，罚五百寽。气则誓。曾(增)氒(厥)誓曰：女(汝)某弗爯公命，用𧆞霸姬。余唯自舞，则鞭身，传出。报氒(厥)誓曰：余既曰爯公命，襄余改朕辞，则出弃。气则誓。对公命，用乍(作)宝盘盉，孙子子其万年宝用。

霸姬盉铭文之释文如下：

气誓曰：余某弗爯公命，余自舞，则鞭身、第传出。报氒(厥)誓曰：余即曰余爯公命，襄余亦改朕辞，出弃。对公命，用作宝盘盉，孙子子其万年用。

本铭事关西周的诉讼、刑罚、立誓，对研究西周审判权设置、女性诉讼、仆庸臣妾问题、誓仪细节尤有价值，可与𠑇匜(《集成》10285)、散氏盘(《集成》10176)、𪔅比鼎(《集成》02818)等铭文对读，审判者身份与䚄簋(《铭图》05362)密切相关。霸姬盘铭文中的两组誓辞都由“誓曰”和“报厥誓曰”两部分组成，二者的区别在于“誓曰”的核心是“爯公命”，“报厥誓曰”的核心是“改朕辞”。“报”的含义是指对前誓的回报、回应。“誓曰”之内容是针对违背公命行为的制裁；“报氒誓”之内容是对改动“誓曰”文辞的制裁——倘敢更改“誓曰”中的文辞，也要受到惩罚。擅自改变誓言的行为见于𠑇匜(《集成》10285)。𠑇匜(《集成》10285)铭文中的被告牧牛就有“𢦏先誓”的行为，𢦏即代字，“代先誓”就是改变了以前的誓言，牧牛因此受到惩罚。牧牛随后在法庭上不但保证自己要“御誓”(遵守誓言)，还要“从辞从誓”。西周时代对“从辞”的重视及对“改辞”的防范,由此可见一斑。铭文中霸姬以畿外贵族妇女的身份向王朝的穆公提起诉讼,这是王朝司法权延伸至诸侯国的表现,铭文同时反映了审判者穆公与井氏家族控制晋南一带的背景。类似资料可参见霸伯簋(《铭图》30497)、肃卣(《铭图》20882)及曶鼎(《集成》05220)铭文。

26. 霸伯簋、霸伯山簋

霸伯簋、霸伯山簋2009年出土于山西翼城县,是恭王时的铜器,现收藏于山西省大河口墓地联合考古队。霸伯簋、霸伯山簋各两件,均盖、器对铭,铭文内容大致相同。我们选取霸伯簋器底铭文为标本,铭文6行,51字(含合文1,重文2)。本器的主要著录文献及编号为:《山西翼城大河口西周墓地1017号墓发掘》,载《考古学报》2018年第1期;《商周青铜器铭文暨图像集成》02550。霸伯簋器底铭文之释文如下:

> 隹十又一月,井叔来歕盐,蔑霸白(伯)历,事(使)伐用帱二百,丹二量,虎皮一,霸白(伯)拜稽首,对扬井叔休,用作宝簋,其万年子子孙孙其永宝用。

铭文记录了王朝官员井叔来山西一带处理盐政,并且奖赏霸伯事情。山西南部的运城地区自古以来盛产池盐,本篇铭文正是王朝控制盐业生产的证据。在霸伯山簋铸造前后,王朝贵族井氏家族经常性地在霸族所生活的翼城一带处理诉讼案件:早于霸伯山簋的霸姬盘、盉(《铭图》31220、14795),记录了井氏家族宗子穆公处理霸姬与贵族气的纠纷;晚于霸伯山簋的曶鼎(《集成》02838),记录了小宗井叔在翼城处理贵族曶与限的纠纷。[①] 类似的王朝司法干预现象还出现在位于霸族之侧、盐池至涑水河上游倗族墓地的铜器铭文中[参

① 曶鼎中的井叔是霸伯山簋铭文中井叔的后代。

见肃卣(《铭图》20882)]。[①] 霸族、倗族与翼城一带本是晋国势力范围,王朝法权直接运用到这里,当与王朝把持此地的盐政有密切关系——为更好地控制盐池地区,王朝加强了对这片非直辖地区的直接管理。盐作为重要的民生物资,可以在礼制场合中成为周王恩赐贵族的贵重礼物。国家博物馆新入藏的典簋是铸造于穆王二十四年的铜器,铭文显示贵族龏受赐廪卤达百车之多。[②] 铸造于西周中期的免盘(《铭图》14515),记载了周王赏赐给贵族免盐卤的事情,而被周王赐予盐卤的免,亦与井叔家族有着密切的关系。他担任司徒,管理田野林牧。在周王册命免的时候,担任"右者"的人正是井叔。其中隐含的政治关联是耐人寻味的。

27. 师虎簋

师虎簋是恭王时的铜器,现藏于上海博物馆。器内底铸铭文10行,124字(其中重文3)。本器的主要著录文献及编号为:《殷周金文集成》04316;《商周青铜器铭文选》240;《商周青铜器铭文暨图像集成》05371。铭文之释文如下:

> 隹元年六月既望甲戌,王才(在)杜宝,格于大(太)室,井白(伯)内(入)右师虎,即立中廷,北卿(向),王乎(呼)内史吴曰:册令(命)虎。王若曰:虎,䵼(载—哉)先王既令(命)乃祖考事,啻(嫡)官司左右戏緐(繁)荊,今余隹帅井(刑—型)先王令(命),令(命)女(汝)更乃祖考,啻(適)官司左右戏緐(繁)荊,敬夙夜,勿灋(废)朕令(命),易(锡)女(汝)赤舄,用事。虎敢拜稽首,对扬天子不(丕)杯鲁休,用乍(作)朕烈考日庚尊簋,子子孙孙其永宝用。

---

① 《水经注》说:"涑水西南经临盐县故城,城南有盐池,上承盐池。"与今日河道不同。参见郦道元:《水经注校证》,陈桥驿校证,中华书局2007年版,第169页。

② 参见田率:《新见龏簋考释》,载《古代文明》(第12卷)。

铭文中的师虎即前文所列虎簋盖铭中的虎,到恭王元年时,天子再次册命了虎。在这次册命中,虎获得了他祖、父曾经担任过的另一个职务,即掌管左右戏的良马。本铭进一步显示出,贵族世袭的职务并非一次性的移交完成,职务授予范围掌控在周王手中。铭文中周王强调自己效法先王而册命令虎承袭其祖考的职位,这种"帅井(刑—型)先王令(命)"的表述,反映出周王施政合法性来自遵循先王惯例的观念。在其他铭文中,亦不乏臣子帅井(刑—型)其祖考的宣誓。"井(刑—型)",即"遵循"为西周秩序确立的关键所在。这对研究西周"刑书"涵义是有启发的。

28. 裘卫盉

裘卫盉于1975年2月2日在陕西省岐山县京当公社董家村出土,是恭王时的铜器,收藏于岐山县博物馆。盖内铸有铭文12行,132字(其中合文3,重文2)。本器的主要著录文献及编号为:《文物》1976年第5期;《殷周金文集成》09456;《商周青铜器铭文选》193;《商周青铜器铭文暨图像集成》14800。铭文之释文如下:

> 隹三年三月既生霸壬寅,王爯旂于丰。矩白(伯)庶人取堇章于裘卫,才八十朋。氒(厥)賈,其舍田十田。矩或(又)取赤虎两,麀𠦪两,𠦪韐一,才廿朋,其舍田三田。裘卫乃彘告于白(伯)邑父、荣白(伯)、定白(伯)、琮白(伯)、单白(伯),白(伯)邑父、荣白(伯)、定白(伯)、琮白(伯)、单白(伯)乃令参有司:司土微邑、司马单旟、司工邑人服罘受田,豳趙、卫小子𩐐,逆者其卿(饗),卫用乍(作)朕文考惠孟宝盘,卫其万年永宝用。

本器出土于古周原的窖藏,该窖藏出土了大量青铜器,后文所列的五祀卫鼎(《集成》02832)、九年卫鼎(《集成》02831)、儹匜(《集成》10285)等都出在此窖,而器主则属于同个家族,即裘卫家族。从相关铭文来看，裘卫家族当为嬴姓，[①]从事畜牧、造车、皮毛等产业。《史记·秦本纪》中说，嬴姓部落“佐舜调训鸟兽”（大费）、“以善御幸于周缪王”（造父）、“好马及畜，善养息之”（非子），这和裘卫家族的背景非常相似。裘卫诸铭所反映的以诉讼争取权利之特点尤其突出，故在西周法制史研究论著中常被引用。本篇铭文记录了裘卫在恭王三年从矩伯那里购买田地的事情，土地交易程序清晰呈现出来，可以和后面的倗生簋（《集成》04262）对读，以之了解西周中期的田土交易规则。

29. 五祀卫鼎

五祀卫鼎于1975年2月2日在陕西省岐山县京当公社董家村出土，是恭王时的铜器，原藏岐山县博物馆，现藏陕西历史博物馆。本器内壁铸铭文9行，207字（其中重文5，合文1）。本器的主要著录文献及编号为：《文物》1976年第5期；《殷周金文集成》02832；《商周青铜器铭文选》198；《商周青铜器铭文暨图像集成》02497。铭文之释文如下：

> 隹正月初吉庚戌，卫以邦君厉告于井白（伯）、白（伯）邑父、定白（伯）、𫓧白（伯）、白（伯）俗父，曰：厉曰，余执恭王恤工，于卲大太室东逆燮（营）二川，曰余舍女（汝）田五田。正乃讯厉曰，女（汝）賈田不？厉乃许曰，余審（审）賈田五田。井白（伯）、白（伯）邑父、定白（伯）、𫓧白（伯）、白（伯）俗父乃顜讲，使厉誓，乃令参有司：司土邑人趞、司马颂人邦、司工隥矩、内史友寺刍帅，履裘卫厉田四田，乃舍，寓于氒（厥）邑。氒（厥）逆强（疆）罘厉田，氒（厥）东强（疆）罘散田，氒（厥）南强（疆）罘散田、罘政父

---

① 周瑗：《矩伯、裘卫两家族的消长与周礼的崩坏——试论董家青铜器群》，载《文物》1976年第6期。

田,氒(厥)西强(疆)眔厉田。邦君厉眔付裘卫田,厉叔子夙、厉有司䜌(申)季、庆癸、燹褱、𠛱(荆)人敢、井人偈屖、卫小子者逆其卿(饗)䞣(賸)。卫用乍(作)朕文考宝鼎,卫其万年永宝用,隹王五祀。

五祀卫鼎记录了裘卫向诸位大臣控告邦君厉,并获得邦君厉补偿土地的案件。裘卫获得补偿的那块土地,紧邻散田,散的地望在宝鸡一带。从散氏盘(《集成》10176)可知,井伯封邑在也附近。师晨鼎(《集成》02817)铭文说,师俗父(伯俗父)管理郑地,郑也以宝鸡一带。金文中诉讼内容,其重点向来在结果,而不在原因,本铭亦不例外,故而我们无法具体了解案件的起因。不过有几个细节值得重视:这是因国家河流治理工程而引发的官司,负责工程的邦君历不得不向裘卫补偿田地,而邦君厉的行为具有某些公权力的色彩。为什么邦君厉要补偿裘卫田地呢?原因或许有二:要么是裘卫在工程中提供人力、畜力、物力或财力上的资助;要么是该工程侵占了裘卫的田土。有限的铭文信息表明,工程地点是邵王太室东北的两条河流,唐兰认为,这两条河流是泾水与渭水。① 若此说成立,则工程地点距离周原的裘卫家族所在地以及本案中他接受赔偿的那块土地都十分遥远,而第一种推测成立的可能性就更大了。邦君历对裘卫所作的土地补偿,体现出王朝对私人权利的保护。在交付土地的时候,依旧遵循了如裘卫盉(《集成》09456)铭文所载的程序。

30. 九年卫鼎

九年卫鼎于 1975 年 2 月在陕西省岐山县京当公社董家村出土,是恭王时的铜器,现藏岐山县博物馆。本器内壁铸有铭文 19 行,195

① 唐兰:《陕西省岐山县董家村新出西周重要铜器铭辞的译文和注释》,载《文物》1976 年第 5 期。

字(其中重文1、合文3),主要著录文献及编号为:《文物》1976年第5期;《殷周金文集成》02831;《商周青铜器铭文选》203;《商周青铜器铭文暨图像集成》02496。铭文之释文如下:

> 隹九年正月既死霸庚辰,王才(在)周驹宫,各(格)庙,眉敖者肤为吏(使)见于王,王大黹。矩取眚车较、桒函、虎冟、希律、画辅、𩊚(鞭)、帀鞣、帛䜌乘、金鹿鍾,舍矩姜帛三两,乃舍裘卫林𦣞里。𣪘!氒(厥)隹颜林,我舍颜陈大马两,舍颜姒虡咎,舍颜有司寿商貈裘、盠冟。矩乃眔濼粦令寿商眔啻曰:顜(讲)。瀵付裘卫林𦣞里。则乃成夆四夆,颜小子彛叀(唯)夆,寿商𩞄。舍盠冒梯羝皮二,罡皮二,鞣舄俑皮二,朏帛,金一反,氒(厥)吴喜皮二。舍濼豦冟、𤓯桒、𩊚函,东臣羔裘,颜下皮二。眔受:卫小子家;逆者其𩡧(媵):卫臣虣朏。卫用乍(作)朕文考宝鼎,卫其万年永宝用。

这篇铭文记录了罕见的西周林地交易案例。从这则案例中,我们可以直观了解到西周贵族在分封制下的相互关系。在本铭的诸家解释中,有关"颜林"认识的分歧最大。贵族矩伯因参加天子的朝会,向裘卫购买一副马车,其代价是一片唤作"颜林"的林地。颜林为颜氏之林,而颜氏,则为世代居住于此的血缘部落,其首领当即颜陈,他本为矩伯的家臣,给付颜林,意味着领主发生变更,由矩伯转为裘卫。裘卫向新下属颜氏送礼,此行为或有笼络之意,抑或为当时通行的规则。[①] 值得注意的是,颜氏亦为功能完备的低级贵族,有属于自己的职能官员(有司)。在交易颜林的时候,颜氏家臣、有司等参与了相关仪式。与上两铭相比,在本铭的土地交付过程中,没有王朝有司的身

---

① 参见王沛:《裘卫器铭中的公社与礼制——西周时期法律关系设立的再思考》,载《上海师范大学学报》2011年第5期。

影,此或为林地交易不同于田地交易之处。本篇铭文的背景是“眉敖者肤为吏见于王”,即眉敖的使者者肤前来觐见天子,眉敖还出现在乖伯簋(《集成》04331)和眉敖簋盖(《集成》04213)中,后文有专门论述,可以参看。

31. 𠑇匜

𠑇匜于1975年2月在陕西省岐山县京当公社董家村出土,是恭王时的铜器,现藏岐山县博物馆。本器内底铸铭文6行,90字,盖内铸铭文7行,67字,共157字(其中合文3)。本器的主要著录文献及编号为:《文物》1976年第5期;《殷周金文集成》10285;《商周青铜器铭文选》258;《商周青铜器铭文暨图像集成》15004。铭文之释文如下:

> 隹三月既死霸甲申,王才(在)莽上宫。白(伯)扬父乃成賀曰:牧牛,叡!乃可湛。女(汝)敢以乃师讼。女(汝)上切先誓,今女(汝)亦既又卪(御)誓,専趨嗇覷𠑇,寽亦兹五夫,亦既卪(御)乃誓。女(汝)亦既从辞从誓,弋可。我义鞭女(汝)千,𪓰𪓰女(汝)。今我赦女(汝),义鞭女(汝)千,黜𪓰女(汝)。今大赦女(汝),鞭女(汝)五百,罚女(汝)三百寽。白(伯)扬父乃或吏(使)牧牛誓曰:“自今余敢夒乃小大史(事)”。乃师或以女(汝)告,则致乃鞭千,黜𪓰。牧牛则誓,乒以告事蚬、事曶于会。牧牛辞誓成,罚金。𠑇用乍旅盉。

本铭为最重要的西周法制史料之一,在各种论著中反复被征引,其法史意义学界已详细论述过。铭文关于墨刑、鞭刑、赎刑的记载,可以和《吕刑》《舜典》《周礼》对读,印证了传世文献某些信息的可靠性。需要补充的是,以往多认为牧牛被惩罚的原因是他讼其上司,①

① 参见盛张:《岐山新出𠑇匜若干问题探索》,载《文物》1976年第7期。

但细读铭文可知,牧牛被处罚的根本原因在于违背了以前的誓言,而非控告自己的上级。本器出土于董家村窖藏,同窖出土的五祀卫鼎(《集成》02832)铭文就记载了儠所属的、地位并不高贵的裘卫家族和地位较高的邦君厉之间的诉讼。当然邦君厉可能并非裘卫的直接上级,但至少说明地位高低并不影响诉讼。鞭刑在已公布金文资料中,分别出现于曶鼎(《集成》02838)、散氏盘[①](《集成》10176)、霸姬盘盉(《铭图》31220、14795)和本铭的誓言中。鞭刑的内容不见于《吕刑》,而载诸《舜典》。《舜典》在《吕刑》所载的"五刑"(墨、劓、剕、宫、大辟)之外,又指出了4种较低的刑种,即流、赎、鞭、扑。金文资料则提醒我们,《舜典》中的说法是值得重视的。由誓言引发的刑罚中,后四种似乎亦形成一个体系,如霸姬盘盉(盘《铭图》31220)、(盉《铭图》14795)与散氏盘(《集成》10176)中即有鞭刑、罚金和流放;曶鼎(《集成》02838)中鞭前有缺字,有学者认为是笞(扑);[②]本铭中有鞭刑和罚金。此外,"五刑"中的最低刑等"墨"(黴黸)也会出现在誓言中,和这四刑一道构成誓言刑罚体系。从已知材料来看,一千是鞭刑的最高数目。

32. 眉敖簋盖

眉敖簋盖是恭王时的铜器,现藏于故宫博物院。本器内壁铸有铭文6行,共57字(其中重文2)。本器的主要著录文献及编号为:《殷周金文集成》04213;《商周青铜器铭文选》480;《商周青铜器铭文暨图像集成》05235。铭文之释文如下:

> 戎献金于子牙父百车,而易(锡)鲁眉敖金十钧,易(锡)不讳,眉敖用拱用璧,用稽首,其右子歆、史孟,眉敖谨用豹皮于史

---

① 散氏盘中的"鞭",或释为"孚",笔者赞同张桂光的意见,认为应当释为"鞭"。参见张桂光:《古文字考释四则》,载《华南师院学报》1982年第4期。

② 盛张:《岐山新出儠匜若干问题探索》,载《文物》1976年第6期。

孟,用乍(作)宝簋,眉敖其子子孙孙永宝。

关于眉敖簋盖的铸造时间,学界颇有争议。李峰认为,铸造于西周中期,[①]马承源认为铸造于西周晚期[②],郭沫若认为,铸造于春秋早期。[③] 李峰认为,眉敖就是九年卫鼎(《集成》02831)、乖伯簋(《集成》04331)中的眉敖,证据坚实。眉敖簋盖铭文说,戎人献给子牙父一百车的铜,而子牙夫赐给眉敖金十均,也就是三百斤的铜。眉敖用大小玉璧叩谢赏赐。在这个礼仪场合,担任右者的是子歆、史孟,眉敖进献史孟以豹皮,并制作了这件簋,子孙将永远珍藏。铭文中的戎,当是西北地区的西戎。戎人所献之铜,或产自西北地区。子牙父当为代表周王接受戎人献铜的王朝官员,他又将其中十钧铜赏赐给了眉敖,这是以铜料为媒介建立周与眉敖间的礼制关系。眉敖用这些铜料制作了眉敖簋,此器虽然非常粗陋,文字书写水平拙劣,技术工艺下乘,但铭文还是相当清晰地表达出加入王朝体系的意愿。载有眉敖信息的另一件青铜器乖伯簋(《集成》04331),其制作水准要比眉敖簋高出不少。从乖伯簋(《集成》04331)可知,眉敖就是乖伯:眉敖是戎人对其主君的称呼,而乖伯则是周人的称呼方式。李峰认为,乖伯簋(《集成》04331)有可能铸造于周,铭文内容具有浓郁的王朝政治色彩。纳戎人于王朝政治秩序,正是青铜礼器政治功用的集中体现。王朝将贡赋索取来的铜料赐给其臣属,替他们或允许他们制作与其身份相称的礼器。眉敖部族笨拙地模仿周人铸造礼器,参与礼制,亦是其主动融入王朝政治秩序的举措。从贡赋制度到赏赐制度,各种举措都是为了建构以铜料为媒介的社会等级网络,这张网络的背后,则是控制铜资源的政权与法权力量。

---

① 李峰:《青铜器和金文书体研究》,上海人民出版社 2018 年版,第 47 ~ 55 页。

② 马承源:《商周青铜器铭文选》,文物出版社 1986 年版,第 335 页。

③ 郭沫若:《屓敖簋铭考释》,载《考古》1973 年第 2 期。

33. 乖伯簋

乖伯簋是恭王时的铜器,现藏中国国家博物馆。内底铸铭文14行,150字(其中合文1)。本器的主要著录文献及编号为:《殷周金文集成》04331;《商周青铜器铭文选》206;《商周青铜器铭文暨图像集成》05385。铭文之释文如下:

隹九年九月甲寅,王命益公征眉敖,益公至,告。二月眉敖至,见,献帛,己未,王命中(仲)俎(致)归(馈)乖白(伯)貔裘。王若曰:乖白(伯),朕不(丕)显且(祖)玟(文)、珷(武),膺受大命,乃且(祖)克桒(弼)先王,異(翼)自它邦,又(有)芇于大命,我亦弗宩(深)享邦,易(锡)女(汝)貔裘,乖白(伯)拜手稽首天子休,弗忘小裔邦,归夆敢对扬天子不(丕)杯鲁休,用乍(作)朕皇考武乖幾王尊簋,用好(孝)宗朝(庙),享夙夕,好侜(朋)友雩(与)百者(诸)婚媾,用瀌(祈)屯(纯)彔(禄)、永命,鲁寿子孙,归夆其万年,日用享于宗室。

乖伯簋铭文可与上面的眉敖簋盖(《集成》04213)对读,乖伯就是眉敖。在周王九年九月甲寅这天,天子命令益公出使眉敖,益公归周而告其功。二月眉敖觐见周王,献帛。己未,周王命馈赠乖伯(也即后文中的"归刍")以貔裘。周王说,自己的祖先文王、武王膺受大命而成为天子,乖伯的祖先从别的邦国前来辅弼周王,也是符合大命的。自己将不废国祚,赐乖伯以貔裘。乖伯拜谢天子,并说自己因此制作自己父亲"幾王"的礼器,用以早晚享孝宗庙,喜乐朋友及诸姻亲。铭文关于"天命"之论述,是研究西周政权合法性观念的宝贵资料。乖伯的祖先附自他邦,也被认为是符合天命的。乖伯称其父考是"武乖幾王",是为非姬姓之诸侯称王,此现象亦见于其他夨、吕等器铭。铭文提及的朋友、婚媾关系,指同宗和姻亲,是西周时代最为看重的社会关系,主要的社会规则围绕这些社会关系而制定,可以与后面的𪽶公盨(《铭图》05677)铭文对读。

34. 永盂

永盂1976年出土于陕西省蓝田县泄湖镇,是恭王时的铜器,现藏西安博物院。本器内底铸铭文123字(其中重文2)。铭文的主要著录文献及编号为:《文物》1972年第1期第62页图3;《殷周金文集成》10322;《商周青铜器铭文选》207;《商周青铜器铭文暨图像集成》06230。铭文之释文如下:

> 隹十又二年初吉丁卯,益公内(入)即命于天子,公廼(乃)出氒(厥)命,易(锡)畀师永氒(厥)田:阴阳洛,疆眔师俗父田,氒(厥)眔公出氒(厥)命,井白(伯)、荣白(伯)、尹氏、师俗父、遣中(仲)。公乃命酉(郑)司徒凾父,周人司工眉、𢼸史、师氏、邑人奎父、毕人师同,付永氒(厥)田,氒(厥)率履,氒(厥)疆宋句,永拜稽首,对扬天子休命,永用乍(作)朕文考乙白(伯)尊盂,永其万年,孙孙子子,永其率宝用。

永盂是完整记录赐田程序的珍贵资料。天子赐田之命令由益公传达,和益公一起传达王命的还有井伯等4位大臣,他们都是铭文、特别是在恭王时期涉及田土转让铭文中常常见到的官员名称,如表1所示:

表1 常见的官员名称

器名	官员名称	案件性质
裘卫盉	伯邑父、荣伯、定伯、𫉬伯、单伯	田土交易
五祀卫鼎	井伯、伯邑父、定伯、𫉬伯、伯俗父	田土纠纷
永盂	井伯、荣伯、尹氏、师俗父、遣仲	田土赐予

表中五祀卫鼎(《集成》02832))中的伯俗父即永盂中的师俗父。或许这几位大臣主管田土转让相关之事务,也有可能是因为其田土

和永所受赐之田土临近。铭文说永的田土疆界到达师俗父的田土处,师俗父便出现在传达王命的官员名单中。铭文说永的赐田在阴阳洛,而敔簋(《集成》03827)铭文则说,某年南淮夷侵犯阴阳洛,敔击退他们,解救被俘之周人,就将他们安置在荣伯之处,[①]由此可知,荣伯的田土亦近阴阳洛。敔簋(《集成》03827)铭文还说,天子命令尹氏赏赐敔,而尹氏亦出现在本铭中。在永接受赐田之王命后,还有履田的程序。这和西周田土转让之共通程序是一致的。

35. 肣簋

肣簋为中国国家博物馆2004年征集的藏品,是恭王时的铜器。本器器盖上各铸有一篇铭文,内容相同,分别为8行,63字。本器的主要著录文献及编号为:朱凤瀚:《西周金文中的"取徽"与相关诸问题》,载陈昭容主编:《古文字与古代史》(第1辑),台北"中研院"历史语言研究所2007年版;《商周青铜器铭文暨图像集成》05258。铭文之释文如下:

> 隹正月初吉丁丑,昧爽,王才(在)宗周,各(格)大(太)室。溓叔右肣即立中廷。乍(作)册尹册命肣,易(锡)銮。令邑于郑,讯讼,取遄(赡)五寽。肣对扬王休,用乍(作)朕文且(祖)丰中(仲)宝簋,世孙子其永宝用。

本铭说肣受封在郑地讯讼,而郑是前述师虎簋(《集成》04316)所言的"五邑"之一,其部分行政职能由中央政府直接任命官员统一管理。郑地的管理分工细致,有司工、司徒,管理林牧业、田地、马匹的专员以及善夫、官守友等下层官员。肣受命"邑于郑",当指出任郑地的行政长官,而处理狱讼事务,则是他的重要工作任务。本铭要与

① 参见中国社会科学研究院考古研究所编:《殷周金文集成》(第3册),中华书局2007年版,第2700页。

后面的敎甗(《小校》3.98.1)铭文对读,敎是羚之后的郑地长官,同样享受讯讼职权。

36. 师望鼎

师望鼎相传为左宗棠征新疆时所得,是恭王时的铜器。本器内壁铸铭文共10行,94字(其中重文3)。本器的主要著录文献及编号为:《三代吉金文存》4.35.1;《两周金文辞大系图录考释》63;《殷周金文集成》02812;《商周青铜器铭文选》213;《商周青铜器铭文暨图像集成》02477。铭文之释文如下:

> 大(太)师小子师望曰:不(丕)显皇考宽公,穆穆克盟(明)氒(厥)心,悊(哲)氒(厥)德,用辟于先王,㝵(得)屯(纯)亡(无)敃(愍),望肇帅井(刑—型)皇考,虔夙(夙)夜出内(纳)王命,不敢(敢)不㒸不妻,王用弗忘圣人之後,多蔑历易(锡)休,望敢对扬天子不(丕)显鲁休,用乍(作)朕皇考宽公鼎,师望其万年,子子孙孙永宝用。

本铭对研究世卿世禄背景下的职官制度、行政制度都有帮助。铭文提及师望将效法其皇考,执行王命时,使用的词汇是不敢“不㒸不妻”。㒸为“遂”的异文,是“顺”的意思[①],“妻”出现于杨家村出土的四十三年逑鼎(《铭图02501》)中,该文作“不妻不井(刑—型)”,当是规范的意思。“妻”当释为“规”,规矩同义,如《荀子·礼论》说:“规矩诚设矣,则不可欺以方圆。君子审于礼,则不可欺以诈伪”;《管子·七臣七主》说:“法律政令者,吏民规矩绳墨也”。《尔雅》说“矩,法也”;“矩,常也”,与之相类,规也应当是法也、常也的意思。这表明,西周的官员处理政务、贯彻王命时,必须依照既有的规范行事,乃是共识。而这种规范、惯习或许是其前任官员,也即其历代祖

① 参见马承源:《商周青铜器铭文选》(第3册),文物出版社1985年版,第146页。

考逐步确立下来的,故继任者屡屡强调要"帅井(刑—型)"祖考,即遵循、仿效其父祖先人以行事。

37. 同簋

同簋是恭王时的铜器,传世共2器,现藏故宫博物院,器内底铸铭文9行,91字(其中重文4)。本器的主要著录文献及编号为:《殷周金文集成》04271;《商周青铜器铭文选》233;《商周青铜器铭文暨图像集成》05322。铭文之释文如下:

> 隹十又二月初吉丁丑,王才(在)宗周,各(格)于大(太)庙。荣白(伯)右同,立中廷,北卿(向)。王命同:左右吴大父司场、林、吴(虞)、牧,自淲东至于河,氒(厥)逆(朔)至于幺(玄)水,世孙孙子子左右吴大父,母(毋)女(汝)又(有)闲,敢对扬天子氒(厥)休,用乍(作)朕文考惠中(仲)尊宝簋,其万年子子孙孙永宝用。

本铭反映出西周官制的一些特点。天子命令同辅助吴大父管理场、林、吴(虞)、牧。按,其职守如《周礼》所示。《周礼·场人》:"场人掌国之场圃,而树之果瓜珍异之物,以时敛而藏之";《周礼·林衡》:"林衡掌巡林麓之禁令,而平其守,以时计林麓而赏罚之,若斩木则受法于山虞,而掌其政令";《周礼·山虞》:"山虞掌山林之政令"、《泽虞》:"泽虞掌国泽之政令";《周礼·牧人》:"牧人掌牧六牲,而阜蕃其物,以供祭祀之牲牷"。根据李峰的观点,吴大父就是虞大父,而虞就是掌管自然资源的官员。[①]《舜典》孔传:"虞,掌山泽之官。"关于虞及其职守,还可以参看四十二年、四十三年逨鼎(《铭图》02501、02507)铭文。天子说同辅助吴大父的职位是世世代代继承的,这正

---

① 李峰:《西周的政体——中国早期的官僚制度和国家》,生活·读书·新知三联书店2010年版,第180页。

是西周官僚制度与宗法制度相结合的体现。

38. 任鼎

任鼎是西周恭王、懿王时的铜器,于2004年入藏中国国家博物馆,内壁铸有铭文8行,63字。本器的主要著录文献及编号为:《中国历史文物》2004年第2期;《新收殷周青铜器铭文暨器影汇编》1554;《商周青铜器铭文暨图像集成》02442。铭文之释文如下:

> 隹王正月,王才(在)氐(泜)。任蔑历,事(使)献为(货)于王,则畵(毕)买。王事(使)孟联父蔑历,易(锡)脡牲大牢,又鬯束、大奔、䓞(郁)拳。敢对扬天子休,用乍(作)氒(厥)皇文考父辛宝齌彝,其万(亡)(无)疆,用各大神。㚣。

本铭可以和亢鼎(《铭图》02420)铭文对读。在本铭中,天子购买了货,但却表述为任"献"货于王。这就像裘卫盉(《集成》09456)铭文那样,矩伯购买了璋,却说是矩伯"取"璋于裘卫。天子在购买了货之后,还要对卖方任进行赏赐,这也是"礼"的体现。据董珊分析,亢、任二鼎的赏赐物里都有用于祭祀的郁草和郁鬯,是为很高规格的祭祀用品。这属于"以礼假人"。①

39. 曶鼎

曶鼎是懿王时的铜器,原为毕沅收藏,后失传,或云毁于兵火,内壁铸约铭文24行,380字(其中重文4)。本器的主要著录文献及编号为:《积古斋钟鼎彝器款识》4.35;《攈古录金文》3之3.46;《殷周金文集成》02838;《商周青铜器铭文选》242;《商周青铜器铭文暨图像集成》02515。铭文之释文如下:

> 隹王元年六月既望乙亥,王才(在)周穆王大(太)[室],

① 董珊:《任鼎新探——兼说康鼎》,载《黄盛璋先生八秩华诞纪念文集》,中国教育文化出版社2005年版。

[王]若曰:“曶!令(命)女(汝)更乃且(祖)考司卜事。易(赐)女(汝)赤⊗[市]、□,用事。”王在邇应(居),井叔易(赐)曶赤金鍪(钧),曶受休[于]王。曶用丝(兹)金乍(作)朕文孝(考)穽伯鬻牛鼎,曶其万[年]用祀,子子孙孙其永宝。

隹王四月既眚(生)霸,辰才(在)丁酉。井叔才(在)异为□。[曶]事(使)氒(厥)小子𩏠以限讼于井叔:“我既卖(赎)女(汝)五[夫],[效]父用匹马束丝。”限许曰:“既则卑(俾)我赏(偿)马,效[父][则]卑(俾)复氒(厥)丝[束]。”𧶠、效父乃许。𧶠曰:“于王参门□□木榜,用償(赎)征卖(赎)丝(兹)五夫,用百寽,非出五夫□□旛。廼𩰫又(有)旛眔𩰫金。”井叔曰:“才(在)王人,廼卖(赎)用[償],不逆。付曶,毋卑(俾)式于既。”曶则拜𩒨(稽)首,受兹五[夫]:曰陪,曰恒,曰劦,曰𩏂,曰省。事(使)寽(锊)以告既,乃卑(俾)[饗]以曶酉(酒)彶(及)羊、丝三寽,用致丝(兹)人。曶乃每(诲)于既[曰]:“□□舍𩏠矢五秉,曰弋(必)尚(当)卑(俾)处氒(厥)邑,田氒(厥)田。”既则卑(俾)复令(命)曰:“若(诺)!”

昔馑岁,匡众氒(厥)臣廿夫寇曶禾十秭,以匡季告东宫。东宫乃曰:“求乃人,乃弗得,女(汝)匡罚大。”匡乃稽首于曶,用五田,用众一夫曰嗌,用臣曰疐、[曰]朏、曰奠,曰:“用兹四夫。”稽首曰:“余无卣(由)具寇正□,不出,鞭余。”曶或(又)以匡季告东宫,曶曰:“弋(必)唯朕[禾]赏(偿)。”东宫乃曰:“赏(偿)曶禾十秭,遗(遗)十秭,为廿秭□。来岁弗赏(偿),则付卌秭。”廼或(又)即曶,用田二,又臣[一夫](?),凡用即曶田七田,人五夫。曶觅匡卅秭。

曶鼎第二、三段铭文记录了两则案例,涉及西周的司法、刑制,是重要的法律史资料,学界多有研究。曶鼎铭文第二段“五夫案”中的人物关系错综复杂,各家解读分歧很大。应该注意,“五夫案”是发生于王畿之外,又与王畿之人密切相关的案件。曶鼎所说“井叔在異”,说明审判官井叔在異地审理案件。異即翼,《说文解字》曰:“翼,翅也,从飞,異声”,翼、異同声可通,金文、简牍、传世文献中翼、異通假之例很多,如大盂鼎(《集成》02837)“古(故)天異临子”,“異”即“翼”;上博简《民之父母》“威仪異異”的“異異”即传世文献中的“翼翼”。今天翼城县所在的晋南一带就是上古的翼地,王保成联系山西翼城大河口出土霸伯簋(《铭图》30497)铭文,认为曶鼎里的異可能就是翼城之翼,甚是。① 山西青铜博物馆收藏新缴获晋南出土的商代兽面纹斝上铸有“翼”字,当是与地名相同的氏族名称。

而山西翼城大河口出土的青铜器同时表明,本案的审判官井叔及井氏家族与翼(異)地国族联系紧密,如霸伯簋(《铭图》30497)铭文所载井叔在翼城附近处理盐政并蔑历霸伯、井氏家族之宗子穆公处理霸姬之诉讼等均是其例。② 曶鼎首段铭文说曶的家族世代掌管占卜之事,如果曶为王朝卜官,那么被告限则有可能是晋南異地的贵族。

其次,曶鼎第二段铭文所展示的案例中人物关系非常复杂,这里提出如下思路以供参考。本案的原告方是曶,铭文中的𩰫、(氐)、效父三人均为曶方的下属。其中𩰫是出庭代替曶打官司的家臣,(氐)和效父则是案件中曶方的相关人员。曶要从被告限那里赎回己方的五个人,最初提出的对价是匹马束丝,效父已经将匹马束丝交给了限,但

① 王保成:《翼城大河口霸伯簋试解》,载《中原文物》2013 年第 2 期。

② 参见山西省考古所等:《山西翼城大河口西周墓地 1017 号墓发掘》,载《考古学报》2018 年第 1 期;山西省考古所等:《山西翼城大河口西周墓地 2002 号墓发掘》,载《考古学报》2018 年第 2 期。

后来变更了交易方式，改为用償，也就是一种铜饼来支付。[①] 曶的诉求就是把匹马束丝退回来，改用铜饼支付给限。而其代理人𩱪亦声称了变更理由：依据王宫三门外木方的规定，可以用铜饼来支付。审判官井叔支持此诉求，说"王人"适用此规定，用铜饼来支付，是没有错的。[②] 被告限要"付曶，毋卑(俾)弍于㕚"，其含义是把五夫交付给曶，不要使其违离于㕚的诉求。铭文提到，被告限已经把马匹交给了㕚，把束丝交给了效父。与之相应，㕚与效父也做出了相应的承诺，其后五夫便移交给了曶方。

最后，本案所透露出来的诸种细节也耐人寻味。案件焦点在于交易方式从匹马束丝改为用铜饼，根据审判官井叔的说法，这是针对"王人"的规定。王人为何得以用铜饼来交易？王人与非王人所适用的法规有何不同，这都需要进一步探研。而这些细节有助于我们深入理解穆王时期制定《吕刑》，以之协调四方、并强调以铜为赎的记载。本案终结后，曶让㕚交给𩱪五束矢，[③]又交代㕚要安置好赎回来的那五个人，让他们住在原来的居邑，耕种原来的土地。关于这两种

① 根据马承源与松丸道雄的观点，償大致为五寽重的铜饼，可能带有货币的性质。曶鼎铭文中用100寽取代了匹马束丝来赎回五夫，100寽的償大概就是20枚铜饼。这种铜饼岐山、扶风、临潼一带都有出土，2013年随州叶家山M111号曾侯墓也出土了类似的铜饼。参见马承源：《西周金文中货币的专名》，载上海钱币学会编：《上海钱币学会第一次年会论文集》，上海市钱币学会1985年，第5～7页；马承源：《说䝨》，载中国古文字研究会、中华书局编辑部：《古文字研究》（第12辑），中华书局1985年版，第173～180页；[日]松丸道雄：《西周时代的重量单位》，曹玮译，载宋镇豪等编：《西周文明论集》，朝华出版社2006年版。

② 所谓王人，当指王朝之人，王人似乎和畿外之人有别，这暗示了曶与限身份的不同——作为王人的曶有权提出以铜饼来作为支付方式。

③ 《周礼·秋官·大司寇》说"以两造禁民讼，入束矢于朝，然后听之"。《商周青铜器铭文选》认为曶鼎㕚给𩱪的"矢五秉"是败诉方向胜诉方缴纳矢，这并不合《周礼》原意。从铭文来看，只要提起诉讼，无论官司胜负，都要向审判者缴纳束矢作为诉讼费，这与《周礼》所言是相符的。参见马承源主编：《商周青铜器铭文选》（第3册），文物出版社1990年版，第171页。

举措或可这样理解:𠭯是曶的家臣,而五夫则归𠭯管辖。𠭯与五夫直接相关,所以审判官井叔会要求限"毋卑(俾)式于𠭯",曶亦会交代𠭯安置好赎回的五夫。虽然𠭯的领主曶出面打赢了官司,但是诉讼费用实际还是由𠭯来承担的。𠭯将诉讼费(五束矢)交给𩰫,以补偿𩰫预先交付给法庭的诉讼费用。这表明,西周宗族对外是独立的主体,而其内部成员间的权责区分却很清晰。

我们简要梳理本案的人物关系与案情如下:𠭯管辖的5人被限扣押了,𠭯的上位领主曶出面将其赎回。在如何支付对价上,曶方和限产生了纠纷:曶想用匹马束丝赎回5人,但后来改为用支付铜饼的方式。限似乎并不愿意这样做,于是曶的家臣𩰫向井叔起诉了限。井叔认同𩰫的起诉理由,支持通过支付铜饼的方式赎回了那5人,之前已交付给限的匹马束丝则分别退还给曶的家臣效父和𠭯,案件到此结束,接下来所记录的就是曶方内部结算诉讼费用、如何安置赎回人口等事宜了。这段铭文对探讨西周宗族制度下的诉讼关系而言,是难得而直观的史料。

曶鼎第三段铭文所显示的案例情节清晰,信息重要。李学勤指出,东宫所言"求乃人,乃弗得"中的"求""得"都与秦汉法律术语相同,极是。① 东宫处理狱讼的背景可与清华简《摄命》对读。② 本案的处理有较强的协商色彩,这是值得注意的。

40. 扬簋

本器是懿王时的铜器,现藏故宫博物院,失盖,内底铸铭文10行、107字(其中重文3),本器的主要著录文献及编号为:《攈古录金文》3之2.33;《殷周金文集成》04294;《商周青铜器铭文选》257;《商

① 李学勤:《论曶鼎及其反映的西周制度》,载《中国史研究》1985年第1期。

② 清华大学出土文献研究与保护中心编:《清华大学藏战国竹简(捌)》(上册),中西书局2018年版,第109~120页。

周青铜器铭文暨图像集成》05351。铭文之释文如下：

> 隹王九月既眚（生）霸庚寅，王才（在）周康宫，旦，各（格）大（太）室，即立（位）。司徒单白（伯）内（入）右扬，王乎（呼）内史史敖册令（命）扬。王若曰：扬，乍（作）司工，官司量田佃、眔司宄、眔司刍、眔司寇、眔司工司（事），賜（锡）女（汝）赤⿰8木市（韨）、銮旂，讯讼，取遺（赗）五寽。扬拜手稽首，敢对扬天子不（丕）显休，余用乍（作）朕烈考宪白（伯）宝簋，子子孙孙其万年永宝用。

在这篇铭文中，天子册命扬，让他担任司工。司工的职责很多，其中包括司寇——缉拿贼寇。铭文又说杨可以讯讼，即处理狱讼之事。从取赗五寽来看，数额较小，可能管辖的案件级别较低。𩰫匜（《集成》10285）铭文中的审判者伯扬父，当为本铭中的扬。

41. 南季鼎

南季鼎是懿王时的铜器，今有三足，为后配，现藏故宫博物院。本器内壁铸铭文9行，55字（其中重文2）。本器的主要著录文献及编号为：《攈古录金文》3之1.36；《殷周金文集成》02781；《商周青铜器铭文选》264；《商周青铜器铭文暨图像集成》02432。铭文之释文如下：

> 隹五月既生霸庚午，白（伯）俗父右南季，王易（锡）赤⚭市（韨）、幺（玄）衣、黹屯（纯）、䜌（銮）旅（旂），曰：用又（左）右俗父司寇，南季拜稽首，对扬王休，用乍（作）宝鼎，其万年子子孙孙永用。

本铭中有“司寇”一词，过去通常认为是司寇的职官名。但是根据金文句例，这里的司寇两字应为动宾结构，而非名词，对此已有学者指出。[1] 左右俗父司寇,即协助俗父缉拿贼寇之义。铭文中的伯俗父曾出现在五祀卫鼎(《集成》02832))、师晨鼎(《集成》02817)等铭文中。在五祀卫鼎(《集成》02832))铭文中,伯俗父是以审判者身份出现的;在师晨鼎(《集成》02817)铭文中,伯俗父(师俗父)是以郑地管理者身份出现的。从羚簋(《铭图》05258)、㝅甗(《小校》3.98.1)铭文可知,郑地的管理体系中有专门的司法职能设置;从扬簋铭文可知,司寇与讯讼密切相关。本铭中的俗父亦从事缉拿事务,其在王朝应担任有司法类的职务。

42. 畯簋

本器是懿王时期的铜器,为私人藏家之藏品,本器盖、器对铭,公布的盖铭拓本12行,151字(重文3)。本器的主要著录文献及编号为:《商周青铜器铭文暨图像集成》05386。铭文之释文如下:

> 隹十年正月初吉甲寅,王才(在)周成大(太)室,旦,王各(格)庙,即立(位),巤(赞)王,康公入门,右畯,立中廷,北鄉(向),王乎(呼)乍(作)册尹册命畯,曰:"截(哉)乃且(祖)考繇又(有)莽(功)于先王,亦弗朢(忘)乃且(祖)考,弄(登)里乎(厥)典,𢦚(奉)于服。今朕不(丕)显考龏(恭)王既命女(汝)更乃且(祖)考事,乍(作)司徒,今余隹申先王命,女(汝)飘司西扁(偏)司徒,讯讼,取赐十乎,敬勿灋(废)朕命。易(锡)女(汝)鬯卣、赤市(韨)、幽黄(衡)、攸(鋚)勒。"畯拜稽首,对扬天子休,用乍(作)朕烈考幽叔宝尊簋,用易(锡)万年,子子孙孙其永宝。

① 陈挈、李晶:《南季鼎、扬簋与西周法制、官制研究中的相关问题》,载《南开学报》2007年第2期。

这篇铭文公布后，朱凤瀚、李学勤、夏含夷等撰写论文加以研究，[①]而亦有质疑铭文真伪的观点出现。[②] 铭文反映出西周职官的制度细节，西周时期虽为世卿世禄，但是贵族承袭先祖职位，必须得到天子的册命。天子册命时，会扩大或缩减继承者的职权。畯在恭王时已经被任命为司徒，至懿王十年再次被册命，令他总管王畿西部的诸司徒，当属扩大职权。在册命时周王历数其家族职官的来由，为当时之惯例。铭文提到畯的祖先曾整顿典册，用以施政。所谓的"典"，或指户籍田土之典，或指制度典章之典，无论是何种典，都表明西周时期有文书行政之初步特征。从畯以王朝司土身份管理地方司土来看，三有司职官存在上下级纵向管理体系，此类纵向管理体系是否会对审判权行使有影响，即出现相应的审级概念，待考。

43. 牧簋

牧簋据传得之于扶风，是西周懿王时期的铜器，铸有铭文22行，223字(其中重文4)。本器的主要著录文献及编号为：《考古图》3.24；《历代钟鼎彝器款识》14.17；《殷周金文集成》04343；《商周青铜器铭文选》260；《商周青铜器铭文暨图像集成》05403。铭文之释文如下：

隹王七年十又三月既生霸甲寅，王才(在)周，才(在)师汓父宫，各(格)大(太)室，即立(位)，公族緰入右牧，立中廷，王乎(呼)内史吴册令(命)牧。王若曰：牧，昔先王既令(命)女(汝)作司土，今余唯或𣪕改，令(命)女(汝)辟百寮。□有内事，囚乃多乱，不用先王乍(作)井(刑—型)，亦多虐庶民。氒(厥)讯庶

① 参见朱凤瀚：《关于西周金文历日的新资料》，载《故宫博物院院刊》2014年第6期；李学勤：《畯簋铭文读释》，载《出土文献》(第8辑)，中西书局2016年版；夏含夷：《由〈晄簋〉铭文看"天再旦于郑"》，载《历史研究》2016年第1期。

② 王沛姬：《畯簋铭文析疑》，载《中国文物报》2015年10月23日，第143期。

右(有)䜌,不井(刑—型)不中,𠧪侯之䚄死,今𩚔司,匐(服)氒(厥)辠𣌭故(辜)。王曰:牧,女(汝)敢毋敢[弗帅]先王作明刑用,雩乃讯庶有䜌,毋敢不明不中不刑,乃敷政事,毋敢不尹人不中不刑。今余隹申就乃命,易(锡)女(汝)秬鬯一卣、金车、雕较、画輴、朱虢、𠭯靳、虎冟、纁里、旂、余(駼)[马]四匹,取[賜]□寽,敬夙夕勿灋(废)朕命。牧拜稽首,敢对扬王不(丕)显休,用乍(作)朕皇文考益白(伯)宝尊簋,牧其万年寿考,子子孙孙永宝用。

本铭是周王册命牧担任高级职官的文书摘录,牧的职责中包含处理司法案件。周王在册命中强调,即无论是审讯案件,还是处理政事,必须依照先王制定的规则来行事。上述规范审判权行使的告诫在此后逐步演变为格式化的官方语言并不断出现在册命文书中。到了西周晚期,包括井氏家族在内的数支巨族逐渐退出了政治舞台,另外一些政治家族将显露头角。铭文显示,此时周王对掌握司法权力的政治世家必须遵循法度规章之要求越发强烈。

44. 段簋

段簋是懿王时的铜器,现藏上海博物馆,内底铸铭文6行,57字。本器的主要著录文献及编号为:《殷周金文集成》04208;《商周青铜器铭文选》261;《商周青铜器铭文暨图像集成》05234。铭文之释文如下:

唯王十又四祀十又一月丁卯,王鼒毕烝,戊辰,曾(赠)。王蔑段历,念毕中(仲)孙子,令龏𡚸馈大则于段,敢對扬王休,用乍(作)簋,孙孙子子万年用享祀,孙子𠬪引。

铭文记录西周中期后段某周王命令龏𡚸赏赐给贵族段"大则"之事。何为"大则",诸家解释不同。《周礼》有"五命赐则"之说,郑众解释为“法也”,郑玄解释为“地未成国之名”,今天的学者也是从这两个角度分别加以阐释段簋之则。当取何说,待考。

45. 番生簋盖

番生簋盖是孝王时的铜器,现藏美国纳尔逊－阿特金斯博物馆,盖内壁铸有铭文11行,140字(其中重文1),本器的主要著录文献及编号为:《殷周金文集成》04326;《商周青铜器铭文选》310;《商周青铜器铭文暨图像集成》05383。铭文之释文如下:

> 不(丕)显皇且(祖)考,穆穆克誓(哲)氒(厥)德,严才(在)上,广启氒(厥)孙子于下,擢于大服,番生不敢弗帅井(刑—型)皇且(祖)考不(丕)杯元德,用申固大令(命),屏王立(位),虔夙夜,尃(溥)求不朁(潜)德,用谏四方,柔远能迩。王令(命)䣛司公族、卿事(士)、大(太)史寮,取遺(赡)廿寽,易(锡)朱市、忞(蔥)黄(衡)、鞞鞛、玉睘(环)、玉瑹、车、电軫、雕綷较、朱鞹、画靳、虎冟(幂)、熏(纁)里、遣(错)衡、厷戹(軶)、画轉、画轄、金踵、金豙、金簟弼(茀)、鱼箙、朱旂旜、金莽二铃,番生敢对天子休,用乍(作)簋,永宝。

在这篇铭文中,番生被授予了总管公族、卿士与太史寮的大权。西周金文中“取赡”通常与“讯讼”搭配使用,本铭省略了“讯讼”字样,此种情形还见于毛公鼎(《集成》02841)铭文。本铭的取赡数额达到了二十寽,属于较高等级。

46. 豳公盨

豳公盨是恭、懿、孝王时期的铜器,本器之盨盖已失,只存器身。2002年春保利艺术博物馆的专家在我国香港特区古董市场上偶然发现了本器,后购买并收藏于保利艺术博物馆,盨底铸铭文98字。本器的主要著录文献及编号为:《中国历史文物》2002年第6期;《商

周青铜器铭文暨图像集成》05677。铭文之释文如下:

天令(命)禹敷土,随山浚川,乃差方设征,降民监德;乃自乍(作)配飨。民成父母,生我王、乍(作)臣,厥贵唯德。民好明德,顾才(在)天下。用氒(厥)绍好,益美懿德,康亡不懋。孝友吁明,经齐好祀,无欺心。好德,婚媾亦唯协天。釐用孝信,复用祓禄,永御于宁。豳公曰:民唯克用兹德,亡(无)悔。

本铭多次言及"德"与社会规范的关系,所以成为研究中国法律思想史中难得的早期资料。自2002年保利艺术博物馆收购豳公盨并公布其铭文以来,很多学者对铭文加以研究,因为铭文涉及大禹治水,并出现了6次"德"字,以至于学者大多认为,盨铭的中心思想在于颂扬大禹之德、或大禹的德政。[①] 但细读铭文可知,其内容与大禹之德并无直接联系。铭文所称举的德,是社会成员,尤其是"民"应当遵守的一种规范。

47. 倗生簋

倗生簋是西周中期铜器,现存共三器及一器拓本,铭文均不全而内容相同。现存三器分别收藏于上海博物馆、故宫博物院以及中国国家博物馆。这里以上海博物馆藏倗生簋为标本,器、盖铭文各8行,79字(其中重文2)。本器的主要著录文献及编号为:《筠清馆金文》3.25.1-3.26.1;《殷周金文集成》04262;《商周青铜器铭文选》210;《商周青铜器铭文暨图像集成》05307。倗生簋铭文之释文如下:

---

① 保利艺术博物馆所编辑介绍遂公盨、并收录诸家论文的著作,题目是《遂公盨——大禹治水与为政以德》,线装书局2002年版。其他类似的观点,参见饶宗颐:《遂公盨与夏书佚篇〈禹之总德〉》,载《华学》(第6辑),紫禁城出版社2003年版;杨善群:《论遂公盨铭与大禹之"德"》,载《中华文化论坛》2008年第1期;王沛:《道术与刑书——大变局下的早期中国法》,法律出版社2018年版,第332~337页。

> 隹正月初吉癸子(巳),王才(在)成周,格白(伯)取良马乘于倗生,氒(厥)賓卅田,则析,格白(伯)履,殹妊、彶佤氒(厥)从,格白(伯)安彶佃(甸)殷,氒(厥)绝雩谷杜木,原谷旅桑,涉东门,氒(厥)书史戠武立誓、成壂。铸保(宝)簋,用典格白(伯)田,其万年子子孙孙永宝用,𠀠。

本篇铭文对研究西周畿外邦国地区的田土买卖规则具有重要价值。铭文记录了倗生与格伯之间的田土交易,山西翼城大河口霸国墓地铜器铭文公布后得知,"霸""格"两字同字异构,格伯即霸伯。倗生是倗人之甥,倗氏墓地在山西绛县,倗霸二氏相去不远,皆依附于晋。我国香港特区某藏家收藏之晋侯铜人身前所刻铭文,初步揭示出霸(格)与晋的关系。推测倗生或为晋人。

48. 吕簋

吕簋是西周中期铜器,私人收藏,盖、器各铸铭文7行,62字。本器的主要著录文献及编号为:张光裕、黄德宽主编:《古文字学论稿》,安徽大学出版社2008年版,第167页;《商周青铜器铭文暨图像集成》05257。铭文之释文如下:

> 隹九月初吉丁亥,王格大室,册命吕。王若曰:"吕,更乃考𫹺司奠师氏,易女玄衣黹屯、䌷市同黄,戈琱㦰、彤必(柲)、彤沙、旂銮,用事。"吕对扬天子休,用乍(作)文考尊簋,迈(万)年宝用。

邓佩铃认为,铭文中"奠师氏"与《周礼》甸师相关,掌刑杀公族之有罪者,且有断狱的职责,"奠""甸"在上古音中声纽相同,可通假。[①] "甸师氏"见于《周礼》《礼记》。《周礼·天官·甸师》曰:"甸

① 邓佩铃:《从新见吕簋铭文试论"庴""奠师氏"及"銮旂"之试读》,载张光裕、黄德宽:《古文字学论稿》,安徽大学出版社2008年版,第167页。

师……王之同姓有罪,则死刑焉”,郑玄注:“王同姓有罪当刑者,断其狱于甸师之官也。”由此可知,甸师氏或甸人掌刑杀公族之有罪者,且有断狱的职责。从《周礼》来看,其地位并不高,属于“下士”。䵣司奠师氏就是总管奠师氏。铭文中的“奠”或释为郑,郑是王畿西部的地名,师氏为武官。根据这种观点,本铭与甸师氏无关,但与研究西周郑地的机构设置有关,在研究前列畯簋(《铭图》05386)铭文之背景时有参考价值。

49. 㲄甗

㲄甗是西周中期后段的铜器,现收藏于北京师范大学文物博物馆,内壁铸有铭文 8 行,38 字,本器的主要著录文献及编号为:张光裕、黄德宽主编:《小校经阁金文拓本》3. 98. 1;施建中、周启迪:《北京师范大学文物博物馆藏品选》,北京师范大学出版社 2002 年版,第 30 页。铭文之释文如下:

唯三月初吉戊寅,王才(在)宗周,王易(锡)㲄赤市、幽黄,用[事]。邑于郑,[讯□]有酱,取赐十寽,子孙永宝。

本铭应与㪟簋(《铭图》05258)对读,皆为王朝授予郑地官员审判权的珍贵资料。㪟簋铸造时期推定为西周中期前段,㲄甗的铸造时期推定为西周中期后段,那么㪟与㲄是前后相继的郑地长官,㪟簋说“取㪔五寽”,㲄甗说“取㪔十寽”,似乎意味该地长官的审判权限在扩大,对此有待进一步的研究。

三、西周晚期

50. 夺簋

夺簋是 2020 年由山西考古研究院和地方文物部门组建的北白鹅墓地考古队在垣曲县北白鹅墓地 M3 中发掘出土的西周中晚期之

际的铜器,共有四件,其中4件铜簋的内底和3件簋盖内铸有内容相同的铭文,这里以其中的一件簋盖铭文为标本。该簋盖内铸铭文共12行,94字(其中重文2)。本器的主要著录文献为:《文物世界》2021年第1期。铭文之释文如下:

唯正月初吉,王才(在)成周。庚午,洛(格)于太室。井叔内(入)右夻,即立(位),王乎(呼)内史微册令(命)夻,曰:"令(命)女(汝)司成周讼事眔殷八师事。易(锡)女(汝)赤⊗市,銮旂,用事。"夻拜稽首,敢对扬天子不(丕)显鲁休令(命)。用乍(作)朕皇祖中氏、朕文考鳌孟宝尊簋,夻其万年眉寿永用,子子孙孙宝。

这篇铭文记录了贵族夻被授予管理成周诉讼事务权力的册命。铭文显示,成周的司法有专职化的迹象,而在册命中,享有世袭审判权力的井叔担任右者,是值得注意的。

51.蔡簋

蔡簋是夷王时的铜器,原器下落不明。郭沫若《两周金文辞大系语录考释》转录石刻残本,有铭文13行,159字(其中重文1)。本器的主要著录文献及编号为:《两周金文辞大系语录考释》87;《殷周金文集成》04340;《商周青铜器铭文选》385;《商周青铜器铭文暨图像集成》05398。铭文之释文如下:

隹元年既望丁亥,王才(在)淢应(居)。旦,王各(格)庙,即立(位)。宰曶入右蔡,立中廷,王乎(呼)史敖册令(命)蔡。王若曰:蔡,昔先王既令(命)女(汝)乍(作)宰,司王家,今余隹申就乃令(命),令(命)女(汝)眔曶𩁹疋(胥)对,各从,司王家外内,母(毋)敢又(有)不闻,司百工,出入姜氏令(命),氒(厥)又(有)见又(有)即令,氒(厥)非先告蔡,母(毋)敢疾又(有)入告,女(汝)母(毋)弗善效姜氏人,勿事(使)敢又(有)疾,止从(纵)狱。易(锡)女(汝)幺(玄)衮衣、赤舄,敬夙夕勿灋(废)朕令(命)。蔡拜手稽首,敢对扬天子不(丕)显鲁休,用乍宝尊簋,蔡其万年眉寿,子子孙永宝用。

铭文与西周审判权授予相关。天子命令蔡担任“宰”管理王室事务时,特别强调蔡需要管教好王后姜氏身边之人,不要让他们在处理狱讼案件时胡作非为。原文为“勿使敢有疾,止纵狱”:疾是害、恶之义;止纵狱,指制止纵狱行为。相关表述可与寅盨(《集成》04469)对读。

52. 十二年大簋

十二年大簋是厉王时的铜器,传世共两盖,分别收藏于中国历史博物馆、瑞典斯德哥尔摩皇宫。盖内铸有铭文10行,107字(重文2)。此外以中国历史博物馆藏大簋盖为标本,主要著录文献及编号为:《殷周金文集成》04299;《商周青铜器铭文选》392;《商周青铜器铭文暨图像集成》05345。铭文之释文如下:

隹十又二年三月既生霸丁亥,王才(在)𬀪侲宫,王乎(呼)吴师召大,锡趞睽里,王令膳夫豖曰趞睽曰:余既易、锡大乃里,睽宾豖璋,帛束。睽命豖曰天子:余弗敢婪。豖以睽履大锡里。大宾豖介章(璋)、马两,宾睽介章(璋)、帛束,大拜稽首,敢对扬扬天子不(丕)显休,用乍(作)朕皇考烈伯尊簋,其子子孙孙永宝用。

这篇铭文讲述了周厉王赏赐、调整土地的过程。移交土地的过程是在礼制安排下进行的,由此可了解礼制与政令下达之间的关系。铭文显示,在厉王十二年三月既生霸丁亥这天,厉王召见了贵族大,把原本属于趞睽使用的土地赐给了大。移交土地的过程看起来非常顺利,一切都在礼制的安排下有条不紊地进行:趞睽在接到命令后,以宾礼的方式馈赠使者玉璋与帛匹,并表示自己不会贪图占有这块土地,并且陪同使者一起去踏勘了要这块土地。而贵族大亦用宾礼的方式馈赠给使者介璋和两匹马,馈赠给趞睽介璋和帛匹。这件事情发生于厉王统治的前期,似乎一切都完美地掌握在王权之中。但趞睽的回复却很耐人寻味,他说自己不会贪图这块土地。高风亮节的表达被接受土地的贵族大特意铸造在铜器上宣扬表彰,似乎又暗示着高风亮节在当时是多么的难能可贵。说什么就是缺什么,贪占王朝土地的人一定存在,不然怎会发生后文鬲比鼎(《集成》02818)上的那个案子呢?本铭更重要的价值在于,为研究西周后期土地使用权调整时出现的激烈纠纷提供了重要的背景线索。

53. 鬲比盨

鬲比盨是厉王时的铜器,收藏于故宫博物院,内底铸有铭文12行,133字(其中重文2)。本器的主要著录文献及编号为:《殷周金文集成》04466;《商周青铜器铭文选》424;《商周青铜器铭文暨图像集成》05679。铭文之释文如下:

隹王二十又五年七月既望□□,[王]才(在)永师田宫。令小臣成友逆[里尹]□、内史无忌、太史旟,曰:章氒(厥)冐夫[illegible]鬲比田,其邑旃、絲、𩁹,复友(贿)鬲比其田,其邑复歒、言二邑。卑(俾)鬲比复氒(厥)小宫[illegible]鬲比田,其邑彶眔句、商、兒,眔雠、弋。复限余(予)鬲比田,其邑竞、榶、甲三邑,州、泸二邑。凡复友(贿)复付鬲比田十又三邑。氒(厥)右鬲比譱(膳)夫克。鬲比乍(作)朕皇且(祖)丁公、文考惠公盨,其子子孙孙永宝用,[illegible]。①

① 参见中国社会科学院考古研究所:《殷周金文集成》(第4册·04466),中华书局2007年版,第2870~2871页。

这篇铭文可以帮助我们了解鬲比鼎(《集成》02818)铭文所载案件的发生背景。厉王时期,王朝所有的田土,其使用权属处于剧烈的变动之中,周王不断调换土地的使用者,或许是厉王与贵族集团在政治和经济利益上反复较量的表现,而鬲比无疑是受厉王信任的获益者。本篇铭文说,厉王将很多贵族的田邑交付给鬲比,其总数高达十三邑之多。可能某些贵族并不愿意移交田邑,鬲比鼎(《集成》02818)所记录诉讼案件就是其中一例。

54. 鬲比鼎

鬲比鼎是厉王时的铜器,收藏于日本兵库县黑川古文化研究所,内壁铸有铭文 10 行,102 字(其中重文 4)。中国历史博物馆藏有一件鬲比簋盖(《集成》05335),内壁铸铭文 101 字(其中重文 4),与鬲比鼎内容大致相同。本器的主要著录文献及编号为:《殷周金文集成》02818;《商周青铜器铭文选》426;《商周青铜器铭文暨图像集成》02483。铭文之释文如下:

> 隹卅又一年三月初吉壬辰,王才(在)周康宫辟大(太)室。鬲比以攸卫牧告于王,曰:女(汝)爰我田,牧弗能许鬲比。王令眚,史南以即虢旅。乃事(使)攸卫牧誓曰:敢弗具付鬲比,其且(沮)射(度)分田邑,则杀。攸卫牧则誓。比乍(作)朕皇且(祖)丁公、皇考惠公尊鼎。鬲攸比其万年子子孙孙永宝用。①

铭文说厉王三十一年三月初吉壬辰这天,厉王在周康宫旁的太室,贵族鬲比把攸卫牧告到了厉王那儿。鬲比说,周王您换给我的田,牧不答应给我。周王命令审查此事,史南又将案件交给虢旅处理。这场官司攸卫牧输了,于是法官让攸卫牧发誓说,如果你不交付

① 参见中国社会科学院考古研究所:《殷周金文集成》(第 2 册 · 02818),中华书局 2007 年版,第 1488 页。

田土给鬲比,就触犯了破坏度分田邑的大罪,是要判死刑的。这篇铭文的关键词是“爰我田”,爰是换的意思,爰田即换田。[①] 从铭文中看,周王控制着大量他可以赐予、收回、调换的土地。理论上说,西周贵族的田土,都由周初封建所得。但在实践中,这些田土已大体区分为贵族所有与周王所有而贵族诸侯使用两类。贵族所有的田土既可以在家族内部再分配或世代传承,也可以买卖交换;而又周王所有、贵族使用的田土,周王既可将其收回,也可将其重新分配调换。鬲比所控诉的,就是周王要将授予攸卫牧使用的土地转移到鬲比那里,而攸卫牧拒不移交土地的行为。铭文中说,于“且(沮)射(度)分田邑”,即破坏度分田邑,[②]会判死刑,如此重刑,在西周金文法律资料中相当罕见,可见王室对此类田土控制力度之强。我们还要注意的是,这个案件发生在周厉王时期,在传世古籍中,厉王是以垄断山林川泽,实行“专利”政策而闻名的。[③] 厉王时期的金文资料中,王室调整贵族田土的记录一下多了起来,这或许与王室的“专利”政策相关。鬲比鼎结尾说“鬲攸比其万年子子孙孙永宝用”,对比鬲比簋盖(《集成》05335)铭文可知,“攸”为衍文。

55. 散氏盘

散氏盘是厉王时的铜器,据传出土于陕西省凤翔县,现收藏于台北故宫博物院,内底铸有铭文19行,350字(其中重文1,衍文2)。本器的主要著录文献及编号为:《殷周金文集成》10176;《商周青铜器铭文选》428;《商周青铜器铭文暨图像集成》14542。铭文之释文

① 关于铭文中“爰”的解释,参见王沛:《暑期访古札记五则》,载王沛主编:《出土文献与法律史研究》(第8辑),上海人民出版社2020年版。

② 关于铭文中“且”和“射”的解释,参见沈培:《西周金文“宕”字释义重探》,载李宗焜主编:《第四届国际汉学会议论文集·出土材料与新视野》,台北“中研院”2013年版,第417页;裘锡圭:《裘锡圭学术文集》(第3卷),复旦大学出版社2012年版,第79页。

③ 《国语·周语上》。

如下:

用夨𢿷(扑)散邑,乃即散用田。履:自濡(瀗)涉以南,至于大沽(湖),一𢍜(封)。以陟,二𢍜(封),至于边柳、复涉濡(瀗),陟雩(雩),𠭯(徂)𨘢(遼)𨻰以西,𢍜(封)于𢽌𢦚(城)。楮木,𢍜(封)于刍逨,𢍜(封)于刍衜(道)。内(入)陟刍,登于厂湶,𢍜(封)𨝭桩(析)、𨻰陵、刚桩(析),𢍜(封)于𦋞(𦋞)道,𢍜(封)于原道,𢍜(封)于周道。以东,𢍜(封)于𣏟(棹)东疆(疆),右还,𢍜(封)于𡲀(履、郿?)道,以南𢍜(封)于𧼈逨道,以西至于难(鳿)莫(墓)。履井邑田,自根木道,左至于井邑,𢍜(封),道以东,一𢍜(封),还,以西一𢍜(封),陟刚(岗)三𢍜(封),降以南,𢍜(封)于𠙴(凡)道,陟州刚(岗),登桩(析),降棫,二𢍜(封)。夨人有司履田:鲜、且、微、武父、西宫襄、豆人虞丂、彔、贞、师氏右眚(省)、小门人䌛、原(原)人虞艿、淮司工虎、孛、𨙸豐父、难(鳿)人有司刑丂,凡十又五夫。正履夨舍散田:司土屰寅、司马𦋞(𦋞)𪊨、䡞人司工騡君、宰德父。散人小子履田:戎、微父、效、㮚(櫂)父、襄之有司橐、州、就、焂、从、𩰫,凡散有𤔲(司)十夫。唯王九月,辰才(在)乙卯,夨卑(俾)鲜、且、𩁹、旅誓,曰:我既(既)付散氏田、器,有爽,实余有散氏心贼,则鞭千罚千,传弃之。鲜、且、𩁹、旅则誓。廼卑(俾)西宫襄、武父誓曰:我既付散氏溼田、畛田,余有爽变,鞭千罚千。西宫襄、武父则誓。氒(厥)受(授)图夨王于豆新宫东廷。

氒(厥)左执𦃟,史正中(仲)农。

本铭记载了夨氏侵犯散氏,要赔偿散氏田地的案子。依照学界旧说,本铭中夨氏家臣替夨王立誓,为夨王行为负责,为夨王的违约受罚,实有悖于常理,更与西周宗族首领负责原则不符。比较合理的推测是真正侵犯散氏的并不是夨王,而是夨王手下的那六位分两拨发誓、要交付给散氏田地的家臣,他们分别是鲜、且、𢍰、旅,以及西宫襄、武父。从铭文中可知,这六人同时具有夨人"有司"的身份。夨氏家臣侵犯散氏的行为,由夨、散两氏首领解决,并通过立誓的方式确定惩罚规则,但这其中没有王朝司法权力出现,是值得注意的现象。

56. 禹鼎

禹鼎是厉王时的铜器,1942 年出土于陕西省岐山县任家村,收藏于中国国家博物馆。又,宋代曾出土过同铭铜器,下落不明。禹鼎内壁铸有铭文 20 行,208 字。本器的主要著录文献及编号为:《殷周金文集成》02833;《商周青铜器铭文选》407;《商周青铜器铭文暨图像集成》02498。铭文之释文如下:

> 禹曰:"不(丕)显超超(桓桓)皇且(祖)穆公,克夹召先王,奠四方,肄(肆)武公亦弗叚(暇)望(忘)朕圣且(祖)考幽大叔、懿叔,命禹𠂤(缵)朕圣且(祖)考,政于井邦。肄(肆)禹亦弗敢惷(惷),睗共(恭)朕辟之命。"乌(呜)乎(呼)哀哉!用天降大丧于下或(国),亦唯噩侯驭方,率南淮夷、东夷广伐南或(国),东或(国),至于历内。王乃命西六师、殷八师,曰:"𠭯(扑)伐噩侯驭方,勿遗寿幼。"肄(肆)师弥宋(怵)匌匡(恇),弗克伐噩。肄(肆)武公乃遣禹率公戎车百乘,斯(厮)驭二百、徒千,曰:"于匡(匡)朕肃慕,叀(唯)西六师、殷八师伐噩侯驭方,勿遗寿幼。"雩禹以武公徒驭至于噩。𦎫(敦)伐噩,休获氒(厥)君驭方。肄(肆)禹又(有)成。敢对扬武公不(丕)显耿光。用乍(作)大宝鼎。禹其万年子子孙孙宝用。

这篇铭文中的禹是井氏家族穆公之后,他受周王之命对反叛的噩(鄂)侯驭方予以讨伐与惩罚,其措施是"勿遗寿幼"。据噩(鄂)侯驭方鼎(《集成》02810)铭文说,周王南征时,噩(鄂)侯驭方曾接受周王的醴酒,并参加射礼,而此时却率领南淮夷、东夷反叛,最后被擒获,其族受到"勿遗寿幼"严惩。不过从最新公布的南阳夏饷铺鄂国墓地来看,鄂国并未彻底灭亡,而是被迁徙到了南阳盆地。夏饷铺出土的鄂国铜器对如何理解"勿遗寿幼"提供了新的启示。关于王朝对南淮夷的政策,可以结合下面所列的兮甲盘(《集成》10174)铭文共同研究。

57. 兮甲盘

兮甲盘是宣王时的铜器,早在宋代即已出土,南宋张抡的《绍兴内府古器评》便有著录。至元代,此器流落民间,甚至被"折其足,用为饼炉",[①]书法家鲜于枢看到此器,验之为古物,遂加以收藏。[②] 清代兮甲盘曾收入保定官库,清末又为山东潍县陈介祺所得,此事为吴式芬《攈古录》所载,并云"器高三寸五分,口径一尺三寸五分,下半缺"。[③] 不过后来兮甲盘又流失了。现日本东京书道博物馆、香港中文大学文物馆各藏有所谓"兮甲盘",但均非真品。[④] 容庚《商周彝器通考》载有兮甲盘照片一幅,与文献记载特征相符,或拍自原器。2014 年 11 月此器现身武汉的"中国文化艺术品博览会",经李学勤、吴镇烽等专家鉴定为真。2017 年 7 月兮甲盘在上海、杭州巡展后,以 2.1 亿元高价被拍卖。兮甲盘内底铸铭文 13 行,133 字(其中重文 4)。本器的主要著录文献及编号为:《殷周金文集成》10174;《商周青铜器铭文选》437;《商周青铜器铭文暨图像集成》14539。铭文之释

① 鲜于枢:《困学斋杂录》。

② 鲜于枢:《困学斋杂录》;陆友仁:《研北杂志》。

③ 吴式芬:《攈古录》卷 3。

④ 东京书道博物馆藏的兮甲盘为器、铭俱伪,而香港中文大学藏兮甲盘为腐蚀法伪造铭文于西周器上。参见王人聪、杜迺松:《香港中文大学文物馆藏"兮甲盘"及相关问题研究》,载《故宫博物院院刊》1992 年第 2 期。

文如下：

隹五年三月既死霸庚寅，王初各(格)伐玁狁于䍐䖒，兮甲从王，折首执讯，休，亡敃，王易兮甲马四匹、驹车。王令甲政司成周四方积，至于南淮夷。淮夷旧我帛畮人，毋敢不出其帛、其积、其进人；其贾毋敢不即次、即市。敢不用令(命)，则即井扑伐。其隹我诸侯、百姓，氒(厥)贾毋不即市，毋敢或入蛮宄贾，则亦井。兮伯吉父作盘，其眉寿万年无疆，子子孙孙永宝用。

在这篇铭文中，兮甲命令淮夷贡献粟帛人力，并在规定的区域内从事贸易；而“我方”的诸侯、百官，也要在规定的区域内从事贸易，不得越界进入蛮方贸易。规定的区域之于淮夷是“次”和“市”，“次”指周人军队驻扎之所，市即市场。从铭文中可知，这里的贸易，仅指周人和淮夷之间的贸易。任何一方有违法行为，都要依照惯例予以处罚。兮甲盘所说的“积”，过去学界通常解释为“委积”，按照孙诒让的说法，“凡贮聚竹禾米薪刍之属，通谓之委积。”①笔者认为，兮甲“政司成周四方积”，不会仅限于征收天下的竹禾米薪刍。岳麓秦简(肆)简169说“内史杂律曰：刍稾廥、仓、库实官积”，积中包括刍稾廥、仓中所储存的草料粮食，也包括库中储藏之物，而库是储藏管理兵器的机构与场所。《礼记·儒行》孔颖达疏：“积，积聚财物也”，《汉书·刑法志》颜师古注：“积，积聚之物也”，将“积”理解为广义上的财物、物资，应更符合铭文之所指。从前面列举的材料看，淮夷地区的铜料也应是兮甲征收之“积”的重要内容。

58. 五年琱生簋、六年琱生簋

五年琱生簋、六年琱生簋是宣王时的铜器，分别收藏于耶鲁大学艺术陈列馆(五年簋)、中国国家博物馆(六年簋)。两器铸造于同

① 参见孙诒让：《周礼正义》，中华书局1987年版，第767页。

时,铭文前后相联,可以将其视为一篇。五年簋内底铸铭文 11 行,104 字;六年簋内底铸铭文 11 行,104 字(其中重文 2)。本器的主要著录文献及编号为:《殷周金文集成》04292、04293;《商周青铜器铭文选》289、290;《商周青铜器铭文暨图像集成》05340、05341。铭文之释文如下:

隹五年正月己丑,琱生有事,召来合事。余献,妇氏以壶,告曰,以君氏令曰:余老止,公仆庸土田多扰,弋白(伯)氏从许,公宕其叁,女(汝)则宕其贰;公宕其贰,女(汝)则宕其一。余鼄于君氏大章(璋),报妇氏帛束、璜。召白(伯)虎曰,余既讯,㕫我考我母令,余弗敢乱,余或至我考我母令。琱生则堇圭。(五年琱生簋)

隹六年四月甲子,王才(在)莽。召伯虎告曰:余告庆!曰:公氒(厥)禀贝,用狱扰,为白(伯)有祗有成,亦我考幽白(伯)幽姜令。余告庆。余以邑讯有司,余典,勿敢封。今余既讯有司,曰㕫令。今余既一名典,献。白(伯)氏则报璧,琱生奉扬朕宗君其休,用作朕烈祖召公尝簋,其万年子孙宝用,享于宗。(六年琱生簋)

五年琱生簋说五年正月己丑这天,琱生向宗族提起诉讼,“召来合事”,是说宗族指定大宗的召伯虎来解决这桩讼事。在六年琱生簋中,召伯虎对琱生说“公厥秉贝用狱扰,为伯有祇有成”,即“公族提交费用于狱扰之事,我都处理完毕”。这表明召伯虎是具体处理案件之人。不过需要注意的是,尽管召伯虎承担了审判官的角色,但真正决定裁判结果的还是宗族的首领宗君、宗妇。五年琱生簋、琱生尊(《铭图》11817)中都记录了非常口语化的宗君命令,在五年琱生簋中,宗君说:“余老止,公仆庸土田多扰,弋白氏从许……”之后审判官召伯虎说他已经讯问有司,[1]但至于判决,则要"或致我考我母令",即听从其父母的命令;都表明这种情形。我们可以更简单地描述宗族内诉讼的程序,即当事人向宗族提起诉讼,宗族指定审判官,而审判官根据宗君的意见处理案件。过了一年多后,案件终于处理完毕,六年琱生簋说召伯虎来向琱生庆祝,说他处理好了案件,同时又强调"亦我考幽伯幽姜令",即这是根据其父母宗君宗妇的命令做出的裁决,琱生则称赞了宗君的休美,并将此事铸造在两件簋上,以纪念其先祖,并让子孙永远珍藏使用。

59. 五年琱生尊

五年琱生尊共两件,于 2006 年 11 月在陕西扶风县出土,是宣王时的铜器,现收藏于扶风县博物馆。两件铜器铭文内容相同,分别在内壁铸铭文 14 行、112 字。本器的主要著录文献及编号为:《文物》2008 年第 8 期;《商周青铜器铭文暨图像集成》11817、11817,铭文之释文如下:

> 隹五年九月初吉,召姜以琱生[illegible]五[illegible]壶两,以君氏命曰:余老之,我仆庸土田多扰,弋许,勿事(使)散亡。余宕其叁,女则宕其贰。其兄公,其弟乃。余蠹大章(璋),报妇氏帛束璜一,有司眔盥,两辟。琱生对扬朕宗君休,用乍(作)召公尊[illegible],用祈通禄得屯(纯)灵冬终,子孙永宝用之享。其又(有)乱兹命,曰:"女事召人",公则明亟!

琱生尊与上述两件琱生簋铭文内容相关。五年、六年琱生簋(《集成》04292、04293)侧重讲述整个诉讼事情的经过,目的在于体现琱生对宗君宗妇的干预行为及召伯虎裁判行为的称颂,这是小宗

---

① 琱生三器中的有司,均指宗族内部的有关机构,参见王沛:《"狱刺"背景下的西周族产析分》,载《法制与社会发展》2009 年第 5 期。

琱生对外的表态。而琱生尊的铭文,侧重指出自身哪些权益得到了确认,并宣示了宗君的命令,以告诫新归附的仆庸,其目的在于体现小宗琱生对内的权威。从法制史的角度来看,琱生三器铭文是记录西周宗族内部诉讼的难得资料,这些资料同时反映出西周宗族社会的政治格局。通观琱生尊铭文的整体结构,除了纪年、礼仪和嘏辞而外,其余内容可分为两部分,第一部分是裁决结果,裁决结果是对小宗琱生的诉讼请求而做出的,将案件处理的原则、案件处理的结果以及对小宗服从履行的期望简明扼要地展现出来。而裁决结果就是小宗对内宣誓权力的依据。第二部分是小宗发布的命令,小宗根据上述裁决,要求以前权属有争议、现在确定属于自己的仆庸服从自己。无论从哪一部分来看,这篇铭文都会成为小宗对内行使权力的依据。那这篇文字是写给谁看的呢?铭文嘏辞套语已给出了答案——“子孙永宝用之享”。礼器是子孙珍藏使用,铭文自然为家族阅读。家族子孙们将永远知晓此事,遇有仆庸作乱,就可以根据铭文所载的方法,交付公族处理。这或许就是铸造这套礼器的目的所在。

60. 驹父盨盖

驹父盨盖是宣王时的铜器,1974 年出土于关中腹地的陕西武功县,现收藏于武功县文物管理委员会。盖内铸有铭文 9 行,82 字(其中合文 1),本器的主要著录文献及编号为:《殷周金文集成》04464;《商周青铜器铭文选》442;《商周青铜器铭文暨图像集成》05675。铭文之释文如下:

> 唯王十有八年正月,南中(仲)邦父命驹父即南诸侯帅高父见南淮夷,氒(厥)取氒(厥)服,谨夷俗,遂不敢不敬畏王命,逆(迎)见我,氒(厥)献氒(厥)服。我乃至于淮,小大邦亡(毋)敢不□俱逆(迎)王命。四月,还,至于蔡,乍(作)旅盨,驹父其万

年永用多休。①

这篇铭文说宣王十八年正月，王朝的卿士南仲邦父命令驹父到周人之南诸侯统帅高父那里去会见南淮夷，征收贡赋。南淮夷缴纳贡赋，周人尊重淮夷的习俗，淮夷敬畏王命。淮夷迎见周人，奉献服赋。周人至于淮上，当地大小邦国都迎接王命。驹父四月回到了蔡国，制作了这件旅盨，将万年使用。淮夷缴纳贡赋中应包括铜、锡等资源，传世文献中将其称之为“南金”。《诗经·泮水》所言：“憬彼淮夷，来献其琛。元龟象齿，大赂南金”，即是淮夷进贡铜料的记录，而前述曾国诸器铭文亦对此多有描述。驹父盨盖铭文中所谓王命，应当与此相关。驹父盨盖铭文中提到的蔡国，其地望南接繁阳，正是“金道锡行”上的重要据点。此外，我们还注意到驹父盨盖铭文中替王朝传达命令的南仲邦父之身份具有特殊性。2009 年随州文峰塔春秋曾国墓地 M1 出土的曾侯与编钟（《铭图》21029）铭文说，“王逝命南公，营宅汭土，君庇淮夷，临有江夏”，证明曾国的远祖为南公，而南仲邦父亦应为南公之后，与曾是同族氏之贵族。结合以上列举的各篇铭文，可以初步勾勒出周王朝通过曾国在淮夷地区建立进贡铜料的制度轮廓。金文显示，某些强大的诸侯国也有通过霸权来建立类似的贡赋制度，进而获取铜料资源的迹象，相关资料见于楚公逆钟（《铭图》15500）铭文。

61. 吴虎鼎

吴虎鼎是宣王时的铜器，1992 年在陕西省长安县黑河引水工程中被推土机推出，现藏陕西省西安市长安博物馆。本器内壁铸有铭文 16 行，164 字（其中重文 2），主要著录文献及编号为：《考古与文

---

① 中国社会科学院考古研究所：《殷周金文集成》（第 4 册）04464，中华书局 2007 年版，第 2865 页。

物》1998 年第 3 期;《商周青铜器铭文暨图像集成》02446,铭文之释文如下:

> 隹十又八年十又三月既生霸丙戌,王才(在)周康宫夷宫,导入右吴虎,王令(命)善夫丰生、司工雍毅,申厉王令:取吴葢旧疆,付吴虎:氒(厥)北疆涵人眔疆,氒(厥)东疆官人眔疆,氒(厥)南疆毕人眔疆,氒(厥)西疆莽姜眔疆。氒(厥)俱履封:丰生、雍毅、白(伯)导、内司土寺桒。吴虎拜稽首,天子休,宾善夫丰生章(璋)、马匹,宾司工雍毅章(璋)、马匹,宾内司土寺桒璧、爰(瑗)。书:尹友守史由。乃宾史桒韦两。虎拜手稽首,敢对扬天子不(丕)显鲁休,用乍(作)朕皇且(祖)考庚孟尊鼎,其子子孙孙永宝。

这篇铭文记录的事件发生在西周晚期的宣王十八年,内容却是宣王重新落实他的父亲厉王时期的命令。厉王的命令是将吴葢的土地交给吴虎使用。接下来铭文详细记录了这片土地的方位四至,以及踏勘田地的官员名字。吴虎以宾礼的方式馈赠了诸位办事的官员,并制作了这件纪念祖考庚孟的宝鼎。史书记载,厉王因"专利"的经济政策与贵族集团产生了尖锐的对立,在一场政变后,厉王被流放到位于今天山西霍州的彘地。历经了共伯和的 14 年执政,厉王之子宣王终于登上天子之位。在宣王十八年,也就是厉王下台整整 32 年后,宣王贯彻了厉王时期的一道旧令,将吴葢的土地转给了吴虎。这个举动证明,从厉王到宣王时代,周王控制王朝所有土地的政策导向是高度一致的,并未因为政权更迭的动荡而改变。周王加强控制土地力度的对面,则是贵族力图捍卫自己的利益。从吴虎鼎铭文来看,这次土地权属变更在礼制的协调下顺利达成,但是当我们变换立场,站在贵族角度上看琱生三器的表述时,就会体验另外一番心境。琱生三器铭文中作为宗族首领的宗君在处理族内田土纠纷时,一再强调宗族成员紧密团结的重要性,切莫让宗族田土散亡流失。反观西周前期的韩伯豐鼎(《铭图》02426),王朝曾动用审判权干涉贵族家族内部的田产问题,召氏宗君的担心不是没有理由的。周王和贵族们都在竭尽全力保卫自己的土地,而西周王朝正是在这种紧张的气氛下走向终结。

62. 卌三年逨鼎

卌三年逨鼎是一组宣王时的铜器,2003 年 1 月出土于陕西眉县杨家村,本组铜器共 10 件,前 8 件铭文基本相同,后 2 件铭文先后相接,全铭与前 8 件大体相同,收藏于宝鸡青铜器博物院。我们以卌三年逨鼎甲为研究标本,其内壁铸铭文 30 行,321 字(其中重文 8)。本器的主要著录文献及编号为:《文物》2003 年第 6 期;《商周青铜器铭文暨图像集成》02503。铭文之释文如下:

隹卌又三年六月既生霸丁亥,王才(在)周康宫穆宫,旦,王各(格)周庙,即立(位),司马寿右吴逨入门,立中廷,北卿(向)。史減受(授)王令(命)书。王乎(呼)尹氏册令(命)逨。王若曰:“逨,不(丕)显文武膺受大令(命),匍(敷)有四方,则繇隹乃先聖且(祖)考,夾召先王,闻堇(勤)大令(命),奠周邦。肄余弗忘聖人孫子,昔余既令(命)女(汝)疋(胥)荣兑䟫司四方吴(虞)林,用宫御。今余隹巠(经)乃先且(祖)考,又(有)爵于周邦,申就乃令(命),令(命)女(汝)官司历人,母(毋)敢妄宁,虔夙夕惠雍我邦小大猷。雩乃専政事,母(毋)敢不𦕎不井(刑—型),雩乃讯庶又(有)𠫑,母(毋)敢不中不井(刑—型),母(毋)龏龏橐橐,隹又(有)宥从(纵),廼敄鳏寡,用乍(作)余我一人死不小(肖)隹死。”王曰:“逨,易(锡)女(汝)秬鬯一卣、玄衮衣、赤舄、驹车、雕较、朱虢(鞹)、圅靳、虎冟、熏裏、画䡖、画𨏼、金甬,马四匹、鋚勒,敬夙夕弗灋(废)朕令(命)。”逑拜稽首,受册,佩以出,反入(纳)堇(瑾)圭。逑敢对天子不(丕)显鲁休扬,用乍(作)朕皇考龏(恭)弔(叔)𩰫彝。皇考其严才(在)上,翼才(在)下,穆穆秉明德,數數𤇈𤇈,降余康𩁹屯(純)右(祐),通彔(祿)永令(命),眉寿绰绾,畯臣天子,逑万年无疆,子子孙孙永宝用享。

这篇铭文背景可参见卌二年逑鼎(《铭图》02501)、逑盘(《铭图》14543)。铭文中的“官司历人”“讯庶又(有)吝”都和司法、处理狱讼相关;在审判中必须恪守“中”的原则,符合“井(刑—型)”的要求,已成为册命中的常见套语。

63. 寅盨

寅盨是宣王时的铜器,据《考古图》说“得于京兆”,铸有铭文15行,155字(其中重文2,合文1)。本器的主要著录文献及编号为:《殷周金文集成》04469;《商周青铜器铭文选》443;《商周青铜器铭文暨图像集成》05683。铭文之释文如下:

又(有)进退,雩邦人、正人、师氏人,又(有)辠(罪)又(有)故(辜),廼協倗即女(汝),廼繇宕,卑(俾)复虐逐氒(厥)君、氒(厥)师,廼乍(作)余一人咎。王曰:寅,敬明乃心,用辟我一人,善效(教)乃友内(入)辟,勿事(使)虣(暴)虐从(纵)狱,爰夺𠭯行道,氒非正命,廼敢疾讯人,则唯辅天降丧,不少(肖)唯死,易(锡)女(汝)秬鬯一卣,乃父市、赤舄、驹车、雕较、朱虢(鞹)、㔢靳、虎冟、熏(纁)裹、画轉、画𨍏、金甬,马四匹、鋚勒,敬夙夕勿灋(废)朕令(命)。寅拜稽首,对扬天子不(丕)显鲁休,用乍(作)宝盨,弔(叔)邦父、弔(叔)姞万年子子孙孙永宝用。

这篇铭文记录了周王授予寅以审判权的册命,铭文中提到的“卑(俾)复虐逐氒(厥)君、氒(厥)师”与国人驱逐厉王有关。“勿使暴虐纵狱,爰夺觑行道,氒非正命,迺敢疾讯人,则唯辅天降丧”是天命思想在司法领域中的集中体现,为重要的法律思想史资料,可与西周中期铜器师訇簋(《集成》04342)相互参看;本册命之行文还可参见清华简《摄命》。

64. 毛公鼎

毛公鼎据说在清道光末年出土于陕西岐山县,是宣王时的铜器,现收藏于台北故宫博物院,腹内铸有铭文32行,497字(其中重文9、合文9)。本器的主要著录文献及编号为:《殷周金文集成》02841;《商周青铜器铭文选》447;《商周青铜器铭文暨图像集成》02518。铭文之释文如下:

王若曰:父厝,不(丕)显文武,皇天引猒(厌)氒(厥)德,配我有周,雁(膺)受大命,率褱(怀)不廷方,亡不闬(觐)于文武耿光,唯天緇(将)集氒(厥)命,亦唯先正孯(襄)辥(乂)氒(厥)辟,爵(恪)堇(谨)大命。肆皇天亡睪(斁),临保我有周,不(丕)巩先王配命,敃(旻)天疾畏(威),司余小子弗彶(及),邦緇(将)害(曷)吉?翩翩四方,大从(纵)不静(靖)。乌虖(呼)!愳(趯)余小子圂湛于艱(艰),永巩先王。王曰:父厝,今余唯肇巠(经)先王命,命女(汝)辥(乂)我邦我家内外,惷(惷)于小大政,甹(屏)朕(朕)立(位),虩许上下若否,雩四方死(尸)母(毋)童(动)。余一人才(在)立(位),引唯乃智,余非亯(庸)又昏,女(汝)母(毋)敢妄(荒)宁,虔夙夕惠我一人,雝(雍)我邦小大猷,母(毋)折威(缄),告余先王若德,用印(仰)卲(昭)皇天,𤔲(申)圝(固)大命,康能四或(国),俗(欲)我弗乍(作)先王忧。王曰:父厝,雩之庶出入事于外,尃(敷)命尃(敷)政,埶(艺)小大楚(胥)赋,无唯正昏,引其唯王智,廼唯是丧我或(国)。历自今,出入尃(敷)命于外,氒(厥)非先告父厝,父厝舍命,母(毋)有敢惷(惷),

尃(敷)命于外。王曰:父厝,今余唯醽(申)先王命,命女(汝)亟(极)一方,圅我邦、我家。母(毋)頋(推)于政,勿雝(雍)逮(律)庶人㔽。母(毋)敢龏(拱)橐(橐),龏(拱)橐(橐)廼敄(侮)鳏寡。善效乃友正,毋敢湛(湎)于酉(酒),女(汝)母(毋)敢彖(坠),才(在)乃服(服)。圂(固)夙夕敬念王畏(威)不睗(易),女(汝)母(毋)弗帅用先王乍(作)明井(刑—型),俗(欲)女(汝)弗乃以乃辟圅(陷)于囏(艰)。王曰:父厝,巳曰𤼈(抄)丝(兹)卿事寮,大(太)事寮于父即尹,命女(汝)䌛司公族,雩(与)三有司、小子、师氏、虎臣,雩(与)朕亵事,以乃族干(捍)吾(敔)王身,取賷(赔)卅寽(锊),易(赐)女(汝)𩃡(秬)鬯一(卣),鄭(祼)圭鬲(瓒)宝,朱市,忈(蔥)黄(衡),玉环、玉琮、金车、雕𦄂较(较)、朱𩌦、圅靳(靳)、虎冟、熏裏、右厄(轭)、画轉、画𨎌、金甬、遣(错)衡、金嶂(踵)、金豙(轙)、軹(约)、𤼈(盛)、金簟(簟)弼(茀)、鱼葡(箙)、马四匹,攸(鋚)勒、金㬈、金膺(膺)、朱旂二铃(铃)、易(锡)女(汝)丝(兹)关(賸),用岁用政(征)。毛公厝对扬天子皇休,用乍(作)尊鼎,子子孙孙永宝用。

这篇铭文与西周禁酒令、推行政令、行政规范相关。毛公鼎铭文"汝毋弗帅用先王作明井(刑)",措辞与牧簋(《集成》04343)、四十三年逨鼎(《铭图》02503)相近,其关联语境背景需要进一步研究。

65. 楚公逆钟

楚公逆钟是宣王时的铜器,1992~1993年山西省考古所和北京大学考古系联合组成的发掘队对天马-曲村遗址的北赵晋国墓地进行清理发掘时,意外获得这组楚国编钟,现收藏于山西省考古研究所。这组编钟共8件,我们选取的标本为钲间和左鼓铸铭文68字。本器的主要著录文献及编号为:《文物》1994年第8期;《考古》1995年第2期;《商周青铜器铭文暨图像集成》15501。铭文之释文如下:

隹八月甲午，楚公逆祀乎(厥)先高祖考，夫(敷)壬(任)四方首，楚公逆出，求乎(厥)用祀。四方首休多禽(勤)钦融，纳享赤金九万钧。楚公逆用自乍(作)龢齐钖钟百飤(肆)，楚公逆其万年寿，用保乎(厥)大邦，永宝。[①]

铭文说在八月甲午这天，楚公逆(熊鄂)为祭祀他的高祖(熊渠)，让四方首领承担各项任务。楚公逆出行索取用于祭祀之物品，而四方首领赞扬楚公逆的勤劳与威仪，入贡赤铜九万钧，楚公逆制作了谐和精美的编钟百组。《史记·楚世家》说，周夷王时，王室衰微，而楚公逆的高祖熊渠"甚得江汉间民和，乃兴兵伐庸、杨粤，至于鄂"，建立起了南方的霸权。到了楚公逆时代，类似王朝的贡赋制度开始在楚国显露身影。周边小邦国向楚国进贡大量赤铜，制作礼器用以祭祀楚公的祖先，这既是宣示楚国霸权的方式，更是楚国模仿中央王朝礼制的例证。铭文所谓"赤金九万钧"，据学者估计，其重量总在今百万斤以上，数量十分惊人。近来的科技考古已分析出楚公逆钟的金属来源与西周中央作坊所使用的铜料是一致的，这证明淮夷地区采铜产业对西周王室的重要性。[②] 这篇铭文对于研究西周晚期邦国法秩序的转化有重要启发，可与眉敖簋(《集成》04213)对读。

66. 𪓰簋

𪓰簋是西周晚期铜器，收藏于台北故宫博物院。盖、器同铭，各7行，58字(其中重文2)。本器的主要著录文献及编号为：《殷周金文集成》04215；《商周青铜器铭文选》319；《商周青铜器铭文暨图像集成》05242。铭文之释文如下：

---

① 黄锡全、余炳文：《山西晋侯墓地所出楚公逆钟铭文初释》，载《考古》1995年第2期。

② 参见黎海超、崔剑锋：《试论晋、楚间的铜料流通——科技、铭文与考古遗存的综合研究》，载《考古与文物》2008年第2期。

唯王正月,辰才(在)甲午,王曰:䜌,命女(汝)司成周里人眔者(诸)侯、大亞,讯讼罚,取償(赔)五寽,易(锡)女(汝)尸(夷)臣十家,用事。䜌拜稽首,对扬王休命,用乍(作)宝簋,其子子孙孙宝用。

䜌簋铭文显示,周王会直接授予某贵族以审判权力,而该贵族并不担任特定职官。铭文中周王命令䜌管理成周的里人、诸侯、大亚,同时处理狱讼处罚之事,可与夺簋(《文物世界》2021.1)、寅盨(《集成》04469)比较研究。

67. 仲幾父簋

仲幾父簋是西周晚期铜器,下落不明,拓本显示铸有铭文3行,18字。本器的主要著录文献及编号为:《殷周金文集成》03954;《商周青铜器铭文暨图像集成》04882。铭文之释文如下:

中(仲)幾父事(使)幾事(使)于者(诸)侯、者(诸)监,用氒(厥)儐乍(作)丁寶簋。

本器对研究西周监国制度有重要意义。可与句监鼎(《铭图》01617)、噩监簋(《铭图》04441)、应监甗(《集成》00883)、应监鼎(《集成》01975)、管监引鼎(《集成》02367)、叔赵父爯(《集成》11719)等记载监国制度的铜器一并研究。

68. 司寇良父簋

司寇良父簋是西周晚期铜器,现藏中国三峡博物院,内底铸有铭文3行,16字(其中重文2)。本器的主要著录文献及编号为:《两周金文辞大系》262;《商周青铜器铭文暨图像集成》04808。铭文之释文如下:

司寇良父乍(作)为卫姬簋,子子孙孙永保用。

这篇铭文对研究"司寇"职官名来源有帮助。关于金文中"司寇”问题的分析，请参见黄海的相关论文。[①]

69. 虞司寇伯吹壶

虞司寇伯吹壶是西周晚期铜器，共 2 件，现藏故宫博物院，这里选其中的一件为标本，器盖铸有铭文 11 行，22 字（其中重文 1）；器口内壁铸铭文 24 字（其中重文 2），其内容大致相同。本器的主要著录文献及编号为：《殷周金文集成》09695；《商周青铜器铭文暨图像集成》12395。器盖铭文之释文如下：

虞司寇白（伯）吹乍（作）宝壶，用享用孝，用祈眉寿，子子孙永宝用。

这篇铭文对研究“司寇”职官名来源有帮助。关于金文中“司寇”问题的分析，请参见附录中的相关论文。春期中期的封孙宅盘（《集成 10154》）中有“鲁少司寇”，可参考研究。

70. 焂戒鼎

焂戒鼎 1993 年征集于我国香港特区，是西周晚期铜器，现藏上海博物馆。器内铸有铭文 4 行，25 字。本器的主要著录文献及编号为：《上海博物馆集刊》第 8 期、《近出殷周金文辑录》347、《商周青铜器铭文暨图像集成》02279。铭文之释文如下：

軡白（伯）庆易（锡）焂戒赍弼、鬣膺、虎裘、豹裘。用正（政）于六师、用校于比、用獄次（盗）。

本铭大意是軡伯庆赐给焂戒车马饰物及虎裘豹裘等物品，命令他整饬六师、考校民数、伺捕盗贼。这篇铭文并不长，却十分重要。铭文所说的“用正（政）于六师”，政通整，有整治、治理的意思。[②] “用

① 黄海：《论中国古代专职法官在战国时期的出现》，载《华东政法大学学报》2019 年第 2 期。

② 吴振武：《焂戒鼎补释》，载《史学集刊》998 年第 1 期。

校于比",参见《周礼·地官·党正》"以岁时涖校比"。郑司农云:"校比,《族师职》所谓'以时属民,而校登其族之夫家众寡,辨其贵贱老幼废疾可任者,及其六畜车辇'。如今小案比。""用獄次(盗)",獄字见于《玉篇·狱部》:"獄,息利息梨二切,辨狱官也,察也,今作伺、覗。"獄次(盗),即伺盗。本铭格式很独特,没有金文所常见的格式套语,所以李学勤怀疑或非全铭。西周后期有一铭分铸几器现象,此铭也许仅是其中一段。[①] 也有学者认为器主应为䶊伯庆,器名当作"䶊伯庆鼎",这涉及到对铭文关键词汇的重新释读。

四、春秋时期

71. 曾伯陭钺

曾伯陭钺是2002年11月至2003年4月襄阳市考古队在湖北枣阳郭家庙曾国墓地发现的,是春秋早期铜器。曾伯陭钺现收藏于襄阳市博物馆,钺之正反面各铸有铭文9字,共18字。本器的主要著录文献及编号为:《新收殷周青铜器铭文暨器影汇编》1203;《商周青铜器铭文暨图像集成》18250。铭文之释文如下:

曾伯陭铸杀钺,用为民𠛬。非历殹井(刑—型),用为民政。

这篇铭文说曾伯陭铸造这件钺,用以推行法律,治理民政。"杀钺"旧释为"戚钺",刘雨、严志斌、郭永秉认为"戚"当释作"杀",可从。[②] 铭文中"𠛬""井"二字当与法制、法度或刑罚有关,但其区别为何,还有待进一步探讨。

---

① 李学勤:《重写学术史》,河北教育出版社2002年版,第23~27页。

② 参见刘雨、严志斌:《近出殷周金文集录二编》,中华书局2010年版,第297页;郭永秉:《曾伯陭钺铭文平议》,载中国政法大学法律古籍整理研究所:《中国古代法律文献研究》(第10辑),社会科学出版社2016年版。

72. 晋姜鼎

晋姜鼎出土于陕西韩城，早在北宋时就著录于《考古图》《博古图》，是春秋早期的铜器，鼎内壁铸有铭文12行，121字。本器的主要著录文献及编号为：《殷周金文集成》02826；《商周青铜器铭文选》885；《商周青铜器铭文暨图像集成》02491。铭文之释文如下：

隹王九月丁亥，晋姜曰：余隹司（嗣）朕先姑君晋邦，余不叚（暇）妄宁，巠（经）雍明德，宣卲我猷，用绍匹辝（台）辟，每（敏）扬氒（厥）光烈，虔不墜，鲁覃京师，辥我万民。嘉遣我，易（锡）卤（滷）责（积）千两，勿灋（废）文侯景令（命），俾（俾）貫（串）通□，征緐汤（阳）、𨻰，取氒（厥）吉金，用乍（作）宝尊鼎，用康揉妥（绥）褱（怀）远迩君子，晋姜用祈绰绾眉寿，乍（作）疐为亟（极），万年无疆，用享用德，畯保其孙子，三寿是利。

在这篇铭文中晋姜说，自己继承先姑交授的权力，君临晋邦，无暇逸乐，和以明德，慎于谋划，以辅弼君主，以扬其光烈，使之声名不坠，以平定京师，以治理万民。文侯命令晋姜，用千辆大车装载卤盐，前往繁阳换取铜料，而晋姜用换来的铜料制作了这件鼎。晋姜鼎铭文最重要的地方在于将盐和铜这两样至为珍贵的物资联系起来，而联系的方式，则是贸易。以往学界对晋姜鼎所述之事颇多争论，直至近年来保利艺术博物馆收藏的戎生编钟（《铭图》15239）铭文公布，才纠正不少误解。戎生编钟所述之事与晋姜鼎相同，戎生是晋国的贵族，他也参与了这件以卤盐换铜料的事件，也用此次交易得来的铜料制作了编钟。戎生编钟中的相关内容是：

今余弗叚（暇）灋（废）其显光，对扬其大福，嘉遣卤积，俾参征繁阳,取氒(厥)吉金,用乍(作)宝协钟。①

晋侯命令晋姜用装满千辆大车的盐去换铜料,暗示晋南盐业的掌控权已由周王室转移到了晋国,而晋国拿盐到换南方的繁阳换铜料,表明铜料可以用贸易途径取得,这是巨大的社会变化,此现象同时表明铜料来源的控制权出现了脱离中央,下行地方的趋势。繁阳在今天的河南新蔡,这里虽不产铜,但却是南方铜料的中转地。从西周到春秋中期,这里都被王朝的代理者曾国所控制。曾国根据周王的命令,贯通并守卫以繁阳为中心的"金道锡行",是为西周贡赋制度在南方运作的核心内容之一。在新出土的铜器铭文中,对此现象有详细的描述。以往王朝利用强大的政权力量,直接掌握诸侯国地域的盐铜资源,而现在诸侯国之间自行交易盐铜,互通有无,这是新政治格局下的社会现象。

73. 曾公畎编钟

曾公畎编钟在2019年出土于随州枣树林M190贵族墓地,曾公畎编钟制作于春秋中期前段的公元前646年,包括镈钟一组4件,共有铭文38行,226字(含重文1、合文1);甬钟2组,其中一组9件,有铭文255字,另一组8件,铸款次序紊乱。甬钟铭文与镈钟大致相同,我们以镈钟铭文为底本,个别用字参照甬钟铭文做了校正。本器的主要著录文献为:郭长江、凡国栋、陈虎、李晓杨:《曾公畎编钟铭文初步释读》,载《江汉考古》2020年第1期。铭文之释文如下:

隹王五月吉日丁亥,曾公畎曰:昔才(在)辟不(丕)显高祖,克逑匹周之文武,淑淑白(伯)旨(舍—括)小心有德,召事一[帝](?),遹怀多福。左右有周,□神其圣。受是不(丕)忘,不(丕)显其霝(令),匍匐辰(祇)敬。王客我于康宫,乎(呼)氒

① 参见李学勤:《戎生编钟论释》,载《文物》1999年第9期。

(厥)命。皇且(祖)建于南土,蔽蔡南门,誓应京社,适于汉东。[南]方无疆,涉征淮夷,至于繁阳。曰:邵王南行,豫(舍)命于曾,咸成我事,左右有周,易(锡)之甬(用)钺,用政(征)南方。南公之烈,吾圣有闻,陟降上下,保埶子孙。曰:呜呼!忧余孺火〈小〉子,余无谤受,肆余行辞卹,卑辞千休,偶(?)天孔惠,文武之福,有成有庆,福禄日至,复(?)我土疆,择其吉金鐈铝,自乍(作)龢镈宗彝,既淑既平,冬(终)龢且鸣,以享于其皇且(祖)南公,至于桓庄,以祈永命,眉寿无疆,永保用享。

这篇铭文以曾公畎的口吻讲述了曾国始封、接受周王册命以及开疆扩土等诸多重大事件。铭文说西周初年曾国就封于南土,周邵王南行时,发布号令于曾,赐其钺,曾受命征伐南方。曾国的先祖涉水南征,屏卫蔡国南境,在应国宗庙立下盟誓,征服淮夷,势力直达繁阳。而繁阳正是南方铜料聚集与中转之地。我们从传世的春秋早期铜器曾伯漆簠(《集成》04632)铭文得知,这条路线乃是周王朝获取铸铜资源的"金道锡行"。曾伯漆簠铭文云:

隹王九月初吉庚午,曾白(伯)漆哲圣元武,元武孔黹,克逖淮夷,抑燮繁汤(阳),金道锡行,具既卑(俾)方,余择其吉金黄铝,余用自乍(作)作旅簠,以征以行,用盛稻粱,用孝用享于我皇文考,天赐(锡)之福,曾漆叚(暇)不黄耇,万年眉寿无疆,子子孙孙永宝用之享。①

涉汉而东、征服淮夷、占领繁阳,才能保障"金道锡行"畅通无阻。这应当是周初以来王朝在曾国发号施令、授权其从事军事活动的主要目的。以武力为后盾,针对淮夷地区的贡赋制度正是这样建立起

① 参见中国社会科学院考古研究所:《殷周金文集成》(第4册)04632,中华书局2007年版,第3010~3011页。

来的。

又案,2009 年发现于随州文峰塔墓地的春秋晚期曾侯与编钟(《铭图》21029)铭文云:

> 王遣命南公,营宅汭土,君此淮夷,临有江夏。周室之既卑,吾用燮謞楚,吴恃有众庶,行乱,西政(征),南伐,乃加于楚,荆邦既变,而天命将误。①

这段话说明周王室卑弱后,天命属于强大的楚国,而吴国强大后攻打楚国,天命又有转变的可能。这套以单纯以武力为依据的天命观和西周天命理论完全不同,可以结合晋公盘(《铭图》30952)、秦公镈(《集成》00270)、叔夷钟(《集成》00272 - 00278)等资料加以探讨分析。

74. 晋公盘

晋公盘据传出自山西,在山西公安部门打击文物犯罪时缴获,是春秋中期铜器,现收藏于山西青铜博物馆。晋公盘内壁铸有铭文 7 处,每处 3 行,共 183 字(其中重文 1,合文 1)。本器的主要著录文献及编号为:《商周青铜器铭文暨图像集成》30952。铭文之释文如下:

> 隹王正月初吉丁亥,晋公曰:"我皇祖唐公膺受大命,左右武王,教戬(威)百蛮,广辟四方,至于不廷,莫[不]不秉敬(敬)。王命唐公,建(宅)京师,君百生(姓)乍(作)邦。我剌(烈)考宪公,克□亢猷,疆武鲁宿,霝(灵—令)名不□,赫赫才[上],台(以)严夤恭天命,召嬖(乂)朕身,孔静晋邦。"公曰:"余锥(唯)今小子,敢帅井(刑—型)先王,秉德嚣(秩)[秩],旹(协)燮(燮)万邦,諒(哀)[哀]莫不日頼(比)覺(況),余咸畜胤(俊)士,乍

① 凡国栋:《曾侯与编钟铭文柬释》,载《江汉考古》2014 年第 4 期。

(作)尨(蒙)左右,保辪(乂)王国,刜侌(典)灋屍,台(以)严虩若否。乍(作)元女孟姬宗彝般(盘),将广启邦,虔恭盟祀,卲(昭)畬(答)皇卿,咁(协)訓(顺)百黹(职)。隹(唯)今小子,嫯(敕)辪(乂)尔家,宗妇楚邦,乌(于)佋(昭)万年,晋邦隹翰,永康(康)宝。"

铭文中所的"烈考宪公",当为晋献公,而本铭的作者应该就是晋文公。铭文中说"我皇祖唐公膺受大命",体现出天命的改变。与西周铭文所言只有文王、武王,最多加上成王才可以受天命不同,这里诸侯国的开国之君也可以受天命了。类似的表述在1978年出土于陕西宝鸡太公庙的春秋早期铜器秦公镈(《集成》00262)铭文中就已出现,此时已经很流行了。这意味着周先王获得上天授权,其子孙得以统治天下的理论遭到破坏。相应地,西周先王因受天命而可以颁布法律(敷明刑)的理论亦难以维系。这篇铭文中还体现出对周王的某些尊重,如继续说"敢帅井(型)先王",而在秦系铭文中的表述,则彻底排除了周王的身影,后面所列春秋晚期秦公镈(《集成》00270)铭文就是很典型的例证。这篇铭文与传世晋公盆铭文(《集成》10342)相似,可以对读。

75. 秦公镈

秦公镈有著录者,有出土者。这里所说的是著录秦公博,北宋庆历年间叶清臣得之于长安,是春秋晚期秦景公时的铜器。[①] 秦公镈铸有铭文27行,143字(其中重文6、合文2)。本器的主要著录文献及编号为:《殷周金文集成》00270;《商周青铜器铭文选》919;《商周青

① 参见王辉:《论秦景公》,载《史学月刊》1989年第3期;陈昭容:《秦系文字研究:从汉字史的角度考察》之第二部分二章"论秦公簋的时代",台北,乐学书局有限公司2003年版,第171~191页;王辉、陈昭容、王伟:《秦文字通论》,中华书局2016年版,第40~43页。

铜器铭文暨图像集成》15827。铭文之释文如下：

秦公曰："不(丕)显朕皇且(祖)受天命,肇有下国,十又二公,不墜才(在)下,严恭夤天命,保嬖(乂)氒(厥)秦,虩事蛮夏。"曰:"余虽小子,穆穆帅秉明德,睿尃(敷)明井(刑—型),虔敬朕祀,以受多福,协龢万民唬(号、于)夙夕,烈烈桓桓,万生(姓)是敕,咸蓄百辟、胤士,藹藹文武,镇静不廷,柔燮百邦,于秦执事,作盄(淑)龢镈,氒(厥)名曰酱邦。其音铭铭雍雍孔煌,以卲(昭)格孝享,以受屯(纯)鲁多厘,眉寿无疆,畯疐才(在)立(位),高引有庆,匍(敷)有(佑)四方,永宝,宜。"

这篇铭文中的"睿尃(敷)明井(刑)"不见秦公簋(《铭图》04250)及出土秦公镈之铭文。睿,明也;尃(敷),布也;井(刑),法律、型范也。这是早期秦国法史的珍贵史料。西周时代之先王作明刑,后代君主恪守明刑,是其政治传统之所在。除金文资料外,其他出土文献与传世典籍也多有记载。如清华简《皇门》中说昔日贤明的臣子帮助有国哲王颁布明刑,由是政通人和:"是人斯助王恭明祀,敷明刑,王用有监,多宪正命,用克和有成";若不用先王之明刑,则应受到批判:"至于厥后嗣立王,乃弗肯用先王之明刑,乃维汲汲胥驱胥教于非彝……乃维不顺是治"。① 类似表述亦见诸其他典籍,如《诗经·抑》中的"罔敷求先王,克共明刑"也是此意。这里的"先王",通常指文王、武王。他们所作的明刑之所以要被后世遵循,是因为他们是"受天命"的君主;他们之所以"受天命",是因为他们有德。我们从出土、传世文献中可以清晰地理出这个逻辑链条。如毛公鼎(《集成》02841)铭文开

① 清华简释文参见李学勤主编:《清华大学藏战国竹简(壹)》,中西书局 2010 年版,第 165 页。

篇周王就说:"父厝,丕显文武引厌毕德,配我有周,膺受大命",[①]阐述了德与受大命(天命)之间的关系;而豳公盨(《铭图》05677)铭文更是说"民成父母,生我王、作臣,厥贵唯德",[②]德乃是君主配飨上天的依据所在。文武因有德而受天命,所以他们颁布的法令可为型范,后世君主、臣民一定要效此型范,即铭文常见"用先王作明刑"的背景。"井(刑)"的动词含义是效法,名词含义是被效法的规范,二者密切相连。

在此背景下来看,著录秦公镈之铭文,就会发现从法理角度而言,春秋时代秦人对周人的传统不断加以继承和改造。天命、德、布明刑,这三要素都来自周人传统,但其内涵却发生了变化:原本是周文王、武王受天命,但在春秋早期(出土秦公镈,《集成》00262)时就已变成了秦的先公受天命;原来是周先王作明刑,到春秋后期(著录秦公镈)转变成为秦的现任国君作明刑。对秉持明德的宣扬,则一如周人之旧。这篇铭文显示早期秦的法文化中有对周人传统强烈模仿的迹象,但其立法并非附庸于周代规则体系之下,而是化用周人的概念以确立自身的独立地位。

秦兴起于西戎,向来将戎夏关系作为治国重点,铭文所见治戎态度,亦为其后的律令制度所沿袭,对此秦公镈铭文中也有涉及,是为从事相关研究的宝贵资料。

76. 叔夷钟

叔夷钟在北宋宣和五年(1123)年出土于山东临淄齐故城,现仅存宋代摹刻本。叔夷钟是春秋晚期齐灵公时的铜器,共 13 件,其中第 1 ~7 件铭文可联读,铸有铭文 500 字(其中合文 6,重文 4)。本器的主要著录文献及编号为:《殷周金文集成》00272 – 00278;《商周青

① 中国社会科学院考古研究所:《殷周金文集成》(第 1 册),中华书局 2007 年版,第 1541 ~1543 页。

② 李学勤:《论遂公盨及其重要意义》,载《中国历史文物》2002 年第 6 期。

铜器铭文选》848;《商周青铜器铭文暨图像集成》15552 - 15558。铭文之释文如下:

隹王五月,辰才(在)戊寅,师于淄涶。公曰:女(汝)夷,余经乃先祖,余既专乃心,女(汝)小心愄忌,女(汝)不墜,夙夜宦执而(尔)政事,余引厌乃心,余命女(汝)政于朕三军,肃成朕师旟之政德,谏罚朕庶民,左右毋讳。夷不敢弗憼戒,虔恤乒(厥)死事,勠龢三军徒遖,雩乒(厥)行师,慎中乒(厥)罚。公曰:夷,女(汝)敬恭台命,女(汝)应鬲(历)公家,女(汝)巩劳朕行师,女(汝)肇敏于戎功,余易(锡)女(汝)莱都、密、劏,其县三百,余命女(汝)司台(以)莱,造铁徒四千,为女(汝)嫡寮。夷敢用拜稽首,弗敢不对扬朕辟皇君之易(锡)休命。公曰:夷,女(汝)康能乃有事,眔乃嫡寮,余用登屯(纯)厚乃命,女(汝)夷毋曰:余小子,女(汝)专余于艰恤,虔恤不易,左右余一人,余命女(汝)职差正卿,飘命于外内之事,中尃(布)明井(刑—型),台(以)尃戎公家,应恤余于明恤,女(汝)以恤余朕身,余易(锡)女(汝)马、车、戎兵,莱仆三百又五十家,女(汝)以戒戎作。夷用或敢再拜稽首,应受君公之易(锡)光,余弗敢瀌(废)乃命,夷典其先旧,及其高祖,赫赫成唐,有敢才(在)帝所,尃(溥)受天命,刻(克)伐夏后,贯乒(厥)灵师,伊小臣隹辅,咸有九州,处禹之堵。不(丕)显穆公之孙,其配襄公之出而成公之女,雩生叔夷,是辟于齐候之所,是小心恭齐,灵力若虎,堇(勤)劳其政事,有共(恭)于桓武灵公之所,桓武灵公易(锡)夷吉金鋚镐,玄鏐鏻铝,夷用作铸其宝钟,用享于其皇祖、皇妣、皇母、皇考,用祈眉寿,灵命难老,不(丕)显皇祖,其乍(作)福元孙,其万福屯(纯)鲁,和协而(尔)有事,卑(俾)若钟鼓,外内开辟肃肃誉誉,造(告)而(尔)朋剿,毋或丞頪,女(汝)考寿万年,永保其身,卑(俾)百斯男，而（尔）艺斯字（滋），肃肃义政，齐候左右，毋替毋已，至于世曰：武灵成，子孙永保用享。

这篇铭文中有关发布政令、处理诉讼、行政区设置等信息，都极富研究价值。铭文中出现的“政德”“敷明井（刑）”与“受天命”之语境与前述秦公镈（《集成》00270）有别。首先，在叔夷钟铭文中，齐灵公册命叔夷时说：“余命汝政于朕三军，肃成朕师旟之政德，谏罚朕庶民，左右毋讳”，其“政德”指治理军队的原则、规则，与抽象的“德”相比，似较具体。其次，齐公说：“余命汝职差正卿，䵼命于外内之事，中尃（敷）明井（刑）”，表明叔夷基于齐公的授权，得以布明刑，这也是不同于周人传统的地方。“明刑”概念突破西周理论体系而加以扩展运用，与著录秦公镈（《集成》00270）有相似之处。最后，在叔夷向齐公的表态中出现了“受天命”之语：“夷典其先旧，及其高祖，赫赫成唐（汤），有敢在帝所，尃（溥）受天命”，叔夷说自己是商人之后，商人之先王成汤受天命，有天下，同样是周人认可的理论，与周人传统观念并不矛盾。叔夷钟之“天命”“德”“尃（敷）明刑”概念与周人、秦人观念均有同有异。就“尃（敷）明刑”概念而言，叔夷钟与著录秦公镈都突破了周人之旧，是为春秋中后期新潮流的体现。

77. 宋右师延敦

宋右师延敦是河南南阳博物馆20世纪60年代初征集的春秋晚期宋景公时的青铜器，盖、器同铭，我们以器铭为标本，内壁铸有铭文8行，32字（其中重文3）。本器的主要著录文献及编号为：南阳市文物工作队、徐俊英：《南阳博物馆藏一件春秋铜敦》，载《文物》1991年第5期；《商周青铜器铭文暨图像集成》06074。铭文之释文如下：

朕宋右帀（师）延，隹嬴嬴昷昷（盟，明）昜（扬）天恻（则），骏共（恭）天尚（常），乍（作）盠（粢）粜（餥）器，天亓（其）乍（作）市

(祓),于朕身永永有慶。

这篇铭文所说的“明扬天则”“骏恭天常”,与东周时期的法律思想密切相关,具有重要的参考价值。

五、战国秦汉时期

78. 子禾子釜

子禾子釜于清咸丰七年(1857 年)出土于山东胶县灵山卫古城(今青岛市黄岛区),是战国早期齐国的铜器,现收藏于中国国家博物馆。子禾子釜腹外壁铸铭文 10 行,108 字,本器的主要著录文献及编号为:《殷周金文集成》10374;《商周青铜器铭文选》856;《商周青铜器铭文暨图像集成》18818。铭文之释文如下:

> □□立(涖)事岁,禝月丙午,子禾子□□内者御梠(莒)市,□命譈陈得:左关釜节于廪釜,关鍸节于廪半,关人筑杅戚釜,闭料于□外,槛釜而车人制之,而台(以)发退女(汝)关人,不用命则寅之,御关人□□其事,中刑斤徳,赎台(以)金半钧,□□其賄,氒(厥)辟□徳,赎台(以)□犀,□命者,于其事区夫,丘关之釜。①

这篇铭文的大意是,在立事岁禝月丙午这天,齐太公子禾子之内者奉命往告于陈得:左关釜之量制要受节制于官方仓廪之釜,关鍸之量制要以官方廪釜为标准。如果关人不执行此法令,则依照法令惩处。这是统一度量衡器的法令,而其目的则是有效而准确地征收关市之税。法令成为铜器铭文的唯一内容,是战国时代的新特征,而此类铜器不再是礼器,亦不反映礼制。

① 中国社会科学院考古研究所编:《殷周金文集成》(第 7 册)10374,中华书局 2007 年版,第 5592 ~ 5593 页。

79. 陈纯釜

陈纯釜于清咸丰七年(1857 年)出土于山东胶县灵山卫古城(今青岛市黄岛区),是战国早期齐国的铜器,现收藏于上海博物馆。子禾子釜腹外壁铸铭文 7 行,34 字。本器的主要著录文献及编号为:《殷周金文集成》10371;《商周青铜器铭文选》857;《商周青铜器铭文暨图像集成》18817。铭文之释文如下:

陈猷立(涖)事岁,𠭯月戊寅,於兹安陵亭,命左关师发,敕成左关之釜节于廪釜,屯者曰陈纯。

这篇铭文是说某年月日,陈猷到了安陵,命令左关的官吏名为师发的人说,左关釜的容量一定要以廪釜为标准。关守是陈纯。铭文中的法令,同样是为了统一度量衡,以便于征收关市之税,可参看子禾子釜(《集成》10374)。

80. 司马楙镈

司马楙镈 1982 年出土于山东滕州市姜屯镇庄里西村,是战国早期滕国的铜器,现收藏于滕州市博物馆。司马楙镈共 4 件,铭文可以联读,共铸铭文 83 字(其中重文 3)。本器的主要著录文献及编号为:《山东金文集成》104 – 107;《商周青铜器铭文暨图像集成》14567 – 14570。铭文之释文如下:

隹正孟岁十月庚午,曰古朕皇祖悼公,严恭天命,哀命(矜、怜)鳏寡,用克肇谨祧(先)王明祀,朕吝(文)考懿叔,亦帅刑(型)灋则祧(先)公正悳(德),卑(俾)乍(作)司马于滕,茕茕羊非敢惰褟(嗣? 祠?),楙乍(作)宗彝,用享于皇祖吝(文)考,用旂(祈)吉休畯(允)楙(茂),子子孙孙万年是保。

这篇铭文“亦帅刑灋则先公正德”中的帅、刑(型)、灋、则,四字意思相近,都是动词效法、遵循的意思。在金文资料中,“灋”大都为

“废除”义,或通作“大”,而并没有“效法”或“法律”的含义。作为动词“效法”来使用的古文字资料,此处为最早。与动词“效法”相关的名词含义就是“法度”“准则”,此亦为现代汉语中“法”的名词含义。荆门左冢楚墓出土的战国中期棋局(或为式盘)上,刑、灋并列,与信、典、详、常、义、恻(则)等6个有准则规范含义的名词共同构成一组词汇,显示刑、灋作为意义相关的动词与名词均已在日常行文中出现,此现象大致发生在战国早中期。

81. 中山侯钺

中山侯钺1977年出土于河北平山县三汲公社,为战国中期中山国建国之君武公所作,现藏于河北省博物院,钺体铸有铭文2行,16字。本器的主要著录文献及编号为:《殷周金文集成》11758;《商周青铜器铭文选》883;《商周青铜器铭文暨图像集成》18249。铭文之释文如下:

天子建邦,中山侯忻乍(作)兹军鉞,以敬(儆)氒(厥)众。

这篇铭文说,天子建立中山国,中山侯忻铸造了这把斧钺(自名为军鉞),用以儆戒其军队。其表述可与曾伯陭钺(《铭图》18250)铭文参看。

82. 中山王鼎、中山王方壶、中山王圆壶、兆域图铜版

中山王鼎、中山王方壶、中山王圆壶、兆域图铜版1977年出土于河北平山县三汲公社,是战国中期中山国的铜器。其中中山王鼎、中山王方壶为中山国王礜所作;中山王圆壶的铭文为中山王礜之子𧊒䖵所作;兆域图镌刻于铜板之上,是一副建筑平面图,图上注明建筑各部分的尺度以及王后和夫人的棺椁、题凑制度等。上述铜器现藏于河北省博物院。中山王鼎的盖至腹部有铭文77行,469字(其中重文10,合文2),主要著录文献及编号为:《殷周金文集成》02840,《商

周青铜器铭文选》880,《商周青铜器铭文暨图像集成》02517。中山王方壶四壁刻铭文40行,450字(其中重文4,合文1)。本器的主要著录文献及编号为:《殷周金文集成》09735,《商周青铜器铭文选》881,《商周青铜器铭文暨图像集成》12455。中山王圆壶腹部刻铭文59行,182字(其中重文5),圈足刻铭文1行,22字(其中重文1)。本器的主要著录文献及编号为:《殷周金文集成》09734,《商周青铜器铭文选》882,《商周青铜器铭文暨图像集成》12454。兆域图版共有铭文449字(其中合文14),内有记录王命的铭文43字。本器的主要著录文献及编号为:《殷周金文集成》10478,《商周青铜器铭文选》884,《商周青铜器铭文暨图像集成》19307。中山王诸器的释文如下:

隹十四年,中山王嚳诈(作)鼎于铭曰:於(呜)虖(呼),语不悖哉,寡人闻之,蒦(与)其汋(溺)于人施(也),宁汋(溺)于渊。昔者,郾(燕)君子徻(哙),叡弇夫悟,长为人宔(主),闬于天下之勿(物)矣,犹粯(迷)惑于子之而亡其邦,为天下僇,而皇(况)才(在)于少君虖(乎)。昔者,吾先考成王,早弃羣臣,寡人幼童,未甬(通)智,隹傅姆氏(是)从。天降休命于朕邦,又(有)氒(厥)忠臣赒,克顺克卑(比),亡不率仁,敬顺天德,以左右寡人,使知社稷之赁(任),臣宔(主)之宜,夙夜不懈,以诱道(导)寡人,含(今)舍(余)方壮,知天若否,仑(论)其德,眚(省)其行,亡不顺道,考度隹型。於(呜)虖(呼),折(哲)哉!社稷其庶虖(乎),氒(厥)业才(在)祇,寡人闻之,事少女(如)长,事愚女(如)智,此易言而难行也。非信与忠,其隹(谁)能之?其隹(谁)能之?隹吾老赒是克行之,於(呜)虖(呼)!攸哉,天其又(有)型于在氒(厥)邦,氏(是)以寡人委任之邦,而去之游,亡慷惕之虑。昔者,吾先祖桓王、邵(昭)考成王,身勤社稷行四方,以忧劳邦家,含(今)吾老赒,亲率三军之众,以征不宜(义)之邦,奋桴振铎,闢启封疆,方数百里,列城数十,克敌大邦,寡人庸其德,嘉其力,氏(是)以赐之氒(厥)命:隹(虽)又(有)死辠(罪),及三世,亡不若(赦),以明其德,庸其工(功),吾老赒,奔走不听命,寡人惧其忽然不可得,惮惮业业,恐陨社稷之光,氏(是)以寡人许之,谋虑皆从,克又(有)工(功),智也。诒死辠(罪)之又(有)若(赦),智(知)为人臣之宜(义)也。於(呜)虖(呼)!念之哉,后人其庸庸之,毋(毋)忘尔邦。昔者,吴人并越,越人修教备信,五年覆吴,克并之,至于含(今)。尔母(毋)大而肆,母(毋)富而骄,母(毋)众而嚣。邻邦难亲,仇人才(在)彷(旁)。於(呜)虖(呼)!念之哉!子子孙孙,永定保之,母(毋)替氒(厥)邦。(中山王鼎)

隹十四年,中山王譽命相邦赒斁(择)郾(燕)吉金,鉣(铸)为彝壶,节于禋齐,可法可尚(常),以饗上帝,以祀先王,穆穆济济,严敬不敢怠荒,因载所美,卲友(跋)则皇工(功),诋郾(燕)之讹,以儆嗣王。隹朕皇祖文、武,桓祖成考,是又(有)纯德遗训,以施及子孙,用隹朕所放(仿),慈孝宣惠,举贤使能,天不斁其又(有)願,使得贤在(士)良佐赒,以辅相氒(厥)身,余智(知)其忠信也,而属赁(任)之邦,氏(是)以游夕(闲)饮食,宁又(有)懅惕。赒渴(竭)志尽忠,以左右氒(厥)辟,不贰其心,受赁(任)佐邦,夙夜匪懈,进贤措能,亡又(有)常息,以明辟光。适遭郾(燕)君子徻(哙),不顾大宜(义),不旧(忌)者(诸)侯,而臣主易位,以内绝卲(召)公之业,乏其先王之祭祀,外之则将使上勤于天子之庿,而退与者(诸)侯齿长于会同,则上逆于天,下不顺于人也,寡人非之。赒曰:为人臣而反臣其主,不祥莫大焉,将与吾君并立于世,齿长于会同,则臣不忍见也。赒愿从士大夫,以请(靖)郾(燕)疆,氏(是)以身蒙幸(皋)胄,以诛不顺。郾(燕)

故君子徻(噲),新君子之,不用礼宜(义),不顾逆顺,故邦亡身死,曾亡一夫之救,遂定君臣之位,上下之体,休又(有)成工(功),创辟封彊(疆),天子不忘其又(有)勋,使其老策赏中(仲)父,者(诸)侯皆贺。夫古之圣王务在得贤,其即得民,故辞礼敬,则贤人至,陟爱深,则贤人亲,作敛中,则庶民附。於(呜)虖(呼),允哉若言,明友(跋)之于壶而时观焉,祇祇翼卲(昭)告后嗣,隹逆生祸,隹顺生福。载之简策,以戒(诫)嗣王,隹德附民,隹宜(义)可长,子之子,孙之孙,其永保用亡疆。(中山王方壶)

胤嗣㚸蚉,敢明易(扬)告:昔者先王,慈爱全(百)每(民),竹(畜)胄亡疆,日夜不忘,大去型(刑)罚,以忧乎(厥)民之隹(罹)不辜,或(又)得贤佐司马赒,而冢(重)任之邦。逢郾(燕)亡道易上,子之大臂(辟)不宜(义),反臣其主,隹司马赒欣諮战(僤)怒,不能寍(宁)处,率师征郾(燕),大启邦污(宇),枋(方)数百里,隹邦之干。隹送(朕)先王,茅(苗)搜田猎,于皮(彼)新土,其会女(如)林,馭右和同,三牡汸汸(滂滂),以取鲜藁(蕘),卿(饗)祀先王,德行盛旺,隐逸先王。於(呜)虖(呼),先王之德弗可复得,潸潸流涕,不敢宁处,敬命新坠(地),雨(雩)祠先王,世世母(毋)乏,以追庸(诵)先王之工(功)烈,子子孙孙,毋又(有)不敬,寅祇丞(烝)祀。

十三業左使车啬夫孙固、工蹟,冢(重)一石三百卅九刀之冢(重)。(中山王圆壶)

王命贾为逃(兆)乏(法),阔狭小大之叨。又(右)事者官图之,进退逃(兆)乏(法)者,死亡(无)若(赦),不行王命者,殃连子孙。其一从,其一藏府。(兆域图节录)

中山王诸器铭文既涉及具体的法令,也和当时流行的法律思潮相关,具有重要的研究价值。在中山王鼎铭文中,中山王发布了针对司马赒的法令,赐予司马赒三世子孙有罪免死之特权。中山王圆壶铭文中涉及一条法令,其内容是将在新获之国土上祭祀先王,世世代代不得废止。兆域图铜版有所谓的“兆乏(法)”,其文曰:“不行王命者,殃连子孙”,这直观地反映了中山国的诛连之制。中山王方壶铭文对禅让制度的批判、中山王鼎铭文对“道”与“型”(法度)关系的论述,都是珍贵的法律思想史资料。详细分析可参见笔者的相关论述。①

83. 鄂君启舟节

鄂君启节由青铜制成,形似剖开的竹节。1957 年安徽寿县农民在城东二里的丘家花园取土时,发现了四件鄂君启节,其中包括三件车节和一件舟节;1961 年 12 月又在此地发现了一件舟节。上述五件鄂君启节中,三件车节铭文相同,两件舟节铭文相同,车节与舟节内容有别,均是战国中期楚怀王时的铜器。两件舟节分别收藏于中国国家博物馆和安徽省博物院,正面以黄金丝镶嵌铭文 9 行,164 字(其中重文 1、合文 1),我们以收藏于中国国家博物馆的舟节为标本,其主要著录文献及编号为:《殷周金文集成》12113;《商周青铜器铭文选》659;《商周青铜器铭文暨图像集成》19181。铭文之释文如下:

> 大司马卲阳败晋师于襄陵之岁,夏层之月,乙亥之日,王处于蔵郢之游宫,大工尹脽台(以)王命,命集尹悼糌,织尹逆,织令阢为鄂君启之府庚铸金节,屯三舟为一舿(舸),五十舿(舸),岁赢返,自鄂市,逾湖,上汉,庚谷,庚郧阳,逾汉,庚襄,逾夏,入涢,逾江,庚彭射(泽),庚松阳,内(入)泸江,庚爰陵,上江,内(入)

① 王沛:《刑书与道术——大变局下的早期中国法》,法律出版社 2018 年版,第 355 ~ 372 页。

湘，庚䐑，庚洮阳，内（入）耒，庚郴，内（入）资、沅、澧、油，上江，庚木关，庚郢，见其金节则毋征，毋舍馔飤，不见其金节则征，如载马、牛、羊，台（以）出内（入）关则征于大府，毋征于关。

鄂君启节是楚怀王颁发给贵族鄂君启的运输货物免税证件。舟节说，鄂君的商队除了运输马、车、羊等牲畜需要向大府纳税外，其他货物均可免税经营。研究者普遍认为，鄂君启节体现出贵族在商贸活动中享有的免税特权。但是陈伟通过分析铭文中的交通网络后指出，鄂君启节所反映的立法意图是国家政权运用税收的经济杠杆作用，将商旅更多地引至偏远的淮南地区和湘沅诸水流域，用扩大贸易额的方法带动当地经济开发，①这种观点是非常有见地的。

84. 鄂君启车节

鄂君启车节共三件，是战国中期楚怀王时的铜器，分别收藏于中国国家博物馆（1 件）和安徽省博物院（2 件）。车节正面以黄金丝镶嵌铭文 148 字（其中重文 1，合文 3）。我们以收藏于中国国家博物馆的车节为标本，其主要著录文献及编号为：《殷周金文集成》12110；《商周青铜器铭文选》659；《商周青铜器铭文暨图像集成》19178。铭文之释文如下：

大司马卲阳败晋师于襄陵之岁，夏层之月，乙亥之日，王处於茂郢之遊宫，大工尹脽以王命，命集尹悼糬，织尹逆，织令阬为鄂君启之府庚铸金节，车五十乘，岁赢返，毋载金、革、箸、箭，如马、如牛、如特，屯十台（以）当一车，如担徒，屯廿担台（以）当一车，以毁（会）于五十乘之中，自鄂市，庚阳丘，庚方城，庚象禾，庚柳棼，庚繁阳，庚高丘，庚下蔡，庚居巢，庚郢，见其金节则毋征，

① 陈伟：《〈鄂君启节〉与楚国的免税问题》，载《江汉考古》1989 年第 3 期。

毋舍馔飤,不见其金节则征。

这篇铭文说鄂君的商队不得贩运金、革、篃、箭等事关国防的物资,其免税路线自鄂东行至居巢、南行至郢。对符合金节规定的商品实行免税,否则就要征税。与舟节一样,车节亦为研究战国税收法律制度的重要资料。

85. 商鞅方升

商鞅方升为上海博物馆1966年征集所得,是铸造于战国中期秦国的铜器,现藏上海博物馆。商鞅方升外侧有铭文35字(其中合文1),此外又有秦始皇廿六年诏铭40字。本器的主要著录文献及编号为:《殷周金文集成》10372;《商周青铜器铭文选》923;《商周青铜器铭文暨图像集成》18819。铭文之释文如下:

十八年,齐遣卿大夫众来聘,冬十二月乙酉,大良造鞅爰积十六尊(寸)五分尊(寸)壹为升。临,重泉。

廿六年,皇帝尽并兼天下诸侯,黔首大安,立号为皇帝。乃诏丞相状绾法度量则不壹,歉疑者皆明壹之。

铭文的第一段记录秦孝公十八年(公元前344年)商鞅订立了统一的度量衡,即升的容量是十六又五分之一立方寸;第二段则是一百二十二年后在秦一统天下时,秦始皇发布诏令,命丞相隗状、王绾把商鞅订立的度量衡制度推行颁行全国。在立法层面统一度量衡,对市场交易与税收而言是极为重要的举措。秦始皇的这则诏令在很多当时的量器中都出现过,此处就不一一列举了。

86. 上御锺

上御锺在1993年出土于河南永城南山1号汉墓1号陪葬坑,大致是西汉景帝时期的铜器,现收藏于永城市文物工作队。其肩部和腹部宽带纹之间阴刻铭文9字,其主要著录文献为:《考古》2005年第12期。铭文之释文如下：

上御锺常从盗者弃市。

铭文所谓“御”，是指皇帝御用物品，或宗庙使用的物品，①故知其亦为礼器。“盗者弃市”，是说盗窃这些御用物品的人将被施以死刑，这种铭文的格式和阅读对象迥异于西周春秋，是罕见的镌刻在西汉铜器上的法令。

① 参见永城市文物工作队：《河南永城市西汉梁王陵陪葬器物坑的清理》，载《考古》2004年第12期；郑清森：《永城南山一号汉墓1号陪葬坑出土铜锺铭文考释》，载《中国国家博物馆馆刊》2013年第2期。

《长沙五一广场东汉简牍选释》注释译(一)

姚　远*

内容摘要:本文对《长沙五一广场东汉简牍选释》中一～二十支简的文字注释,简文翻译,并对其中涉及的法律名词、术语以及涉及司法的内容进行了解读。讨论了东汉时期的基层司法制度,以及在基层司法制度中所涉及的法律问题。

关键词:东汉　五一广场　基层司法

凡　例

1. 本文所涉及的长沙五一广场东汉简的图版及文字内容均源自《长沙五一广场东汉简牍选释》①,中华书局 2015 年版。此外另有《长沙五一广场东汉简牍》(壹)(贰)两册,中西书局 2018 年版,简称为《五一广场(壹)》或《五一广场(贰)》。引用同批简牍,仅注整理

---

*　姚远,女,华东政法大学副教授。本文受国家社科基金重大项目"甲、金、简牍法制史料汇纂通考及数据库建设"资助,项目批准号:20&ZD180。本文是国家社科基金一般项目"长沙新出简牍所见东汉基层司法运作研究(项目编号:17BFX168)"的阶段性成果。

①　本文所注释译的简牍均源自《长沙五一广场东汉简牍选释》,中西书局 2015 年版。

编号,如"选释 1"、"壹 1",以便查找。

2. 文中所引用《居延汉简》和《居延新简》文字内容均源自《中国简牍集成》(第五册至第十二册),敦煌文艺出版社 2005 年版。简称《集成》,引文简号依《集成》简号。

3. 文中所引《长沙东牌楼东汉简牍》,文物出版社 2006 年版。文中简称为《东牌楼》。引文简号依《东牌楼》简号。

4.《张家山汉墓竹简》(二四七号墓),释文修订本,文物出版社 2006 年版。其中的《二年律令》和《奏谳书》在本文中加以区分,文中仅注明《二年律令》和《奏谳书》,引文简号依《张家山》简号。

5. 文中所引《睡虎地秦墓竹简》均源自睡虎地秦墓竹简整理小组编:《睡虎地秦墓竹简》,文物出版社 1990 年版。文中简称《睡虎地秦墓竹简》,简号依《睡虎地秦墓竹简》简号。

6. 因此批简牍中有些木牍比较宽大,每行文字数量过多,在转抄的过程中,比较长的简文部分每行文字前加标注数字,以示行数,正背两面分别计数。

7. 文中释文为作者所做释文,如释文与简报或其他研究者有差异在文中加以说明。

8. 简牍前阿拉伯数字序号为整理小组整理后编号顺序。

(一)木牍(CWJ1③:71－26)

01 · 案都乡漻阳里大男马胡南乡不处里区冯皆坐冯生不占书胡西市亭长今年六月……胡冯及汎所从□□

02 汝曹护我胡冯亥建可即俱之老舍门汎令亥建冯入老舍得一男子将□□以将老出门汎以……持矛刺老□□□□

03 建辜二旬内其时立物故汎胡建冯亥谋共贼杀人已杀汎本造计谋皆行胡……名数……冯□建格物故亥□及汎等别劾……□

04 永元十六年七月戊午朔十九日丙子曲平亭长昭劾敢言之临湘狱以律令从事敢言之

此木牍长35.5厘米,宽7.0厘米。木牍的上半部分保存较为完好,字迹清楚;下半部分距左侧1/3有裂纹,字迹模糊,中间有10~12个字漫漶不清。

木牍上写四行文字,前三行字体相对于后一行小一些。前三行字体占整个木牍宽度的一半不到。后一行字距前三行字略有空间。第一行文字极压木牍右侧,上半部分字迹清楚,下半部分至底部字迹模糊,底部略有缺损,部分字迹辨认不清。第一行字可辨认41字,第二行可辨认44字,第三行46字,第四行36字,共167字。从单行字数来看,此牍形制可能较长。

此牍的断句应当为:

·案[1]:都乡漻阳里[2]大男[3]马胡,南乡不处里[4]区冯,皆坐[5]。冯,生[6]不占[7]书[8];胡,西市[9]亭长。今年六月……胡、冯及汎所从□□"汝曹护我。"[10]胡、冯、亥、建、可即[11]俱之[12]老舍门[13]。汎令亥、建、冯入老舍,得[14]一男子,将□□以将[15]老出门,汎以……持[16]矛刺老□□□□建。辜[17]二旬[18]内,其时立[19]物故[20]。汎、胡、建、冯、亥谋[21]共贼杀人[22],已杀[23]。汎本造计谋[24],皆行[25]。胡……名数[26]……冯□建格[27]物故,亥□及汎等别劾[28]……□

永元十六年七月戊午朔十九日丙子,曲平[29]亭长昭劾敢言之[30]。临湘狱[31]以律令从事[32]敢言之。

【注释】

马胡、区冯、亥、建、可、汎、老:七人皆为人名。犯罪行为人确定有5人,为:马胡、区冯、亥、建、汎。老为受害人。可在其中仅出现一次,但据“冯□建格物故,亥□及汎等别劾”的记载,涉及6位,有可能可也在其中,是犯罪行为人。

[1]案:通按,之下为说明内容,因此可以用冒号。

[2]都乡滲阳里、南乡不处里:这些地方是案件当事人马胡、区冯的籍贯地。都乡、南乡均为长沙郡临湘县属乡名称。“都乡”为县置所在乡。里是比乡更低一层的组织。乡、里是汉代不可缺少的地方管理组织,汉代的行政机构最底层为里,辖于乡,一乡辖数里。里的建制大概在百户左右。

[3]大男:成年男子。居延汉简中有“大男”“大女”的概念,作为户簿登记的习惯用语,是交纳赋税的依据。此外,居延汉简中还有“使小男”“使小女”的概念:六岁以下为“未使男”“未使女”;七至十四岁为“使男”“使女”;十五岁及以上称为“大男”“大女”。

[4]不处里:不知道具体是何里,可译为:某里。不处,不知道,不清楚。《广韵·御韵》:“处,所也”住所,栖所。

[5]坐:获罪,坐罪。《说文》:“坐,转注又为坐罪之坐”。

[6]生,出生。或指活着。

[7]占:申报。“占者,谓自隐度其户口而著名籍也。”①《汉书·宣帝纪》“流民自占八万余口。”②

[8]书:即下文“名数”。《汉书·高帝纪》:“诏曰‘民前或相聚保山泽,不书名数,今天下已定,令名归其县。”师古注:“名数,谓户籍也。”③

生不占书:此处有两种理解:一种指出生后没有上报户口。另一

① (汉)班固:《汉书·宣帝纪第八》,中华书局1962年版,第248页。
② (汉)班固:《汉书·宣帝纪第八》,中华书局1962年版,第248页。
③ (汉)班固:《汉书·宣帝纪第八》,中华书局1962年版,第55页。

种,由于下文冯被杀,可能指活着的时候没有登记户口。

[9]市:商业区,设于乡里之间,定期开市。

[10]汝曹护我:由于前文缺失,此处曹可能并非特指某职官曹。

[11]即:立刻,当即。《睡虎地秦简·法律答问》12:"乙亦往盗丙,与甲言,即各盗。"

[12]俱之:一起去。俱,共同,一起。《说文·人部》:"偕也",《墨子·经下》:"说在见与俱。"

[13]舍门:住所的门口。舍,住处,住所。《说文》:"市居曰舍。"《睡虎地秦简·封诊式》29:"丁与戍去亡,流行无所主舍,自书居某山"。

[14]得:得到,抓捕到。《睡虎地秦简·法律答问》4:"未到,得,皆赎黥。"《奏谳书》:"去亡,得,皆审"。

[15]将:带领,这里有押解之意。《淮南子·人间训》:"将胡俊马而归"。此处指押解老出门。

[16]持:拿,握。《说文·手部》:"握也,从我。"

[17]辜:即保辜制度。保辜制度是中国古代法律规定的一种保护受害人的制度。凡是斗殴伤人案件,被告要在一定期限内对受害人的伤情变化负责,如果受害人在限期内因伤情恶化死亡,被告应按杀人罪论处。这种制度称为保辜,所定期限称为辜限。汉代保辜制度规定伤人辜限为二十日,二十日内受害人死亡,伤人者以杀人论。《二年律令·贼律》:"斗伤人,而以伤辜二旬中死,为杀人。"

[18]二旬:即二十天。即前述保辜的期限。

[19]其时立:就在当时那个时候。立,立刻,立即,形容速度很快。

[20]物故:死亡,去世。《汉书·苏武传》云:"前以降及物故……"注曰:"物故,谓死也。言其同于鬼物而故也。"①《释名》云:"汉以来

① (汉)班固:《汉书·苏武》,中华书局1962年版,第2467页。

谓死为物故，言其诸物皆就朽故也。”①《居延汉简》484·68：“戍卒物故。”但物故并非单指人死亡，张家山《二年律令》简77、78也称金钱、布帛、粟米的毁损，牛马的死亡为“物故”。

[21]谋：预谋、商讨，计划，《列子·汤问》：“聚室而谋。”此处“谋”与当代刑法学犯罪行为的“谋”有差异，此处重在强调犯罪前的预谋、商讨和计划；当代犯罪学中的谋更加强调在犯罪行为发生前的准备活动。

[22]贼杀人：杀人行为的一种，恶性犯罪。《二年律令·贼律》：“贼杀人，及与谋者，皆弃市。未杀，黥为城旦舂。”“贼杀人、斗而杀人，弃市。其过失及戏而杀人，赎死；伤人，除。”

[23]已杀：杀人既遂，即包括了现场杀死人，也包括了杀伤后在保辜期内死亡。老在伤辜期限内死亡，即为杀人既遂。

[24]本造计谋：始为谋划，强调犯罪行为的设计者、提出者。本，始也。“今晏放命圮族，干乱朝政，要大臣以罔上，本造计谋，职为乱阶，宜与博、玄同罪，罪皆不道。”②

[25]皆行：都实施了犯罪行为。行，犯罪行为的实施。

[26]名数：即前文所述的“占”，户籍，名籍。《史记·万石君传》：“元封四年中，关东流民二百万口，无名数者四十万，公卿议欲请徙流民于边以适之。”③

[27]格：格杀。《后汉书·刘盆子传》：“儿戏尚不如此，皆可格杀！”注：“相拒而杀之曰格。”④此处指冯、建及某人在逐捕过程中因

① (汉)刘熙：《释名疏证补·卷第八·释丧制》，(清)毕沅疏证，(清)王先谦补，中华书局2008年版，第288页。

② (清)严可均编：《全上古三代秦汉三国六朝文·全汉文卷五十·龚胜·朱博傅晏赵玄罪议》，中华书局1958年版，第801页。

③ (汉)司马迁：《史记·万石张叔列传》，中华书局1982年版，第2768页。

④ (南朝宋)范晔：《后汉书·刘盆子》，中华书局1965年版，第482页。

抵抗而被杀死。

[28]别劾:另案起诉。劾,官府主动检举揭发犯罪行为并提出控告,是启动司法活动的重要步骤。与之相对的是“告”。由于案件涉及命案,亭长没有审理权,需要移交由有权机关立案起诉。

[29]曲平:属于长沙郡临湘县下的一个亭。

[30]敢言之:上行文书的固定用语,此下为上行文书的具体内容。

[31]临湘狱:临湘县的狱机关。“临湘”二字原简字迹已经看不清,整理者根据推测,应为临湘县。此推测有据,犯罪行为所在地皆为临湘县,且涉及死罪案件,县狱是案件重要的审理机关。

[32]以律令从事:依据法律处理。

【语译】

案:都乡漻阳里的成年男子马胡,南乡某里的区冯,都有犯罪行为。区冯出生后没有登记户籍;(活着的时候没有登记户籍;)马胡是西市的亭长。今年六月……胡、冯和汎一起去……“你们保护我。”胡、冯、亥、建、可五人立即一起到了老的家门口。汎命令亥、建、冯进入老的房子,并抓到了一个男子,带去……并把老从家中押解出去。汎用……拿着矛去刺老……建。在保辜期二十天内,很快死亡。汎、胡、建、冯、亥五个人谋划以残忍手段杀人,受害人已经死亡。汎是犯罪行为的提出者,以上犯罪行为都实施完毕。胡……户籍……冯、□、建在逐捕过程中因抵抗而被杀死。亥、□、汎等人另外起诉。

永元十六年七月戊午朔十九日丙子,曲平亭长昭举劾以上案件,敢言之。临湘狱史依据法律处理,敢言之。

【按】

从这份木牍的内容看,此牍是由曲平亭长在杀人案件发生后的举劾报告,即劾书,类似于今天的公诉书,用以向上级控告犯罪人的罪行、犯罪经过、犯罪结果,以及对于犯罪的初步裁决。但报告的内容不完整,略有缺损,并且案件经过也不完整,根据其中内容和人名推测此案应该还有其余相关内容记载。

(二)两行木简(CWJ1①:85)

01 书辄逐召迺考问辞本　县奇乡民前流客占　属临湘南乡乐成里今

02 不还本乡埶不复还归　临湘愿以诏书随人　在所占谨听受占定西

木简书两行,左右行各26字,共52字。单面,保存完整,文字清晰,长22.6cm,宽3.0cm,原简有两道编绳,今无存。编绳通过处留空不书字。从其内容上看前后应有一枚或多枚木简与之编连。

此件木简是下级对上级发来文书后对占籍在本乡的流民进行户籍变更的记录。此木简本身未附有时间信息,但根据其内容与后汉书相对应,推测为永元年间的记录,因其占籍的相关规定,是在永元年间颁布的诏书中确定。

此简的断句应当为:

书,辄逐召[1],乃(迺)考问[2],辞[3]:本县[4]奇[5]乡民[6],前流客[7],占属[8]临湘南乡乐成里[9]。今不还[10]本乡,埶(势)[11]不复[12]还归[13]。临湘愿[14]以诏书[15]随人在所[16]占,谨听受占[17]。定西

【注释】

[1]辄逐召:立即追逐征召拷问。辄,立即,《睡虎地秦简·秦律十八种·行书律》:"行命书及书署急者,辄行之;不急者,日毕,勿敢留。留者以律论之。"

[2]考问:按问,刑讯。考,按也,同拷。通常连用,如《汉书·外戚传》:“鸿嘉三年,赵飞燕谮告许皇后、班倢伃挟媚道,祝诅后宫,詈及主上。许皇后坐废。考问班倢伃……”①《五一简》J1③:129:“西部案狱涂掾田卒史书,当考问缣会。”

[3]辞:秦汉时司法行为的专用语,《说文》:“辤,讼也”,当事人的辞讼应答皆称为“辞”。《睡虎地秦简·秦律杂抄》35:“冗募归,辞曰日已备,致未来,不如辞,赀日四月居边。”另外,提起诉讼也称为“辞”,如《睡虎地秦简·法律答问》95:“‘辞者辞廷。’今郡守为廷不为?为(也)。‘辞者不先辞官长、啬夫。’”本简“辞”后应记录供辞内容,因而用冒号。迺,于是,就。或有学者认为,迺为人名,但整理小组和其他简中未见。

[4]本县:即是案件处理地所在县,非它县。

[5]奇:即,奇乡。乡的名称。

[6]乡民:户籍登记在乡的百姓。

[7]流客:即流民,辗转他乡居无定所之人。《汉书·宣帝纪》:“流民自占八万余口。”②

[8]占属:指申报户籍的归属。属,归属。

[9]乐成里:里名,上文南乡下的一个里。

[10]还:返回。

[11]埶(势):同势,即顺势,就势之意。

[12]不复:不再。

[13]还归:返回,“归者,还其家也。”属于固定用语。

[14]愿:愿意。

---

① (汉)班固:《汉书·外戚传》,中华书局1962年版,第3984页。

② (汉)班固:《汉书·宣帝纪第八》,中华书局1962年版,第248页。

[15]诏书:诏书是古代皇帝发布的命令。推测此处指东汉永元年间和帝颁布了一系列安置流民的诏书。《后汉书·孝和孝殇帝纪》:"(六年)三月庚寅,诏流民所过郡国皆实禀之,其有贩卖者勿出租税,又欲就贱还归者,复一岁田租、更赋。"①"十五年春闰月乙未,诏流民欲还归本而无粮食者,过所实禀之,疾病加致医药;其不欲还归者,勿强。"②由此,可以推测,此简所载内容发生于这一系列诏书颁布之后,凡不愿返回原籍的流民,可以根据诏书的规定,在现居地占籍。因此,本简中的流民,允许其在临湘县南乡乐成里占籍。

[16]在所:即所在地。

[17]谨听受占:固定用语,是下级对上级的答复,恭谨的听从(流民占籍)的诏令。

【语译】

(依据)文书,立刻追逐征召,并拷问流民,供辞如下:是临湘县奇乡人,之前是流民,现在户籍登记在临湘县南乡的乐成里。如今他不愿意回本乡,并且坚持不再回还本乡。临湘县依据(永元年间有关流民管理的)诏书,允许其在所在地登记户籍,请此人所在地为其登记户籍。定西……

(三)两行木简(CWJ1①:86)

01 廷愿谒除前解从今言府移豫　章府严海昬艾(义)处何吏于冯等所匿处得朔所奂弩不□

02 蒙当案致曲折赐报尽　力实核报到有增异正处　复言鲔顺酆考问留迟惶恐

---

① (南朝宋)范晔:《后汉书·孝和孝殇帝纪·和帝》,中华书局1965年版,第178页。

② (南朝宋)范晔:《后汉书·孝和孝殇帝纪·和帝》,中华书局1965年版,第191页。

书两行字,右行文 33 字,左行文 32 字,右行文有一字无法看清,共 65 字,单面,保存较完整,上半部分在中间 2/1 处有裂开,但不影响阅读,下半部分完整。简长 23.5cm,宽 2.6cm,从简文内容来看,应有多枚竹简与之编连。

此简的断句应当为:

廷[1]。愿谒除[2]前解[3],从[4]今言[5]。府[6]移[7]豫章府[8],严[9]海昏[10]艾(乂)[11]处:何吏于冯[12]等所[13]匿处得[14]朔(冉)[15]所侯(倏)弩[16]不□。蒙当案致[17],案致曲折[18]。赐报[19],尽力实核[20]。报到[21],有增异[22],正[23]处复言[24]。鲔、顺、酆[25]考问留迟[26],惶恐。

【注释】

[1]廷:县廷,即文书收到地的县廷,非它县。

[2]谒除:向上级请求免除。谒,请求。《战国策·燕策》:"微太子言,臣愿得谒之……"①是下对上的一种请求或报告。《睡虎地秦简·法律答问》102:"免老告人以为不孝,谒杀,当三环(原)之不?不当环(原),亟执勿失。"《睡虎地秦简·法律答问》147:"甲徙居,徙数谒吏,吏环,弗为更籍,今甲有时、赀罪,问吏可(何)论?耐以上,当赀二甲。"愿,同愿,希望。

[3]解:整理小组认为是解说或解释。"解"字大量存在于秦汉奏谳书类司法文献中。《睡虎地秦简·封诊式·讯狱》中有:"凡讯狱,必先尽听其言而书之,各展其辞,虽智(知)其訑,勿庸辄诘。其辞已尽书而毋(无)解,乃以诘者诘之。诘之有(又)尽听书其解辞,有(又)视其它毋(无)解者以复诘之。诘之极而数訑,更言不服,其律

① 《战国策·燕策三·燕太子丹质于秦章》,中华书局 1990 年版,第 1192 页。

当治(笞)谅(掠)者,乃治(笞)谅(掠)。治(笞)谅(掠)之必书曰:爰书:以某数更言,毋(无)解辞,治(笞)讯某。”此段记录中,“解”有两种解释:在“毋(无)解”中,“解”可以释为解答、解决方案;在“解辞”中,“解释为解说、解释”。在《奏谳书》中狱吏以“何解”来讯问犯人,在犯人的供词后则以“毋解”“毋它解”作一结束。此处的“毋解”是指“到此完毕,没有什么要解释的了”,“解”理解为“解释”。

“解”在两汉史籍中也多理解为解释、辩解,如《史记·吕太后本纪》“君知其解乎?”张守节正义:“解,……谓解说也。”①

但到魏晋时,有一种文书也称为“解”,《文心雕龙·书记篇》:“百官询事,则有关、刺、解、牒。”“解者,释也。解释结滞,征事以对也。”②唐长孺认为,史籍所见作为官府文书形式的“解”始见于三国。《三国志·杨洪传》注引《益部耆旧传杂记》云:“(祇)初仕郡,后为督军从事。时诸葛亮用法峻密,阴闻祇游戏放纵,不勤所职,尝奄往录狱。众人咸为祇惧。祇密闻之,夜张灯火见囚,读诸解状。诸葛晨往,祇悉已闇诵,答对解释,无所凝滞,亮甚异之。”③唐长孺认为这里的“解状”是诸郡随着所送囚犯申报牧府的公文,内容当有囚犯姓名、罪状及郡官判案。并结合吐鲁番文书,认为自三国至南北朝,“解”作为官府文书大致都是下级申送上级或主管机构的公文。

结合以上分析及简文内容,此处“解”可能应当指代“解状”,认为之前提交的解状未能详加考察案情,因此申请废除。

[4]从:采取。

[5]今言:与“前解”相对应,即是新的说法,新的证辞。

[6]府:推测应指长沙郡府。

---

① (汉)司马迁:《史记·吕太后本纪》,中华书局 1982 年版,第 399 页。

② (南朝梁)刘勰:《文心雕龙·书记》,齐鲁书社 2009 年版,第 366 页。

③ (晋)陈寿:《三国志·杨洪》,中华书局 1982 年版,第 1015 页。

[7]移:移书,指长沙府将文书移交给后文的豫章府。《二年律令》:“都吏所覆治、廷及郡各移旁近郡、御史、丞相所覆治移廷。”(117)

[8]豫章府:即豫章郡的太守府,豫章在今江西南昌。

[9]严:严格,严令之意。此处有督促之意。

[10]海昏:即海昏侯国,在豫章郡之下。

[11]艾(乂):整理者认为“艾”,通“乂”,惩治。庄小霞认为:此处“艾”是指汉代豫章郡属县艾县,艾县历史悠久,春秋时吴置艾邑,秦置县属长沙郡。《汉志》载西汉时属豫章郡,王莽时改称治翰;东汉恢复旧名。将“艾”理解为艾县,简文的意思理解起来也是说得通的。考虑到海昏侯国、艾县两地相邻,很可能需两地共同协作处理。① 此说有理,采其观点。

[12]冯:人名。

[13]所:地方。

[14]得:见到,得到。

[15]朔(冉):整理者释。此字在五一(壹)中释为“冉”,核查其字体应为“冉”。

[16]矦(侯)弩:矦(侯),选释整理者释为“矣”,五一(壹)整理者释为“弃”。查其图版,,上部为“匕”,与“矣”字形有区别。查《尚德街》“弃”图版,此字且释为“矦”。侯,通候。候弩,安置的弓弩。

[17]蒙当案致:固定用语,指应当加以考察。

[18]案致曲折:固定用语,指查明案件复杂不明的地方。

① 庄小霞:《长沙五一广场东汉简牍 CWJ1①:86 简所载“艾”释义献疑》,载简帛网 2016 年 5 月 9 日,http://www.bsm.org.cn/? hanjian/6705.html。

［19］赐报：报，《汉书・胡建传》："辟报故不穷审"颜师古引注苏林曰："断狱为报"，这里指初步的判决意见。赐：常见为上级对下级的文书用语。赐报连用，在官文书中并不一定就是上级对下级的文书，常常也是自谦和客套。如里耶秦简中："鼄欲报芒季，季幸耤(藉)小史□□信☑，急使之，赐报。"(8－782＋8－810)此处从文书语气中，芒季可能是迁陵县的官吏，与鼄的身份相当，鼄希望给芒季回函，芒季让小史带信给鼄，并期待鼄的回信。此中赐报的用法与本简非常近似。本简中长沙府写信给豫章府，希望豫章府调查清楚案件情况后回函。此处"赐报"仅仅为自谦和客套。《后汉书・马援传》："援商朝廷，尤欲立信于此，必不负约。援不得久留，愿急赐报。"①

［20］实核：即核实，《东牌楼》005："张昔何缘强夺建用？檄到，监部吏役摄张昔，实核田所界。"

［21］报到：汉代官文书专用语，一般此语之后跟随告知文书收到后的处理方案，类似的用语有"书到""檄到"。报，《汉书・胡建传》："知吏贼伤奴，辟报故不穷审。"苏林曰："报，论也。断狱为报。"②在此处指初步的判决意见。

［22］增异：增变化。

［23］正：正曲直，明确案件是非曲直。《左传・襄公二十六年》："穿封戌囚皇颉，公子围与之争之，正于伯州犁。"杜注："正，正曲直也。"③

［24］复言：再一次具文呈报。复言是下行文书中上级机关对下级提出要求的通行用语，在不同的行文中，有时其中有具体要求，有时并无，相类似的用语有："书到言""处言"。

---

① (南朝宋)范晔：《后汉书・马援传》，中华书局1965年版，第833页。
② (汉)班固：《汉书・胡建传》，中华书局1962年版，第2912页。
③ 《春秋左传・襄公二十六年》，中华书局1987年版，第583页。

五一简中在司法诉讼类公文书中常见“正处言”“正处复言”“正言”等用法,多为上级机关督促下级司法机关常见用词,要求下级司法机关:明确案件的是非曲直后,上报有权机关。

[25]鲔、顺、鄷:人名。

[26]留迟:指羁留延迟,《史记·李将军列传》:“汉法,博望侯留迟后期,当死,赎为庶人。”①

【语译】

……县廷。希望上级同意废除先前的解状,采纳此次证词。长沙郡府将文书移交给豫章府,朝廷严令海昏侯国和艾县两地协同查明“哪些官吏在冯等人藏匿的地方,获得朔(冉)安置的弓弩?”将未查清楚的应当加以考察,查明案件复杂不清的地方。尽力去核实以上上级下发的意见,朝廷文书发到之时,要求与之前有所不同的地方要调查清楚并认定曲直,并再一次向朝廷具文呈报。鲔、顺、鄷三人受刑讯羁留延迟,惶恐。

【按】

此件木简涉及长沙郡与豫章郡之间的案件协助审查情况,从简文内容看,此案受到中央关注。究其原因,可能与案件涉及的对象“五兵”之一——“弩”有密切关系,且此弩可能是候置其中,并有可能已经张弩。在一些讨论两汉兵器管理的研究中,常常将兵器与武器混谈。认为两汉兵器管理宽松,但事实上,在两汉时期兵器和武器区分清晰,武器允许私人拥有,甚至可以交易,管理宽松。但有着较大杀伤力的兵器管理及其严格。

两汉的武器市场,主要的商品有:剑、刀、弓、箭、犊、矢等。其中尤以剑在交易中最常见。《史记》中载景帝赐剑,“绾曰:‘先帝赐臣

① (汉)司马迁:《史记·李将军列传》,中华书局1982年版,第2873页。

剑凡六,剑不敢奉诏。'上曰:'剑,人之所施易,独至今乎?'绾曰:'具在。'上使取六剑,剑尚盛,未尝服也。"如淳注:"施读曰移。言剑者人之所好,故多数移易贸换之也。"①居延汉简中也有买卖剑的记录:"淮阳槐里景滩,贳卖剑一,直七百,解得县"(271.2)此外,居延新简EPT31:202~207载:"欲知剑利善、故器者,起,拔之、视之,身中无推处者,故器也;视欲知利善者,必视之身中有黑两桁不绝者。其逢如不见,视白坚未至逢三分所而绝,此天下利善剑也。又视之身中生如黍粟状,利剑也,加以善。欲知币剑以不报者及新器者,之日中騂,视白坚随蓬上者、及推处白黑坚分明者、及无文、纵有文而在坚中者、及云气相遂,皆币合人剑也。"这是如同相马经一样的相剑之法,由是可见,武器市场中剑的交易相当频繁。此外,《汉书·酷吏列传》中也记载了刀的买卖情况:"(杨仆)欲请蜀刀,问君贾几何,对曰率数百。"

然而,与刀剑等武器管理所不同的是,弩在两汉做为兵器进行管理,由于弩的杀伤力大,在战场上对敌重要,不仅仅限制交易,连制造技术也管理极其严密。更专设"马弩关"等限制马、弩流向匈奴。《汉书》载,武帝时期丞相公孙弘奏言:"民不得挟弓弩。十贼彍弩,百吏不敢前,盗贼不辄伏辜,免脱者众,害寡而利多,此盗贼所以蕃也。禁民不得挟弓弩,则盗贼执短兵,短兵接则众者胜。以众吏捕寡贼,其势必得。盗贼有害无利,则莫犯法,刑错之道也。臣愚以为禁民毋得挟弓弩便。"上下其议。② 此后武帝并未采纳此奏议,但不采纳的原因并非弓弩的威胁小,更多的是从儒家教化的角度考虑。并

① (汉)司马迁:《史记·万石张叔列传》,中华书局1982年版,第2769页。
② (汉)班固:《汉书·严朱吾丘主父徐严终王贾传·吾丘寿王》,中华书局1962年版,第2795页。

于此时设马弩关,对马匹和弩进行管理。[①] 此外,西汉时,南郡因地处边疆,属边郡,专设"发弩官",师古注:"主教放弩也。"至王莽时"禁民不得挟弩铠,徙西海。"[②]

虽国家屡有禁止,但市场上仍有弩的交易,东汉初,"光武初不敢当,然独念兄伯升素结轻客,必举大事,且王莽败亡已兆,天下方乱,遂与定谋,于是乃市兵弩。"[③]刘秀也通过市场购得兵弩,并得天下。东汉时期豪强并起,政府为稳定统治并未明确出台禁止民间私藏弩的规定,但从史料所见,弩多藏于豪族手中,如东汉末年,袁绍藏有"强弩千张",公孙瓒亦有"强弩数十张",汉灵帝时,因张角之乱,让"公卿出马、弩"。梁竦为官时,"赏赐第宅奴婢车马兵弩什物以巨万计"同时,《汉官仪》中规定:"尉、游徼、亭长皆习设备五兵。五兵:弓弩,戟,楯,刀劍,甲铠。"另外,两汉时期军队中有"强弩将军",两汉许多知名将领皆出任。可见弩的拥有者需要有一定的身份。

此外,从简文看,此案件涉及豫章郡海昏侯国,武帝后,对诸侯国管理益加严格,虽然东汉政权对待诸侯王相对西汉时期更加宽容,但这种宽容是建立在诸侯王威胁不大的基础上,但当侯国中出现兵器时,东汉中央政权也是非常敏感紧张。因此,对于这种严重威胁政权的问题,案情重大,"案致曲折",因此由长沙郡府专门向豫章府发函,请求司法协助。

---

① 应劭曰:"武帝数伐匈奴,再击大宛,马死略尽,乃令天下诸亭养母马,欲令其繁孳,又作马上弩机关,今悉罢之。"孟康曰:"旧马高五尺六寸齿未平,弩十石以上,皆不得出关,今不禁也。"(汉)班固:《汉书·昭帝纪》,中华书局1962年版,第222页。

② (汉)班固:《汉书·王莽传》,中华书局1962年版,第4118页。

③ (南朝宋)范晔:《后汉书·光武帝纪》,中华书局1965年版,第2页。

(四)两行木简(CWJ1①:88－1)

01 縱武众疑有奸诈唯

02 廷财部吏考实奂惶恐　叩头死罪死罪敢言　之

书两行,右行文8字,左行文18字,共26字。单面,保存完整。简长23.1cm,宽2.8cm,有两道编痕。根据简文内容来看,这只简应该是该文书的最后一部分,之前应有完整的记录。

此简的断句应当为:

纵[1]武、众[2]疑有奸诈[3]。唯[4]廷财[5]部吏[6]考实[7]。奂[8]惶恐叩头死罪死罪敢言之。

【注释】

[1]纵:宽纵,即纵囚,《汉书·昭帝纪》:“廷尉李种坐故纵死罪弃市。”注:“纵,谓容放之。”①

[2]武、众:人名。

[3]奸诈:虚伪、诡诈。《礼记·经解》:“君子宽礼,不可诬以奸诈。”

[4]唯:要求,是一种固定的文书格式,唯后空,转上顶格,是下级写给上级的尊称。

[5]财:通裁,裁度。

[6]部吏:下属官吏,有权机关。部,所部,《后汉书·卓茂传》:“人尝有言部亭长受其米肉遗者,”注:“部,谓所部也。”②

[7]考实:考问实核,《后汉书·光武帝纪》:“诏下州郡检覆垦田

① (汉)班固:《汉书·昭帝纪》,中华书局1962年版,第222页。

② (南朝宋)范晔:《后汉书·卓茂传》,中华书局1965年版,第869页。

顷亩及户口年纪,又考实二千石长吏阿枉不平者。"①

[8]奂:人名。

【释译】

罪犯武、众被宽纵。此案有疑点,请县廷裁决让有权机关重新拷问核实。奂叩请。

(五)两行木简(CWJ1-1:89-1)

01 男子曰我穷人勿迫我掾还详　曰何如还者下马男子以解刀刺　详不中详以所有把刀斫男子

02 创二所男子复走五步所详追　逐及男子还反顾萝(向)详尚持兵未彊赴详复斫男子创二

本件为木两行简,长23.3cm,宽3.0cm。简上下各1/3处有编绳痕迹。书两行,保存完好,内容涉及口供和司法勘验文书。

断句为:

男子曰:"我穷人,勿迫[1]我。"掾[2]还[3]。详[4]曰:"何如[5]?"还者下马[6]。男子以[7]解刀[8]刺详,不中[9]。详以所有[10]把刀[11]斫[12]男子,创二所[13]。男子复[14]走五步所,详追逐,及[15]。男子还,反顾萝(向)[16]详,尚持兵,未彊赴[17]。详复斫男子,创二。

【注释】

[1]迫:逼迫。

[2]掾:诸曹主管。郡、县之下皆设掾。

[3]还:返回。

[4]详:人名。

① (南朝宋)范晔:《后汉书·光武帝纪》,中华书局1965年版,第66页。

[5]何如:即是如何之意。

[6]还者下马:这里的断句颇有疑问,整理小组以“还者下马”来断,但从其内容上看似乎并不通顺,因此陈伟认为或可断为“详曰:何如? 还者下马。”此断句更为通顺,从之。

[7]以:用

[8]解刀:《选释》整理小组认为是一种刀。或可释为:解,解除,解下。解刀,解开绑在身上的刀。

[9]不中:没有刺中。

[10]所有:详合法拥有的刀具。

[11]把刀:刀的一种,《居延汉简》EPT50:70“羊把刀”,《居延汉简释文合校》551·43“把刀一枚数”。

[12]斫:用刀、斧等砍、劈、击《汉书·张延寿传》:“白昼入乐府攻射官寺,缚束长吏弟子,斫破器物,宫中皆奔走伏匿。”①

[13]创二所:两处创伤,创,《说文》:“刀伤也”。

[14]复:又。

[15]及:追及,追上。

[16]反顾芗:芗,同向。反顾向,转身对面相向。

[17]彊赴:强赴,强力上前。赴:趋,《说文》:“赴,趋也”

【语译】

男子说:“我是穷途末路之人,不要逼迫我。”掾返回,详问:“你打算做什么?”掾下马,男子用解开的刀去刺详,并未刺中。详用其所拥有的把刀砍男子,男子身上有两处创伤。男子又走了五步左右,详追逐男子,刚刚追上,男子转身,与详对面相向,详尚持兵器,并未强力上前,详又砍男子两处创伤……

---

① (汉)班固:《汉书·张延寿传》,中华书局1962年版,第2655页。

【按】

整理小组认为,简141或于本简有关,陈伟认为,5号简和141号简都为长23.2cm,宽3.0cm的两行木简,从简文内容来看二者或有联系。在内容上,141号简可能是该文书的前半部分,5号简可能是文书的后半部分,但其间应当还有其他简。因此共同讨论。

简141:两行木简(CWJ1-3:193)

01 廷书曰故亭长李嵩病　邮亭掾赵竟勑楮溪例　亭长黄详次领嵩職其

02 夜鸡鸣时详乘马将子　男顺起例之广成到赤坑　冢间详从马上见不知何一

其断句为:

> 廷书[1]曰:故[2]亭长[3]李嵩病[4],邮亭掾[5]赵竟[6]勑[7]楮溪例[8]亭长黄详次[9]领[10]嵩職(职)[11]。其夜鸡鸣[12]时,详乘马[13],将[14]子男[15]将顺[16]起例之广成[17],到赤坑冢[18]间。详从马上见不知何一

【注释】

[1]廷书:县廷发的文书。

[2]故:之前,多指前任。

[3]亭长:亭是汉代的基层行政单位,在乡以下,里以上的行政机构,《汉书·百官公卿表》:"大率十里一亭,亭有长;十亭一乡,乡有三老、有秩、啬夫、游徼。三老掌教化;啬夫职听讼,收赋税;游徼徼循禁贼盗。""亭有亭长,以禁盗贼,本注曰:亭长,主求捕盗贼,承望都尉。"

[4]李嵩:人名,病,生病,此处结合上下文可能是因生病而请假或离职。

[5]邮亭掾:官职名称,负责邮亭的主管。

[6]赵竟:人名。

[7]敕:委任,任命。

[8]楮溪例:楮溪,亭名,伊强认为"例"有集之意,在传世文献中写为"列",汉代碑刻中的"例掾"意同古书中的"市掾"。

[9]次:依秩次,《睡虎地秦简·封诊式》中:"令吏徒将传及恒书一封诣令史,可受代吏徒,以县次传诣成都,成都上恒书太守处,以律食。"伊强认为,次大概不是秩次,五一简中有"吏次"一词,简CWJ-①:113"以吏次署狱掾"认为其意是"以吏职相近就职狱掾"是因为详之前的职务与此职相近因而兼领。

[10]领:兼领。

[11]軄(职):即职,职务。

[12]鸡鸣:夜半时分,大概在一点半到三点半之间。

[13]乘马:骑马。

[14]将:带领,带着。

[15]子男:儿子。

[16]顺:人名。

[17]起例之广成:起……之,固定用语,即:从……到。广成,推测是乡名。

[18]赤坑冢:推测为地名。

【语译】

县廷下发的文书:前亭长李嵩因病而离职,邮亭掾赵竟下令让楮溪例的亭长黄详就近兼领李嵩的职务。某天夜里鸡鸣时,黄详乘马带着儿子顺从楮溪例出发前往广成,在到赤坑冢时,详在马上看见不知道什么……

(六)两行木简(CWJ1①:92)

A 面:

01 永初三年八月戊午朔十六日癸酉　待事掾副叩头死罪敢▨

02 廷移府书曰男子袁立自言　縻亭长王固捕得贼杀人▨

B 面:

01 待事掾尹副名印

史白开▨

02 八月　日　邮人以来

简长 15.1cm,宽 3.0cm。简的上半部分保存完整,下半部分残缺。该木简有两面,推测应为一册简的第一枚,其左侧应当有多枚木简与之编连,背面是收文及启封的记录。A 面两行文字,第一行 23 字,第二行 21 字,B 面两行文字,第一行 7 字,第二行 7 字,在其下方中间还有 3 字,共 61 字。

此简的断句应当为:

A 面:

永初[1]三年八月戊午朔十六日癸酉,待事掾[2]副[3],叩头死罪敢……廷移[4]府书[5]曰:男子袁立[6]自言[7],縻亭长[8]王固[9]捕得[10]贼杀人……

B 面:

待事掾尹副名印[11]

史白开[13]

八月　日　邮人以来[12]

【注释】

[1]永初:汉安帝年号,永初三年即公元 109 年。

[2]待事掾:县曹掾,负责县廷杂务。没有明确职掌,带有机动属性。木牍(J1③:169)中同样有"待事掾"的记载。

[3]副:人名,即是后文的尹副。

[4]移:移送,移交。

[5]府书:从郡府下发下来的文书。

[6]袁立:人名。

[7]自言:自述,自我陈述。多指案件的当事人、关联人或见证人,主动向官府陈述、检举、揭发、辞讼等行为,有时有司法诉讼属性,如本件。亦有可能不含有司法属性,如《汉书·匈奴传下》:"单于自言愿婿汉氏以自亲。"①在司法诉讼程序中,"自言"行为成为启动诉讼的重要原因之一。含义近似于当代"控告"。"自言"与"自告"有区别,"自告"意为案件当事人自诉行为。"自言"行为的提起者可能是案件当事人,也有可能不是当事人,如《汉书·张安世传》:"郎淫官婢,婢兄自言,安世曰:'奴以恚怒,诬污衣冠。'告署适奴。"②此案的直接受害人是官婢,向张安世提起诉讼的却是她的兄长。《汉书·鲍宣传》:"诸生会者千余人。朝日,遮丞相孔光自言,丞相车不得行,又守阙上书。"③这里揭发鲍宣冤情的显然是诸生而非鲍宣本人。

[8]麃亭长:麃是地名,亭的名称。

[9]王固:人名,靡亭的亭长。

[10]捕得:抓捕到,抓住。

[11]名印:即是尹副的私印。

[12]邮人以来:通过邮的方式送来。书于简背。

[13]史白开:史即是官职,白,人名,开,指拆封文件。

---

① (汉)班固:《汉书·匈奴传下》,中华书局1962年版,第3803页。

② (汉)班固:《汉书·张安世传》,中华书局1962年版,第2650页。

③ (汉)班固:《汉书·鲍宣传》,中华书局1962年版,第3094页。

【语译】

永初三年八月戊午朔十六日,待事掾尹副叩头死罪呈上……县廷把郡府的文书移交,记录:男子袁立自言,靡亭的亭长王固,抓捕到贼杀人……

(七)两行木简(CWJ①:93)

01 皆曰县民占有庐舍长　赖亭部庐蒲丘弩与男　子吴赐杨差吴山备芋

02 与男子区开陈置等　相比近弩与妻锡子女舒　舒女弟县备与子女芋

简长 23.5cm,宽 2.9cm,书两行文字。左行文 27 字,右行文 27 字,共 54 字,单面,保存完整,字迹较为清晰,有一两个字稍有模糊。

此简的断句为:

> 皆曰县民[1],占有庐舍,长赖亭部[2]庐蒲[3]丘[4]。弩与男子吴赐、杨差、吴山,备、芋与男子区开、陈置等相比近[5]。弩与妻锡、子女舒、舒女弟县、备与子女芋

【注释】

弩、吴赐、杨差、吴山,备、芋、区开、陈置、锡、舒、县:皆为人名

[1]县民:户籍归属地为县,与此相类似的使用有"乡民"。

[2]长赖亭部:长赖,亭名。部,统率、统领。亭部,亭所管辖的范围称为亭部。汉代一个亭部管辖若干个丘。

[3]庐蒲:丘名。

[4]丘:亭下辖区域种类一种,依据地势命名,有小山陵之处为丘,在小山陵处设的行政区划也称为丘。《说文》:"土之高也,非人所为也。"《广雅·释丘》:"小陵曰丘。"

[5]相比近：即相互比邻，比，紧靠。《汉书·孙宝传》：[①]"后署宝主簿，宝徒入舍，祭灶清比邻。"

【语译】

都说是县民，户籍登记在长赖亭管辖内的庐蒲丘的屋舍。弩和成年男子吴赐、杨差、吴山，备、芓以及成年男子区开、陈置等人，相互为邻居。弩和妻子锡、孩子舒、儿子县，备和孩子芓……

【按】

本简中涉及人物众多，且关系含混不清，需要更多的关联简牍共同讨论。

（八）两行木简（CWJ1①：94）

01 近知习各以田作为事贪　祉熊以故吏给事县熊元与　元年十二月不处日署长赖

02 亭长祉延平元年十月七日贪其年十二　月十日各署视事阳陶前各　给桑乡小史成以永元八年五

简长23.0cm，宽3.1cm单面，书两行字，保存完整，从内容上推测，应该前后还有一枚或多枚简与之编连。从内容上看应为任职记录。

此简的断句为：

近知习[1]各以[2]田作[3]为事。贪、祉、熊以故吏[4]给事[5]县。熊元与[6]元年十二月不处日，署[7]长赖[8]亭长。祉延平[9]元年十月七日，贪其年十二月十日各署视事[10]。阳、陶前各给桑乡[11]小史[12]。成以永元[13]八年五

---

① （汉）班固：《汉书·孙宝传》，中华书局1962年版，第3257页。

【注释】

贪、祉、熊、阳、陶、成:皆为人名。

[1]知习:即是知悉之意,知,知晓,《汉书·陈余传》:"知其豪桀。"颜师古注:"知,与相知也。"①习,熟悉,《论语·学而》:"传不习乎?"朱熹注:"习,谓熟之于己。"

[2]以:做,从事。

[3]田作:即是耕作,《睡虎地秦简·封诊式》:"爰书:某里士五(伍)甲缚诣男子丙,告曰:'丙,甲臣,桥(骄)悍,不田作,不听甲令。'"

[4]故吏:原来的属吏,曾经担任官吏的人。《睡虎地秦简·秦律十八种》:"□□□□□不备,令其故吏与新吏杂先(索)出之。其故吏弗欲,勿强。其毋(无)故吏者,令有秩之吏、令史主,与仓□杂出之,(索)而论不备。"

[5]给事:供职,任职。《汉书·张安世传》:"用善书给事尚书。"颜师古注:"给,供也。"②《说文》:"事,职也。"

[6]元与:汉和帝年号,元与元年,即公元105年。

[7]署:任职主事,《汉书·孟喜传》:"喜举孝廉为郎,曲台署长,病免,为丞相掾。"颜师古注:"署者,主供其事也。"③

[8]长赖:亭名。

[9]延平:汉殇帝年号,延平元年,公元106年。

[10]视事:任职治事。《汉书·王尊传》:"今太守视事已一月矣。"④《睡虎地秦简·秦律十八种》:"除吏、尉,已除之,乃令视事及

---

① (汉)班固:《汉书·陈余传》,中华书局1962年版,第1831页。
② (汉)班固:《汉书·张安世传》,中华书局1962年版,第2647页。
③ (汉)班固:《汉书·孟喜传》,中华书局1962年版,第3599页。
④ (汉)班固:《汉书·王尊传》,中华书局1962年版,第3228页。

遣之;所不当除而敢先见事,及相听以遣之,以律论之。”

[11]桑乡:乡名,属临湘县。

[12]小史:乡属小吏,佐史中级别最低者。《汉官》:“雒阳令秩千石,丞三人四百石,……乡有秩、狱史五十六人,佐史、乡佐七十七人,斗食、令史、啬夫、假五十人,官掾史、干小史二百五十人,书佐九十人,脩行二百六十人。”①严耕望在《中国地方行政制度史——秦汉地方行政制度》中亦有相关论述。

[13]永元:汉和帝年号,永元八年,公元96年。

【语译】

最近知悉各官吏从事田间耕作,贪、祉、熊等是在县中供职的旧吏,熊在元兴元年十二月某日,任职长赖亭长。祉在延平元年十月七日,贪在同年十二月十日分别任职治事。阳、陶先前分别任职桑乡小史。成在永元八年五……

【按】

从此简文的内容来看,这段文字应是一份文书的中部,详细地说明了临湘县官吏任职的情况,时间跨度大概在汉和帝永元年间到汉殇帝延平年间。主要记录的是县供事的官吏和乡属吏的任职情况。

(九)两行木简(CWJ1①:95-1)

01 郭亭部市不处姓名男子　鲜鱼以作炙今年正月不　处日持随漻溪水上解止徐

02 舍卖得米卌四斛三月不处　日持米下于横溪糶尽　余米五十斛在徐舍冯立

简长23.0cm,宽3.0cm,书两行文字,保存较为完整,下半部分

① (清)孙星衍等辑,周天游点校:《汉官六种·汉官》,中华书局1990年版,第8页。

断裂,但已缀合。字迹较为清晰,前后应该还有多枚简与之相编连。

此简的断句为:

郭亭部[1]市[2]不处姓名男子,鲜鱼以作炙[3],今年正月不处日,持[4],随漻溪[5]水上[6],解止[7]徐舍[8],卖得米卌四斛。三月不处日,持米下于横溪,糴尽[9]。余米五十斛在徐舍。冯立

[1]郭亭部:郭,亭名;亭部,亭所管辖的范围称为亭部。汉代一个亭部管辖若干个丘。

[2]市:市,买卖之所也。《说文》:"古者神农作市,或曰祝融也。"《管子·乘马》:"市者,货之准也。"《周礼·司市》:"大市日昃而市,百族为主;朝市朝时而市,商贾为主;夕市夕时而市,贩夫贩妇为主。"《公羊传·宣公十五年》:"因井田以为市,故俗语曰市井。"《论语》:"肆之市朝。"《孟子·梁惠王上》:"商贾皆欲藏于王之市。"

[3]炙:鱼炙,烤鱼干。

[4]持:拿着,此处指拿着鱼干。

[5]漻溪:溪水的名字。下文横溪也是溪水的名字。

[6]随……水上:沿溪水逆流而行。下文有"下于横溪",沿着横溪顺流而行。

[7]解止:整理小组认为应做解丘,解为丘名。然,在《五一简》中多次出现"解止"连用的情形,如"延平元年二月不处日艾男子文度与项、项兄租俱来解止牧舍。"(《五一(壹)》346)"过闻知其日往之福所,解止私舍欲责福钱,不见福。"(《五一(壹)》362)"男子赵寿辤□□钱七万一千不解止男子蒸初舍。"(《五一(贰)》702),"解"与"止"连用。"解止"是动词,具有休息、停留的意思。传世文献亦有

例为证,《周礼·天官冢宰》有"掌舍,下士四人,"郑注:"舍,行所解止之处。"①郑玄将"舍"理解为出行时所"解止"的地方。此处可理解为停留、休息。

[8]徐舍:徐,或为人名,舍,屋舍,《说文》:"舍,市居曰舍。"

[9]糶尽:卖光。糶,卖出粮食。

【语译】

在郭亭部市集中的不知名男子,将鲜鱼制作成烤鱼干,在今年正月某日,拿着鱼干,逆漻溪水而上,在徐的屋舍中停留、休息,(烤鱼干)卖出后得到大米四十四斛。三月某日,他拿着这些米顺着横溪而下,带的米全部卖光。在徐的屋舍中剩余大米五十斛。冯立……

(十)两行木简(CWJ1①:96)

01 父母虽产子不成人妻与　宏和奸及华取钱衣物亡　以华海相与俱居有通财义

02 不应盗废即华徒弟废　虽送华道宿卢华奸　时废得卧出不觉仵不知情

此简从中断为两截,整理小组已缀合。长22.6cm,宽3.2cm,书两行文字,字迹较为模糊,有两道编痕,上下文皆缺,推测有一枚或多枚木两行与之编连。

此简的断句为:

父母,虽产子,不成人[1],妻与宏和奸[2],及华取钱、衣物亡[3],以华、海相与俱居[4],有通财[5]。义[6]不应盗。废,即华从弟[7],废虽送华,道宿[8]卢,华奸时,废得卧,出[9]不觉[10]。仵,不知情。

① (清)孙诒让:《周礼正义·天官冢宰》,中华书局2013年版,第38页。

【注释】

宏、华、海、废、卢、仵皆为人名。义可能也是人名。

[1]不成人:没有长大成年,夭折。

[2]和奸:男女双方基于意愿一致情况下的婚外性行为。《睡虎地秦律·封诊式》,"相与奸"即双方都愿意的性行为。《二年律令·杂律》192:"诸与人妻和奸,及其所与皆完为城旦舂。其吏也,以强奸论之。"从语意上看,汉代和奸者如有吏的身份,虽为和奸,也要依强奸罪,加重论处。强奸,《二年律令·杂律》193:"强与人奸者,府(腐)以为宫隶臣。"

[3]亡:逃亡,未至官府申请批准擅自去往他处皆为亡,属于犯罪行为,《说文》:"亡,逃也。"秦律及《二年律令》中皆有《亡律》。《二年律令·亡律》简157:"吏民亡,盈卒岁,耐;不盈卒岁,击(繫)城旦舂;公士、公士妻以上作官府,皆偿亡日。其自出殹(也),笞五十。给逋事,皆籍亡日,軵数盈卒岁而得,亦耐之。"

[4]俱居:共同居住。《五一选释》(2010CWJ1③:172):"姓名如牒。普,都乡三门亭部。董、旦,桑乡广亭部。董与父老、母何、同产兄辅、弟农俱居。旦父母皆前物故,往不处年嫁爲良妻,与良父平、母真俱居,(各有)庐舍。"

[5]通财:共同拥有的财产,财物共享。《五一选释》59(CWJ13:325-2-28):"以适(嫡)子女代于户,不与平通财。"

[6]义:可能是人名。也可能是指品德仁义。存疑。

[7]从弟:堂弟,为同祖叔伯之子而年纪小于己的人。

[8]道宿:途中留宿。

[9]出:离开,此处指华的离开。

[10]不觉:没有察觉、感觉不到。

【释译】

……父母,虽然生下孩子,但夭折。妻子和宏通奸,并且和华一起盗取钱财、衣物逃亡。和华、海共同居住,共享财物。有仁义,没有偷盗。(此句或可能释为:义,不应该参与偷盗。)废,是华的堂弟,废虽然送华,在途中住在卢家,但华通奸时,废在睡觉,华离开时,废没有察觉。件也不知情。

【按】

根据此简的内容来看,其内容涉及男女之间犯通奸罪。奸罪,指男女在婚姻之外的性行为。秦汉法律中主要将奸罪分为强奸、和奸,《二年律令·杂律》中,简 190 – 193 涉及奸罪的处罚,其中官吏犯奸罪,加重处罚:

○奴取(娶)主、主之母及主妻、子以为妻,若与奸,弃市,而耐其女子以为隶妾。其强与奸,除所强。190

○同产相与奸,若取(娶)以为妻,及所取(娶)皆弃市。其强与奸,除所强。191

○诸与人妻和奸,及其所与皆完为城旦舂。其吏也,以强奸论之。192

○强与人奸者,府(腐)以为宫隶臣。193

(十一)两行木简(CWJ1①:97)

01 兼左贼史脩助史寿庞白待事掾□☑

02 与守史黄错胡训掩廋□□山中□☑

此简残缺不全,左半部分已经完全缺失,下半部分也缺失,仅剩右边上半部分。剩余的部分长 18.0cm,宽 2.0cm。此简虽然残缺不全,但在简中出现了 4 个东汉时期郡县里常见的官吏名称。

此简的断句为:

兼[1]左贼史[2]修,助史寿、庞白:待事掾□……与守史黄错、胡训掩廋(搜)□□山中□……

【注释】

修、寿、庞白、黄错、胡训:皆为人名

[1]兼:兼任,兼任的原因可能是人手不足,可能是职务的便利性等。这种兼任情况在五一广场东汉简中多次出现。

[2]左贼史:即左贼曹史,严耕望考证汉代郡吏:"又汉碑所见、有同曹掾史并列,史恒次于掾、诸曹掾史尽列,则先列诸曹掾,然后因已列曹掾之次序歷举诸史,且或掾仅一人、史分左右中者。"又根据严耕望考证,汉代郡县之下皆设贼曹。左贼曹史属于郡之属吏。

【释译】

兼左贼史修、助史寿、庞禀报:待事掾……和守史黄错、胡训在山中搜捕……

(十二)两行木简(CWJ1①:100)

01 等证案夜斗功共捺兵擊　顿尼夜略尼以爲妻炅知情　通行给饷护踵追夜夜斫

02 伤尼护其时刺夜以辜立物　故夜强略人以爲妻贼伤尼不直数　罪斗助者护所杀有罪斗护各

此简长23.0cm,宽2.7cm,书两行文字,保在完整,字迹较为清晰,内容大致为一份文件的中部,前后应有一枚或多枚简与之相编连。

此简的断句为:

等证。案:夜、斗、功共捺兵[1]擊顿[2]尼。夜略[3]尼以爲妻,炅知情,通行给饷[4]。护踵追[5]夜,夜斫[6]伤尼,护其时刺夜,以辜[7]立物故。夜强略人以爲妻,贼伤[8]尼,不直[9],数罪[10]。斗,助者[11]。护,所杀有罪。斗、护各

【注释】

夜、斗、功、炅、尼、护:皆为人名。

[1]搡兵:即操兵器。搡,通操。

[2]掔顿:带走。掔,通“牵”,牵引。

[3]略:强取。《方言》卷二:“略,强取也。”《广雅·释诂》:“略,取也。”此处指下文的“强略人”,未经当事人许可劫持并带走。

[4]通行给饷:与通行饮食近似,为犯罪分子提供交通便利以及给付食物、金钱。饷,《说文》:“饷,饟也。”《汉书·咸宣传》:“及以法诛通行饮食,坐相连郡,甚者数千人。”①

[5]踵追:紧追,《说文》:“踵,追也。”

[6]斫:砍,用刀具伤人。

[7]辜:前简所见保辜制度。

[8]贼伤:以暴力恶性伤害行为。与之类似的还有“贼杀”。

[9]不直:有错,有罪。

[10]数罪:触犯若干个罪名。

[11]助者:帮助犯,胁从犯。

【释译】

等作证。案:夜、斗、功三人拿着兵器一起带走了尼。夜强行劫持尼作为自己的妻子,炅明知三人犯罪,但仍然给他们提供交通便利和财食。护紧追夜,夜用刀砍伤了尼,与此同时,护用剑刺伤夜,夜在保辜期内很快死亡。夜强行娶他人作为妻子,并砍伤了尼,有罪,同时犯下数罪。斗是夜的帮助犯。护,杀死了有罪的夜。斗、护各……

---

① (汉)班固:《汉书·咸宣传》,中华书局1962年版,第3662页。

【按】

从内容上看,这只简是案件的判决书中的一只简。简文简单记录了夜、斗、功三人的犯罪行为,并对这些犯罪行为进行清晰的定罪。从中可见:(1)东汉时已经有了清晰的共同犯罪的概念,并且可以对每个罪犯在共同犯罪中的作用进行清晰的定位,如夜明确为“不直”,主犯;斗“助者”,帮助犯等。(2)东汉之时已经有了数罪并罚的概念,此案中“数罪”明确就是对夜的犯罪行为的总结归纳。(3)对此罪和彼罪有了清晰的界定和区分,如“通行给饷”“强略人以为妻”“贼伤”等。

(十三)两行木简(CWJ1①:101)

君教[1]诺[2]

此件为木简,长22.8cm,实2.9cm。上端稍有残损,无编痕。此简“君教”二字较小,“诺”字极大,保存较完整。有典型的“画诺”特征。“君教诺”在五一广场东汉简牍中出现较多。

【注释】

[1]君:请府君。

[2]教诺:教,教书,下级向上级请教指示的文书;诺,上级机关的批示。

(十四)两行木简(CWJ1①:105-2)

01 ☐□告中部督邮　书掾常谓临湘写移书

02 ☐关副言会　月廿日如南郡府书

此简上半段残缺,残简长12.0cm,宽3.4cm,书两行文字。

断句为:

……□告,中部督邮书掾[1]常谓临湘:写移[2]书……关副言,会月廿日[3],如南郡府书

【注释】

常,人名

[1]中部督邮书掾:督邮是督邮掾的简称,西汉初并未专设督邮,但有遣都吏巡行属县之事。至西汉中,始于郡府置督邮掾等职,又称"督邮书掾",督察县置、邮亭谨尊律法、纠察失职等。"督邮、功曹,郡之极位。"①东汉时郡守等"以督邮为耳目"②督察属县长吏。郡守派督邮巡行督察属县,作为郡太守之耳目,③主要职责督察县政,察县长吏善恶、是否称职,同时还有授权收捕罪犯之职。

《后汉书·百官五》段如淳注:"案律有无害都吏,如今言之公平吏。"④依照段如淳注解,东汉的"督邮"即西汉的"都吏"。陈直也认为,"都吏"出现在西汉,"督邮"出现在东汉,性质相同,称谓有所差异。⑤《后汉书》"州郡"条的"本注"载"有五部督邮,曹掾一人。"由于督邮督察属县,因此常驻外县,郡辖督邮亦不止一人。在督察县政的过程中,督察的范围根据郡部而有所区分,一郡之内有两部、三部,也有分东、西部。在居延汉简中多处可见"都吏"的司法活动,如"匿界中书到遣都吏与县令以下逐步搜索部界中验亡人所隐匿处以必得

① (清)孙星衍等辑,周天游点校:《汉官六种·汉官仪》,中华书局1990年版,第153页。

② 《北堂书钞》卷77引谢承《后汉书·蒋崇传》。

③ 《北堂书钞》卷77引谢承《后汉书》记蒋崇语:"守相以督邮为耳目。"

④ (南朝宋)范晔:《后汉书·百官五》,中华书局1965年版,第3622页。

⑤ 陈直:《居延汉简研究》,天津古籍出版社1986年版,第175页。事实上,有关"督邮"与"都吏"之间的区分模糊,在传世文献和出土文献中使用混乱,研究观点分歧较大。从史料看至东汉时多见督邮,少见都吏,因本文的研究重点不在于此,所以在文中采陈直先生的观点。

为罪诏所名捕重事。”①

[2]写移:是汉代公文移转用语,抄录并传递。“☐属吏□上变事,写移三辅、大常、郡大守、诸☐☐交□郡国书,取二千石部□史,承驿☐”(居延255.30)。②

[3]会月廿日:指本月的廿日上报的文书,廿,二十之意。

【释译】

……告,中部督邮书掾常告知临湘县:誊录并转呈文书……关副说:本月的廿日,在南郡府的文书……

(十五)两行木简(CWJ1①:110)

01 延平元年十月乙巳朔八日　壬子兼狱史封行丞事　永叩头死罪敢言之

02 谨移案诊男子刘郎大奴　官爲亭长董仲所格杀　爰书象人一读

此简的中部断开,现已经缀合,字迹较为清晰完整,长23.7cm,宽3.0cm,书两行文字。

断句为:

延平元年十月乙巳朔八日壬子,兼狱史[1]封、行丞事[2]永,叩头死罪敢言之。

谨移,案:诊[3]男子刘郎、大奴官爲亭长董仲所格杀爰书[4]、象人[5]一读(牍)。

【注释】

封、永,刘郎,官、董仲皆人名。

① 中国社会科学院考古研究所编:《居延汉简甲乙编》(下册),中华书局1980年版,第122页。

② 《集成》七,第113页。

[1]狱史:汉代县级属吏,是秦汉核心的司法官员之一。在《睡虎地秦简·封诊式》里,案件受理后主要由县丞令狱史进行调查。当事人对案件举报或者调查报告等都以“爰书”为形式进行。《岳麓秦简·为狱等状四种》和《张家山汉简·奏谳书》中记载,案件发生后,县令、丞派遣狱史与求盗抓捕犯罪人。此外,《汉书·丙吉传》中亦有:“丙吉字少卿,鲁国人也。治律令,为鲁狱史。”①同样《汉书·路温舒传》中有:“路温舒字长君,……稍习善,求为狱小吏,因学律令,转为狱史,县中疑事皆问焉。”②

[2]行丞事:代行县丞职责的职事官。

[3]诊:即勘验之意。《岳麓秦简(叁)·巍盗杀安、宜等案》:“即令狱史彭沮、衷往诊”。

[4]爰书:汉代司法类文书皆可称为爰书,包括对原被告及证人的言辞,现场勘验的侦查,司法笔录等。《史记·酷吏列传》:“〔张汤〕劾鼠掠治,传爰书,讯鞫论报。”裴骃集解引苏林曰:“爰,易也。以此书易其辞处。”司马贞索隐引韦昭曰:“爰,换也。古者重刑,嫌有爱恶,故移换狱书,使他官考实之,故曰‘传爰书’也。”③后用以指判决书。

[5]象人:木佣,泥人。此处指被杀后因尸体移送不便,在木佣上画出伤口走向,随爰书一起上报上级司法机关,以便上级机关核验。

【释译】

延平元年十月乙巳朔八日壬子,兼狱史封、代行县丞职事的永,向上级叩请。

移交以下文件,案:记录查得大奴官、男子刘郎被亭长董仲所格

① (汉)班固:《汉书·丙吉传》,中华书局1962年版,第3142页。
② (汉)班固:《汉书·路温舒传》,中华书局1962年版,第2367页。
③ (汉)司马迁:《史记·酷吏列传》,中华书局1982年版,第3137页。

杀的爰书一封、木佣一牍。

(十六)两行木简(CWJ1①:113)

01 广亭部董上丘旦桥丘与男　子烝愿雷勒相比近知习　辅农以田作莫旦绩纺为

02 事普以吏次署狱掾董良　家子给事县备狱书佐　不处年中良给事县永初元

此简长23.0cm,宽3.0cm,保存完整,书两行文字,字迹较为清晰。

断句为:

广亭部[1]。董,上丘[2];旦,桥丘。与男子烝愿、雷勒相比近知习[3],辅农[4],以田作,莫旦[5]绩纺为事。普,以吏次[6]署狱掾。董,良家子[7],给事县,备狱书佐[8]。不处年中,良给事县。永初元

【注释】

董、旦、烝愿、雷勒、普,皆为人名。

[1]广:亭部名。

[2]上丘,丘名;桥丘,丘名。都归广亭辖。

[3]相比近知习:相互比邻,彼此熟悉。比,紧靠,挨着。知习,知悉。

[4]辅农:整理者注为,辅,辅助。辅助农作之事。或,辅为人名?农,务农,结合下句"以田作",辅释为人名似乎更加恰当。

[5]莫旦:早早晚晚。莫,通暮。

[6]以吏次:依照吏的身份等地。

[7]良家子:汉代表示身份的名词。也就是良民,不属发配流徙

的罪犯,或非医巫商贾百工的公族子弟。汉代把技艺、商贾、工匠等都划在良家之外。《汉书·地理志下》:"汉兴,六郡良家子选给羽林、期门,以材力为官,名将出焉。"或,下文"良"应为人名,此处"良"也有可能是人名,释为良家的孩子。

[8]狱书佐:狱机关的书佐。

【释译】

广亭部。董居住于上丘;旦,居住于桥丘。他们与男子烝愿、雷勒相互比邻,彼此熟悉,辅助农作之事,在田间耕作,早晚从事纺织丝麻。普依照吏的身份等地任职狱掾。董,是良民,(或可释为:良家的儿子),在县官府中做事,预备狱书佐。某年年中,良开始在县官府中做事。永初元年

(十七)两行木简(CWJ1②:120)

01 汝偶卖之雠者自相报贵可　语绝别☐

02 充谢高后数日来取之高　别归充☐

此简残断,只有上半部分,长10.3cm,宽3.7cm,书两行文字,字迹清晰。

断句为:

汝偶[1]卖[2]之,雠[3]者自相报[4]。贵可。语绝[5],别☐

充谢。高后数日来取之,高别归[6],充☐

【注释】

贵、充、高:皆为人名。

[1]偶:偶尔,《尔雅·释言》:"遇,偶也"注:"偶者,言不常也。"

[2]卖:卖出。

[3]雠:同售,给价。《史记·高祖本纪》:"高祖每酤留飲,酒雠数倍。"引如淳曰:"雠,亦售也。"①见整理者注。

[4]报:传达,告知。《后汉书·鲁恭传》:"其立春在十二月中者,勿以报囚如故事。"注:"报囚,谓奏请报决也。"②

[5]绝:停止。

[6]归:回到本处。

【释译】

你们偶尔售卖者,自己向管理者汇报售价。贵同意。说完话之后,别……充道谢。高在之后的几天来取货物,高从别处回到本处,充……

(十八)两行木简(CWJ1②:122)

01 祖和建妻女等俱归于西北山中杀　羊祷祠事已复亡尚等不为收捕又建二男子杀根截取

02 左肩上肉长广各三寸深至骨部　吏皆匿不言书到趣逐捕必得亟考实并处绝不言二男子

此简长23.1cm,宽3.2cm,书两行文字,字迹较为清晰,保存完整。此简涉及在县中发生的刑事案件,但是县中的官吏却无所作为,并且试图隐瞒不报,上级机关在知道后,指示下级官吏立即开展抓捕行动,必须将逃犯捉拿归案。从此简中可以看出,面对下级官吏的不作为,上级机关有权直接作出指示和命令,要求下级机关立即执行。也从侧面反映出,上级机关有权督察下级机关的司法工作。

此简断句为:

① (汉)班固:《汉书·高祖本纪》,中华书局1962年版,第2页。
② (南朝宋)范晔:《后汉书·鲁恭传》,中华书局1965年版,第882页。

祖[1]和建妻、女等俱[2]归于西北山中，杀羊祷祠[3]，事已，复亡。尚等不为收捕[4]。又建二男子杀根，截取左肩上肉，长、广各三寸，深至骨。部吏皆匿不言。书到，趣逐捕[5]，必得[6]，亟[7]考实[8]，并处绝[9]。不言二男子

【注释】

[1]祖、建、根、尚等：皆为人名。

[2]俱：一起，《说文》："俱，皆也。"

[3]祷祠：祭祀祈福。《周礼·春官·小宗伯》："女祝掌王后之内祭祀，凡内祷祠之事。"小宗伯注："求福曰祷，得求曰祠。"①

[4]不为收捕：没有抓捕，不为，是司法（南朝宋）范晔：《后汉书·鲁恭传》，中华书局1965年版，第882页。官吏的不作为行为。

[5]趣逐捕：汉代司法用语，指上级机关指示下级官吏立即开展抓捕行动，必须将逃犯捉拿归案。趣，音促，有紧急，立即之意。逐捕，追捕。

[6]必得：上级要求必须将人抓捕到。必，务必。

[7]亟：急，立即。

[8]考实：拷问验实，就是说在抓捕到犯人后立刻就拷问并查清事实。

[9]处绝：查明并论决，即在查清事实后进行判决。

【释译】

祖和建的妻子、女儿等一同回到西北部的山中，在山中杀羊祭祀祈福，在祭祀结束后，又继续逃亡。尚等官吏没有对他们进行抓捕。之后建等两个男子杀了根，并割取了根左肩上的肉，长、宽各有三寸，深度至骨头。主管官吏却都隐瞒不曾上报。文书到后，立即开展抓

① 《周礼正义·天官冢宰》，中华书局2013年版，第562页。

捕行动,务必将逃犯捉拿归案,抓捕到犯人后立刻拷问并查清事实,查清事实后进行判决。不言二男子

(十九)两行木简(CWJ1②:124)

A 面:

01 永初元年正月癸酉朔廿日壬辰东　部劝农贼捕掾迁游徼尚驷　朢亭长范叩头死罪敢言之

02 廷书曰言男子吴辅鬬伤　弟妻縻亡逐捕有书　辅以微辨贼伤縻所犯无

B 面:

东部劝农贼捕据黄迁名印

史　白开

正月　日　邮人以来

此简长 23.2cm,宽 3.3cm,两面书写,A 面书两行字,B 面为收文书启封记录。

此简的断句为:

A 面:

永初元年正月癸酉朔廿日壬辰,东部劝农贼捕掾[1]迁、游徼[2]尚、驷朢[3]亭长范,叩头死罪敢言之。廷书曰:言男子吴辅鬬伤[4]弟妻縻,亡。逐捕有书[5]。辅以微辨[6]贼伤縻,所犯无

B 面:

东部劝农贼捕据黄迁名印。

史　白开[7]。

正月　日　邮人以来。

【注释】

迁、尚、范、吴辅、麃、黄迁、白：皆为人名。

[1]东部劝农贼捕掾：《汉书·百官公卿表》无记载，《后汉书》在“州郡”条亦不见劝农掾的记录，在“县乡”条“本注”可见“诸曹略如郡员，五官为廷掾，监乡五部，春夏为劝农掾，秋冬为制度掾。”概述了作为县属吏的“廷掾”设置情况。“廷掾”的特点是分部、因时而置，在春、夏农忙时出劝课农桑；农闲时，则转为制度掾。

[2]游徼：基层社会治安吏，主捕盗事。《后汉书·百官志》：“乡置有秩、三老、游徼。……本注曰：游徼掌徼循，禁司奸盗。”①

[3]驷望：亭名。

[4]鬬伤：即，斗伤。因争斗行为而导致他人的人身伤害，与贼伤有所差异。

[5]逐捕有书：指抓捕的行为有官方的文件依据。

[6]微辨：微小的争论。

[7]开：开启档案。在汉代文书中封缄人和文书的启封人都要在文书中登记姓名时间，以便核查。

【释译】

A面：

永初元年正月癸酉朔廿日壬辰，东部劝农贼捕掾迁、游缴尚、驷望亭长范，叩请。县廷文书载：男子吴辅斗伤弟弟的妻子麃，畏罪逃亡。抓捕的事宜有官方的文件依据。辅是因为微小的争论而贼伤麃，所犯之罪没有

B面：

东部劝农贼捕掾黄迁名印。

---

① （南朝宋）范晔：《后汉书·百官五》，中华书局1965年版，第3624页。

史　白启封

正月　日　邮人以来。

(二十)两行木简(CWJ1②:125)

01 ☐□寺舍其月　不处日脩与种勤牧真传种

02 ☐市牛肉廿斤　彖肉十斤鲶五斤复徙石沽

此简残断,上半部分残缺,仅见下半部分,长11.8cm,宽3.0cm,书两行文字。

断句为:

☐□寺舍[1]。其月不处日,脩与种、勤牧[2],真传种

☐市牛肉廿斤,彖(豕)肉十斤,鲶[3]五斤,复徙石沽[4]

【注释】:

脩(修)、种、勤、真、石,皆为人名。传也可能为人名。

[1]寺:《广雅·释宫》:"寺,官也。"王念孙疏证:"皆谓官舍也。"即官寺、官衙、衙署。《汉书·元帝纪》:地震"坏败豲道县城郭官寺及民室屋,压杀人众。"颜师古注:"凡府庭所在皆谓之寺。"①"掾□□侍前:烦务朝夕,起居寺舍,夫人自康,……"(《东牌楼》036A)

[2]牧:牧养,放牧。

[3]鲶:鱼名。大鱼为鲝,小鱼为鲶。

[4]沽:买。多指买酒。《论语·乡党》:"沽酒市脯。"

【释译】

官府的屋舍。本月某日,脩和种、勤放牧,真传种……买牛肉二十斤,猪肉十斤,鱼肉五斤,又到石这里买酒。

① (汉)班固:《汉书·元帝纪》,中华书局1962年版,第281页。

岳麓秦简律令校释(四)*

——192~222简

华东政法大学出土法律文献研读班

内容摘要:本文对岳麓秦简肆192~222简的释文内容做了注释与解读,就一些字句提出新的断读意见,并逐一分析秦律篇名以及相关法条的内容与立法目的:192~197记载的《行书律》,并结合其他记载,说明不同性质文书的具体传递主体、传递速度以及文书"署急"的具体含义;198~206条记载的《金布律》规定了秦时大型牲口马牛羊以及奴婢异地买卖过关时的具体流程以及与之相关的"书""传""质"等凭证文书的作用、"立质"的流程,同时重新对"毋出质钱"进行分析与解读,认为其是特定交易情形下的例外规定而非违法行为;207~222简中《置吏律》相关条文可能存在多种不同理解,如208~209简中"县以功令任除有秩吏"条有属上读与属下读的可能性,在不同情形下,法条内部结构与逻辑就会产生不同的理解;213简中将"不得为租、君子"理解为"不得为租"与"不得为君子";详细分析215"及它官论者"的具体含义;221简中"郡免除书到中尉"条"中

* 本文受国家社科基金重大项目"甲、金、简牍法制史料汇纂通考及数据库建设"资助,项目批准号:20&ZD180。

尉"职能与机构在秦及汉初可能的分化演变,"补军吏,令佐史,必取壹从军以上者"的不同断读与理解。

关键词:秦律令　金布　质钱　置吏

192～193

释文

·行书律[1]曰:传行书[2],署急[3],辄行[4];不辄行,赀二甲。不急者,日觱(毕)[5];留三日,赀一盾;四日【以】上[6],赀一甲。二千石官书1250/肆192不急者,毋(无)以邮行。1368/肆193

注释

[1]行书律:规定公文书递送制度的律。"行书"意为将公文书送出。睡虎地秦简《秦律十八种》183 和 184～185 两条有尾题"行书",整理者注:"此处为律名,关于传送文书的法律规定。"①

[2]传行书:"传书"和"行书"的合称,泛指各种递送公文书的工作。"传"有中转之义,《汉书·郊祀志上》"推终始传"颜师古注:"传,谓转次之。""传书"意为中转递送文书,②里耶秦简 9－1861:"以次传书,勿留。"京都大学研读班以"传行"为一词,认为即睡虎地秦简中的"行",可参看。

[3]署急:在文书外部的可见处署上"急"字。岳麓秦简伍 111:"·令曰:封书,毋勒其事于署",整理小组注:"署:此作名词,指封检上题写文字之处。"③详"解读"。

① 睡虎地秦墓竹简整理小组编:《睡虎地秦墓竹简》,文物出版社 1990 年版,第 61 页。

② 陈伟认为"传书"指在不同机构或者相邻县道逐次传递的文书。今案,"传书"也可用为动宾词组。参考陈伟:《秦与汉初的文书传递系统》,载《里耶古城:秦简与秦文化研究》,科学出版社 2009 年版,第 152～153 页。

③ 陈松长主编:《岳麓书院藏秦简(伍)》,上海辞书出版社 2017 年版,第 153 页,注 26。

[4]辄行:立即送出,又作“即行”。里耶秦简 9－23:“走郤即行司。”

[5]日觱(毕):此处指当天将文书送出。[①]

[6]四日【以】上:原简脱“以”字,此从整理小组补。[②]

语译

行书律规定,递送文书时,其外部署有“急”字的,应立即递送;不立即递送的,处赀二甲。不紧急的文书,应当天送出;搁留三天的,处赀一盾;搁留四天以上的,处赀一甲。二千石官署的文书不紧急的,不要通过邮机构来递送。

解读

一、关于“行书律”

“行书律”篇名不见于传世文献,但在睡虎地 M11 秦简、岳麓秦简、张家山 M247 汉简、睡虎地 M77 汉简、胡家草场 M12 汉简律令中都出现了,其中在睡虎地 M77 汉简中被归类为《旁律》,在胡家草场 M12 汉简中被归类为《旁律甲》。对于从战国秦到西汉前期的基层官吏来说,《行书律》具有显著的重要性,这是它被广泛摘抄并随葬的原因之一。《晋书·刑法志》引曹魏律令《序略》,历数魏律所据以撰成的汉律共八篇,分别为《具律》《盗律》《贼律》《囚律》《金布律》《厩律》《杂律》《兴律》,又说《厩律》有“厩置乘传副车食厨”之制,因此“取其可用合科者,以为《邮驿令》”,如下述,秦汉《行书律》的内容多与“邮”有关,因此《行书律》似有在西汉中期以后被蠲除,其制度转而纳入《厩律》的可能。

目前已发表的明确无疑的《行书律》条文,主要有《岳麓秦简

① 睡虎地秦简《秦律十八种》183“行书”条之“日毕”,整理者译为“当天送完”。参见睡虎地秦墓竹简整理小组:《睡虎地秦墓竹简》,文物出版社 1978 年版,第 104 页。

② 陈松长主编:《岳麓书院藏秦简(肆)》,上海辞书出版社 2015 年版,第 170 页,注 155。

(肆)》中标目为“行书律”的四条(含本条),以及睡虎地M11秦简《秦律十八种》中尾题为“行书”的二条。张家山M247汉简整理者将《二年律令》264～276共八个条文归入《行书律》,其内容多涉及“邮”,与明确的《行书律》条文是相似的。

另外,岳麓秦简肆223～224标目为“□律”,内容则与《秦律十八种》184～185“行书”条大部重合,整理小组认为“律”上仅残去一字,若如其说,则该条就并非《行书律》,这与“受钱入缿中”条在睡虎地秦简中题为“关市”,而在岳麓秦简中标为“金布律”是相同的情形。

二、法条分析

本条由两款构成,第一款“署急,辄行”规定了递送文书搁留的处罚;第二款“二千石官书不忍(急)者”明确禁止使用“以邮行”的方式递送不紧急的二千石官署文书。这两款在规则上并无关联,可能仅仅因为都涉及文书的紧急性而被放在同一条文中。

第二款“二千石官书不急者,无以邮行”,是文书的紧急性与“以邮行”递送方式之间的密切关联的又一个例证,①此类例证在秦汉文献中可见不少。

与第一款同样规定行书搁留的条文还有睡虎地秦简《秦律十八种》183“行书”、岳麓秦简伍133“卒令丙五十”,以及张家山汉简《二年律令》269～270、273～275、328～330等条,其中前两条与本条的关系尤为密切:

(1)行命书及书署急者,辄行之;不急者,日觱(毕),勿敢留。留者以律论之。 行书 (《秦律十八种》183)

(2)·令曰:邮人行书,留半日,赀一盾;一日,赀一甲;二日,

① 彭浩早已论及这一点。参见彭浩:《读张家山汉简〈行书律〉》,载《文物》2002年第9期。

赀二甲;三日,赎耐;过三日以上,耐。·卒令丙五十　(岳麓秦简伍 133)

可以看出,例(1)不具有本条的第二款,以及对行书搁留的罚则,而例(2)的规定则仅针对“邮人行书”,适用情形相对狭窄。

本条适用于“署急”文书,即《二年律令》265～266 所讲的“急书”,而《秦律十八种》183 又在“急书”之外多规定了“命书”一项。“命书”即“制书”在秦王政廿六年更名之前的原名。① 根据《秦律十八种》183,命书不论是否“署急”都要“辄行”,这与《二年律令》265～266:“令邮人行制书、急书,复勿令为它事”,将制书与急书并举的精神是一致的。② 本条的年代晚于《秦律十八种》183,③而缺少了“制书”一项,但这并不意味着“制书辄行”之制被取消了。案年代与本条相近的岳麓秦简陆 123～124 云:“致者留八分日一到过五日,□以行制书不署急而留之律论之”④,说明存在专门处罚递送不署急制书搁留的律文,那么对署急制书一定也是如此。可见在岳麓秦简的年代,制书与普通文书的递送搁留的规定已经分化,其处罚可想而知应更为严厉,故而两者不再处于一个律条中。

若上说不误,则本条与尚未得见的留制书条可视为从《秦律十八种》183 分化出来的两个条文,而其规范均可与伍 133 作一对比:

① 参见睡虎地秦墓竹简整理小组:《睡虎地秦墓竹简》,文物出版社 1978 年版,第 103 页,注 2。

② 陈松长认为,《秦律十八种》183 强调凡“命书”之类的“天子之言”必须迅速传递下达。于洪涛主张,制书作为发布王命或国家政令的文书,属于紧急公文。参见陈松长:《岳麓书院藏秦简中的行书律令初论》,载《中国史研究》2009 年第 3 期;于洪涛:《从里耶秦简看秦代紧急公文种类与递送方式——兼谈秦汉〈行书律〉相关问题》,载《档案学通讯》2018 年第 6 期。

③ 参见陈松长:《岳麓书院藏秦简中的行书律令初论》,载《中国史研究》2009 年第 3 期。

④ 陈松长主编:《岳麓书院藏秦简(陆)》,上海辞书出版社 2020 年版,第 107 页。

表1　有关文书递送搁留的法律条文的对比

<table>
<tr><th>条文</th><th>递送主体</th><th>递送对象</th><th>受罚行为</th><th>处罚</th></tr>
<tr><td rowspan="2">十八种 183</td><td rowspan="2">一般主体</td><td>命书、急书</td><td>不辄行</td><td rowspan="2">不明</td></tr>
<tr><td>不急书</td><td>留</td></tr>
<tr><td rowspan="2">肆 192～193</td><td rowspan="2">一般主体</td><td>急书</td><td>不辄行</td><td>赀二甲</td></tr>
<tr><td>不急书</td><td>留三日以上</td><td>赀一盾、赀一甲</td></tr>
<tr><td rowspan="2">留制书条</td><td rowspan="2">不明</td><td>制书署急</td><td rowspan="2">不明</td><td rowspan="2">不明</td></tr>
<tr><td>制书不署急</td></tr>
<tr><td>伍 133</td><td>邮人</td><td>各类文书</td><td>留半日以上</td><td>赀一盾、赀一甲、赀二甲、赎耐、耐</td></tr>
</table>

可见,各条文在递送主体和递送对象方面互有出入,更为重要的是,其处罚原则也存在显著差异。条文一、二区分文书类型和搁留时间,搁留不急书从三日起步,处以二等赀罪,搁留制书或急书则不论时间,直接处以最重一等的赀罪;而条文四不论文书类型,一律按照搁留时间处罚,从半日起步分为五等,从三等赀罪直至赎耐和耐罪。

条文四的递送主体“邮人”是受到赋役减免待遇的专职递送人员,其搁留文书一日以下的处罚却可以轻于一般主体搁留急书的处罚,这就说明由他们递送的文书可能不限于制书、急书这两类。《二年律令》265～266 规定“令邮人行制书、急书,复勿令为它事”,276 又规定“诸狱辟书五百里以上,及郡县官相付受财物当校计者书,皆以邮行”,可见,汉初邮人确实可递送一些虽不紧急但具有其他特定性质的文书。岳麓秦简伍 108“卒令丙二”所规定的“皆以邮行”的“恒署书”,①可能

① 陈伟指出,书有“恒署”二字的里耶秦简 8－159 和 9－712 即为“卒令丙二”所说的“恒署书”。参见陈伟:《秦简牍校读及所见制度考察》,武汉大学出版社 2017 年版,第 66～67 页。

也不全是急书。①

一般主体递送不急书时搁留不到3日的情形未见罚则,若参考里耶秦简的文书实例,则或可证实这种情形确是不受处罚的。案里耶秦简9－748:

书廿八年六月乙未到,丙申起,留一日。具问而留。

又8－648:

卅一年七月辛亥朔甲子,司空守謚敢言之,今以初为县卒Ⅰ
蜥死及傅槥书案致,毋瘫(应)此人名者,上真书。书癸亥Ⅱ
到,甲子起,留一日。案致问治而留,敢言之。Ⅲ(正面)
章手(反面)

又9－1564:

☐寅起,一日。讂求而留。

又9－1652＋1996:

☐【庚】辰到贰春乡,壬午起,留二日。讂求☐留。☐

这些就是文书中转过程中,中转机构为处理与该文书有关的“具问”“案致问治”“讂求”等工作而将文书搁留一日的情形。② 发生这种情形时,中转方只需向收件方说明搁留原因即可。似可认为,本条之所以将搁留不急书的处罚定为从三日起步,正是为了给文书中转机构处理与该文书有关的事务留下足够的时间窗口。

另外,可注意的是,在汉代,除搁留外,行书“不中程”即速度不合格也要受处罚。《二年律令》273:“邮人行书一日一夜行二百里。行

① 此说为乔志鑫在研读班上提出。
② 此理解为姚远在研读班上提出。

不中程半日笞五十,过半日至盈一日笞百,过一日罚金二两。”居延汉简 EPS4T2:8:“官去府七十里,书一日一夜当行百六十里。……不中程百里,罚金半两;过百里至二百里,一两;过二百里,二两。不中程车一里,夺吏主者劳各一日;二里,夺令相各一日。”而 EPF22:125 ~ 150 册书及与之关联的 151 檄书,则提供了递送檄书时因“留迟”而导致“不中程”的实例。虽然目前尚未见到秦代的同类规定,但从里耶秦简文书往往具载收发日、时来看,不能排除秦代已开始处罚行书“不中程”的可能,因为精确到“时”的收件时间是认定“不中程”的必要条件。[①]

三、“署急”

本条和《秦律十八种》183 所讲的“署急”,应特指发件人在文书外部可以示人的位置签署“急”字的做法。从现有材料来看,签署的位置可有两处,一是封检(封泥槽),里耶秦简中多见其例;[②]二是一种书写收件郡县和递送方式的简,陈伟认为即《玉篇》训为“书检”的“署”,亦即岳麓秦简伍 109 ~ 110“卒令丙三”所云“书检上应署”的“署”。[③] 朱红林曾举里耶秦简 8 - 90:“☑迁陵以邮利足行洞庭,急”,作为“署急”的例证,[④]这枚简就是一件陈伟所说的“署”。有趣的是,有些“署”为了凸显文书的紧急性,会在“急”字下加注重文号,9 - 2048 的“急”下的重文号甚至多至十个。

有时,文书也会在其正文中自我表明紧急性,但递送的文书一般须经封缄包装,正文不可为递送者所见到。因此,只有在封检和“署”

① 此说为王捷在研读班上提出。

② 参见湖南省文物考古研究所:《里耶一号井的封检和束》,载《湖南考古辑刊》(第 8 集),第 66 ~ 67 页。

③ 参见陈伟:《秦简牍校读及所见制度考察》,武汉大学出版社 2017 年版,第 58 页。

④ 朱红林:《读里耶秦简札记》,载中国文化遗产研究院编:《出土文献研究》(第 11 辑),中西书局 2012 年版,第 138 页。

等文书外部表面签署的“急”字才能对其递送者产生法律约束力。(邬勖)

194～195

释文

·行书律曰:有令女子、小童[1]行制书者,赀二甲。能捕犯令者,为除半岁繇(徭);其不当繇(徭)者,得以除它1384/肆194 人繇(徭)。1388/肆195

注释

[1]小童:年龄为“小”但“可使”的男子,相当于汉代的“使小男”,可承担递送文书等轻微劳役。秦代按照身份等级调整“大”和“小”的具体标准。参见岳麓秦简肆147～150条注释[6]及“解读”。

语译

行书律规定,让女子、小童递送制书的,处赀二甲。能捕捉违反此规定的人的,免除其半年的徭役;其人本来就无须服徭役的,可以为他人免除徭役。

解读

本条是对文书递送者资质的禁止性规定,岳麓秦简肆196、睡虎地秦简《秦律十八种》185～186:“行传书,……隶臣妾老弱及不可诚仁者勿令”也是此类规定。三者的主要差异在于其所适用的文书类型有所不同:本条适用于“制书”,岳麓秦简肆196适用于“县官恒书”即官府的常规文书,《秦律十八种》185～186则适用于中转递送的文书,与“县官恒书”应有相当的重叠。

本条的禁止对象是女子、小童,岳麓秦简肆196是不满十四岁者,《秦律十八种》185～186则是隶臣妾、老人、小孩和“不可诚仁者”。里耶秦简中多见隶臣妾在县内递送文书的记录,与该规定不冲突。总体上,递送制书者的禁止范围较后二条为广,违反规定的处罚

也较重,由此凸显出制书的重要性。(邬勖)

196

释文

·行书律曰:毋(无)敢令年未盈十四岁者行县官恒书[1],不从令者,赀一甲。1377/肆196

注释

[1]恒书:官府的常规文书。[①] 睡虎地秦简《封诊式·䙴(迁)子》:"今鋈丙足,令吏徒将传及恒书一封诣令史,可受代吏徒,以县次传诣成都,成都上恒书太守处,以律食。"整理者疑"恒书"为"解送文书",[②]学者则认为是"讲述犯人情况及处置办法"的文书,或"介绍案件及判决情况的文书",或"案例的处理意见书"。[③]

语译

行书律规定,不得派遣未满十四岁的人递送官府的常规文书,不按照此规定办理的,处赀一甲。(邬勖)

197

释文

·行书律曰:县请制[1],唯故徼外盗以邮行之[2],其它毋(无)敢擅令邮行书。1417/肆197

注释

[1]县请制:县请求皇帝以制书就某事务作出裁决。岳麓秦简伍

① 朱红林解"恒书"为"官府常用文书的一种通称",又解"县官恒书"为"县廷的日常文书",参见朱红林:《读里耶秦简札记》,载中国文化遗产研究院编:《出土文献研究》(第11辑),中西书局2012年版;朱红林:《〈岳麓书院藏秦简(肆)〉补注八》,载王沛主编:《出土文献与法律史研究》(第8辑),法律出版社2020年版,第124页。今案其解"恒书"不误,只是本条之"县官"应用为广义,泛指国家机关。

② 睡虎地秦墓竹简整理小组编:《睡虎地秦墓竹简》,文物出版社1990年版,第156页。

③ 参见朱红林:《〈岳麓书院藏秦简(肆)〉补注八》,载王沛主编:《出土文献与法律史研究》(第8辑),法律出版社2020年版,第124页。

053～055 秦令载定陶忠请论南郡司马庆,即其例。

[2]唯故徼外盗,以邮行之:通过此限制,可知秦对镇压故徼外盗的重视。①

语译

行书律规定,县请求皇帝下达制书裁决事务的,只有关于来自国境外入侵者的事务才可通过邮机构递送文书,其他事务不得擅自通过邮机构递送文书。(邬勖)

198～206

释文

·金布律[1]曰:黔首卖马牛勿献[2]廷,县官其买殹(也),与和[3]市若室,勿敢强∟。买及卖马、牛、奴婢它乡、它县,吏1415/肆198听(?),为(?)传[4]、书[5]及致[6]以归□免[7],弗为书。官啬夫,吏主者,赀各二甲,丞、令、令史弗得,赀各一甲。其有事关外,以私马[8]1428/肆199牛羊行而欲行卖之,及取传卖它县,县皆为传。而欲徙卖它县[9]者,发其传,为质[10]。黔首卖奴卑(婢)、1300/肆200马牛及买者,各出廿二钱以质市亭[11]。皇帝其买奴卑(婢)、马,以县官马、牛、羊贸[12]黔首马、牛、羊,及买以为义(宜)[13]1301/肆201者,·以平贾(价)[14]买之,辄予其主钱,而令虚质,毋出钱[15]。过旬不质,赀吏主者一甲,而以不质律论∟黔首;自1351/肆202告,吏弗为质,除。[16]黔首其为大隃取义(宜)[17],亦先以平贾(价)直(值)之∟。质奴卑(婢)、马、牛者,各质其乡[18],乡远都市[19],欲□[20]0990/肆203(缺简)老为占[21]者,皆䙴(迁)之,舍室[22]为里人

① 陈松长主编:《岳麓书院藏秦简(肆)》,上海辞书出版社2015年版,第170页,注156。

盗卖马、牛、人，典、老见其盗及虽弗见，或告盗而为占质[23]，黥为1226/肆204城旦；弗见及[莫]告盗，赎耐，其伍、同居及一典弗坐∟。卖奴卑(婢)、马、牛者，皆以帛书质，不从令者，J42/肆205赀一甲∟。卖半马、半牛[24]者，毋质诸乡。1263/肆206

注释

[1]金布律：财物、货币管理方面的法律，本条内容涉及官方对特定交易行为的规制。睡虎地秦简、张家山汉简、睡虎地77号汉墓竹简中均有出现①。汉代又有"金布令"，《汉书·萧望之传》"金布令甲。"颜师古注："《金布》者，令篇名也。其上有府库金钱布帛之事，因以名篇。"《晋书·刑法志》言汉律时提及"《金布律》有毁伤亡失县官财物"，符合简牍所见《金布律》部分规定的内容。

[2]献：献出，拿出。张家山汉简《奏谳书》102～103："以毛所盗牛献和，和识，曰：和牛也。"整理小组读作"谳"，然考察"谳"字用法，多用于行政机构内部下级向上级请示汇报，与此处情形不符。

[3]和：买卖双方在两相情愿的情况下进行交易，与"强"相对。②"和"下省略动词"买"，相似用例见岳麓秦简陆035："·诸与系者及囚奸，虽和之，皆以强与人奸律论之，而除女子。"③整理小组注："和，交易。《管子·问》：'而万人之所和而利也'尹知章注：'和，谓交易也。'"④

---

① 湖北省文物考古研究所、云梦县博物馆：《湖北云梦睡虎地M77发掘简报》，载《江汉考古》2008年第4期。

② 参见睡虎地秦墓竹简整理小组：《睡虎地秦墓竹简》，文物出版社1990年版，第128页，注2。陈松长主编：《岳麓书院藏秦简(肆)》，上海辞书出版社2015年版，第170页，注157。京都大学读书班进一步补充此处强调"平和"之意，同时须视情况不同具体加以理解。秦代出土文字史料の研究班「嶽麓書院所藏簡《秦律令(壹)》譯注稿(その3)」(京都『東方学報』卷95、2020年)、頁137参照。

③ 陈松长主编：《岳麓书院藏秦简(陆)》，上海辞书出版社2020年版，第59页。

④ 陈松长主编：《岳麓书院藏秦简(肆)》，上海辞书出版社2015年版，第170页，注157。

[4]吏听(?),为(?)传:"听""为"两字漫漶不清,今据上下文义补,整理小组释为"为取"。① "吏听,为传",指官吏应受理许可,并为至外地买卖马、牛、奴婢的人开具通行证。张家山汉简《二年律令》513:"郎中为致告买所县道,县道官听,为质〈致〉告居县。""传"是秦汉时期的通行证,《汉书·酷吏传》:"乃解脱,诈刻传出关归家。"颜师古注:"传,所以出关之符也。""为传"多见于秦汉律以及文书中,如本条肆200中"县皆为传",张家山汉简《二年律令》489:"擅为传",518:"故巫为传",均是发放通行证之义。

[5]书:图版字迹模糊,今从整理小组释。此处可能指用于过关的说明文书,在牲口或奴婢的私人买卖中使用,故当与前文"传"断读。张家山汉简《二年律令》521:"·丞相上鲁御史书,请鲁中大夫谒者得私买马关中,鲁御史为书告津关,它如令。·丞相、御史以闻,制曰:可。"详"解读"。

[6]致:图版字迹模糊,今从整理小组释。《说文》:"送诣也",本意为送达,《汉书·文帝纪》:"赐物及廪鬻米者,长吏阅视,丞若尉致。"颜师古注:"致者,送至也"。② 此处特指津关查验过关人物品的文书,其中记载了过关人随行或携带物品的具体信息,过关时需进行核验检查。③ 张家山汉简《二年律令》509:"十二　相国议,关外郡买计献马者,守各以匹数告买所内史、郡守。内史、郡守谨籍马职(识)

---

① 陈松长主编:《岳麓书院藏秦简(肆)》,上海辞书出版社2015年版,第134页。

② 李均明:《秦汉简牍文书分类辑解》,文物出版社2009年版,第61页。

③ 参见裘锡圭:《汉简拾零》,载裘锡圭:《裘锡圭学术文集》(第2卷),复旦大学出版社2015年版,第80~81页;[日]藤田胜久:《〈张家山汉简·津关令〉与汉墓简牍——傅与致的情报传递》,载《简帛》(第2辑),上海古籍出版社2007年版,第456~458页;李均明:《秦汉简牍文书分类辑解》,文物出版社2009年版,第61页;安忠义:《秦汉简牍中的"致书"与"致籍"考辨》,载《江汉考古》2012年第1期。

物、齿、高,移其守,及为致告津关,津关谨阅。”

[7]以归□免:第三字据图版较为模糊,整理小组释为“及”①,似难理解。读书会认为或可释为“它”,理解为“因(马牛等)归于它县而未开具说明文件”。

[8]马:图版字形残泐,今从整理者释。

[9]徙卖它县:卖牲畜者已经前往外地某县售卖之后,因某种原因又前往另外其他县售卖牲畜。

[10]发其传,为质:以“传”作为临时性的证明材料,查看牲畜卖家的目的地或者是出发地,以保证交易的合法安全。“质”即奴婢、牲畜等大型商品的交易契券,参见肆121-122-123注释[5]“质”②。

[11]出廿二钱以质市亭:市亭监督以保证马牛、奴婢等交易的合法与公正,并开具买卖券书“质”,故向买卖双方收取一定的费用,即“质钱”。岳麓秦简肆121:“官府为作务、市,受钱,及受赍、租、质、它稍入钱,皆官为缿。”③秦汉时期以“市亭”为专门的交易场所,岳麓秦简肆125:“有贩殹(也),旬以上必于市,不者令续〈赎〉罨(迁)”。

[12]贸:以物易物。《说文》:“易财也。”《盐铁论·错币》:“抱布贸丝而已”张之象注:“贸,易财也,交互之义”。岳麓秦简叁069:“材已治盖,喜欲,与喜贸。”张家山汉简《二年律令》261:“诸诈给人以有取,及有贩卖贸买而诈给人,皆坐臧与盗同法”

---

① 整理小组此处释为“为(?)取传书及致以归及(?)免(?)”,见陈松长主编:《岳麓书院藏秦简(肆)》,上海辞书出版社2015年版,第134页。

② 华东政法大学出土文献研读班:《岳麓简秦律令释读(二)》,载王捷主编:《出土文献与法律史研究》(第9辑),法律出版社2019年版,第200页。京都大学读书班有类似观点,秦代出土文字史料の研究班「嶽麓書院所藏簡《秦律令(壹)》譯注稿(その3)」(京都『東方学報』卷95、2020年)、頁139参照。

③ 此处断读,参见《岳麓简秦律令释读(二)》,载王捷主编《出土文献与法律史研究》(第9辑),法律出版社2019年版,第199页。

[13]义(宜):通“宜”,即适合、合适之义,睡虎地秦简《秦律十八种》27:“义(宜)积之,勿令败。”①整理小组注:“平也。《孔子家语·执辔》:‘以之礼则国安,以之义则国义。’王肃注:‘义。平也。’”②

[14]平贾(价):秦汉时由官方机构基于商品实际价格制定的官方定价,官私交易常以此作为定价标准,广泛用于财政统计、司法裁判中确定赃值以定罪量刑等。一般以“十月平贾(价)”。③《汉书·吴王濞传》:“卒践更,辄予平贾。”张家山汉简《二年律令》427~428:“有罚、赎、责,当入金,欲以平贾(价)入钱,及当受购、偿而毋金,及当出金、钱县官而欲以除其罚、赎、责,及为人除者,皆许之。各以其二千石官治所县十月金平贾(价)予钱,为除。”

[15]虚质,毋出钱:买卖契券订立后双方实际并未缴纳质钱,可以理解为法律特别规定可不出质钱的例外情况。整理小组释解为“质不实”,④或认为此种行为属于违法行为,应以“不质律”论处。⑤详“解读”。

[16]过旬不质,赀吏主者一甲,而以不质律论黥首:“论”下有钩识号,不过应非用于断句。整理小组将“过旬不质”与上“毋出钱”“虚质”并列为3项受处罚行为,今改断读如此。详“解读”。

---

① 京都大学读书班有三种不同理解,其第一种解释与我们相同。秦代出土文字史料の研究班「嶽麓書院所藏簡《秦律令(壹)》譯注稿(その3)」(京都『東方学報』卷95、2020年)、頁139参照。

② 陈松长主编:《岳麓书院藏秦简(肆)》,上海辞书出版社2015年版,第170页,注释161。此处断读与整理者不同。

③ 参见慕容浩:《秦汉时期“平贾”新探》,载《史学月刊》2014年第5期。

④ 陈松长主编:《岳麓书院藏秦简(肆)》,上海辞书出版社2015年版,第170页,注释160。

⑤ 参见贺旭英:《秦汉〈金布律研究〉》,湖南大学2015年硕士学位论文,第39页;王勇:《岳麓秦简〈金布律〉关于奴婢、马牛买卖的法律规定》,载《中国经济社会史研究》2016年第3期。

[17]大踰取义(宜):大大超过了其合适价格的标准。踰,通“踰”,越也,整理小组解为超过、超越之义。① “取义”即“取宜”,参见本条注释[13]。

[18]质其乡:到卖牲口者所在乡调查,确认其所有权的合法性。质,对质,询问。《汉书·王陵传》:“面质吕须于平前。”颜师古注:“质,对也。”②

[19]都市:县都乡的市亭。“都市”见于秦陶文、印文。③ 张家山汉简《二年律令》471~472:“都市、亭、厨有秩者及毋乘车之乡部,秩各百廿石”,其长官应该是都亭啬夫。

[20]□:字形残泐,整理小组释为“徙”,认为“欲徙”意为因乡离都乡市亭较远而想徙卖于它县。④

[21]占:此“占”是下文“占质”之省。⑤

[22]舍室:住在居室之中,此处或省略了主语,完整而言当是“舍室之人”。舍,休息住宿,《汉书·匈奴传》:“舍之上林苑蒲陶宫”颜师古注:“舍,止宿也”,室,即居室住宅,秦汉简牍与传世文献多见。整理小组理解为地点状语“在舍室内”。⑥

[23]占质:登记查询。占:登记。参见肆011~012条注释

---

① 参见陈松长主编:《岳麓书院藏秦简(肆)》,上海辞书出版社2015年版,第170页,注释160。

② 王勇:《岳麓秦简〈金布律〉关于奴婢、马牛买卖的法律规定》,载《中国经济社会史研究》2016年第3期。

③ 陈松长主编:《岳麓书院藏秦简(肆)》,上海辞书出版社2015年版,第170页,注释162。

④ 陈松长主编:《岳麓书院藏秦简(肆)》,上海辞书出版社2015年版,第170页,注释163。

⑤ 陈松长主编:《岳麓书院藏秦简(肆)》,上海辞书出版社2015年版,第170页,注释164。

⑥ 陈松长主编:《岳麓书院藏秦简(肆)》,上海辞书出版社2015年版,第170页,注释165。

[2]。质:与上文"质"或不同,此处可理解为对质之义,即查验确认。《汉书·汲黯传》"黯质责汤于上前"。颜师古注:"质,对之也。"典、老为马牛、奴婢所有权提供合法证明。在正式交易达成之前,官方为保证交易的合法公平,需要到卖主户籍所在的乡进行调查与确认,应该是向里典、里老查询,因为这些信息记载在基层的相关文书当中。①

[24]半马半牛:马牛一半的所有权。② 可理解买主与售卖者共同共有马牛。整理者注释为"半马半牛的价格"。③

语译

金布律规定,黔首无须到县廷出售马牛。官府如要购买,可在市亭或居舍内向百姓和买,不得强买。如黔首到外乡、外县买卖马、牛、奴婢的,吏应予许可(?),开具相应的传、书及致。因牛、马等牲畜归于它县而免予开具书的(?),官啬夫和主管官吏应各处赀二甲,县丞、县令、令史未察觉的,各处赀一甲。黔首在关外有事,以自己私有的马、牛、羊伴随出行,随后想要卖掉这些牲口的,以及已经取得传而至外县售卖的,其所属县都应开具传。

百姓想到外县出售其牲畜与奴婢的,需查验其传(确认所有权的合法性),制作契券。奴婢、马、牛的出售者与购买者(在交易时),均须向市亭缴纳二十二钱质钱。皇帝如要购买奴婢、马等,或者用官方所有的马、牛、羊交易百姓的马、牛、羊,或是购买恰当价格的物品时(?),均应用平价的价格购买,须及时给与卖主相应的价款。订立买

---

① 参见朱红林:《〈岳麓书院藏秦简(肆)〉补注八》,载王沛主编:《出土文献与法律史研究》(第8辑),法律出版社2018年版,第134页。

② 参见王勇:《岳麓秦简〈金布律〉关于奴婢、马牛买卖的法律规定》,载《中国经济社会史研究》2016年第3期。

③ 陈松长主编:《岳麓书院藏秦简(肆)》,上海辞书出版社2015年版,第171页,注释170。

卖契约时,无须缴纳相应的质钱。交易达成后超过十日还不立契约的,对主管官吏处赀一甲,并按照不质的相关规定论处黔首;如果百姓自首,并告发官吏不为其订立买卖契约,则免除百姓的处罚。百姓要求的价格大大超越了物品的恰当价格时,也要先以平价确定物品的价格。

前往卖者所在乡查验其奴婢、马、牛的所有权,乡远离都乡市亭的……【典】、老为其核验登记的,均处迁刑,居住于舍室之人为里人盗卖马、牛、奴婢,而典、老发现其盗窃事实的,或者虽然没有察觉盗窃事实,但有人向典、老告发了其盗窃行为,而仍然为其登记并证明其所有权合法性,典、老处黥为城旦;如未发现盗窃或者无人告发其盗窃行为的,则典、老处赎耐。其伍人、同居之人以及一典之人无须连坐受罚。卖奴婢、马、牛时,用帛制作买卖契约,不遵从法令的,处赀一甲。出售马、牛一半所有权的,不用到乡中去查验。

解读

一、"吏听(?),为(?)传、书及致"的理解

因此处图版模糊,给释读造成了困难,经过字形对比以及对律文内容的整体理解,尝试释读为"吏听,为传、书及致",试分析如下:

(一)"吏听"的释读

图版中该字字形十分模糊,整理小组释为"为(?)"。根据凡例可知,整理者亦未有把握,我们提出了另外的方案,将该字意补为"听"。

类似用例见于张家山汉简《二年律令》512~513:"相国、御史请郎骑家在关外,骑马节(即)死,得买马关中人一匹以补。郎中为致告买所县道,县道官听,为质〈致〉告居县",此简归属汉初《津关令》,内容与我们讨论的岳麓简具有相似性,前者涉及户籍地在关外的郎骑

在关内买马的程序规定,该令文规定,如在关中所骑之马死亡,允许该郎骑在关中县道买马,但需其长官郎中令开具"致",而买马地区的县道官受理,并亦出具买马的相关证明文书。而此处涉及本县道黔首外出买卖马、牛、奴婢的规定,从前后文来看,此处并不是禁止性规定,而是允许百姓至外地进行大宗牲口或奴婢交易,故我们推测残泐之字很可能是"听"。

另外,"吏听"或类似用例在秦汉律中多见,如:

(1)吏听者,与同罪。 岳麓秦简肆 031

(2)尉卒律曰:缘故徼县及郡县黔齿〈首〉、县属而有所之,必谒于尉,尉听。 岳麓秦简肆 132

(3)诸欲告罪人,及有罪先自告而远其县廷者,皆得告所在乡,乡官谨听,书其告,上县道官。廷士吏亦得听告。

《二年律令》101[①]

综合以上因素,我们暂时释读为"吏听(?)"。[②]

(二)"取"与"为"的释读取舍

整理者以第二字为"取",从字形上看,两者具有相似性,但我们认为就现存字形来看,"为"字也有一定的可能性,三者字形对比如下:

① 陈伟、彭浩、[日]工藤元男主编:《二年律令与奏谳书:张家山二四七号汉墓法律文献释读》,上海古籍出版社2007年版,第132页。

② 另有文章已经提出"吏听"的观点,但其后续断读与我们不同,亦未进一步解释,参见贺旭英:《秦汉"质钱"小考》,载中国文化遗产研究院编:《出土文献研究·"秦简牍研究国际学术研讨会"特辑》(第14辑),中西书局2015年版,第226页。

<table>
<tr><td rowspan="2">
(目标字)</td><td>为</td><td>
岳麓秦简肆 200</td><td>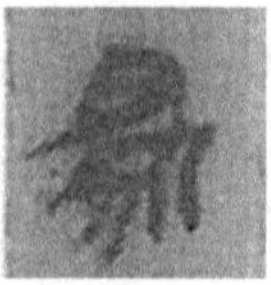
岳麓秦简肆 201</td><td>
岳麓秦简肆 204</td></tr>
<tr><td>取</td><td>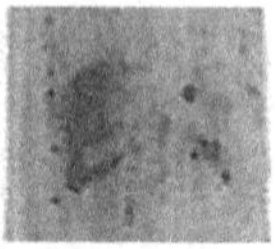
岳麓秦简肆 200</td><td>
岳麓秦简肆 203</td><td>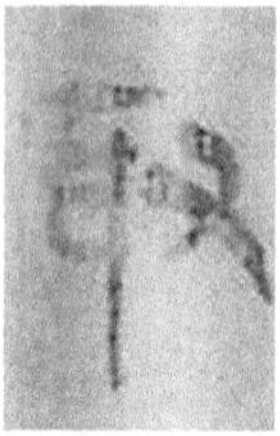
岳麓秦简肆 221</td></tr>
</table>

首先,如果将该字保存较多笔画的部分不看作类似“取”字的左半部,而是“为”字的上半部笔画,结合残存的笔画痕迹,我们认为“为”字也是一种可能的释读。

其次,如从内容上分析,我们认为“为传”比“取传”更为贴合秦汉时期的用例。首先,此处“传”即秦汉时期的通行证,而“为传”“取传”常见于汉代简牍中,试举相关数例:

(1)非其所□为□而擅为传出入津关、以□传令、阑令论,及所为传者。[①]　　《二年律令》489~490[②]

---

① 杨建根据内容将缺字补为:“非其所当为传而擅为传出入津关、以假传令、阑令论,及所为传者。”参见杨建:《西汉初期津关制度研究》,上海古籍出版社 2010 年版,第 183 页。

② 陈伟、彭浩、[日]工藤元男主编:《二年律令与奏谳书:张家山二四七号汉墓法律文献释读》,上海古籍出版社 2007 年版,第 305 页。

(2)节(即)归休、繇(徭)使,郎中为传出津关。

(《二年律令》514)①

(3)相国上南郡守书言,云梦附窦园一所朐忍界中,佐(?)、徒治园者出人(入)扜关,故巫为传,今不得,请以园印为传,扜关听。 《二年律令》518②

(4)五凤元年六月戊子朔癸巳,东乡佐真敢言之:宜乐里李戎自言,为家私市长安张掖界中,谨案戎毋官狱征事,当为传。谒移廷,敢言之。

肩水金关 73EJT10:312A③

(5)甘露二年十二月丙辰朔庚申,西乡啬夫安世敢言之,富里薛兵自言,欲为家私市张掖、酒泉、武威、金城、三辅大常郡中,谨案辟兵毋官狱征事,当得以令取传。谒移过所津关,毋苛留止,如律令,敢言之。

肩水金关 73EJT10:313A④

(6)永始五年闰月己巳朔丙子,北乡啬夫忠敢言之。义成里崔自当自言,为家私市居延。谨案自当毋官狱征事,当得取传,谒移肩水金关、居延县索关,敢言之。

《居延汉简释文合校》15.19⑤

---

① 陈伟、彭浩、[日]工藤元男主编:《二年律令与奏谳书:张家山二四七号汉墓法律文献释读》,上海古籍出版社 2007 年版,第 305 页。

② 陈伟、彭浩、[日]工藤元男主编:《二年律令与奏谳书:张家山二四七号汉墓法律文献释读》,上海古籍出版社 2007 年版,第 321 页。

③ 甘肃简牍保护研究中心、甘肃省文物考古研究所、甘肃省博物馆、中国文化遗产研究院古文献研究所、中国社会科学院简帛研究中心编:《肩水金关汉简(壹)》(下),中西书局 2011 年版,第 150 页。

④ 甘肃简牍保护研究中心、甘肃省文物考古研究所、甘肃省博物馆、中国文化遗产研究院古文献研究所、中国社会科学院简帛研究中心编:《肩水金关汉简(壹)》(下),中西书局 2011 年版,第 150 页。

⑤ 谢桂华、李均明、朱国照:《居延汉简释文合校》,文物出版社 1987 年版,第 24~25 页。

上举(1)至(3)是“为传”的例子,(1)即擅自发放给予通行证,所谓“擅为传”,从前文规定来看,主体是负责关隘防备检查的官员;①(2)记载的“为传”主体是“郎中”,(3)的“为传”者是“巫县”,可以发现“为传”的主体应该是官方机构。

(5)(6)也是来自汉简的文书,应该是官府批准同意给与百姓“传”的文书副本,同时移送至该百姓需要经过的关津,从行文来看,“以令取传”“当得取传”都是表明申请者没有涉及案件与徭役,故尔可以获得“传”,因此“取传”的主体应该是百姓,当然(4)其实与(5)(6)文书性质相同,但是却用的是“当为传”这样的表述,集合(1)至(3)的例子,此处“为传”主体应该是官府。②

回到岳麓秦简肆199“取传”与“为传”的释读取舍,我们认为既然此处已经有主语“吏”存在,结合上述相关用例,当以“为传”释读为宜。

(三)“传书”与“传、书”

秦《行书律》记载了一种专门的文书类型叫“传书”,见于睡虎地秦简与岳麓秦简中:

(1)行传书、受书,必书其起及到日月夙莫(暮),以辄相报殹(也)。书有亡者,亟告官。隶臣妾老弱及不可诚仁者勿令。书廷辟有曰报,宜到不来者,追之。 《秦律十八种》184~185

(2)□律曰:传书受及行之,必书其起及到日月夙莫(暮),以相

---

① 《二年律令》488~489简,参见陈伟、彭浩、[日]工藤元男主编:《二年律令与奏谳书:张家山二四七号汉墓法律文献释读》,上海古籍出版社2007年版,第305页。

② 值得注意的是,肩水金关汉简73EJT1:29记载:“建德安平毋官狱征事,以令为取传,谒移县道河津关,毋苛留止,敢言之”,参见甘肃简牍保护研究中心、甘肃省文物考古研究所、甘肃省博物馆、中国文化遗产研究院古文献研究所、中国社会科学院简帛研究中心编:《肩水金关汉简(壹)》(下),中西书局2011年版,第3页。此处使用“为取传”,不符合一般用例,推测此处可能是官府制作或抄写时笔误所致。

报,报宜到不来者,追之。书有亡者,亟告其县官。不从令者,丞、令、令史主者赀各一甲。 岳麓秦简肆 223 ~ 224

传与受相对,指将文书传递给下一站,①此处的“传书”是一种按照某种顺次路径在不同机构中进行逐步传达的文书,里耶秦简中就有实际例子,如 8 - 904 + 8 - 1343:

城旦琐以三月乙酉有逻。今隶妾益行书守府,因之令益治邸【代】I 处。谒令仓、司空薄(簿)琐以三月乙酉不治邸。敢言之。/五月丙子 II 朔甲午,迁陵守丞色告仓司空主,以律令从事,传书。/圂手②

而本简中整理者释读为“传书”,很容易与上文的“传书”相混淆。事实上,此处“传”“书”当断读,前者即过关通行证,后者则是专门一种特定类型的文书,亦见于《二年律令》的“津关令”中:

(3)……相国上:中大夫书请,中大夫、谒者、郎中、执盾、执戟家在关外者,得私买马关中。有县官致上中大夫、郎中,中大夫、郎中为书告津关,来复传,津关谨阅出入,马当复入不入,以令论。·相国、御史以闻。·制曰:可。 《二年律令》504 ~ 505③

(4)丞相上鲁御史书,请鲁中大夫谒者得私买马关中,鲁御史为书告津关,它如令。·丞相、御史以闻。制曰:可。

《二年律令》522④

---

① 陈伟主编:《里耶秦简牍校释》(第 1 卷),武汉大学出版社 2012 年版,第 349 页,注释 3。

② 陈伟主编:《里耶秦简牍校释》(第 1 卷),武汉大学出版社 2012 年版,第 246 页。

③ 陈伟、彭浩、[日]工藤元男主编:《二年律令与奏谳书:张家山二四七号汉墓法律文献释读》,上海古籍出版社 2007 年版,第 315 页。

④ 陈伟、彭浩、[日]工藤元男主编:《二年律令与奏谳书:张家山二四七号汉墓法律文献释读》,上海古籍出版社 2007 年版,第 324 页。

细读上述两条《津关令》令文,与岳麓秦简本条《金布律》内容有紧密的联系,都是涉及大宗牲畜,特别是马这种重要资源的交易制度以及与此相关的通关程序,因此有必要分析与参考这两条令文内容。

陈伟已经指出此处的“书”是一种与马匹通关程序相关的文书,而且是在私人购马时用“书”,[①]如(3)家在关外的中大夫、谒者、郎中、执盾、执戟等私人买马时,中大夫令、郎中令以“书”的形式通知过路的津关。[②] (4)中鲁国中大夫谒者在关中以私人身份购买马匹,鲁国御史就以“书”的形式通知津关。而岳麓秦简此条《金布律》涉及私人至外地买卖马匹的过关程序,且其中规定又云“弗为书”。据此,我们认为此处的“书”即张家山汉简《津关令》记载的“为书告津关”之“书”,即一种特定的文书类型,因此,此处应该要与“传”断读,“书”与“传”是两种不同类型的文书。

结合《津关令》记载,我们注意到以下两个特征:第一,“书”适用的场合,即私人购买马匹时,才会产生此类文书;第二,出具者是买主所属的机构或官府,出具的对象则是津关。

我们可以认为在过关时,除了需要作为通行证的“传”以外,如果携带用于私人买卖的马、牛或者奴婢的,其所属县道官府或者机构按照程序会提前向津关出具相应的说明文书,以备案检查。

另外《龙岗秦简》中也有类似记载:

> 门关合符及以传书阅入之,及诸佩〈佩〉入司马门久……[③]

---

① 陈伟:《张家山汉简〈津关令〉涉马诸问题研究》,载《考古学报》2003 年第 1 期。

② 此处“中大夫、郎中”似乎并不是购马的中大夫、郎中,更可能是他们的长官,即“中大夫令、郎中令”,参见杨建:《西汉初期津关制度研究》,上海古籍出版社 2010 年版,第 193 页;陈伟:《张家山汉简〈津关令〉涉马诸问题研究》,载《考古学报》2003 年第 1 期。

③ 李天虹、刘国胜等撰:《秦简牍合集　释文修订本(叁)》,武汉大学出版社 2016 年版,第 14 页。

《龙岗秦简》整理者已经指出此处之“传”应该是符传之传,与《行书律》记载的“传书”有别,它对持传人的情况,如职务、姓名、事由、起止地点、经由路线、随行人员等有简明扼要的介绍,以备核查。[①] 我们认为此处守关吏可能是查验“传”与“书”,与汉初《津关令》,岳麓秦简本条《金布律》等法律规定中出现的“书”“传”内容相契合。综合以上分析,我们认为,此处断读为“传、书”为宜。

(四)出入津关的“致”

“致”的本义是送达,《说文》:“致,送诣也。”由此引申出通知书之义。[②] 一般而言,私人归乡或经商外出时会向官府申请“致”或“致籍”,以此作为通关凭证,例证多见于西北汉简当中:

(1)私市居延,愿以令取致,谨☐

《居延汉简释文合校》243.34[③]

(2)元延二年四月壬辰朔丙辰,守令史长敢言之。表是安乐里男子左凤自言,凤为卅井塞尉,犯法论,事已。愿以令取致,归故县。名籍如牒。谒移卅井縣索·肩水金關、出入。如律令。敢言之。

《肩水金关汉简》73EJT37:529[④]

(3)建平四年正月丁未朔庚申、西乡守啬夫武以私印行事敢言之。昭武男子孙宪诣乡自言,愿以律取致籍,归故县。谨案宪毋

① 湖北省文物考古研究所、中国文物研究所:《龙岗秦简》,中华书局2001年版,第73页。另外,原整理者认为此处“传书”即睡虎地秦简《行书律》中的“传书”,参见刘信芳、梁柱:《云梦龙岗秦简》,科学出版社1997年版,第28页。

② 李均明:《秦汉简牍文书分类辑解》,文物出版社2009年版,第61页。

③ 谢桂华、李均明、朱国照:《居延汉简释文合校》,文物出版社1987年版,第407页。

④ 甘肃简牍保护研究中心、甘肃省文物考古研究所、甘肃省博物馆、中国文化遗产研究院古文献研究所、中国社会科学院简帛研究中心编:《肩水金关汉简(肆)》(下),中西书局2015年版,第50页。

官狱征事,当得以律取致籍。名县如牒。唯廷謁移卅井县索·肩水金关、出入。如律令。敢言之。　　三月辛酉北、啬夫丰出

《肩水金关汉简》73EJT37:530①

(4)……居延令强、守丞普移卅井县索肩水金关,繇得男子赵☐橐他稽落亭长犯法反不论,愿以律取致籍,与家属归故县,名如牒书到入如律令☐☐□

/掾宗守令史丰☐

《肩水金关汉简》73EJC:448A+446A②

上文中(1)与前面提到的“取传”理由相同,即“私市”,个人经商。(2)到(4)用法一致,均是百姓请求返回故县而申请“致”。

而汉初《津关令》中的“致”作用应该也是一种过关查验使用的证明文书。其中记载了过关人随行物品的具体信息,特别是涉及马匹交易以及进出关隘。但上面西北汉简提及的“致”接收对象有所不同,《津关令》部分“致”接收者是津关:

(5)☐议、禁民毋得私买马以出扜关、郧关、函谷【关】、武关及诸河塞津关。其买骑、轻车马、吏乘、置传马者,县各以所买名匹数告买所内史、郡守,内史、郡守各以马所补名为久久马、为致告津关、津关谨以藉(籍)、久案阅、出。　　《二年律令》506~507③

(5)《津关令》内容均涉及马匹通关的详细程序,“为致”是其中

① 甘肃简牍保护研究中心、甘肃省文物考古研究所、甘肃省博物馆、中国文化遗产研究院古文献研究所、中国社会科学院简帛研究中心编:《肩水金关汉简(肆)》(下),中西书局2015年版,第50页。

② 姚磊:《〈肩水金关汉简(伍)〉缀合》,载简帛网2019年10月25日,http://www.bsm.org.cn/show_article.php?id=3444。

③ 陈伟、彭浩、[日]工藤元男主编:《二年律令与奏谳书:张家山二四七号汉墓法律文献释读》,上海古籍出版社2007年版,第317页。

十分重要的一个环节,都是由售出马匹所属郡县在马匹上做好标识并将马匹数量、特征等具体信息以"致",即通知书的方式预先告知津关,以备马匹通关时核验。

另外,在津关令中还有一种"致",与上文提及的"致"用途不同,需要进行区分:

(6)十五、相国、御史请郎骑家在关外,骑马节(即)死,得买马关中人一匹以补。郎中为致告买所县道,县道官听,为质〈致〉告居县,受数而籍书马职(识)物、齿、高,上郎中。

《二年律令》513～514[①]

(6)中的"致"并不是发往津关,而是买马者其属的上级郎中与卖马所在地官府之间文书的往来,第一个"致"用以告知买马的请求,而第二个"质〈致〉"作为回复告知所买马的具体信息。此种"致"也见于上文《二年律令》503～504中。这里出现的"致"与岳麓简中的"致"类型是不同的,使用的场合也不完全一样。因此,可以发现"致"的用途较为广泛。而在涉及马匹等大型牲畜买卖通关时,津关是"致"或者"致籍"主要的接收者与登记者。

另外,津关会汇总出入者信息以及随行物品、人员的信息,此种文书被称为"出入籍"或"出入关致籍"等。[②] 如西北汉简中见到的相关标题简:

---

① 陈伟、彭浩、[日]工藤元男主编:《二年律令与奏谳书:张家山二四七号汉墓法律文献释读》,上海古籍出版社2007年版,第320页。

② 参见李天虹:《汉简"致籍"考辨——读张家山汉简〈津关令〉札记》,载《文史》2004年第2期。另外,"致"与"致籍"在用法上有时并不太加区分,下文提及的"以令取致"或"以令取致籍"是为旁证,又裘锡圭亦认为"致"与"致籍"在使用上没有太大差别,如其认为:"有关官府把需要出入关的人员等情况记下来移送所出入的关口,跟输物给人用致书有相似之处,所以称记载这种情况的文书为致或致籍"。参见裘锡圭:《汉简拾零》,载裘锡圭:《裘锡圭学术文集》(第2卷),复旦大学出版社2015年版,第81页。

(7)阳朔元年六月吏民出入籍

《居延汉简释文合校》29.3[①]

(8)居摄三年吏私牛出入关致籍

《敦煌汉简》534[②]

(9)凡出入关传致籍　　《居延汉简释文合校》50.26[③]

(10)元始三年七月玉门大煎都万世候长马阳所赍操妻子从者奴婢出关致籍　　《敦煌汉简》795[④]

分析以上内容，(7)应该是6月吏民出入津关的记载汇总，(8)是居摄3年官吏私人所有牛出入关的记载汇总，(9)则是某处津关对出入者传以及具体信息的记载汇总；(10)涉及出关者随行人员的具体信息的记录。

最后还要补充一点，以上仅介绍了与通关有直接关系的"致"，实际上"致"的用途更为广泛，如可用作物资的申领凭证。

(11)入狗一枚　元康四年二月己未朔己巳，佐健受右前部禁充输，子元受，致书在子元所。　　《居延汉简释文合校》5.12[⑤]

(12)在咸阳者致其衣大内，在它县者致衣从事之县。县、大内皆听其官致，以律禀衣　　《秦律十八种》93

(11)应该是接受狗的一方从送出狗的一方获得的凭证，用于私人场合；(12)中的"官致"应该就是官府发给隶臣妾领衣的凭证。此处"致书"可理解为作为支付或者记账的凭证文书，由支付方保留，以

① 谢桂华、李均明、朱国炤：《居延汉简释文合校》，文物出版社1987年版，第44页。
② 甘肃省文物考古研究所编：《敦煌汉简》，中华书局1991年版，第239页。
③ 谢桂华、李均明、朱国炤：《居延汉简释文合校》，文物出版社1987年版，第87页。
④ 甘肃省文物考古研究所编：《敦煌汉简》，中华书局1991年版，第249页。
⑤ 谢桂华、李均明、朱国炤：《居延汉简释文合校》，文物出版社1987年版，第8页。

备将来查证或者质证。[1]

综合以上内容,可以归纳出马匹等大型牲畜异地交易的流程,岳麓秦简《金布律》前半部分内容特别强调通关时的合法文件与凭证,传、致、书不同类型的文书,发放对象不同,使用用途也不同,可见当时官府对马、牛、羊等大型牲畜以及奴婢的交易十分重视,管理十分严格。

二、本条所规定的牲口、奴婢交易流程

(一)"质"

对于"质"的理解,随着本条内容的公布,基本上已经取得了一致的意见。[2] 此处的"质"即牛、马、羊大型牲口以及奴婢交易时订立的契券。为传世文献中就有相关记载,《周礼·地官·质人》:"质人掌成市之货贿,人民、牛马、兵器、珍异。凡卖儥者质剂焉,大市以质,小市以剂。"郑玄注:"大市,人民、马牛之属,用长券;小市,兵器、珍异之物,用短券。"

从本条《金布律》规定来看,"质"用绢帛制作,另外,官府在此类交易中发挥了十分重要的作用,在立质时官府承担一定的监管职责,需要保证出售者牲口、奴婢所有权的合法性,张家山汉简《奏谳书》亦有体现,如"讲盗牛乞鞫"一案原审中提道:

> 元年十二月癸亥,亭庆以书言雍廷,曰:毛买(卖)牛一,质,疑盗,谒论。[3]

---

① 安忠义:《秦汉简牍中的"致书"与"致籍"考辨》,载《江汉考古》2012 年第 1 期。

② 以往关于"质"与"质钱"学术讨论的观点,参见陈伟:《关于秦及汉初"入钱銗中"律的几个问题》,载《考古》2012 年第 8 期;李力:《秦汉律所见"质钱"考辨》,载《法学研究》2015 年第 2 期。

③ 陈伟、彭浩、[日]工藤元男主编:《二年律令与奏谳书:张家山二四七号汉墓法律文献释读》,上海古籍出版社 2007 年版,第 359 页。

此案的初审以及覆狱发生于秦王政元年到二年,案件因亭庆在立质时察觉到毛所卖的牛非其本人所有,怀疑其盗窃所得,故而向雍县告发。这个例子很好地证明了官府在此类交易中的监管作用,而此处的"质"可理解为双方在亭庆的中介监督之下进行买卖,如果交易达成,则须立质。为此,买卖双方还须向官府交纳"质钱",律文中规定的"质钱"固定为二十二钱,似乎是以交易次数而非以交易的标的价值确定。

(二)"发其传,为质"的解读

本条规定正是基于无法较快调查确认售卖者所有权的情况下所出台的变通方法,因为其"徙卖它县",即将牛、马、羊等牲口在其他县道售卖,短时间内这些县道的市亭官吏无法至其所属地调查清楚获得回复,故在此情形下,允许以其通行证作为其所有权的合法证明文件,明确其目的地与出发地,在此基础上进行交易,并出具相应的契券。这就是"发其传"与"为质"之间的关系。

为什么"传"具有证明效果,这可能与"传"的记载内容有联系,根据二年律令《津关令》记载:

(1)□、御史请诸出入津关者,皆入传,书郡、县、里、年、长、物色、疵瑕见外者及马职(识)物关舍人占者,津关谨阅,出入之。　《二年律令》498[①]

此处的"传"除了记载写明出入者的户籍信息以及体貌特征外,还需记载随行马匹的具体标识。类似这种"传"的记载自然可作为证明持传者牲口所有权的材料。

但是有一点需要指出,目前在汉简中出现的"传",似并未见有登

① 陈伟、彭浩、[日]工藤元男主编:《二年律令与奏谳书:张家山二四七号汉墓法律文献释读》,上海古籍出版社2007年版,第312~313页。

记体貌特征与随行马匹信息的例子。比如以下一份"传"的副本:

(2)永光五年五月庚申、守御史李忠随当祀祠孝文庙,守御史任昌年,为驾一封轺传,外百卌二。御史大夫弘谓长安长,以次为驾,当舍传舍,如律令。

Ⅱ0216②:866[①]

这是一份"传"的副本,来自一份完整的文书,原来的传书遗失,因此抄录了副本,以供追查原件。从这个"传"的副本看,并未记载持传人的体貌特征等信息,似乎与上文《津关令》规定有不一致之处。

综合而言,目前我们对"发其传,为质"仅提出了一种可能性的解读,还有进一步讨论的空间。

(三)"质其乡"

据本条律文所言:"质奴卑(婢)、马、牛者,各质其乡",可见官府需要对售卖者的所有权进行一定的调查,以保证交易的合法性。需要说明一点,此处的"质",本文认为不同于律中前文的"质",前文"质"是立券,而此处的"质其乡"之"质"是"对质"之义,具体而言,核查马、牛、奴婢的真实所有人是否为卖者。

朱红林已举睡虎地秦简《封诊式》相关例子进行了说明:

爰书:某里士五(伍)甲缚诣男子丙,告曰:"丙,甲臣,桥(骄)悍,不田作,不听甲令。谒买(卖)公,斩以为城旦,受贾钱。"讯丙,辞曰:"甲臣,诚悍,不听甲。甲未赏(尝)身免丙。丙毋(无)病殹(也),毋(无)它坐罪。"令令史某诊丙,不病。令少内某、佐某以市正贾(价)贾丙丞某前,丙中人,贾(价)若干钱。

① 胡平生、张德芳编撰:《敦煌悬泉汉简释粹》,上海古籍出版社2001年版,第29页。转引自[日]藤田胜久:《〈张家山汉简·津关令〉与汉墓简牍——傳与致的情报传递》,载《简帛》(第2辑),上海古籍出版社2007年版,第446页。

丞某告某乡主:男子丙有鞫,辞曰:“某里士五(伍)甲臣。”其定名事里,所坐论云可(何),可(何)罪赦,或覆问毋(无)有,甲赏(尝)身免丙复臣之不殹(也)?以律封守之,到以书言。

此封爰书涉及的正好就是奴婢买卖,百姓士伍甲将其所有奴婢卖于官府,官府派遣令史丙去调查查验被卖奴婢男子丙,其认为该《告臣》爰书记载的所谓“丞某告某乡主”就反映了《金布律》中“质其乡”的过程。①

另外,我们可以发现,秦律规定了乡里典、老在确认牲口、奴婢所有权合法性程序中十分沉重的法律责任。按照律文规定,对盗卖的牲口予以登记证明的,无论知情与否,相关直接责任人典、老都要受到相应的惩罚,轻则赎耐,重则黥为城旦。

(四)“虚质,毋出钱”的性质问题

“虚质”较好理解,订立契约是交易达成必不可少的步骤,但质钱则无须缴纳。许多观点似乎将“虚质,毋出钱”与下文“过旬不质”一并认定为违法行为,以“不质律”论处。② 我们则持相反观点,认为此处是一种合法的例外情况。必须结合上下律文进行重新断读理解:

皇帝其买奴卑(婢)、马,以县官马、牛、羊贸黔首马、牛、羊,及买以为义(宜)者,以平贾(价)买之,辄予其主钱,而令虚质,毋出钱。过旬不质,赀吏主者一甲,而以不质律论黔首;自告,吏弗为质,除。

① 参见朱红林:《〈岳麓书院藏秦简(肆)〉补注八》,载王沛主编:《出土文献与法律史研究》(第8辑),法律出版社2018年版,第131页。

② 如王勇:《岳麓秦简〈金布律〉关于奴婢、马牛买卖的法律规定》,载《中国经济社会史研究》2016年第3期;曹旅宁:《汉唐时期律令法系中奴婢马牛等大宗动产买卖过程研究——以新出益阳兔子山汉简所见异地买卖私奴婢传致文书为线索》,载《社会科学》2020年第1期。

我们将"而令虚质,毋出钱"属上读,从内容来看,下文"以不质律"论处的违法行为不涉及所谓的"虚质"。如此规定的原因与此处涉及买主的身份与"质钱"的用途相关。根据律文规定,买奴婢、马的主体是皇帝,或者是官方与民间百姓进行交易,此时官方参与交易的行为已经可以保证交易的合法性。与此同时,质钱是支付官方保证交易合法公平的费用,而此时官方作为交易一方已经参与其中,故而再收取质钱就存在不合理之处。(陈迪)

207～209

释文

置吏律[1]曰:县除[2]有秩吏[3],各除其县中。其欲除它县人及有谒置人为县令、都官长、丞、尉有秩吏[4],能任[5]1272/肆207 者,许之∟。县及都官啬夫其免[6]、徙[7]而欲解其所任者,许之;新啬夫弗能任,免之,县以攻(功)令[8]任除有秩吏∟。1245/肆208 任者免、徙,令其新啬夫任,弗任,免。害(宪)盗[9],除不更以下到士五(伍),许之。1247/肆209

注释

[1]置吏律:有关官吏设置、任用及其职能等的法律规定。睡虎地秦简、张家山汉简、胡家草场汉简中均有见。睡虎地秦简《秦律十八种》157～158:"县、都官、十二郡免除吏及佐、群官属,以十二月朔日免除,尽三月而止之。其有死亡及故有夬(缺)者,为补之,毋须时。置吏律"。

[2]除:任命。《汉书·田蚡传》:"君除吏尽未?吾亦欲除吏",颜师古注曰:"凡言除者,除去旧官就新官。"睡虎地秦简《秦律十八种》160:"除吏,尉已除之,乃令视事,及遣之"。①

① 释文从邹水杰改读,参见邹水杰:《两汉县行政研究》,湖南人民出版社2008年版,第78～79页。

[3]有秩吏:有秩禄的官吏中最低的一级,即百石之吏,位在斗食、佐史之上。①《续汉书·百官志五》:"乡置有秩、三老、游徼。本注曰:有秩,郡所署,秩百石。"张家山汉简《二年律令》292:"大夫比三百石,不更比有秩,簪裹比斗食,上造、公士比佐史。"

[4]县令、都官长、丞、尉有秩吏:"有秩吏"与上文连读,表示县令、都官长、丞、尉辖下的有秩吏。②

[5]任:保举。③《汉书·汲黯传》:"濮阳段宏始事盖侯信,信任宏,官再至九卿",颜师古注引苏林曰:"任,保举"。睡虎地秦简《秦律杂抄》1:"任灋(废)官者为吏,赀二甲。"

[6]免:免职。睡虎地秦简《效律》17~18:"官啬夫免,县令令人效其官,官啬夫坐效以赀,大啬夫及丞除。"

[7]徙:调任其他官署。《广雅·释言》:"徙,移也",岳麓秦简伍216:"吏徙官而当论者,故官写劾,上属所执法,执法令新官亟论之",里耶秦简9-1584:"都乡啬夫徙为贰春乡"。

[8]攻(功)令:一种用以考课、选拔官吏的令文。④《汉书·儒林传》:"请著功令",颜师古注曰:"功令,篇名,若今选举令",肩水金关汉简73EJT31:163:"功令:诸自占功劳,皆讫其岁,与计俱。初视事,若有物故,后其等,不上功;来岁,并数上。"⑤

---

① 参见裘锡圭:《啬夫初探》,载中华书局编辑部编:《云梦秦简研究》,中华书局1981年版。也有学者认为,有秩吏代表的是一个特定的秩禄等级区间,其秩禄上限为三百石。参见邹水杰:《秦简"有秩"新证》,载《中国史研究》2017年第3期;陈松长等著:《秦代官制考论》,中西书局2018年版,第230~231页。

② 此观点为邬勖在研读班上提出。整理小组在"有秩吏"前加"、",与前面的"县令、都官长、丞、尉"并列。

③ 张家山汉墓竹简整理小组编:《张家山汉墓竹简[二四七号墓]》(释文修订本),文物出版社2006年版,第36页。

④ 陈松长主编:《岳麓书院藏秦简(肆)》,上海辞书出版社2015年版,第171页,注172。

⑤ 释文断读据张俊民:《金关汉简73EJT31:163解读》,载简帛网2014年12月3日,www.bsm.org.cn/show_article.php?id=2105。

[9]害(宪)盗:是一种捕“盗”的职名,《法律答问》作害盗,“宪”字《说文》云“害省声”,故与“害”字通假。[①] 睡虎地秦简《秦律十八种》193:“侯(候)、司寇及群下吏毋敢为官府佐、吏及禁苑宪盗”,《法律答问》1:“害盗别徼而盗,驾(加)辠(罪)之。”

语译

置吏律规定,县官府任命有秩吏,要任用本县之人。如果想要任命它县之人为有秩吏或请示让某人为县令、都官长、丞、尉等辖下的有秩吏的,能予保举的,就予以准许。县官府和都官的长官如果因被免职、调任它官而想要解除对有秩吏的保举的,要予以准许;如果新任县官府和都官的长官不予保举该人,就要将有秩吏免职,由县官府根据功令来保举任命相关的有秩吏。如果保举者被免职或调任它官,令新任官署长官予以保举,如果新任官署长官不予保举的,要将之前的被保举者免职。任用不更以下到士伍身份的人为宪盗,予以准许。

解读

一、“县以功令任除有秩吏”的理解

有关“县以功令任除有秩吏”一句,我们认为,可能有两种理解方式:

其一,“县以功令任除有秩吏”属上读,与前文连接,读为“县及都官啬夫其免、徙而欲解其所任者,许之,新啬夫弗能任,免之,县以功令任除有秩吏”,意为,在原有县啬夫以及都官啬夫被免职或调职之后解除了对有秩吏的保举关系,而新任啬夫并不继续保举该有秩吏任职,则原来的被保举人将被免职,留下的职位空缺由县官府根据功令来具体保举任命。此时,“县以功令任除有秩吏”作为对有秩吏

① 睡虎地秦墓竹简整理小组编:《睡虎地秦墓竹简》,文物出版社1990年版,第63页。

被免职之后的补救措施而存在。

其二,“县以功令任除有秩吏”属下读,相关释文断读为:

> 县及都官啬夫其免、徙而欲解其所任者,许之,新啬夫弗能任,免之。县以功令任除有秩吏,任者免、徙,令其新啬夫任,弗任,免。①

此时“县以功令任除有秩吏”作为下述“任者免、徙”的前提而存在,与全条首句“县除有秩吏”并列为两种除有秩吏的方式。

二、法条分析

本条律文内容主要分为三款:

第一款是县官府有秩吏任命的一般原则,即通常任用本县的人。

第二款是对保举他人为吏的规定,保举他人为吏可以突破有秩吏需要任命本地人的一般原则,只要有保举人存在,就可以推荐任命某人为县令、都官长、丞、尉等辖下的有秩吏,而保举关系在保举者遭遇免职或者调任时是可以解除的,值得一提的是,县官府以及都官的长官在免职或调任似有选择是否解除保举关系的权利,而具体部门的官啬夫则无此选择权,一旦遭遇免职或职位调动,就将自动解除保举关系,如果被保举人在保举关系解除后得不到新任长官的保举,将被免职。这可能是基于县啬夫与官啬夫地位之不同所导致的,即便县啬夫等遭遇免职或职位调动,其本身仍具有一定的担保能力,而官啬夫则不然。

第三款是针对任用宪盗时的身份限制,其任用对象应为不更以下到士伍身份的人。

另外值得注意的是,从睡虎地秦简记载的规定来看,官吏的任用也并非仅局限于《置吏律》之内,如:

---

① 此说由邬勖在研读班上提出。

(1)除佐必当壮以上,毋除士五(伍)新傅。(《秦律十八种·内史杂》)

(2)任灋(废)官者为吏,赀二甲。·有兴,除守啬夫、叚(假)佐居守者,上造以上不从令,赀二甲。·除士吏、发弩啬夫不如律,及发弩射不中,尉赀二甲。(《秦律杂抄·除吏律》)

可知,在秦代任用官吏的规定同样见于《内史杂》与《除吏律》之内。而有关佐吏的任用,我们在岳麓秦简《置吏律》中同样有见:

(3)置吏律曰:县除小佐毋秩者,各除其县中,皆择除不更以下到士五(伍)史者为佐;不足,益除君子子、大夫子、小爵及公卒、士五(伍)子年十八岁以上备员,其新黔首勿强,年过六十者勿以为佐ㄴ。人属弟、人复子欲为佐,吏……(岳麓秦简肆 210~211)

本条规定了县佐吏要优先择选士伍到不更爵位的"史者",如果数量不足,才会考虑年纪较小的其他身份者来补齐缺额。这与前述睡虎地秦简《秦律十八种·内史杂》条"除佐必当壮以上,毋除士五(伍)新傅"均是对任命"佐"的规定,但两者却分属于不同的律。(乔志鑫)

210~211

释文

置吏律曰:县除小佐毋(无)秩[1]者,各除其县中,皆择除不更以下到士五(伍)史者[2]为佐,不足,益除君子子[3]、大夫子、小爵[4]$_{1396/肆210}$及公卒、士五(伍)子年十八岁以上备员。其新黔首[5]勿强。年过六十者勿以为佐ㄴ。人属、弟[6]、人复子[7]欲为佐,吏$_{1367/肆211}$(缺简)

注释

[1]小佐毋(无)秩:秩禄低下的佐吏。① "小"义为"卑",《尚书·无逸》:"至于小大,无时或怨",孙星衍注疏曰"《诗·泮水》云:'无小无大',笺云'臣无尊卑',是小为卑,大为尊也。"②"佐"为各官署的属吏,协助长官处理政务,有部佐、仓佐、乡佐等类。毋(无)秩,指级别较为低下,《后汉书·百官志》:"(执金吾)缇骑二百人。本注曰:无秩,比吏食奉"。

[2]史者:通过考核确认的具"史"技能者。③ "史"是具备书写、文书等技能的人,《说文》"史,记事者也",成为"史者"需要经过考课,岳麓秦简陆252:"中县史学童今兹会试者凡【八百卌】一人,其不入史者百一十一人",张家山汉简《二年律令》475:"试史学童以十五篇,能风(讽)书五千字以上,乃得为史。"

[3]君子子:有君子身份之人的儿子。岳麓秦简叁210~211:"君子子癸诣私书赠所"。"君子",参见岳麓秦简肆184注释[2]。

[4]小爵:拥有爵位但尚未傅籍者。参见岳麓秦简肆136注释[3]。

[5]新黔首:新占领地区的原住民。④ 岳麓秦简陆147:"蛮夷舍毋敢舍新黔首来书名数者。"

[6]人属、弟:即私属、弟子。原简可能脱漏了"子"字。参见岳麓秦简肆147~150条"解读"。整理小组认为"人属弟"应连读,是

---

① 京都大学读书班认为"小佐"指最下层的书记官,"无秩者"指的是没有固定的秩。秦代出土文字史料の研究班「嶽麓書院所藏簡《秦律令(壹)》譯注稿(その3)」(京都『東方学報』卷95、2020年)、頁144参照。

② (清)孙星衍:《尚书今古文注疏》,陈抗、盛冬铃点校,中华书局1986年版,第438页。

③ 陈松长主编:《岳麓书院藏秦简(肆)》,上海辞书出版社2015年版,第171页,注174。

④ 于振波:《秦律令中的"新黔首"与"新地吏"》,载《中国史研究》2009年第3期。

“人属弟子”的省称,指私人招收的弟子,与官府弟子相对应。①

[7]人复子:因父母缘故而被免除赋役者。参见岳麓秦简肆 147 ~ 150 条“解读”。整理小组认为或是“人复复子”的简称,指免除徭役者之子。②

语译

置吏律规定,县官府任命无秩的佐时,应从不更以下到士伍的具有史资格的本县人中挑选任命,若数量不足,则从君子之子、大夫之子、小爵以及公卒、士伍之子中挑选年满十八岁的人来任命,以补足缺额。如果新黔首不愿为佐,不予强迫。年过六十的人也不得任命为佐。私属、弟子、因父母缘故而被免除赋役的人如果想要成为佐,吏……

解读

本条可分为三款:

第一款是对可以任命为佐的群体的相关规定。首先是籍贯的规定,要求为本县之人;其次为身份限制,一般情况下应为不更以下到士伍身份的人;最后是专业技能的规定,必须要有相应的处理文书的技能。这是对一般情况的规定,而如果按照这些规定佐的数量依然不足的情况下,就要将君子子、大夫子、小爵以及公卒、士伍的儿子等年满 18 岁者来补足缺额。

第二款是对两种例外情况的规定。其一方面可以算作对新黔首的优待措施,如果其本身不愿为佐的话,官府不得强迫;另一方面,由于新黔首为六国遗民,“佐”必须要有“史”的技能,这也可能体现了当时秦朝统治者对六国遗民专业能力的不信任。而年过六十的人由

① 陈松长主编:《岳麓书院藏秦简(肆)》,上海辞书出版社 2015 年版,第 166 页,注 70。

② 陈松长主编:《岳麓书院藏秦简(肆)》,上海辞书出版社 2015 年版,第 166 页,注 71。

于其身体原因,也不得任命为佐,《秦律十八种》190 载“除佐必当壮以上,毋除士五(伍)新傅”,体现了对佐的身体素质也有相应要求,而相较于睡虎地秦简的记载,尤其是其中的“毋除士五(伍)新傅”,与岳麓秦简本条简文相比,岳麓秦简规定的年代可能已经发生一些变化。又有岳麓秦简陆 252~253:“中县史学童今兹会试者凡【八百卌】一人,∟其不入史者百一十一人。·臣闻其不入者泰抵恶为吏而与其□繇(徭)故为詐(诈),不肎(肯)入史,以避为吏”,在中央管辖的县官辖域内,参与考核的史学童一共 841 人,未通过考核者有 111 人,而这些没有通过考核的人中有大半是为了避免成为吏员。由此可知,避免为官府的佐吏可能已经是当时的常见现象。而据本条置吏律可知,“史者”是官府佐吏的后备群体,其规模也将直接影响后续官府吏员的选拔,这也正是岳麓秦简本条“史者”不足情况时增加了补充选拔条款的原因所在。

第三款则是针对私属、弟子、因父母缘故而被免除赋役的人等这些不须服役的群体想要成为佐吏的情况,因后面有缺简,具体规定我们尚不得而知。(乔志鑫)

212~214

释文

置吏律曰:有辠(罪)以䙴(迁)[1]者及赎耐[2]以上,居官[3]有辠(罪)以废[4]者,虏[5]、收人、人奴、群耐[6]子免者、赎子[7],辄傅其1389/肆212计籍,其有除以为冗佐[8]、佐吏、县匠[9]、牢监[10]、牡马簪褭[11]者,勿许,及不得为租、君子。虏、收人、人奴、群耐子免者、1378/肆213赎子,其前卅年五月除者,勿免,免者,勿复用。1418/肆214

注释

[1]迁:因犯罪而被迁徙。参见岳麓秦简肆 053 注释[3]。

[2]赎耐:秦汉时的一种赎刑。参见岳麓秦简肆 061 注释[8]。

[3]居官:居于官府,泛指在官府中任职为吏。《史记·酷吏列传》:“居官数年,一切郡中为小治辨,然独宣以小致大,能因力行之,难以为经。中废”,张家山汉简《二年律令》346~347:“虽不免、送(徙),居官盈三岁,亦辄遣都吏案效之”。

[4]废:撤职永不续用。[①] 一般同其他处罚方式结合使用,睡虎地秦简《法律答问》59:“廷行事吏为诅伪,赀盾以上,行其论,有(又)灋(废)之”。

[5]虏:疑指尚未成为徒隶的俘虏。参见岳麓秦简肆 084 注释[1]。

[6]群耐:指各类受耐刑者。[②] 岳麓秦简肆 076 有“群亡人”,肆 160 有“群司寇”等。

[7]赎子:以赎的方式免除身份的该群体之子。赎,以私人赎买的方式来免除身份,与前文的“免”相并列,岳麓秦简肆 162:“收人怀夫子以收,已赎为庶人,后产子,子为庶人”。

[8]冗佐:指长期在官府中为佐的人。里耶秦简 8-63:“烦冗佐署迁陵”。参见岳麓秦简肆 152,注释[9]“冗宦及冗官者”。

[9]县匠:县官府内的匠人,负责工程的营建设计及工程量的测算等。岳麓秦简陆 155~156:“·匠为宫室,有令庳垣属高垣、庳屋属缭垣,试令人上而能隃(逾)出入,匠昼〈画〉图、为计者及吏将者赀各二甲”。[③]

[10]牢监:监狱官吏之名。[④] 里耶秦简 9-633:“牢监一人”。

---

① 睡虎地秦墓竹简整理小组编:《睡虎地秦墓竹简》,文物出版社 1990 年版,第 79 页。
② 陈松长主编:《岳麓书院藏秦简(肆)》,上海辞书出版社 2015 年版,第 171 页,注 179。
③ 断读从陈伟意见,参见陈伟:《〈岳麓书院藏秦简(陆)〉校读(贰)》,载简帛网 2020 年 5 月 8 日,http://www.bsm.org.cn/show_article.php?id=3541。
④ 陈伟主编:《里耶秦简牍校释》(第 2 卷),武汉大学出版社 2018 年版,第 168 页。

[11]牡马簪裹:牧马的簪裹。牡,或为牧,《诗经·鲁颂·駉》:"駉駉牡马",陆德明释文"本或作牧"。① 簪裹,此处不是爵名,似为与马政有关的职事。② 里耶秦简 8-461:"走马如故,更簪袅",秦王政二十六年之前,走马既为官职名,也为爵名,后被簪袅所替代。③

语译

置吏律规定,因罪而被处迁刑或赎耐以上刑罚的,在官府中任职为吏时因犯罪而被废的,以及虏、收人、私人奴隶、被判处耐刑者之子被免除徒隶身份或被赎而恢复庶人身份的,将上述 3 类群体的情况在上计的名籍中予以记录,如果有人要任命上述群体为冗佐、佐吏、县匠、牢监、牧马簪裹等职位的,不予准许,也不得任命他们为收租之人以及君子。虏、收人、私人奴隶、被判处耐刑者之子被免除徒隶身份或被赎而恢复庶人身份的,如果是在始皇帝三十年五月之前任命的,不须将他们免职,如果已经免职的,不得再次任用。

解读

一、"不得为租、君子"的理解

整理小组将"君子"属下读,与"虏、收人"等群体成并列关系,④陶磊与魏明对此持反对意见,他们认为,本句应连读为"不得为租君子",君子本身是有特殊权利的,此处的规定应指不能用那些人向君子收租。⑤ 我们认为二者皆有可待商榷之处。

---

① 周海锋亦曾指出此点,但他认为"牧马"表示官府中负责饲养马匹的官吏,并非与"簪裹"连读。参见陈松长等:《秦代官制考论》,中西书局 2018 年版,第 236 页。

② 陈松长主编:《岳麓书院藏秦简(肆)》,上海辞书出版社 2015 年版,第 171 页,注 182。

③ 参见陈松长、贺晓朦:《秦汉简牍所见"走马""簪袅"关系考论》,载《中国史研究》2015 年第 4 期。

④ 陈松长主编:《岳麓书院藏秦简(肆)》,上海辞书出版社 2015 年版,第 138 页。

⑤ 参见陶磊:《读岳麓书院藏秦简(四)劄记》,载简帛网 2017 年 1 月 9 日,www.bsm.org.cn/show_article.php?id=2698;魏明:《秦汉〈置吏律〉集释》,湖南大学 2017 年硕士学位论文,第 16 页。

在整条简文之内,“君子”出现一次,如将其与后文的“虏、收人、人奴、群耐”等群体并列,与我们所见的其他“君子”辞例的性质完全不同。[①] 据以往学界的研究,“君子”在当时应属于有身份之人,但其爵级并不高,并非属于高级的特权阶层,为何本条单单指出这三类群体不得向君子收租?这是令人费解的。不属于这三类群体的人就可以被任命前往君子处收租吗?因此,将“租”与“君子”连读可能仍有疑问。

我们认为,该句当断读为“不得为租、君子”,即“不得为租”与“不得为君子”之意。尽管目前为止,学界对君子的认识仍存有争议,但不可否认的是,法律上允许君子在某些情况下有处理政务的权力,如睡虎地秦简《秦律十八种》161“官啬夫节(即)不存,令君子毋(无)害者若令史守官”、岳麓秦简肆 184“君子守官四旬以上为除戍一更”等记录了君子在县令等长官不在时,可暂代职责处理政务;又如睡虎地秦简《秦律杂抄》40“戍者城及补城,令姑(嫴)堵一岁,所城有坏者,县司空署君子将者,赀各一甲”,君子负有一定的监管职责等。以上均体现了“君子”本身附有一定的处理政务职能。基于“君子”这种职能的考虑,我们认为,“君子”应当与前面的“冗佐、佐吏、县匠”等群体为并列关系,表示不得任命前述的三类群体为“君子”,故此句当断读为“及不得为租、君子。”

此外,读书会成员或认为,“君子”可能指受到特定处罚的吏员,即前文所言“有罪以废者”。[②] 如此,则应如整理小组断读,“君子”与“虏、收人、人奴、群耐”为并列关系。

---

① 京大读书班即认为,“君子”与“虏”等并列是不自然的,其后可能有漏抄,或“君子”二字为衍文。秦代出土文字史料の研究班「嶽麓書院所藏簡《秦律令(壹)》譯注稿(その3)」(京都『東方学報』卷 95、2020 年)、頁 148 参照。

② 此说为邬勖在研读班上提出。

二、法条分析

本条内容可分为两款:

第一款是针对被处迁刑及赎耐以上刑的人,任公职因罪而被废的人,以及虏、收人等本身是徒隶身份但是其子因免或赎而免除徒隶身份这三类群体。这三类群体应当与一般的黔首相区分,在上计其名籍时要注明情况。与此同时,官府在任命冗佐、佐吏、县匠等,要将这三类群体排除在外。

第二款是对虏、收人等本身是徒隶身份但是其子因免或赎而免除徒隶身份这一群体所作的例外规定。如果是在始皇帝三十年五月之前已经任用的,无须将其免职,可以继续任用,如果已经因故免职的,之后不得再次任用。一定程度体现了法不溯及既往的原则。

值得一提的是,第二款的例外规定仅针对第三类群体,对于前两类群体并不适用,究其原因,第一类群体“有罪以迁者及赎耐以上”尽管并非徒隶身份,但由于其本身仍是罪人,对其任用要从严把握,因此即便是在此律颁布之前予以任用的,仍要将其免职;第二类群体“居官有罪以废者”,可能更多是基于其有前科而被排除在例外规定之外。第三类群体虽然原本是徒隶之子,但其身份已经得到豁免或赎免,且其本人并无犯罪前科,因此律文特对该群体予以了例外规定。(乔志鑫)

215~219

释文

置吏律曰:敢任除战北[1]、奊[2]、故徼外盗不援[3]及废官[4]者以为吏及军吏、御、右[5]、把钲鼓志(帜)[6],及它论官[7]者1426/肆215□□□□□□谒置□□丞尉□□补[8]史、有秩吏,及县令除有秩吏它县者,令任之,其1303/肆216任有辠刑辠(罪)以上,任者赀二甲而废;耐辠(罪)、赎辠(罪),任者赀一甲;赀辠(罪),任者弗坐。任人为吏及宦皇1302/肆217帝[9],其谒者[10]有辠(罪),尽去所任,勿令为吏及宦∟。为吏而置吏于县及都官,其身有辠(罪)耐以上,及傳(使)1352/肆218故徼外不来复令(命)而臣逆(?)[11]者,其所置者皆免之。非计时㲄(也),须[12]已计[13]而言免之。0991/肆219

注释

[1]战北:罪名,在战场上逃跑。① "战"涵盖以下"北""耎""故徼外盗不援"三种情形,即共有战北、战耎、战故徼外盗不援三种情形。

[2]耎:秦汉法律中指临阵怯懦退缩。②《广雅·释诂》:"耎,弱也。"岳麓秦简叁238:"不敢独前,畏耎",张家山汉简《二年律令》142~144:"与盗贼遇而去北,及力足以追逮捕之……逗留畏耎弗敢就。"传世文献中或作"偄""愞""懦"。《潜夫论·边议》:"皆奴怯畏偄不敢击",《汉书·武帝纪》:"匈奴入雁门,太守坐畏愞弃市",《史记·东越列传》:"弗敢击,却就便处,皆坐畏懦诛。"

[3]故徼外盗不援:与故徼外盗作战时不援救己方力量。整理小组解为"罪名,吏不援助镇压'故徼外盗'"。③ "战北、耎、故徼外盗不援"又见岳麓秦简伍317~318条。

[4]废官:即"废",参见岳麓秦简肆212~214条,注释[4]"废"。

[5]御、右:战车的驭手和戎右。整理小组解为"驾车者'司御'

① 参见陈松长主编:《岳麓书院藏秦简(肆)》,上海辞书出版社2015年版,第171页,注184。

② 陈松长主编:《岳麓书院藏秦简(肆)》,上海辞书出版社2015年版,第171页,注185。

③ 参见陈松长主编:《岳麓书院藏秦简(肆)》,上海辞书出版社2015年版,第172页,注186。

与'车右'的合称。"[①]《尚书·甘誓》:"左不攻于左,汝不恭命。右不攻于右,汝不恭命。御非其马之正,汝不恭命。"

[6]把钲鼓志(帜):持钲、鼓、旗帜者。《说文·手部》:"把,握也。"钲、鼓、旗帜都是军事指挥器材。[②]"钲"为钟形铜乐器,又名"钲铖""丁宁",有柄可握持,《诗·采芑》:"钲人伐鼓",《毛传》:"钲以静之,鼓以动之。"[③]志读为"帜",[④]《史记·刘敬叔孙通列传》:"设兵张旗志",《集解》引徐广曰:"志一作帜。"上孙家寨汉简339:"军吏六百以上,兵车御、右及把麾(麾)干(竿)、鼓、正(钲)铖者,拜爵赐论,爵比士吏。"[⑤]其表述与本条基本一致。

[7]论官:疑意为"论定然后官之",即评定功劳才能而授以官职;或者"因官而论",即因公务而被论罪;或者"论于官",即居官视事而被论罪,详"解读"。朱红林解为"被官府处罚者"。[⑥]

[8]补:补缺。整理小组释为"卒",连下"史"读为"卒史"。今审图版,其字似为左旁"衣",右旁已残,据文意疑为"补"。里耶秦简8-2106:"以衔不当补有秩。"

---

① 参见陈松长主编:《岳麓书院藏秦简(肆)》,上海辞书出版社2015年版,第172页,注187。

② 参见陈松长主编:《岳麓书院藏秦简(肆)》,上海辞书出版社2015年版,第172页,注188。

③ 参见朱凤瀚:《中国青铜器综论》,上海古籍出版社2009年版,第375~376页。

④ 参见陈松长主编:《岳麓书院藏秦简(肆)》,上海辞书出版社2015年版,第172页,注188。

⑤ 魏明以该简与本条相参证,甚确。参见魏明:《秦汉〈置吏律〉集释》,湖南大学2017年硕士学位论文,第17页,注2。此引该简释文依据张静:《定州汉墓竹简和上孙家寨汉墓木简集释》,吉林大学2014年硕士学位论文,第561页。

⑥ 朱红林:《〈岳麓书院藏秦简(肆)〉补注八》,载王沛主编:《出土文献与法律史研究》(第8辑),法律出版社2020年版,第145页。

[9]宦皇帝:皇帝的私人近侍,与“吏”有别。[①] 有时也称为“宦者”“宦”。

[10]谒者:请求任命他人为吏、为宦的人,并非官职名。朱红林认为指进言保举他人的人,相当于前文的“任者”。[②]

[11]臣逆(?):臣属于不服属秦的政权。秦以六国为“逆”,《史记·秦始皇本纪》载卅二年碣石刻石:“遂兴师旅,诛戮无道,为逆灭息。武殄暴逆,文复无罪。”整理小组疑下字为“逋”,注:“臣逋:逃亡”,[③]今审图版,似为“逆”之坏字。

[12]须:等待。[④]

[13]已计而言免之:完成校计后再汇报并免其职。“计”即国家机关对所职掌事务的数据的校计,是上计的前置程序。睡虎地秦简《效律》51:“计用律不审而赢、不备,以效赢、不备之律赀之,而勿令赏(偿)。”“言”指向官府或上级汇报。岳麓秦简肆 156 ~ 157:“郡各请其守,各言所为及用积徒数。”朱红林解为“上计之后,正式宣布将其免职”。[⑤] 周海锋认为:“县‘所置’之吏,只有郡才有权罢免,故要等到‘上计’时将所免状一起奉上,由郡予以免职。”[⑥]

---

① 参见阎步克:《论张家山汉简〈二年律令〉中的“宦皇帝”》,载中国社会科学院简帛研究中心编:《张家山汉简〈二年律令〉研究文集》,广西师范大学出版社 2007 年版,第 35 ~ 54 页。

② 参见朱红林:《〈岳麓书院藏秦简(肆)〉补注八》,载王沛主编:《出土文献与法律史研究》(第 8 辑),法律出版社 2020 年版,第 145 页。

③ 参见陈松长主编:《岳麓书院藏秦简(肆)》,上海辞书出版社 2015 年版,第 172 页,注 189。

④ 参见陈松长主编:《岳麓书院藏秦简(肆)》,上海辞书出版社 2015 年版,第 172 页,注 190。

⑤ 参见朱红林:《〈岳麓书院藏秦简(肆)〉补注八》,载王沛主编:《出土文献与法律史研究》(第 8 辑),法律出版社 2020 年版,第 145 页。

⑥ 周海锋:《秦官吏法研究》,西北大学出版社 2021 年版,第 41 页。

语译

置吏律规定,保举、任命作战时逃跑、畏惧怯懦、对阵国境外入侵者时不援救己方以及被处废官的人为吏,以及军吏、战车驭手、戎右、持钲鼓旗帜者,以及其他论官之人……请求任命……丞、尉……补缺为史、有秩吏,以及县要求从其他县任命有秩吏的,应让任命人作出保举,受保举人被处肉刑以上处罚的,保举人应处赀二甲,并废官;受保举人被处耐罪和赎罪的,保举人应处赀一甲;受保举人被处赀罪的,保举人不因此受处罚。保举他人为吏和宦的,若提出任命请求的人受到处罚,则尽数逐去受保举人,不要让他们担任吏和宦。担任吏而在县官和都官中任命吏的,若任命人自身受到耐以上处罚,以及出使国境外不回来复命而臣属于其他政权的,其所任命的人都要被免职。不在上计期间的,等待校计完成后再汇报,并将其免职。

解读

一、"及它论官者"的理解

本条首句云:

> 敢任除战北、耎故徼外盗、不援及废官者以为吏及军吏、御、右、把钲鼓志(帜),及它论官者……

根据"敢"字,可知"敢任除……把钲鼓志(帜)"显然是一种禁止性行为,但接下来的"及它论官者"则因为前所未见的新词"论官"而难以理解。又因为其下文字残泐,全句不完,进一步增加了解决问题的难度。朱红林解全句为:"敢担保……等为吏,及军吏、御右、把钲鼓志及它被官府处罚者",[1]似有未安,一来处罚本来就是由官府作出,"论官"的表述似有累赘之嫌,二来"吏及军吏、……把钲鼓志者"

① 朱红林:《〈岳麓书院藏秦简(肆)〉补注八》,载王沛主编:《出土文献与法律史研究》(第8辑),法律出版社2020年版,第145页。

显然并非受处罚之人,与“被官府处罚者”并列恐怕很难成立。

我们认为,“论官”有三种可能的解释方案,一是解为“因官而论”,“官”构成“论”的原因,意为因官事(公务)而被论罪,相当于后世的“公坐”“公罪”;二是解为“论于官”,“官”是“论”的地点,意为居官视事时被论罪。此二解的弱点也是明显的,即鲜见“论”在此用法下的词例,秦汉法律用语中,“论”多意为“判决”或“判决并执行”,其下仅接续所判处的刑罚、受判决的人、判决所针对的过错行为,而“官”不合于此三者的任一者。三是挣脱“论”的“判决”之义,而取更宽泛的“叙”“思理”“论量”之义,①其用例有睡虎地秦简《秦律十八种》154:“从军当以劳论及赐”,《秦律杂抄》34:“军新论攻城”,36:“战死事不出,论其后”,等等。案《礼记·王制》:“司马辨论官材,论进士之贤者以告于王,而定其论。论定然后官之,任官然后爵之,位定然后禄之”,郑玄注:“定其论,各署其所长。官之,使之试守,”②据其注,则“论定然后官之”意为论定进士的才能并使之试守官职。而《荀子·君道》云:“能论官此三材者而无失其次”,③也可理解为论定人才的三种才能并授予官职。以此为参照,则本条的“论官”可理解为论定功劳、才能并授予官职之意。

从文意来看,该句以任除官吏的禁止性行为为开头,则其法律后果应不外乎是对此行为的处罚,处罚的具体内容必在其下残泐的文字中,由此而形成完整的一款规范,与下文的“谒置……令任之”一款互不相属。基于一判断,“及它论官者”在该句中的功能意义似有以下三种可能:

1.“它论官者”是与“敢任除……把钲鼓志(帜)”即不当任除行

---

① 参见宗福邦、陈世饶、肖海波主编:《故训汇纂》,商务印书馆2003年版,第2131页。

② (清)孙希旦:《礼记集解》,沈啸寰、王星贤点校,中华书局1989年版,第376页。

③ (清)王先谦:《荀子集解》,沈啸寰、王星贤点校,中华书局1988年版,第246页。

为相提并论的其他不当行为,如此则应取上述“论官”的前二解。但准之文意,无论是因官事而被论罪,还是居官视事而被论罪,其行为都过于宽泛,却与几种极具体的不当任除行为并举,并适用相同的法律后果,如此规定,颇显突兀而不谐调。

2.“它论官者”是与“废官者”并列的其他同类人员。如此仍应取上述“论官”的前二解,全句意为:因官事而被论罪的人(或居官视事时被论罪的人),应与被处废官的人一样,也不得被任除为“吏及军吏……把钲鼓志(帜)”。这样理解似乎面临着语序不谐的问题,但若将“及它论官者”理解为后来颁布而被整合进原条文的对“废官者”的补充规定,则语序问题就并不显得突出了。

3.“它论官者”是与“吏、军吏、御、右、把钲鼓志(帜)”并列的禁止任除的对象。如此则应取上述“论官”的第三解,将全句解为:禁止任除有战北等行为的人担任吏、军吏等职务,以及其他应按功劳、才能授予的官职。

综合来看,我们倾向于认为以上第3种理解是较为符合本条语境的。

二、“除”“任除”“谒置”“置”的关系

岳麓秦简肆第二组中的五条《置吏律》提到了四种任命官吏的方式:“除”“任除”“谒置”“置”,参照睡虎地秦简中的三条《置吏律》和其他相关条文,我们可以尝试初步厘清这四者之间的关系。

“除”和“任除”的关系在律文中已体现得很明白,即“任除”是附带“任”(保举)的“除”。根据肆207~209条、210~211条和本条,在本县人中任命有秩吏和“小佐无秩”可以直接采取“除”的方式。但几种特定的情形,如任命非本县人为有秩吏时,法律则要求除者(或多为啬夫)对受除者作出“任”。在“任”的法律关系中,所任者的职务建立在“任”的基础上,一旦“任”因任者的各种主动、被动事由而解除,即要免去所任者的职务,如《法律答问》145:"任人为丞,丞已免,后为令,今初任者有罪,令当免不当?"即暗示着"任"因任者的犯罪而被动解除的情形。同时,任者还要对所任者的犯罪承担连带责任,这在《史记·范雎列传》和本条中都有明确的体现。

从"苑啬夫不存,县为置守""置典、老""置将吏"等条文来看,"置"似乎是指定某人担任其目前所在团体的某一职务的任命方式,从而与指定某人从事新职务的"除"相区别。"谒置"和"置"的区别似乎在于提出任命的人是否具有"置"的权限,有权者直接任命吏谓之"置",无权者请求有权者任命其所推荐之人则谓之"谒置"。据岳麓秦简肆207~209条和本条,"谒置"必须有人(可能一般多为"谒者"本人)对所置者作出"任",而"置"则不要求有"任"。不过,本条又规定若置者"身有罪耐以上"或"使故徼外不来复命而臣逆者"时,所置者要被免去职务,这实际上已经相当接近于"谒置"的责任关系。在"谒置"的情形下,任者犯罪会导致"任"的解除,而所置者即须因此被免职。

揣摩律文,在"谒置"的情形下,任者似乎可以是"谒者"即提出任命请求的人以外的人,本条所讲的"任人为吏及宦皇帝,其谒者有辠,尽去所任,勿令为吏及宦",即似应作此理解,意为官吏"谒置"他人为吏、宦时,可由第三人提供"任",若"谒者"有罪,则应免去所任之人,但任者并不承担责任。总的来说,任者、谒者、置者的犯罪都会影响到其所任、所谒置、所置之人的职务,但相对来说,置者的影响较小,其犯罪必须达到一定刑等或为特定罪行。而在相反的方面,所任之人犯罪会牵连任者,所置者犯罪也可能会让置者承担"置任不审"的罪责,如《秦律杂抄》载"除弟子律"所反映的情况,而所谒置之人只有在谒者本人为其提供"任"时,才会产生这种连带责任。

周海锋在分析"谒者""置者"的不同时提出,若甲县县令保举某人去乙县做佐史，则县令的身份是“谒者”，而乙县的相关部门的主管者是“置者”，若县令保举一人为属下，则他既是“谒者”又是“置者”；又认为“所置者”比“所谒者”的地位要稳固一些，置者犯耐罪以上，所置者才免职，而“谒者有罪，尽去所任”。① 其注重对“谒”和“置”的区分，而未涉及此二者与“任”的关系，具体理解也与我们有所不同。（邬勖）

220～222

释文

·置吏律曰：县、都官、郡免除吏及佐、群官属[1]，以十二月朔日免除，尽三月而止之。其有死、亡及故有缺[2]者，1227/肆220 为补之，毋须时。郡免除书到中尉[3]，虽后时，尉听之。补军吏，令佐史[4]，必取壹从军以上者；节（即）有军殴（也）J43/肆221，遣卒能□[5]自占，自占不审及不自占而除及遣者，皆赀二甲，废。1262/肆222

注释

[1]群官属：各官署的属员。② 相同律文见于睡虎地秦简《秦律十八种》157：“县、都官、十二郡免除吏及佐、群官属，以十二月朔日免除，尽三月而止之。”

[2]死、亡及故有缺：死亡、逃亡失踪及其他导致出现空缺的情形。③ 故有缺：因故出缺，④睡虎地秦简《秦律十八种》157～158 作“其有死亡及故有夬（缺）者”。

① 参见周海锋：《秦官吏法研究》，西北大学出版社 2021 年版，第 41 页。

② 参见睡虎地秦墓竹简整理小组：《睡虎地秦墓竹简》，文物出版社 1990 年版，第 56 页；陈松长主编：《岳麓书院藏秦简（肆）》，上海辞书出版社 2015 年版，第 172 页，注释 191。

③ 魏明：《秦汉〈置吏律〉集释》，湖南大学 2017 年硕士学位论文，第 8 页。

④ 睡虎地秦墓竹简整理小组：《睡虎地秦墓竹简》，文物出版社 1990 年版，第 56 页。

[3]中尉:中央官署名,掌治京师地区治安,《汉书·百官公卿表》:"中尉,秦官,掌徼循京师。"如淳曰:"所谓游徼,徼循禁备盗贼也。"从本条看,秦时中尉的职能还涉及官员的任免。张家山汉简《二年律令》215:"受(授)爵及除人关于尉。"另有一说,以为此处"中爵"特指"主爵中尉",而非"中尉",《汉书·百官公卿表》记载:"主爵中尉,秦官,掌列侯。景帝中六年更名都尉,武帝太初元年更名右扶风。"[①]详"解读"。

[4]令佐史:命令从佐史中选取补充军吏者。或与后文"必取壹从军以上者"连读,意为命令佐史选择有一次以上从军经历者作为军吏的后备人选。整理小组断读为"补军吏、令、佐史",将军吏、令、佐史并列。[②] 另有一说认为此处可断读为"令佐、史",即"令佐"与"令史"。[③] 详"解读"。

[5]遣卒能□:此处图版字迹较模糊,从残存字形看,前三字从整理者意见,第四字不识,整理者释为"令"。

语译

置吏律规定,县、都官、郡任免官吏、佐,各官署属员,均从十二月一日起任免,到三月底截止。如有死亡、逃亡以及其他缘故导致空缺的,则为其补充人手,不必等到上述规定时间。郡的任免文书报至中尉,即使超过了规定时间,中尉也予受理批准。补充军吏,则必须要在有一次以上从军经历的佐史中选取补充,如果该佐史正在军中服役,则派遣士卒(?)……自己申报,自己申报不实以及未申报就予以

① 参见魏明:《"受爵及除人关于尉"再认识》,载王捷主编:《出土文献与法律史研究》(第6辑),法律出版社2017年版;魏明:《秦汉〈置吏律〉集释》,湖南大学2017年硕士学位论文,第38~41页。

② 陈松长主编:《岳麓书院藏秦简(肆)》,上海辞书出版社2015年版,第221页。

③ 秦代出土文字史料の研究班「嶽麓書院所藏簡《秦律令(壹)》譯注稿(その3)」(京都『東方学報』卷95、2020年)、頁153参照。

任命并派遣者,均除赀二甲,撤职永不任用。

解读

一、“郡免除书到中尉”的理解

随着睡虎地秦简等出土文献的公布,学者发现传统理解上执掌军事、治安的县尉、郡尉等职官还可任免官吏,掌握着十分重要的人事任免权,如经常被提及的《秦律十八种》160:

> 除吏,尉已除之,乃令视事,及遣之。

邹水杰对整理者的断读进行了调整,调整后我们发现,“尉”可任免官吏。而邹水杰认为此处的“尉”具体指代县尉,同时作为“除吏”的主语,说明只有在经过县尉正式的“除”之后,相关的县吏才能履行自己的职责,可见当时县尉具有十分重要的人事任免权。① 但就本条来看,“尉”所指代的具体职官名仍然存在进一步讨论的空间。另外,游逸飞进一步指出,在秦郡一级“三府分立”的组织架构下,“尉府”在权力分配中占有人事权与军事指挥权。②

回到本条,“郡免除书到中尉”的规定会让人很自然地联系到张家山汉简《二年律令》215 简的记载:

> 受(授)爵及除人关于尉。

此条规定授爵与授官需要报告“尉”,而此处的“尉”引起学者们的讨论,或以为“廷尉”,或以为“县尉”,亦有认为是“郡尉或中尉”。③ 目

---

① 邹水杰:《秦汉县丞尉设置考》,载《南都学刊(人文社会科学学报)》2006 年第 2 期。

② 游逸飞:《三府分立——从新出秦简论秦代郡制》,载简帛网 2016 年 10 月 13 日,http://www.bsm.org.cn/show_article.php?id=2644。

③ 张家山汉简整理小组疑为“廷尉”,李均明认为是“县尉”(参见李均明:《张家山汉简所反映的二十等爵制》,原载《中国史研究》2002 年第 2 期),游逸飞以为是“郡尉或中尉”(游逸飞:《再论张家山汉简〈二年律令·置吏律〉简 213~215 的“尉”》,载简帛网 2010 年 9 月 20 日,http://www.bsm.org.cn/show_article.php?id=1305。)

前来看,似可理解为“中尉”。

虽然两条内容有相似之处,且均属秦汉《置吏律》,内容上还是有细微差别:岳麓秦简中规定郡需要将任免文书上行致“中尉”,从接下来“虽后时,尉听之”的记载看,中尉还是对除吏的任命是否生效有直接的影响,而《二年律令》仅规定了上报,而未直接说明是否需要经过“尉”的同意,如该条文没有漏抄,则可推测此时下级上报至“中尉”的爵位授予、官员任命的相关决定仅是一种备案。

接下来,还需讨论一个问题,魏明曾提出此处“中尉”并非传世文献中的“中尉”,而是“主爵中尉”的省称。前者所谓“中尉”在汉武帝时期改称“执金吾”,《汉书·百官公卿表》记载:“中尉,秦官,掌徼循京师。有两丞、候、司马、千人。武帝太初元年更名执金吾。”后者的沿革也见于《汉书·百官公卿表》,其记载云:“主爵中尉,秦官,掌列侯。景帝中六年更名都尉,武帝太初元年更名右扶风,治内史右地。”可见“主爵中尉”在武帝时已经变成了地方行政长官。

那么,此处的“中尉”是否是“主爵中尉”的省称呢?我们认为不是,相反“主爵中尉”很可能是从“中尉”职能中分化而来,里耶秦简8-1952:

> ☑□□□□□□□□□□□【迁陵尉计】□
>
> ☑主爵发。敢言之。
>
> ……□□□□□□

虽有很多残缺,但“主爵发”字迹较为清晰,从文书角度来看,“主爵”是文书开启者的官职名,游逸飞指出此处的“主爵”很可能就是里耶秦简8-247中的“爵曹”,①里耶8-247如下:

---

① 游逸飞:《三府分立——从新出秦简论秦代郡制》,载简帛网2016年10月13日,http://www.bsm.org.cn/show_article.php?id=2644。

☐【尉】府爵曹卒史文、守府戍卒士五(伍)狗以盛都結。

☐式☐

注释者补“尉”字,结合该文书记载的“守府”,认为所谓“爵曹”当是郡尉府下属机构,而“爵曹”官吏“卒史文”也可印证这一点。此处爵曹应是负责爵位授予等相关事务,这较易理解,毕竟秦时爵位与军功有紧密联系,故而具有军事指挥权的郡尉自然会涉及爵位的管理。另外,还需指出一点,在张家山汉简《二年律令·秩律》中见有“中尉”,而未见“主爵中尉”。

综合以上内容,我们认为所谓“主爵中尉”在秦及汉高祖时期可能并不存在,而仅仅是“中尉”下属机构,类似郡尉下属的“爵曹”,执掌军爵的授予等事务,后来在汉景帝时期则在发展演变之后变成了独立于“中尉”的“主爵中尉”,并在武帝以后改为三辅之一,成为地方行政长官。[①]

最后,再补充说明,《汉书》记载了在楚汉战争时期刘邦军中有多人担任中尉,诸如丙猜、唐厉、许盎等,有人统计有九位之多。[②] 笔者认为,此时的“中尉”应该是更为纯粹的军事职务,专以任命军中的中高级将领,与秦汉律记载的“中尉”性质上存在一定的差异,如果《置吏律》条文中的“中尉”是复数个,从行政运行角度来看,就会产生许多实际的困难。

---

① 参见刘效江:《出土文献与战国秦汉诸尉之演变》,载《学术探索》2021 年第 2 期。诸如王伟就认为在秦时可能就不存在所谓的“主爵中尉”,秦时可能是个有名无实的虚设机构,盖由“中尉”兼设,故名“主爵中尉”,参见王伟:《秦玺印封泥职官地理研究》,社会科学文献出版社 2014 年版,第 199 页。从《百官公卿表》记载来看,到汉景帝时期可能“主爵中尉”已经独立于“中尉”了,如其记载中尉属官寺互(一般认为即“寺工”)的转隶变动,提到“初,寺互属少府,中属主爵,后属中尉”,一方面说明西汉以前有一段时间主爵中尉与中尉已经相互独立,同时也可看出“主爵中尉”与“中尉”之间存在密切的关系。

② 刘效江:《出土文献与战国秦汉诸尉之演变》,载《学术探索》2021 年第 2 期。

二、"补军吏,令佐史,必取壹从军以上者"的断读与理解

整理者原断读为:"补军吏、令、佐史,必取壹从军以上者",似将军吏、令、佐史并列为宾语①,然则如此断句,就会产生一些问题:首先,军吏、佐史、县令之间秩级千差万别,县令作为郡县长吏,按照《汉书·百官公卿表》"秩千石至百石",而佐史作为少吏则是百石以下,两者并言,似乎不合情理。其次,何以特别规定"令"要有从军经验,而同为县长吏,身负军事、治安之责的"县尉"却不在本条《置吏律》中出现?故此种断读似不合情理,此处的"令"应非作为宾语的县令,亦非县属吏令史。

我们将"令"属下读,作动词"命令"理解,"令佐史"省略了相应的动词,诸如"令佐史补之",此处对"军吏"补充候选对象进行了限定,即须在"佐史"中选择,结合后文具备一次以上从军经验者的限定条件,与"军吏"的特殊身份相契合。秦时官吏从军十分常见,如睡虎地秦简主人"喜",在秦王政六年时为安陆令史,七年为鄢令史,秦王政十三年时即从军,被征召服兵役。而且不止一次,到了秦王政十五年,喜又"从平阳军。"②又,岳麓秦简伍146秦令记载:"吏从军治粟将漕长挽者,自敦长以上到二千石吏",可见官吏从军应该也是担任军队中的领导职务,与本条的规定具有一定的关联。

另外,读书会成员还有一种看法,即断读为"补军吏,令佐史必取壹从军以上者","令佐史"属后读,翻译为"命令佐史选择有一次以上从军经验者",即佐史作为下令者的助手被命令挑选符合条件可担任"军吏"之人。

---

① 朱红林此处断读与整理者同,翻译为"任命补充军吏、县令、佐史",参见朱红林:《〈岳麓书院藏秦简(肆)〉补注八》,载王沛主编:《出土文献与法律史研究》(第8辑),法律出版社2020年版,第148页。

② 参见睡虎地秦墓竹简整理小组:《睡虎地秦墓竹简》,文物出版社1990年版,第7页。

三、法条分析

本条可以分为两款。第 1 款为：

> 县、都官、郡免除吏及佐，群官属，以十二月朔日免除，尽三月而止之。其有死、亡及故有缺者，为补之，毋须时。郡免除书到中尉，虽后时，尉听之。

内容涉及县、都官、郡任免官吏的期限及其例外规定。本条前半部分内容与睡虎地秦简《秦律十八种》中《置吏律》157～158 记载基本一致：

> 县、都官、十二郡免除吏及佐，群官属，以十二月朔日免除，尽三月而止之。其有死、亡及故有夬(缺)者，为补之，毋须时。[1]

所不同的是，睡虎地秦简《置吏律》免除主体是“十二郡”，可知当时秦所设郡仅为十二，明显岳麓秦简本条则是直接承袭自前者，并对条文进行了修订，删去了“十二”，以符合实际情况。[2] 另外本款还有睡虎地秦简《置吏律》所没有的补充规定，即郡向中尉上报除吏文书时，可能因文书传递导致超过了规定期限，在此种情形下中尉也应予以批准。

第 2 款为：

> 补军吏，令佐史，必取壹从军以上者；节(即)有军殹(也)，遣卒能□自占，自占不审及不自占而除及遣者，皆赀二

① 睡虎地秦简整理小组此处未将“死亡”断读，此处以外释文断读从睡虎地秦墓竹简整理小组。

② 此处“十二郡”具体包括的郡名，以及第十二郡设置的时间，许多学者有过讨论，目前未达成一致意见，可参见晏昌贵：《秦简牍地理研究》，武汉大学出版社 2017 年版，第 21～40 页。

甲,废。

整理者将缺字释为“令”,本款规定了“军吏”的任免条件以及符合条件者的“自占”程序,违反“自占”程序的,授官以及派遣者则要受到处罚。当然,因本简字形模糊造成内容理解上存在一定的疑问与分歧,一种观点认为自“即有军”以下是另外一款,与“补军吏”无关,但考虑到一般情况,“除”适用的对象基本上都是“吏”,如居延汉简中的例子:

建始二年正月以来尽
十二月吏除及遣 A
建始二年正月以来尽
十二月吏除及遣 B 居延汉简释文合校 84 · 20[①]

综合以上内容,似乎将“即有军”以下内容作为“补军吏”特定情形的补充规定来理解更为合适。暂时根据整理者释读翻译为,如果符合条件的候选人可能正在从军,则需要派遣士卒(?)……自己申报,如果申报不实以及未申报就予以授官并派遣至军中为军吏的,则任命与派遣者需要被处赀二甲的惩罚。

至于本款中所规定的“自占”程序的目的与作用,则有待更多资料的公布,方能获得明确的答案。我们猜测自占的目的在于确认其身份的合法性与真实性,或许是成为军吏的必经程序。(陈迪)

① 谢桂华、李均明、朱国炤:《居延汉简释文合校》,文物出版社 1987 年版,第 149 页。

书评、会议综述

《包山楚简案例举隅》评介

朱晓雪*

内容摘要:张伯元教授著《包山楚简案例举隅》2014 年由上海人民出版社出版,正文选取了包山楚简的 18 件案例进行解析,每案拟有标题。每个案卷内容分为三部分:第一部分交代案件的背景材料;第二部分从楚国司法的角度做独立解说;第三部分集释部分疑难字词。正文之外的附录则由四部分组成,包括“包山司法文书的标题与格式”“包山文书简签署人校考”“包山楚简简背所书问题”和“索引”。本文对该书加以评介。

关键词:《包山楚简案例举隅》 评介

张伯元先生的大作《包山楚简案例举隅》一书平常放于案头,每每翻阅,多有所得,在此谈一谈自己阅读此书的一些感受。

张先生的大作于 2014 年由上海人民出版社出版,正文选取了包山楚简的 18 件案例进行解析,每案拟有标题。每个案卷内容分为三部分,张先生在前言中已有说明:第一部分交代案件的背景材料;第二部分从楚国司法的角度做独立解说;第三部分集释部分疑难字词。

---

* 朱晓雪,华侨大学文学院副教授。

正文之外的附录则由四部分组成,包括"包山司法文书的标题与格式""包山文书简签署人校考""包山楚简简背所书问题"和"索引"。

一、从专业的法律角度对简文进行深度研究

从事古文字研究的学者们对包山司法简的研究主要集中在文字考释和文义疏通方面,而对简文的外延,如司法制度、司法程序的关注和研究较少。即使有意愿去做这方面的研究,在使用司法术语、分析和复原司法程序时,也并不能做到专业和精确,正所谓"心有余而力不足"。张伯元先生是古代法制文献、法制史研究的专家,他从司法制度和司法程序等方面对包山司法简进行解读,其专业程度毋庸置疑。所以在《包山楚简案例举隅》列举18件案例中,我们可以看到张先生从案情的梳理、案情的进展、案件的性质及案件的司法程序等法律视角对简文进行专业分析和深入研究。

这一点除了体现在对每个案件的具体分析上,还体现在对包山司法简的整体研究上,例如,张先生认为法史学界通常用"讯鞫论报"四字概括古代司法程序,然而包山楚简的司法文书不能都按"讯鞫论报"程序归档。他总结了楚简中有关司法程序方面的术语有"讼、受期、盟誓、盟、证、盟证、诰、告,戠、笑、謢笑、箸、执、捕、断、成、察、传、受"等,并将其归纳为告劾、审讯、鞫狱、论决、奏报五个阶段。① 像这样从法律角度对材料进行专业的分析,我们这些外行人只能望洋兴叹。

二、对文字的释读和文义的解释提出己见

《包山楚简案例举隅》一书在每个案件分析中都有"歧解备考",

---

① 张伯元:《包山楚简案例举隅》,上海人民出版社2014年版,第28页。

对简文中的疑难字词进行解读。虽然张先生在前言中谦称“是在前人基础上的研究,时贤的许多观点为我们的前行铺平道路”,但他在书中提出的一些意见极具启发性,很值得重视。例如,案例七“蔡瘻案‘断不灋(废)’案”的简文有“既詢,将须逾,执”一句,学者对“詢”的隶定有“詢”“诟”“词”等多种意见,释义也不同。张先生虽然没有对字形作新的解读,但他根据上下文意做出推断,他认为詢者,耻也,辱也,显然与简文“既詢,将须逾,执”的情节不合。读为拘者,视之通假,拘者,执也,简文中已有“执”字,理当避复。① 张先生认为“詢”读为“拘”与“执”重复的意见十分有道理,这是其他学者并未注意的,为文字的释读排除了一个选项。

此外,张先生还在梳理诸家观点的基础上提出己见。例如“越异”一词,这两个字的释读没有难度,但其内涵所指,有人认为是地名,也有人认为是特殊的救灾机构。张先生则认为“越异”不仅是个单纯的救灾机构,它主要是个与祭社稷神有关的机构。“越异”是“雩祀”的异读,“越异”不只是个祭祀名称,而且逐渐成为组织雩祀活动的常设机构。② “越异”所指为何还可以进一步讨论,张先生的观点不同于已有的意见,他的解读可谓是另辟蹊径。

三、信奉考据实证之学,无一字无来处

本书之考据实证功底深厚,对普通读者而言,若不深入研读,仔细推敲,很难体会到其中的三昧。包山简材料不能割裂考察,简与简之间是相互联系、相互影响的,只有综合考察才能有所收获。这部书有驰骋想象者,如论案例十二伐木之缘由;有体验失察者,如案例八

① 张伯元:《包山楚简案例举隅》,上海人民出版社2014年版,第93页。
② 张伯元:《包山楚简案例举隅》,上海人民出版社2014年版,第36~41页。

窃马杀人不疑之可疑处;有汇通杂拌者,如案例五缀田之摭拾;有注目细微者,如案例十三“桎”“信”之比勘;有音读摄合者,如案例十六继承、债务之关涉,案例十七丧葬、征地之失联。文贵新变,标新立异而不凿空猎奇,不落俗套而唯陈言之务去。如张先生所言:“不泥旧注,不蹈前良”,[①]这正是本书的特色。

四、附录的重要性不亚于正文

附录作为正文的附属,一般多是数据的整合和汇总,而《包山楚简案例举隅》一书的附录则分专题讨论了包山司法简中的几个重要问题。因为这些问题在对司法简做整体研究的基础上进行探讨,所以无法在正文的单个案件中全面展开,虽然放在附录中,但其重要性不亚于正文。

例如,附录“包山司法文书的标题与格式”,其中的标题部分讨论了“廷等”“集箸和集箸言”“受期”“疋狱”四个标题,尤其是对“受期”的研究,通过列表的形式比对相同所在地的受期日期,得出楚人在授受受期案件的日子时,会避开地支中的子日和卯日[②],这一观察十分细致。再如,附录“包山文书简签署人校考”则对受期简和疋狱简的签署人进行了全面总结,并对“某某戠之”签署人的身份以及“某某戠之,某某为李”的格式进行了考察。张先生得出结论:受期简签署人基本上采用“某某戠之”的形式,其原因是没有必要校验核实。疋狱简签署人大都采用“某某戠之,某某为李”形式,其原因是必须有人验证。[③] 这些意见对研究楚国文书制度都很有意义。

除此之外,让我印象十分深刻的是:张先生提出“所有司法文书

① 张伯元:《包山楚简案例举隅》,上海人民出版社2014年版,第316页。
② 张伯元:《包山楚简案例举隅》,上海人民出版社2014年版,第280页。
③ 张伯元:《包山楚简案例举隅》,上海人民出版社2014年版,第301~302页。

都是各地向左尹汇报的文书,从相对统一的简文文字,又互不相接续的内容来看,已做过归类整理,可能是用作存盘的文书本。"[①]在美国访学期间,曾和国外的学者们围绕包山楚简进行讨论,他们当中也有人认为包山司法简乃至包山卜筮祭祷简有可能都是副本,和张先生的意见不谋而合,目前我个人也比较倾向这个意见。

总而言之,在法律史资料的研究中,秦汉法律是主流,相关材料十分丰富。相比之下,战国时期楚国的法律资料数量极少,目前主要就是包山楚简中的司法文书,因此其重要性不言而喻。但是简文中还有很多问题没有彻底解决,这需要学者的每一篇新文章、每一本新专著,来促进研究的深化,《包山楚简案例举隅》正是研究道路上的一盏明灯,期待张先生有更多的新作。

① 张伯元:《包山楚简案例举隅》,上海人民出版社 2014 年版,第 304~305 页。

东汉法律文献整理与研究

——第十一届“出土文献与法律史研究”国际学术研讨会会议纪要

管笑雪*

2021年8月24日，第十一届“出土文献与法律史研究”国际学术研讨会在线上顺利召开，本届会议由中国法律史学会法律古籍整理专业委员会主办，华东政法大学法律古籍整理研究所和国家社科基金重大项目“甲、金、简牍法制史料汇纂通考及数据库建设”课题组共同承办。来自中国社会科学院、清华大学、中国政法大学、中国人民大学、北京师范大学、复旦大学、上海交通大学、华东师范大学、华东政法大学、湖南大学、南开大学、南昌大学、西北政法大学、中南财经政法大学、湘潭大学、台湾大学、韩国首尔大学、上海博物馆、湖北省文物考古研究所、长沙市文物考古研究所、甘肃简牍博物馆、中华书局、商务印书馆、《中国社会科学》编辑部、《学术月刊》编辑部、《上海师范大学学报》编辑部等20余家海内外高校、科研、文博机构的60余位专家学者参加了本次会议，本次会议提交论文20余篇。我们根据学者现场评议和会议录音等材料，整理出研讨会纪要，供学界

* 管笑雪，中南财经政法大学法律史博士研究生。

参考。

一、开幕辞

本次会议的开幕式由华东政法大学法律古籍整理研究所姚远副教授主持,中国社会科学院法学所研究员、荣誉学部委员、西北大学法史创新工程首席专家杨一凡教授致开幕式辞,向各位参会学者表示热烈欢迎。杨一凡教授指出,中国法律史研究至今仍有两大难题需要攻克。第一大难题是先秦至元代法律资料严重缺失,破解的方法是辑佚与考证。通过从史籍中钩沉散见法令法规,考证真伪,就能够打开"明以前法律资料匮乏"困境之门,目前对法律史料的辑佚已卓有成效。第二个难题是传统"以刑为主"思维模式成为惯性,如何冲破这种思维惯性?这就需要解放思想,创新思维,重述法史。传统的"以刑为主"说和"中国法律儒家化"说都应该被摒弃。

杨一凡教授进一步谈到明代刑事立法中儒家的角色。以明代制定《大明律》《大诰》《问刑条例》所奉行的立法思想为例,明代君臣对待儒家法律思想的态度,可用十六个字概括,即"有利则用,无利则弃,能变则变,能创则创"。礼教纲常对巩固君主专制、等级特权制度和维护贵贱有等的社会秩序有用,故《大明律》就把"明礼以导民"列为立法指导原则之一,这就是"有利则用"。儒家的"德治""仁政"观和提倡发展工商业主张,不符合朱元璋"乱世用重典"和"重农抑商"政策,在制定《大明律》时被断然抛弃,这就是"无利则弃"。"明刑弼教"是朱元璋在《大诰》中反复宣扬的理论基础,儒家把"明刑弼教"与"德主刑辅"原性相联系,强调"先教后刑"和"轻刑",朱元璋打着"先王之道"的招牌,对"明刑弼教"重新阐发,解释为"先刑后教""杀一儆百""惩治奸顽",这就是"能变则变"。明太祖的后嗣子孙在修订《问刑条例》时,同样是不受儒家思想的束缚,从完善刑事法律体系出发,提出了“以例辅律”“律例并行”等律例关系理论。这一理论完全是明代君臣的独创,与儒家法律思想毫无传承关系,这就是“能创则创”。总而言之,统治者在治国实践中奉行什么立法思想,完全是出于实用,儒家思想在很多场合下不过是装饰品而已,因此法律思想的研究一定要结合法律实践进行。

最后,杨一凡教授总结,出土法律资料的整理和研究,对重述法史有特别重大的意义,华东政法大学古籍所和在座的各位学者在出土法律资料研究方面已经作出了很好的成绩,期待大家再接再厉,让重现古代法制面貌的向往成为现实。

二、五一广场东汉简牍法制研究专题

(一)《关于五一简“左贼”及相关问题的考证》

会议伊始,清华大学李均明老师作了题为《关于五一简“左贼”及相关问题的考证》的报告,指出“左贼”是“左贼曹”的省称。左贼曹机构内的日常事务及文书工作通常由左贼史、助史操办。县令、丞直接监管乃至指挥左贼曹的工作。“左贼掾”为左贼曹下辖诸部“贼捕掾”的泛称,平时在警务分区执勤,必要时入曹议事,故多有“左贼掾某如曹”的记录。此外,李均明老师还对简文中的“外部”“前部”进行讨论。“外部”应作何解?一种可能是“外部贼曹”为“左部贼曹”的别称,因为简文所见大量的外部事务皆由左贼曹经办。但更大的可能是,“部”是安排、部署的意思,“外部掾”就泛指部署在外的诸掾,不光是贼曹,包括贼曹掾以外各个曹在外部署的曹掾,都可以叫“外部掾”。“前部”则指之前的安排,如“前部东部贼捕掾”的意思就是之前安排了东部贼捕掾做什么事情,执行什么任务。

评议人陈松长老师认为文章关于左贼曹史、曹掾、丞掾等的讨论，以及左贼曹文书工作程序问题的考证都是很有道理的。但对于“掾如曹”，陈松长老师则持不同看法，“如曹”不一定就说明这些掾不在这个左贼曹本部上班，日常是外派到警区去工作的。“如曹”就是“到曹”，可能类似于上班签到，无论是外派还是在本部上班，都要进行签到。此外，陈松长老师赞同“外部贼曹”可能相当于“左贼曹”这一说法，这与“左贼曹”和“右贼曹”的分工恰能对应。

（二）《五一广场简仓曹史谢豫请假期考实雷旦诉张董案与审判程序》

南开大学杨振红老师作的报告题为《五一广场简仓曹史谢豫请假期考实雷旦诉张董案与审判程序》。杨振红老师首先对五一广场简中仓曹史谢豫请求假期要考实雷旦自诉张董的册书进行复原、标点和简释，指出原释文的“付董普”应改释为“付董。书到”，并与李均明、周海锋所作的简册复原进行对比，认为 371 简、408 简、489 简应当分出，不属于本册书，348 简、380 简与本册书所涉事件无关，而 1073 简当是目录简，是此次右仓曹邮往县廷文书目录之一。在此基础上，杨振红老师还分析了册书所反映的审判程序，即谢豫受县廷之命开展的是立案前的审查工作，其中“旦不敢上爰书”，反映出自诉案件只有通过官府的审查，批准立案，才能进入正式的诉讼程序，开始“上爰书”。爰书应当是立案时需要准备的诉讼文书资料。

评议人戴卫红老师指出，文章对册书的复原、对册书内容的注释、对册书所见审判程序的解析和对学界长期争讼不绝的爰书问题的探讨，都较有说服力。但文章中还存在一些需要注意的地方，首先这份文书究竟该用什么标题，前后需要统一。其次是文书的编连，除了李均明和周海锋的复原意见之外，蔡雨萌在简帛网上也发表了相关文章，题目是《五一广场简“雷旦、张董财产纠纷案”简册复原再议》,可供参考。接下来的发言人马力对册书复原亦有不同意见。从以上五种编连来看,其实焦点有两个:第一,这个案件到底涉及多少枚简,里面包括木两行和竹简。第二,这 10 ~ 12 枚简书是否属于同一个文书?从现在这 5 种册书的复原来看,戴卫红老师认为好像还不能形成定论,可能还需要更多新的资料,而且还要对已经出版的木简进行更加精细的分析。再次,关于雷旦诉张董这一案件到底包括多少文书?现在知道的仅是其中的三种,第一种是雷旦的自言;第二种是县廷下达给谢豫的廷书内容;第三种是直符右仓曹史谢豫写给县廷,请求县廷批准延期审查雷旦诉张董案的一封公文书。那么是否还有其他文书?最后,戴卫红老师还提出了几个具体的小问题。"良少夏防"的"少",与简 489 中"良少仲,仲名防"中的"少仲"有何联系,"少"是否就是"少仲",可能还需要进一步讨论。另外,文章对"吏次"的解释是"吏的轮值次序",选释的解释是"以吏职相近",戴卫红老师认为可能还是和吏的功劳有关,就是按吏的功劳来升迁。

(三)《"雷旦自言张董行赇案"考证——兼论东汉百姓对狱讼的运用》

清华大学的马力老师的报告题为《"雷旦自言张董行赇案"考证——兼论东汉百姓对狱讼的运用》。马力老师主要是在册书复原和释文考证的基础上,探讨东汉百姓对狱讼的运用这一现象。首先是简册的复原,马力老师补充了杨小亮博士论文中文书复原的意见。关于释文考证,马力认为,夏防可能是因为欠债而去做雷良的"少仲",396 简有"债日备"的表述,"债"可能是指欠债。其次在案情分析中,马力指出雷良与另一个妻子继住在一起,雷旦起诉讨要钱财,其实是有争夺家产、捍卫个人利益的意味,这种用刑事诉讼解决民事纠纷的做法,跟宋元以后的"健讼"做法是非常接近的。

评议人李力老师认为,两位报告人选择这样一个案件来做研究,都具有非常敏锐的学术眼光,但早期的研究肯定是会有牺牲的。目前的六种研究,实际上都是对简牍的编连存在不同的看法。而要解决编连的问题,需要后续所有简牍都公布出来。编连若能确定一个比较好的方案,还要考虑这个案子到底有多少个文书组成,接下来才是对案情的探讨,甚至程序的探讨。此外关于"爰书"的问题,李力老师认为,爰书更像是立案以后把它发下去进行调查的,这在秦和西汉应该没有太大的区别。以及审判程序的刑事和民事之分,在秦汉时期,审判案件只有一个程序,并没有区别刑事和民事,当然如果只是为了表述的方便,这是没有问题的。还有,秦汉是不是诉讼社会?这个判断要谨慎一些、小心一些。东汉有没有健讼的现象,还需要看材料再下结论。

杨振红老师在回应时指出,诉讼社会是一个很有意思的问题。秦汉时期有很多关于"好争讼"的记载,并且在能看到的秦汉材料中,诉讼程序已经非常完备了。所以诉讼社会这个提法是否从宋以后才开始,确实是一个值得考虑的问题。另外关于研究新简的问题,先做的人可能会有一些牺牲,即便这样,还是应该一点一点去做,不然会错失很多研究。

马力老师在最后也作了回应,他认同对宋以前有没有诉讼社会这个问题,在判断时需要小心。不过他强调,自己的立足点是通过五一简探索汉代百姓在史书中见不到的一面,即在所谓帝国统治的视角下,百姓并不是千人一面或者说消极被动地去接受统治的这样一个被动的角色,相反,其实每个个体会有能动性,会去积极地迎合,甚至是互动、塑造,对帝国的统治或者说制度都是有影响的。

(四)《再谈汉、吴简牍中的"长沙太守中部督邮书掾"》

北京师范大学徐畅老师作的报告题为《再谈汉、吴简牍中的"长沙太守中部督邮书掾"》,报告主要解决两个问题,第一个问题是对于聚讼纷纭的"长沙太守(兼)中部(劝农)督邮书掾"这一职名进行解析,第二个问题是借助长沙简讨论东汉到三国分部督邮制度的演变。首先对长沙出土的东汉到三国东吴简牍中出现的"长沙太守中部督邮书掾"进行考辨,对其中的"兼",徐畅老师认同罗新、王素先生的观点,即"兼"指劝农和中部督邮书掾的兼任。至于为何会由劝农掾来兼任督邮书掾,是因为东汉至三国时代,地方行政事务办理存在一种简约化的行政理念,地方派出一名大吏,在春夏劝课农桑,秋冬督送邮书、奉劝教令并持监察之职,这在当时已经成为一种行政现实,所以劝农掾和督邮书掾会存在兼任关系。徐畅老师接着对东汉到三国时期分部督邮制度的变化进行考察,在东汉中期,长沙本地应该是分为三部督邮的,到三国孙吴时期长沙郡实际上已经分为五部督邮了。为什么督邮部会发生增置,最直观的理解是因为属县的数量增加了,所以督邮工作量增大,才要分部。

评议人周奇老师认为,这里对"兼"的解释,可能还需要更多例证,说服力更强。并且此种词义以后可以作为字典里单独的一项列出来。而对于督邮部增置,则可能是由于东汉到吴初人口锐减,东吴之后,人口恢复,从而需要增置县,增置新的行政区域。

(五)《长沙五一广场东汉简牍詈语"死婢"浅析》

湘潭大学周海锋老师作的报告题为《长沙五一广场东汉简牍詈语"死婢"浅析》,首先讨论了五一广场简经常出现的"死婢"这个詈语,进而对"奴婢"展开深入的研究。"奴婢"这种身份应该很早就出现了,但这一词语的产生可能比较晚。秦始皇统一以后,把"人臣""人妾""人臣妾"统一改称为"奴婢"。到了西汉,"奴婢"这一称谓在文献里大量出现。"奴婢"的来源主要是战俘和比较贫困的人,战乱时平民也会被掳掠为奴婢。奴婢的社会地位低下，在法律地位方面，奴婢不是完整的人，而是财产。奴婢与正常的百姓犯同样的罪，可能面临不一样的处罚。奴婢不能告发自己的主人。到了东汉，奴婢的地位有所提高，但奴婢制度并未彻底废除，奴婢依然处于社会最底层。故五一简所见平民吵架时依旧喜欢用“死婢”这一詈语，也说明观念一旦形成，短时间内很难改变。

评议人马力老师认为，秦汉奴婢地位比较低下固然不错，但每个事情都有诸多面向。汉代奴婢也有另一面，《后汉书·安帝纪》元初五年七月丙子诏里面，讲到当时奴婢衣着华丽，“至有走卒奴婢被绮縠，着珠玑。”可见除了地位低下的一面，奴婢其实还有很光鲜的一面，就是依仗主人的权势或财富。《后汉书·皇后纪》中记录了邓太后临朝听政，找了一堆邓家人入宫学儒家经典，当时邓康得罪了宫婢，宫婢就很愤怒，向太后嚼舌根说邓康的坏话，结果邓康就被“遣归国，绝属籍。”这里面也能看到，其实奴婢地位也不是一味很低下，他其实也有一定的主动性，知道利用主人的权势去做一些事情。在五一简里面也能看到，奴婢的权益，比如继承主人家产，五一简 495 涉及分割家产，大奴柱、小奴胡和大婢益、小奴秩都得到了缯肆，也就是布店。在简 1680 中，“诏书忧劳百姓，不得烦扰夺其时”，亭有法卒，不能擅自烦扰百姓妨碍农业，“阳擅调奴为直使传送，非法妨夺农业”，那其实这里的百姓就不仅是普通的庶民百姓，从事农业的奴婢其实也在其中，农忙时，官府是不能让他们去从事委输传送这类事务的，所以我们能看到汉代奴婢生活的另一面。

(六)《长沙五一广场东汉简牍中的“格杀”》

华东政法大学博士生朱群杰所作报告题为《长沙五一广场东汉简牍中的“格杀”》，主要通过对五一简中董种格杀案进行考辨，分析了格杀的免责认定问题。首先详细论述了文书所见的案情和司法程序。而格杀的免责认定,需要经过严格的司法程序:诉讼启动后,经由贼曹等调查,由狱史进行裁决。第二部分进入格杀免责认定的讨论,格杀是指在对方有反抗拒捕的情形下或经过相互搏斗而将对方杀死的行为。朱群杰指出,五一简中的“格杀”并非当然免责,免责的认定情形是格杀者在对方存在暴力抗捕的情形下,行使捕格权,并且格杀的免责认定需要经过严格的司法审判程序方能生效,具有程序上的优越性。

评议人周海锋老师认为,文章对五一简出现的“格杀”及相关问题做了比较深入的研究,写得很好,也基本赞同文章的观点。在此指出一个问题,文章说“君教若”文书是要经过府君的签署才会有效力,一般认为“府君”指郡守,但引用的这份“君教若”文书,长官应该是临湘县县令。

三、秦简及其他汉简法制研究

(一)秦简律令研究

1.《谈秦令中的“共令”和“卒令”——兼论秦令的编纂和分类》

湖北省文物考古研究所凡国栋老师作的报告题为《谈秦令中的“共令”和“卒令”——兼论秦令的编纂和分类》,报告主要分为三方面:共令;卒令;秦令的编纂和分类。凡国栋老师认为,“给共令”的“共”可以作供给讲,其他共令的“共”应当是作为“共同”之义。至于“卒令”,岳麓简整理者在“尉卒律”下有一注释,“尉卒”即“尉杂”的意思。这种看法应该是可信的。凡国栋老师从古文字的研究角度指出,“卒”和“杂”可能是一字,或有通假关系。“卒”可读为“杂”,“杂”就是“共”的意思,故“卒令”“共令”应该是一种令。从具体的例子来讲,岳麓简中出现了很多内容相近、略有差异、令的编号有别的"廷卒令"和"郡二千石官共令",亦可为证。由此引申出令的编纂问题,凡国栋老师提出"廷律"极有可能在秦始皇"十三年"才开始编纂产生,在此之前只有"内史律"。因为秦的行政系统自上而下设置是"内史(郡)—县(道)",司法系统自上而下设置是"廷尉—都官",因此"内史郡二千石官共令"与"廷卒令"是内容相同但编撰主体不同的两种令。最后讨论令的分类,凡国栋老师认为,廷令应当是秦令的总集,相当于汉代的令甲、乙、丙,而所谓事项令,是从廷令里面辑录出来的。

评议人王捷老师首先回顾了凡国栋老师《挈令新论》一文中的重要相关论点,第一点是"共令"和"挈令"是相对称的,"挈令"就如大庭脩先生所说是"仅适用于一个官署、一个地区等的特令","共令"则是适用于多个官署的共同遵循的令。第二点是"杂令"和"共令"的关系,"杂"也有表示"共"的义项。《二年律令》里的"内史杂律"和岳麓简所见"内史郡二千石官共令",这二者命名有一定程度的同化现象。这是非常有启发性的。

本文在《挈令新论》的基础上又有推进。首先是"共令",在令文文本的考订方面,文章指出岳麓简所见"兵事毕矣,诸当得购赏贳责(债)者"这一条是当时抄手抄的衍文,这是非常可信的。第二点,文章提出《内史官共令》应该是《内史郡二千石官共令》的省写。这个是周海锋先生意见的发展,而且提出了"令名中普遍存在的省写现象。"这也是一个很有启发的意见。文章接下来还提到了《食官共令》,并讨论了谁是食官。第四点,文章也讨论了安台居室、居室共令,指出安台为具体宫殿名,居室才是职官名。不过王捷老师对此有疑问,纯粹从令名来看,假设说"安台居室"指的是具体的某一个居室,而居室是共同的,那么这里面为什么它们要并列呢?这种并列的令名是什么原因?

“卒令”部分,文章的观点也非常明确,即认为秦令中的“卒”实际上都可以读作“杂”,“杂”与“共”的用法相同,“杂令”即是“共令”。王捷老师认为这一观点是可以接受的,只是仍有疑问,在同一批的律令简文本中,用不同字表述同一意义,原因是什么?这里所讲的“卒”“杂”,二者是否还有区别?这些都需要再斟酌。

2.《岳麓秦简(肆)第二组“律曰”性质探讨》

首尔大学金秉骏老师作的报告题为《岳麓秦简(肆)第二组“律曰”性质探讨》,以往研究多将岳麓秦简(肆)第二组看作律文,但金秉骏老师认为,写有“律名”的律文与出现“律曰”的律文之间存在一定的差异,“律曰”很可能仅截取了内容的一部分而不包含所有。并且,岳麓秦简(肆)第二组与第一组亡律有完全不同的简牍形态。这些都显示岳麓秦简(肆)第二组“律曰”或许有难以看作是整理完备的律文的部分。再看岳麓秦简中的“令曰”,以陈松长先生的意见为代表,认为“令曰”是皇帝的“命”或“制”,但金秉骏先生则认为,岳麓秦简(肆)第三组出现的“令曰”,是之前已经颁布过的“令”,出现在这里是“丞相御史言”等情况下,拿了这些以前的令的令文来,展开自己的意见。那么“律曰”的情况或许也跟“令曰”一样,“律曰”起首的规定并不是律文,“律曰”只是引用律文的一部分。接着“律曰”之后,补充或修改以前的“律曰”的内容。可能完整的诏令原来有“言”“议”“请”“制曰”等部分,后来经过多次节录或整理之后,才有岳麓秦简(肆)第二组的现况。

评议人欧扬老师指出,《岳麓(肆)》第二组的条文都是以“某律曰”起首的,这就引发了三个问题,第一,单个条文是律文还是令文?第二,第二组作为整体是律篇还是令篇?第三,如果是令篇,是律令之令意义上的令篇?还是诏令篇?正如文章所说,岳麓第四卷的整理报告中,认为这个问题可能不需要讨论,每一条都是律,第二组作为整体是一篇“律杂抄”。所以在第四卷刊行后的最初几年,学界较少讨论这个问题。但是在第五卷出版刊行以后,这就成为一个很有意义的议题。关于《岳麓秦简(肆)》第二组条文性质,欧扬老师认为:

第一点,文章参考的一些材料,对法律文献及其他文书中“律曰”“令曰”的讨论是可以成立的。也就是说,在这些文献中所见的“律曰”“令曰”,都是一些引用的标识,指“以前的律说过”,“以前的令有这些规定”。

第二点,针对主要研究对象,对《岳麓秦简(肆)》第二组的条文的分析,如果正如文章所说,全篇都是格式是援引了律文的令,就必然面临划分哪些部分是引用律文的问题。但是,至少一部分条文是比较难以分割的。

第三,第二组的条文经过了多轮的编辑删改以后,它最终可能就形成了律令意义上的令篇,这一过程可能就是“法律汇编”。从被删改过的文本出发进行相关溯源考证,是比较艰难的。因为可以看到《岳麓秦简(肆)》第二组的有些条文非常简单,可能就一两句话,如何把它分割?这无疑是很困难的。而另外有一部分,条文比较长,它可能可以进行分层、分段,但又缺乏一些非常坚实的证据对这些条文分割、溯源,因此,还有待进一步的讨论和探讨。

3.《岳麓秦简〈亡律〉“佐弋之罪”条与律篇汇编》

湖南大学欧扬老师作了题为《岳麓秦简〈亡律〉“佐弋之罪”条与律篇汇编》的报告,主要分为三部分,第一是律文的初步分析,第二是律文与其背景嫪毐之乱,第三是律文与秦律篇汇编的关系。欧扬老师首先考察图版,指出简文应当校读为“其有大辟罪,大辟罪之。”而“佐弋之罪”与“它罪”,应当分别理解,不必认为前有缺简。并且“佐弋之罪命而得者”的刑罚,要将“黥劓为城旦舂”和“斩左趾又黥为城旦舂”纳入考虑范围之内。本条刑罚从完为城旦舂至死刑,在亡律中相对来说是整体偏重的,欧扬老师认为这应当不是纯粹的逃亡之罪,本条律的出台背景很可能就是嫪毐之乱。律条的内容应当来自秦王发布的命令,而之所以会被编入《亡律》,可能是因为叛乱之人逃亡。而律文晦涩难解是因为编入《亡律》时的删减所致,秦时的律篇和令篇往往都经过了多轮的整理和编纂,那些背景介绍可能就被删去了。最后一点就是律条的抄写年代不早于秦统一。

评议人张朝阳老师指出,文章依据睡虎地秦简,推导出了律条文本没有言明的多种刑罚,非常精彩。但关于“佐弋之罪”生成历史的探讨,还需要斟酌和完善。文章从“佐弋之罪”的刑罚偏重出发,推测该条应该不是指向一般的逃亡,于是认为嫪毐之乱是出台“佐弋之罪”条的历史背景,因为在这个事件中佐弋竭被处死,这个说法是非常有新意的,但是需要确凿的证据来支持,同时也需要排除其他的解释可能,文章对此缺乏充分的论证。假设其背景真的是嫪毐之乱,史籍记载有 20 人被枭首,这牵扯到很多官署,为何会单单揪出佐弋来重罚?很难解释佐弋之罪与它罪的刑罚轻重差异。

张朝阳老师还指出,文章认为《史记》中有关于嫪毐事件的叙事就是摘抄于秦王命令,这是很重要的问题,因为这牵扯到史记叙事的史料来源问题。这里有一个疑点,叙事文字出现的“令”都是动词,很难说秦王的每次命令都会以文本形式形成一条令。

4.《岳麓秦简〈卒令〉及相关秦令令名考》

中国人民大学博士生尹嘉越作的报告题为《岳麓秦简〈卒令〉及相关秦令令名考》,内容主要分为两个部分,第一部分是对《卒令》令名含义的考证,第二部分是《卒令》相关秦令令名考。首先梳理了《卒令》令名理解的两种路径,第一种路径是将“卒”通假为它字,第二种路径是将“卒”读如本字，并通过辨析指出将“卒”理解为卒史（或卒人）。其次，对相关令名进行考辨，指出《郡卒令》《尉郡卒令》《廷卒令》《四司空卒令》这几类“卒令”规定事项与卒史（或卒人）接受郡长官派遣而前往各机构负责的具体事务有关，这或为汉代卒史署曹制度的渊源；《卒令》规定的则是未涉及具体机构的诸如文书形制和文书传送等一般事项。此外，报告还梳理了几类“卒令”与“共令”之间的关系，认为在涉及具体机构时，“卒令”单独适用于该机构中卒史（或卒人）所负责事务，“共令”则普遍适用于所有事务。尹嘉越认为，目前所见秦令中职事令（如《卒令》）与部门令（如“共令”）较为多见，而秦汉律则多以事项命名（如《行书律》），从职事令、部门令向事项律的转化，或为秦汉之际律令体系变化的一种总体趋势。

评议人周海锋老师指出，“共令”和“卒令”之间有何区别，难以说清，但可以肯定二者有别。凡国栋老师在本次参会论文中认为“共令”和“卒令”内容重复，其将“廷甲”“廷丙”理解为“卒令”的省称。周海锋老师认为此说不准确，“廷甲”当是“廷内史郡二千石官共令”的省略，即为“共令”的省略，而“共令”和“卒令”的内容完全没有重复，应当是互相补充的两种令。另外，对“卒”的理解，文章认为“卒”指卒史或卒人，周海锋老师前已著文，认为“卒”指二千石官，是因为在一些令文里有对郡守、郡尉的规定。

评议人张传玺老师认为，文章行文成熟，对相关问题点也有回应，写得很好。其思路是在律令体系内，结合官制去讨论。张传玺老师也提出疑问，“卒令”之“卒”到底是作为令之适用对象的“人”的群体，附从官署，构成令名，还是和指称“人”的“卒”一样有更早的和共同的来源？在《商君书》《韩非》等战国秦法家著作中，涉及“士”和“卒”，其本质还是从职事出发，“卒”或可回归许慎“隶人给事”的定义。若按此理解，“卒令”实际上就是适用于这些机构的相关职事的令,可能还是近似于赵斌先生学位论文所提到的“国家公职人员履行职务”这样一种理解。

(二)汉简法制研究

1.《长沙走马楼西汉简中的“狱”及相关问题琐议》

湖南大学陈松长老师作了题为《长沙走马楼西汉简中的“狱”及相关问题琐议》的报告,以走马楼西汉简为主要考察对象,兼及各种秦汉简牍资料,对“狱”的语义及相关问题分别作些讨论。首先,以往学者都在讨论“狱”到底是什么场所,这个场所是不是包括关押、使役已决囚犯的场所。经陈松长老师考证,走马楼西汉简中的所谓“廷狱”就应该是治狱之所,既包括审讯犯人,取证调查的地方,也包括关押嫌疑人和证人,等待判决的牢监,即所谓的牢狱。但是治狱之所肯定不是关押、使役已决囚犯的场所,已经判决的囚犯要遣送到服劳役的地方去,这个跟狱所没有直接的关系。此外,陈松长老师还讨论了“狱”的规模问题、狱的不同级别以及狱吏配置问题。

评议人杨振红老师指出,文章不仅提供了走马楼西汉简这一新资料,还对狱的问题做了全面的解析,而且提出了非常多新的观点。需要补充的是,宋杰老师有一本《汉代监狱制度研究》,是国内关于监狱制度的最新研究成果,其中对“都官狱”的讨论以及“狱”的性质的讨论,提供了一些新的意见。另外,关于“廷狱”的问题,杨振红老师指出,“廷”和“府”在古代好像都不能随意指其他地方,一般朝廷用“廷”,县廷用“廷”,“府”一般指郡府,所以到了狱这样的一个级别,能否称作“廷”或者是“府”?

2.《敦煌一棵树烽燧符信新探——兼说秦汉魏晋的不分之符》

华东政法大学邬勖老师作的报告题为《敦煌一棵树烽燧符信新探——兼说秦汉魏晋的不分之符》,首先是对一棵树烽燧所出的符信进行了文意上的再理解,并在已有研究的基础上,继续讨论秦汉魏晋时代存在的这种不采取“分而相合”形制的符的问题。首先在字词上,认为所谓“明如节度奉行”,“明”其实应该断开,“明”可能是一个时称,含义同于“旦”“平旦”。关于“塞曹”和“营”的理解,塞曹当是校尉的属曹,应当设在“营”中,校尉“营”设在龙勒县城内,或是在它附近不远的地方。“明作封表,狸(埋)”是指清楚明白地聚土以为表识,做个标志后把这个符信埋藏在这个地方。其次是关于符信的使用方式,以及侦候的组织形式,邬勖老师认为其实这个符信只有一件,它由两个主要执行人持有,在四人抵达且禽五亭这个途经点时,两个辅助者就回去了,而两个主要执行人再往前抵达最终的预定目的地煎都南曲,此时才需要用到符信。符信的主要功能是起到证明作用,次要功能则是任务的交代书。接着,邬勖老师探究了不分之符的 3 种类型,第一种的特征是其有一块空间会留出来用以钤印封泥,第二种是自带封泥槽型,第三种则是钤印檄符。相比两分符使用的烦琐,不分之符使用便利,因此越来越多。而后世的符应该就是不分之符演化过来的。由于不分之符本身往往就具备委托、指示的功能,只需要把它证明的功能丢失,就能成为一种普通的下行官文书,这就是为什么后来下行官文书往往称之为符的原因。

评议人黄海老师就“侦候”一词提出不同意见。从一棵树烽燧的西汉符里面来看,这个“侦候”很明显是直接指人的。在传世古籍中,“侦候”这种名词在东汉时期就已经出现了,如《后汉书·循吏列传》和《后汉书·乌桓列传》里都有出现“侦候”,《晋书·赫连勃勃载记》也出现过“侦候”,从传世文献来看,“侦候”与其说是一种行为,倒不如说是指一种军队里的身份,或者说是一种特定的人。那么“侦候”的侧重点究竟是一种行为,还是一种身份?黄海老师认为还需要再斟酌。另外,黄海老师肯定了邬勖老师对秦汉符的分类,即有所谓的不分之符和两分符。他提出思考,所谓的不分之符和两分符,这两种符当中官方和非官方的比例到底都是怎么样的呢?换言之,这两种符的使用,和官方背景到底关联性有多大呢?如果能详尽地继续深挖,应该会对中国古代文书行政的演进,有更大价值。

3.《说张家山汉简、悬泉汉简律令中的"眄"》

复旦大学周波老师作的报告题为《说张家山汉简、悬泉汉简律令中的"眄"》,主要运用了古文字学、文献学的研究方法,指出张家山汉简《二年律令·贼律》简27-28"其非用此物而A人,折枳(肢)、齿、指,胅体,断陕(决)鼻、耳者,耐。"此处"A"字应当就是见于悬泉汉简律文的"眄"字,简文中均指人目盲。张家山汉简、悬泉汉简的"眄"应相当于《唐律》的"瞎"或"眇"。《唐律》区分"眇"与"瞎",谓前者指目力亏损,后者指丧明,这应是法律条文细化,后出转精的结果。从传世典籍来看,"眇""瞎"均指"偏盲",即一目盲,又可泛指目盲。

评议人周博老师指出,文章对张家山汉简旧释"眇"的这个字做了重新考订,主要是从字形、字义两方面做了一个系统的梳理和辨析,结论令人信服。在字形梳理方面,文章举了北大简、居延简"眄"的写法,跟二年律令的"眄"字做字形比较,是一致的,而跟"眇"的对比,只举了"少"的一种写法。周博老师提出,在汉简中也有眇的整体写法,若举出"眇"的图版,应该能更加明确。在字义梳理方面,文章引了整理者当初认为是"眇"这个说法,《说文》:"眇,一目少也。"周博老师指出,查《说文》原文,是作"一目小也。"少一只眼睛可能是目盲,"一目小也"可能只是说眼睛比较小。可能正是因此,段玉裁把这个字的字义直接改成了"小目也"。那么对"眇"的本义或许应该再做一些辨析为好。此外,文章引了"眇"指"偏盲"的说法后,引了胡三省和司马光的说法,周博老师提示《三国志》裴松之的注里也有对

“眇”作“偏盲”的解释，这条材料可能从年代来说比宋元学者更接近汉代。

4.《汉“苛人受钱”法律规制试探》

中国政法大学张传玺老师作了题为《汉“苛人受钱”法律规制试探》的报告，首先指出传世文献中存在“苛人受钱”与“呵人受钱”的纠葛，辨析了“苛人受钱”或者“呵人受钱”作为罪名究竟有怎样的指向，张传玺老师指出罪名中的“苛”应当指拘止，“苛人受钱”实为“拘止人受钱”。接着对“苛”的早期用例进行考察，指出张家山汉简《奏谳书》案例十三应当是“苛人受钱”的早期形态，且西汉后期的诏敕以及西北汉简中有很多“苛人受钱”辞例，因此“苛人受钱”罪名用字可能自始为“苛”。最后，张传玺老师又分析了在律令体系之下，汉法“苛人受钱”法律规制的特征，指出“苛人”行径在不涉赃罪时，往往以诏、敕、令等形式加以规制，不纳入律令体系、使其成为专门罪名；对苛人受钱的，则区分出“苛人受赇”与“苛人受钱”，分别纳入律、令，成为赃罪。推测西汉中后期赃罪体系调整的时候，这个罪名以令的形式创立。

评议人春杨老师指出，文章通过寻找传统文献与出土资料之间的勾连，来探讨汉代“苛人受钱”的法律规制问题，其理论意义是非常重要的。另外在史料搜集整理方面也下了很深的功夫，其学术贡献显而易见。

同时，春杨老师也提出了问题，第一点是“苛人受钱”这个罪名到底是否能够成立，如果这个罪名成立的话，能否借用现代法学中犯罪构成的理论？比方说是否能够借助犯罪构成的四要件，即客体、客观方面、主体、主观方面，来对这个罪名进行研究，这样或许有利于我们理解汉代相关规制的法律效力，也有利于学科之间的交流。

第二点，文章指出有一些“苛人受钱”是不构成犯罪的，那么其规制的主要依据是什么？如果这样一个行为不构成犯罪,那么靠什么样的规范进行规制？如令、诏、敕等,它们之间的效力层级要如何具体研究和划分？此外,春杨老师还指出,若要进一步对“苛人受钱”展开研究,可以着眼于“苛人”事由的范围、引起的原因,以及归纳这个罪的刑法的主要特点。

5.《〈丁宫入关檄留迟册〉所见檄书传递问题》

中南财经政法大学博士生管笑雪作了题为《〈丁宫入关檄留迟册〉所见檄书传递问题》的报告,册书主要内容是丁宫等人的入关檄书未按期送达,居延都尉府要求甲渠侯官调查此事,甲渠侯官又向辖下的不侵侯长宪等下达调查命令。结合甲渠侯官各部的地理位置推知,收到命令的有四部侯长,而檄书应当只有一份,通过从不侵部逐次传递至临木部,完成调查命令的下达。

评议人周海锋老师指出,文章提到汉简中的“檄”通常是形制为觚的文书,具有文字外露、内容公开的特点,不够准确。在五一简中还有合檄,其性质特殊,之所以需要密封,就是为了保密。

(三)秦汉简牍法制研究

1.《秦汉简牍中的伤创折断》

长沙市文物考古研究所的罗小华老师作了题为《秦汉简牍中的伤创折断》的报告,结合秦汉出土简牍,对蔡邕所谓“皮曰伤,肉曰创,骨曰折,骨肉皆绝曰断”进行验证。罗小华老师指出,秦汉简牍中关于“伤”的记载,伤人情况大致可分为兵刃伤人、女红利器伤人、毒食伤人、拳脚伤人和犬伤人,“皮曰伤”的解释难以成立。“创”在五一广场简中比较常见,受伤者的“创”口有浅有深,有的“深至骨”,因此“肉曰创”的解释不成立。秦汉简牍的“折”确实与骨有关,所谓“骨曰折”是对的。关于“断”的记载,有些部位并无骨,有些未涉及肉绝,证明"骨肉皆绝曰断"不成立。

评议人肖从礼老师指出,第一,文章分为四部分,分别讨论了秦汉简牍中伤、创、折、断的用例,最后加以综述。第二,在材料使用方面,文章旁征博引地引用了简牍材料,包括睡虎地秦简、西北边塞出土的居延汉简、敦煌汉简、长沙五一广场简、岳麓秦简以及张家山汉简等相关记载,力证其说。第三,文章条理清晰,综合评判了以下两点,第一点是分别讨论了伤、创、折、断在秦汉简司法文书中的用法与含义,论证方式是用了名物训诂、文书学、文献学、古文字学等诸种方法,第二点,对蔡邕的说法进行评判,判断了伤、创、断皆不符合,而折符合。肖从礼老师认为,为何从简牍记载发现蔡邕的解释不相符,可能要从以下几点考虑:第一,在秦汉简中,伤、创有混用的可能,例一是《后汉书·南匈奴传》:"至于陷溃创伤者,靡岁或宁,而汉之塞地晏然矣。"这里就"创伤"连用,意思是伤害。例二是《后汉书·贾复传》:"复伤创甚。""伤创"也是连言,意思是创伤。第二,劾状文书中可能并不严格区分伤、创,只是对事件经过的简要叙述,重点在于创伤的大小、深浅,及后果的严重与否有关,进行综合判断和定谳。例如在居延新简中,甲渠侯官遗址出土的劾状文书有"尊击伤良头四所,其一所创袤三寸",此例中的"伤""创"实际是同一事件的不同记录,"伤"为动词,"创"为名词,这里司法检验的关键是伤的程度。第三,《礼记·月令》中表述方式和蔡邕的解释是脱离了法律实践的理论解读,现实生活中的司法检验都是要根据具体个案对伤创折断从大小、深浅的后果性来确定的。

2.《秦汉刑法规范下的家庭秩序》

湖南大学李婧嵘老师所作报告题为《秦汉刑法规范下的家庭秩序》,首先是结合简牍材料来看秦及汉初刑法中对于家庭秩序、家庭规范有怎样一些条文,然后结合法理的方法来讨论这背后的法律逻辑。对于秦汉刑法相关规范的分析,分为刑法对于家庭内杀伤行为的规范、刑法对于婚内及亲属间犯奸行为的规范以及刑法对于亲属间控告行为的规范。在梳理清楚相关规范后,李婧嵘老师对秦汉刑法规范下的家庭秩序进行讨论,一方面,贵贱、尊卑、等级的家族伦理并非为儒家创制并推崇,也是法家及其他诸家的共识。所以,即使是以法家理论治国的秦汉统治者,也需在法律制定中考虑传统的家族观念与道德,乃至自觉地运用刑律来维护家庭内尊卑有别、上下有序的礼秩序。另一方面,秦汉时个体家庭摆脱宗族成为国家基本构成单位,秦汉刑法维护家庭秩序,适应了社会变化,法律稳固基层家庭秩序将有利于实现维持国家秩序的目的。最后,若父权与君权、家庭秩序与国家秩序并行不悖之时,刑法积极维护父权及家庭秩序,若两者出现冲突之时,则君权优先于父权,国家秩序重于家庭秩序。

评议人南玉泉老师指出,文章将个体家庭内部的犯罪行为划分为五类,还是比较全面的。可以看到,互害的主体基本上是近亲属,包括姻亲与拟制亲。深入分析还可以发现,“家”在当时并不是一个法律概念,而是一个社会概念;户则是一个法律概念,秦汉都有《户律》,但一户内又未必是亲属。上述律义确立的主体的基础既不是家,也不是户,而是基于各主体之间的亲属关系。文章对此已有明确的认识,并做了细致的分析。并且,文章对于独立家庭产生的社会背景与相关法律规范分析得极为到位。这本质上就是周制向秦制转型的问题,即宗法体制下,每个小家庭都不会独立的出现在社会上,而是由各自的宗主(领主)庇护,国家一般只对领主负责,家庭事务属于宗族的内部事务。而在秦制下,“家庭由政府直接管理,家庭取得了独立的社会主体地位”。转型的社会大背景是周制的崩溃,县制的推广,以及“编户齐民”为基础的田亩税收制度。此外,文章认为,秦汉法律都蕴含有家族主义的特征，这其实是先秦旧礼制在秦汉时代的延续与发展，并非法律儒家化的结果。这个结论也是可以接受的，至少在秦、西汉前期是这样。法律儒家化是西汉中期以后的事，是因指导思想改变而发生的系统性变化。

南玉泉老师又提出了几点意见，第一，张家山汉简《奏谳书》案例二十一的引用，其立论、论证还需再斟酌。在该案中，廷史申繇的意见是：公士丁疾死，丁与甲的婚姻关系就自然结束了，因此甲就不存在侵害甲丁婚姻关系问题。这是按自然人一方死亡的事实来确定现实婚姻关系的解除（不存在），最后得到了廷尉及其史、正、监等人的认同。此案在秦代没有直接可以引用的条款，廷史申繇也是通过相近法条的推演而得出的处理意见。最初廷尉等人是按照“不孝之次，当黥为城旦舂；敖悍，完之”来处理女士甲的。廷尉等人与廷史申繇双方的争论可以说是传统礼教观念与当时法条理义之间的争辩。最后此案的处理并没有受传统礼教观念的影响。按儒家礼教的观念，婚姻关系中当事人一方死亡，另一方也须完成规定的义务。如《太平御览·刑法部》卷六所辑董仲舒“夫死嫁妻案”，甲之夫死于海难而不得葬，甲母即嫁甲。或曰“甲夫死未葬，法无许嫁，以私为人妻，当弃市”，从这条材料可知，至少汉代存在“夫死未葬私嫁弃市”的规定。如果按这个标准来看，《奏谳书》案例二十一女子甲的行为，属于重罪。可见，秦汉在这个问题上法律观念的差别是相当大的。当然，《奏谳书》案例关于“弗案校上”属程序上（或证据上）的问题，这里就不讨论了。

第二，两汉期间对家庭范围内（近亲属）犯罪的处罚原则与方式应该是有变化的，但因东汉材料的缺失，目前成文法条中不具可资对比的条件，或许可以在传统典籍中搜寻案例，从而进一步探讨此类法律是如何向魏晋的“准五服以制罪”过渡。

3.《秦汉简所见“二千石官”考》

中国人民大学博士生王牧云所作报告题为《秦汉简所见“二千石官”考》,首先,对秦简所见“二千石官”概述,指出岳麓秦简中有“内史郡二千石官共令”,其干支顺序与简编联顺序并不一致,或可参照干支顺序重新编联简册。另一批以“廷内史郡二千石官共令”为令名,其编号较复杂,似经过进一步整理。秦律令中也有关于“二千石官”的规定,可见其有相应的法律特权。其次,汉简所见“二千石官”概述,发现张家山汉简《二年律令》的《秩律》《具律》《捕律》等,尹湾汉墓“东海郡吏员簿”,以及居延汉简中有相关记载。此三批简跨越汉代年限较长,地域涉及中央、郡县道及边塞,以此为材料研究汉朝的“二千石官”仍需谨慎。最后,综合上述秦汉简牍记载和传世文献中的材料,得出两点结论:“二千石官”是以“二千石”为秩的官吏群体的总称;其具有特殊的法律地位,或作为沟通地方与中央的群体存在。

评议人张传玺老师指出,文章的文献研读意识很好,主要是从简牍材料中梳理“二千石官”的范围、职能、地位待遇等。有两点需要注意,第一点是时代差异,秦汉官制变化非常大,涉及二千石官这个秩级的变化也是不小。研究时需要区分不同时段。第二点,秦汉时期“官”“吏”所指有所变化。秦至汉初材料所见的“官”,如秦令“二千石官”,应指官署的机构。而汉律中“二千石吏”,才指向官吏。所以要把“官”作为“官吏”和作为“官署”的含义进行区分。

4.《秦汉县狱史研究》

华东政法大学硕士生韩林妤作了题为《秦汉县狱史研究》的报告,围绕秦汉狱史的问题分成五个部分展开。首先对狱史和相关人员进行整理,对于狱史和令史的关系,报告指出秦简中多以令史来负责治狱活动,而汉简中多见以狱史来执掌治狱。这可能是因为秦郡县制度初建,“令史”与“狱史”是同时存在的,其分工尚不明确,令史通常兼狱史职责。汉承秦制,在长期司法实践中,分工逐渐明晰,定罪量刑的复杂化、专门化使原本由令史职掌的司法审判职能出现了分化,于是汉代在令史之下设置专门负责处理刑狱事务的狱史,并逐步成为独立的官职。至于狱吏,可能并非专业法律术语,而是泛指。狱掾在狱史中地位较高,负责领导其他狱史。接着对县廷狱史的人员设置进行探究,然后讨论了狱史的职掌。报告还对狱史的违法犯罪行为做了梳理,指出“审案有失”是最常见的狱史违法犯罪行为,在秦汉律令中,多以“论失之”来表达。另外,“论狱不直与纵囚”也是常见的狱吏违法犯罪行为。

评议人张传玺老师指出文章有明确的框架,有意识地搜集整理相关资料并做出分析,是进一步研究的基础。目前,能见到有关治狱“独任”“共治”的相关规范,如里耶秦简 8－141 提到“一人独讯囚”不合适,要求“不参不便”。《奏谳书》中上奏言请,绝大部分都是令、丞、史共同署名,那么共治的案件中,狱史实际的职能和名义上的职能到底怎么区分,这是很有意思的问题。而在《为狱等状四种》和《奏谳书》中,只有极少数形式上的独任审判,审判者是丞。这又引出第二个问题,狱史和丞的关系是什么?《后汉书·百官志》本注曰“丞署文书,典知仓狱。”则丞主管治狱。秦汉奏谳文书显示,狱史办案工作,受丞监管,如《奏谳书》案例二十二中咸阳狱史举闾“能得微难狱”,即由咸阳丞举荐为卒史。对狱史和丞的关系,可以再深入探讨。

四、先秦法制研究

(一)《论“三殷虚说”》

台湾大学黄川田修老师作了题为《论“三殷虚说”》的报告,探究了殷商晚期都城的问题。首先提到了殷墟的位置,罗振玉先生依据考古文献,主张殷墟应该在现在的安阳。但在20世纪50年代以后,有学者提出不同的意见。陈梦家先生在《殷墟卜辞综述》里提出了“三殷虚说”,其主要观点是安阳、淇县、商丘这3个地方都有殷墟。20世纪70年代以后,郑州发现了商代早期遗址,还有殷墟小屯以外的其他遗址也被发现。基于这样的状况,中日学者开始提出不同意见,多数意见可以归为“殷墟祭祀场说”,这类意见还是相信商朝的都城是在某一个地方。不同的是,郑州大学考古学张国硕教授提出“复都制”的看法。黄川田修老师认为,“复都制”是比较有说服力的看法。一个原因是,从传统文献来看,商朝的都城到底在什么地方,是不清楚的。还有,复都制在不同国家、不同民族的古代历史上是常见的。此后,张国硕教授又提出了“主辅都说”,即三代的中国王朝都采用“复都制”,这些古代的早期王朝,夏朝的二里头、早商的郑州城、晚商的安阳都是他们的“主都”。此外,在不同的几个地方,还经营着“辅都”,商王随着社会需求往返于主都和辅都之间。20世纪80年代,日本的松井嘉德教授也提出过类似的观点。黄川田修先生指出,带着这些观点重新审视现在的考古发现,能看到现在殷墟那边出土遗址的范围越来越大,有可能就是陈梦家老师所说的“北蒙殷虚”。还有,淇县遗址群很可能是商代晚期朝歌都城的范围。商丘南边发现的商代晚期遗址群,以及遗址群南边的西周早期贵族大墓,即长子口墓,说明商纣殷墟应该就在鹿邑附近。在此基础上,黄川田修老师推测,商代晚期可能建立了几个不同的首都,商王定期往返这些主都和辅都之间,后来这些记忆还继续留在东周时代以后的中国,汉代人还有这个记忆,于是他们在当时编纂的文中上记录了三个不同的殷墟或商墟。还有,因为淇县和安阳距离比较近,经过二三百年,这两个都城慢慢融合,变成非常大的都城圈,战国时代的人还记得这个事实,后来他们在文献上把它称作"殷纣之国"。

评议人凡国栋老师指出,"三殷虚说"并非陈梦家先生明确提出的主张,文章的理解可能有偏差。陈梦家的观点是针对罗振玉的观点而来的。罗振玉一开始怀疑甲骨的出土地是在汤阴或卫辉,后来才知道甲骨出土地是在安阳。他在1890年作的《殷商贞卜文字考》里面就指出小屯出的甲骨是商代王朝遗物,但是他认为小屯是"武乙之虚",这就是文章中所说的"小屯殷墟说"。陈梦家对这个说法作出回应,他首先明确指出,"将安阳定为殷墟是对的,定为武乙之虚则是错的。"然后他作为回应,指出传世文献中列出三个,一个是商丘、另一个是淇县,还有一个是北蒙。就是文章中所说的"三殷墟说",作为一个补充,他的目的是说明都城是有时段性的,这并不代表陈梦家认为商代只有三个殷墟。他的表述是这样的:"和'商''亳'在商代的历史与迁徙中数次的用作商民族的都邑一样,'阴虚'也在后代被称作不同地点的商代都邑的故址。"而且在第八章谈方国地理,专门讲到了盘庚迁殷之后的几处迁徙,按照陈先生自己对"虚"的定义,这些地点都应该属于"殷墟"的范畴,不止3处,应该有很多处。所以文章题目中探讨的"三殷虚说"本身是不是可靠,就是一个问题。与此相关还有一个问题,陈梦家所说的地名是有区分的,在商汤建国之前作为商民族的都城,之后的才是商代的都城,按照这个区分,"三殷墟"里商丘应该是属于商族的都城,淇县和北蒙这两处才是商代的都城。

第二,论文第二节重点谈"三殷虚说"和商朝城邑研究,建议作者参考朱桢的《商代后期都城研究综述》。

第三,从考古学的角度来讲,目前比较明确的商代都城有郑州商城、偃师商城、洹北商城、小屯四处,另外还有这些年发现的郑州小双桥,但是这个还有待进一步确认。把这些考古发现和传世文献结合起来,其中一个很重要的关节点就是“盘庚迁殷”问题。遗憾的是,本文没有对这个问题交待得特别清楚,特别是对“洹北商城”的论述不够充分。关于“洹北商城”的研究,建议参考唐际根先生的论文。目前占主流的观点是认为“洹北商城”才是盘庚所迁的殷,即北蒙之殷墟。

第四,关于文献的辨析和地望的考察,涉及到历史文献学和历史地理学的方法。“河南”“河北”应该怎么区分,实际上这个问题也有学者探讨过,郑州大学的陈隆文,专门搞历史地理的,他就指出《史记·殷本纪》里面,还有《竹书纪年》里面所说的“河”实际上就是指“洹水”,传世文献中的河并非黄河的专称。类似地,武大的石泉先生早就指出,传世文献中的江也不是长江的专称,有时候是指汉水的。如果这样理解的话,“河南”“河北”的区分问题就能够解决了。

第五,可以多关注一点甲骨文研究,实际上有很多甲骨文的研究成果完全可以和考古学、文献的记载互相印证。目前的甲骨文最早只能到武丁时期,从盘庚往下还有小辛、小乙时代的卜辞是空白的,这就和殷墟发掘从考古学建立起来的年代存在落差;甲骨文目前也没有发现明确属于帝乙、帝辛的卜辞,正是因为有这个空白,有学者怀疑最后两个王迁都到朝歌了。那怎么看待这个问题,其实还可以再探讨。

(二)《〈诗经〉与周代法律三题》

华东师范大学王进锋老师所作报告题为《〈诗经〉与周代法律三题》,主要是根据《诗经》当中三篇,进行周代法制研究。王进锋老师首先根据《诗经·召南·行露》来看西周时期的礼法之别。此篇中“谁谓女无家,何以速我狱。虽速我狱,室家不足。”以及“虽速我讼,亦不女从。”提到了“狱”和“讼”的问题。根据《诗序》以及“郑笺”的说法,这首诗的时代应该是商纣周文之世。从诗旨的背后可以看到,商末周初的时候关于婚姻法方面,"礼"和"法"是不一样的。接着,王进锋老师根据《诗经·小雅·小宛》来看西周诉讼案件分类。这首诗应该是西周时期大夫所作。此篇中"交交桑扈,率场啄粟。哀我填寡,宜岸宜狱。握粟出卜,自何能穀?"可以看出,西周时期的诉讼案件有"岸(犴)"和"狱"之别。朱熹指出:"乡亭之系曰犴,朝廷曰狱。"由此看出,西周时期诉讼案件会按照行政区划的差别,分为不同的种类,其中位于乡、亭类基层地区的诉讼案件被称为"犴",位于国都地区的诉讼案件被称为"狱"。第三个是《诗经·王风·大车》所见春秋时期的巡行审判制度。这首诗反映的是春秋时期周王室所在地区的历史。从中可以看出,春秋时期有专门的官员管理讼狱方面的事务,他们有时会穿着毳冕类的衣服,乘着大车巡行邦国来处理讼狱案件。

评议人王沛老师指出,《诗经》中有不少跟法律相关的材料是可以挖掘的,文章做了非常精彩的阐发,对其中的内涵进行了深入探究。《诗经》中的这些材料以往也有不少学者研究过,但是限于诗的题材、风格,诗无达诂,对诗的背景和微言大义很难做到完全准确的理解,比如以前史学界和法史学界的前辈学者对相关材料都有一些关注,如谭戒甫先生、冯卓慧先生在几十年前的论文中就提到了这些材料,谭先生还将"行露"和琱生器联系起来,其在文章中写周、召二伯器,实际上就是现在所说的琱生铸器,这都是很有益的尝试。文章关于《诗经》三篇的研究所引申出的三个主题,都是法史研究中的大问题,其中涉及礼法问题、诉讼分类、巡行审判,都给人以很多启发,无疑是将相关研究向更深入的地方推进。论文的特点是将这些诗抒情的外表剥去,而将与法史相关的内核呈现出来,再和其他传世古籍相联系,描摹出法律演变的场景和线索,这是非常有意义的工作。

但也有几点意见供参考，首先是时代问题，这些材料在文章中，涉及时代从商周之际一直到春秋时期，但是诗经成书的时代还是有疑问的，所以哪些是后期逐步形成的追述，反映的又是哪一个时代的背景，还要进一步推敲，有些问题可能很难回答，因此似乎还是把时代范围放宽一点为好。但又会因为时代太宽泛，难以体现法律的演进问题。目前可行的解决方案，其实还是和同期的金文资料对应起来，看哪一些材料比较早期，哪一些材料是比较晚期的。前辈学者他们的方向，以及他们之前所做的有益的尝试，还是非常有借鉴意义的。

第二个问题就是文章中提到的“狱”的问题，“犴”“狱”分别指代基层的诉讼案件和相对中央的诉讼案件，或者是比较重要的案件和小案件，这样的说法似乎和金文材料不能够完全对应勾连起来。比如琱生器中也提到了“狱”，其他资料包括清华简也提到了“狱”，在秦系法律出现以前，“狱”和“讼”似乎看不出有什么区别，而且“狱”也有大狱、小狱，不太能分清楚是基层的还是相对中央的。论文里主要引用了朱熹的解释，但在朱熹的解释里相关论证也是比较少的，那么“狱”和“犴”有何区别，可能还需要进一步的探讨。

会议的闭幕式由华东政法大学法律古籍整理研究所所长王沛主持，华东政法大学法律古籍所的陈迪老师汇报了 2022 年会议的筹备计划，宣布 2022 年会议主题暂定为“秦汉新出简牍所见法律问题研究”。王沛教授向与会各位学者表示衷心感谢，指出本次学术研讨以东汉法律简牍为中心，旁及殷周至魏晋的各种出土法律文献，发言人与评议人的精心准备让这次跨学科的网络盛会达到了预期效果。本次学术会议克服疫情的阻碍，用网络联系起世界各地的学者，大家发表学术成果、探讨学术观点，交流坦诚而热烈，在推动中国古代法制研究方面发挥了重要作用。